Das große Japan-Lesebuch

Buch:

Mit dem 20. Jahrhundert setzte in Japan eine neue Bewegung in der Literatur ein. Erstmals öffnete man sich westlichen Traditionen und übernahm Gattungen und Strukturen, wie sie bis dahin in Japan unbekannt gewesen waren.

Das vorliegende Lesebuch bietet einen verläßlichen und repräsentativen Querschnitt durch die moderne japanische Erzählkunst im 20. Jahrhundert. Der älteste der hier versammelten Texte, Junichirō TANIZAKIs Erzählung »Die Tätowierung«, erschien 1910, der jüngste, Yasushi INOUEs »Ein Brief aus der Wüste«, 1983. Dieser breitgespannte Bogen ermöglicht es, die unterschiedlichsten Tendenzen und Richtungen der neueren japanischen Literatur einzufangen: die realistische oder romantisch-idealistische Literatur zu Beginn des Jahrhunderts; die »Proletarierliteratur« und den »Modernismus« um 1930; die durch den wachsenden Militarismus bevorzugte Rückkehr ins Private bis hin zur experimentellen Literatur der Nachkriegszeit und der Vergangenheitsbewältigung der Gegenwart.

Neben so berühmten Namen wie Yukio MISHIMA oder Yasunari KAWABATA finden sich hierzulande noch kaum bekannte Autoren wie Kenji NAKAGAMI oder Ineko SATA. Denn mehr als nur eine Einführung in die moderne japanische Erzählkunst, will dieser Band beim Leser Neugierde wecken auf die japanische Literatur und zum Weiterlesen anregen.

Der Herausgeber:

Siegfried Schaarschmidt, von dem auch der überwiegende Teil der Übersetzungen in diesem Band stammt, hat sich in Deutschland unter anderem als Übersetzer der Werke Yukio Mishimas einen Namen gemacht. Nach einem Germanistikstudium, einem zusätzlichen Ostasienstudium und zahlreichen Japanaufenthalten spezialisierte er sich auf die japanische Literatur. Seit 1958 arbeitet er als freier Schriftsteller und Funkautor und verfaßte neben seiner Tätigkeit als Übersetzer zahlreiche Aufsätze, Vorträge und Funkessays zum Thema Japan.

Das große JAPAN LESEBUCH

Herausgegeben
von
Siegfried Schaarschmidt

Goldmann Verlag

Originalausgabe

Die Beiträge zu dem vorliegenden Sammelband wurden aus dem Japanischen übertragen von Siegfried Schaarschmidt sowie von Oscar Benl (AKUTAGAWA, NAGAI, SHIGA), Tatsuji IWABUCHI (ŌE) und Elisabeth Schmidt (SAKAGUCHI).

Die Namensschreibung innerhalb der Erzählungen folgt dem japanischen Brauch, d. h. die Familiennamen stehen vor den Vornamen.

Der Goldmann Verlag
ist ein Unternehmen der Verlagsgruppe Bertelsmann.

Made in Germany · 10/90 · 1. Auflage

Quellenangaben am Schluß des Bandes
Umschlaggestaltung: Design Team München
Umschlagbild: The Image Bank/Seiden, München
Satz: Uhl + Massopust, Aalen
Druck: Elsnerdruck, Berlin
Verlagsnummer: 9886
Lektorat: Anne Rademacher
Herstellung: Heidrun Nawrot
ISBN 3-442-09886-6

Inhalt

Vorwort

Die moderne japanische Literatur hat, anders als die unsere, die als eine Gegenbewegung gegen Vorangegangenes begann, eine genau fixierbare Entstehungsgeschichte. Die ersten Werke, die den Namen verdienen, wurden zwischen 1885 und 1895 geschrieben; man sprach von Erzählungen, Romanen oder Gedichten »neuer Form«. Tatsächlich handelte es sich um Gattungen und Strukturen, wie sie bis dahin in Japan so nicht ausgebildet gewesen waren, um »Importe« aus dem Westen, mit denen eine junge Autorengeneration in der Überzeugung experimentierte, daß hierdurch auf die zur Förderung der allgemeinen Modernisierung des Landes notwendigen, oder doch wünschenswerten Inhalte vorbereitet werde.

Wir erinnern uns: In den sechziger Jahren des 19. Jahrhunderts hatte sich Japan, bedroht durch den Kolonisationsdruck westlicher Nationen, zur »Erneuerung« entschlossen. Um sich gegen die so offen demonstrierte Machtfülle behaupten zu können, sollten eine Staatsreform, die soziale und bildungsmäßige Anpassung sowie der Aufbau von Industrie, Armee und Flotte betrieben werden. Man holte Berater ins Land, viele der jungen Intellektuellen absolvierten ein Nachstudium in Übersee, und wie dabei nur natürlich, kamen auf diese Weise nicht nur praktisches Wissen und unmittelbar Verwertbares herein, sondern auch, von Rousseau bis Marx, die unbekannten Philosophien und Ideologien. Und es kam, von Shakespeare bis Zola, von Goethe bis Tolstoi, die westliche Literatur. Einer der ersten der »neuen« Erzähler, der Militärarzt Ōgai Mori (1862–1922), hatte sich von 1884 bis 1888 in Deutschland aufgehalten, in Berlin, Leipzig, Dresden und München. Er war Schüler Robert Kochs gewesen, hatte bei Eduard von Hartmann gehört und sich gleichzeitig eine umfassende Kenntnis der zeitgenössischen deutschen (und europäischen) Literatur erworben; später übersetzte er den »Faust«, daneben stellte er Werke moderner Autoren vor wie z. B. Hauptmann, Hofmannsthal und Schnitzler, Ibsen, Strindberg, Maeterlinck und D'Annunzio. Andere japanische Schriftsteller, Literaturwissenschaftler und Kritiker gingen nach Amerika oder England, nach Frankreich oder Rußland.

Bis um 1910 war die Saat ausgebracht. Nach westlichem Muster standen sich jetzt Realisten und Naturalisten streitbar gegenüber, es gab Gruppen von Romantikern, von Symbolisten, von Ästhetikern, von Autoren einer »humanistischen Dichtung«. Zugleich setzte zu diesem Zeitpunkt aber auch die Verselbständigung ein. Indem man sich der »neuen Formen« sicher war, konnte man bei Motiv und Gehalt, bei Aufbau und Stil wieder stärker japanisieren. Besonders galt dies für die Erzählprosa; sie präsentierte sich jetzt als eine die Einflüsse von außen nur mehr additiv auswertende »japanische Moderne«, die im übrigen frei war, sowohl der Individualität des Autors wie den Bedürfnissen der Leserschaft nachzugeben; sie war, international gesehen, zu einer unter vielen möglichen Gegenwartsliteraturen geworden.

Nun ist der vorliegende Band keineswegs in der Absicht entstanden, eine Art systematische Einführung oder gar eine Geschichte der modernen japanischen Erzählkunst zu bieten, vielmehr wurden die Texte so ausgewählt, daß sie – wie es sich für ein »Lesebuch« gehört – ein spontanes Leseinteresse befriedigen und zugleich neugierig machen auf eine Fortsetzung der Lektüre des einen oder anderen Autors. Einzig die Reihenfolge der Texte ließ ein gewisses Ordnungsprinzip geraten erscheinen, und nach der Entscheidung, daß hierfür das Jahr der jeweiligen Erstpublikation maßgeblich sein sollte, hat sich sozusagen von selbst ein im Resultat erstaunlich klares Bild der Entwicklungslinien dieser japanischen Moderne ergeben.

Die drei ersten Erzählungen stammen von Autoren, die zwischen 1910 und 1914, teils noch als Studenten, die literarische Bühne betraten. »Die Tätowierung« des vierundzwanzigjährigen Tanizaki, mit geradezu rhetorischer Emphase vorgetragen und damals empfunden als eine Literatur des »aus körperlich-sinnlichem Schauder heraufdringenden mythischen Geheimnisses«

(Kafū NAGAI), hat trotz der inhaltlichen Rückwendung in ältere Zeit die japanische Variante modernistisch erotischer Darstellung für das ganze Jahrhundert bis zu den Filmen eines Nagisa ŌSHIMA vorausgeprägt. Ähnliche Nachwirkungen gingen von AKUTAGAWA aus, der nicht nur mit so kunstvoll analytischen Geschichten wie dem »Mordfall im Gestrüpp« (der Hauptvorlage für den »Rashōmon«-Film) brillierte, sondern auch ein Meister des »beiläufigen« Erzählens wie hier im »Chrysanthemenball« war.

Während beide, TANIZAKI wie AKUTAGAWA, von Anfang an zwar nicht gegen die literarische »Szene«, aber doch als in ihr Vereinzelte auftraten, schloß sich SHIGA zunächst der nahezu sektenmäßig formierten Literatengruppe »Shirakaba« (»Weiße Birke«) an, die sich mit gleichnamiger Zeitschrift und unter dem Einfluß des späten Tolstoi 1910 gebildet hatte und den neuen, aus der Einheit von Kunst und Leben schöpfenden, sozial verpflichteten Menschen erstrebte. »Kuniko«, obwohl nach der »Shirakaba«-Zeit entstanden, spiegelt noch deutlich den sich daraus ergebenden Widerspruch zwischen Ideal und Wirklichkeit. Auch Ineko SATA, eine aus ärmlichsten Verhältnissen kommende Erzählerin, gehörte einer utopisch ausgerichteten Gruppierung an: den sogenannten »Proletariern«, die seit der Mitte der zwanziger Jahre als Umfeld um die illegale KPJ eine nicht unbedeutende Rolle spielten; indessen fielen bei ihr, wie »Aus der Bonbonfabrik« zeigt, Schreibziel und gemachte Erfahrung auf ganz natürliche, gleichsam vorideologische Weise in eines.

Mit dem verheerenden Erdbeben vom September 1923, das Tōkyō und seine Umgebung verwüstete und 91 000 Menschenleben forderte (dazu Tausende unter den koreanischen Arbeitern, die die erregte Menge wegen angeblicher »Vergiftung der Brunnen« erschlug), hatte sich auch in der hauptsächlich hier konzentrierten literarischen Welt vieles verändert. Dem Heraufkommen der »Proletarier« folgte als Gegenbewegung eine neuerliche Avantgarde der »Kunst-Literatur«, an deren ersten Schritten an führender Stelle Yasunari KAWABATA beteiligt war; sie sollte, als 1932/33 die politische Verfolgung der »Proletarier« einsetzte, schließlich sogar das zwischen einer Art »Neuer Sachlichkeit« und einem gemäßigten »Nipponismus« gelegene Sammelbecken bilden, in dem die Literatur Militarismus und Krieg überlebte. KAWABATAS Erzählung »Von Vögeln und Tieren« kann als hierfür typisch gelten, »Der Salamander« von IBUSE, obwohl um einiges früher erschienen, markiert die Situation mit dem Mittel der Groteske, wohingegen DAZAI und NAGAI ihre Männerbeichten in »Von Frauen« bzw. »Geliebtes Gesicht« mit dem Schleier einer wie ahnungsvollen Schwermut überzogen.

Bei den ersten nach 1945 publizierten und für den vorliegenden Band ausgewählten Texten handelt es sich um solche, die zum Märchenhaften, zur Parabel tendieren. Ein Zufall? In »Unter der vollen Blüte im Kirschbaumwald« wird sich – so SAKAGUCHI – die wildeste Wildheit schließlich in nichts auflösen; ABES unbehauster Ich-Erzähler in »Der rote Kokon« schafft sich, verwirrt, aus sich selbst die bergende Hülle; die sich verflüssigende Menschheit in »Hochwasser« bewirkt den endgültigen Weltuntergang (oder doch nicht ganz?). Natürlich ging es auch in Japan um »Vergangenheitsbewältigung«. Bereits Ende 1945 lag im Manuskript der erste, brutal realistisch schildernde Hiroshima-Roman vor; die Zensur der Besatzungsmacht ließ ihn, gekürzt, erst drei Jahre später passieren. Die erzählerische Auseinandersetzung mit dem eigenen Militarismus begann ebenso wie die Diskussion um die Kriegsschuld (selbst des Kaisers) im Frühjahr 1946 und dauert bis heute an. Beispiele sind die Nagasaki-Erzählung »Die Nacht davor« von Mitsuharu INOUE, »Der Fang« von Kenzaburō ŌE, »Der Kommandeur« von ODA, aber auch eine Nachkriegsgroteske wie YASUOKAS »Das Kaninchensyndrom« gehört hierher.

Andererseits war die »japanische Moderne« nun längst zu einem Gleichbegriff für alle Literatur des Landes geworden, jedenfalls soweit sie zur sogenannten »reinen Literatur« gerechnet werden kann. Dies bedeutet eine wachsende Vielfalt und Themenbreite, die sich in diesem Band nur gerade noch andeuten ließ. Etwa mit »Frauen-Stücken« wie MISHIMAS »Die Brückenprobe« oder »Einmal hat Makiko gestohlen« von der Erzählerin SETOUCHI; mit psychogrammatisch angelegten Texten wie »Geflügelte Ameisen am Hang« von KITA oder »Das Duell« von KAIKŌ. Unter den jüngeren Autoren auffällig beliebt ist die Tendenz, die Themen auf eine bestimmte Region zu konzentrieren;

so geht es bei NAKAGAMI, wie in »Der Bergasket«, immer wieder um Außenseiterexistenzen in einem südwestjapanischen Waldviertel. Die letzte Prosa des Bandes bringt einen in Japan recht häufigen Typus: die Mischung aus realer Dokumentation, mehr oder minder fiktiver Erzählung und einer Art von »lyrischem« Essay; daß Yasushi INOUES »Ein Brief aus der Wüste« das Thema des Japaners in einer »Japan-Ferne« aufgreift, ist zugleich eine notwendige Ergänzung zu dem Bild, das man sich von der aus sich heraus mehr und mehr »internationalisierenden« Gegenwartsliteratur des Landes zu machen hat.

Zum Schluß danke ich dem Lektorat des Goldmann Verlages für die Geduld, mit der man sich meiner, vor allem bei älteren Übersetzungen stark revidierten Druckvorlagen angenommen hat; unser aller Dank gilt Herrn Tatemi Sakai von der Orion Literary Agency, Tōkyō, für seinen Beistand bei der Klärung der zum Teil recht komplizierten Copyrightprobleme.

Oberursel, im Juni 1990 Siegfried Schaarschmidt

Junichirō Tanizaki

Die Tätowierung

Es geschah dies zu einer Zeit, da man noch die edle Tugend Torheit besaß und nicht wie heute alle Welt wild miteinander im Wettstreit lag. Zu einer Zeit, da man unbeschwert zu genießen liebte; dergestalt, daß es ein einträgliches Gewerbe bedeutete, als Tee-Priester oder Anreißer mit witzigem Geplauder dafür zu sorgen, daß sich die heiteren Mienen der Kavaliere wie der Kaufmannssöhne nicht umwölkten und den Kammerzofen wie den Kurtisanen nie das Lachen ausging. Selbst in den damaligen Bühnenstücken und illustrierten Romanen – »Das Weib des Sadakurō«, »Die Phantomdiebin« oder »Der Donner und die Dirne« –, immer waren die Schönen zugleich auch die Starken und schwach die Häßlichen. Und indem ein jeder danach strebte, möglichst schön zu erscheinen, kam es schließlich dahin, daß man in den von der Natur verliehenen Körper allerlei Pigmente zu träufeln begann. Kräftige, bisweilen prunkvolle Linien und Farben tanzten damals auf so mancher Haut.

Wer die Vergnügungsviertel besuchen wollte, mietete dafür Sänftenträger mit prächtigen Tätowierungen. Die Yoshiwara- und Tasumi-Frauen ihrerseits waren vernarrt in schön tätowierte Männer. Von Glücksspielern und Feuerwehrleuten ganz zu schweigen, ließen sich nicht nur die Bürger, sondern gelegentlich sogar Samurais auf solche Weise einfärben. Beim Tätowiertentreffen, das von Zeit zu Zeit in der Gegend der Zweiländerbrücke abgehalten wurde, stellten die einzelnen Teilnehmer ihre Haut zur Schau; man protzte voreinander mit den phantastischsten Entwürfen, man übte Kritik.

Nun gab es da einen überaus geschickten jungen Tätowierer mit Namen Seikichi. Er wurde als ein Meister gepriesen, der einem Charibun aus Asakusa, einem Yatsuhei aus dem Matsushima-Viertel oder einem Konkonjirō in nichts nachstehe, und die Haut Dutzender hatte sich als weißseidener Grund unter seinem Pinsel ausgebreitet. Die meisten der bei den Tätowiertentreffen belobigten Arbeiten stammten von seiner Hand. Wenn man von Daruma Kin sagte, daß seine Stärke die Schattierungen seien, wenn man in Karakusa Gonta den Virtuosen der scharlachroten Tätowierung bewunderte, so war Seikichi berühmt für seine originellen Kompositionen und seine bezaubernde Linienführung. Ursprünglich hatte Seikichi seinen Unterhalt als Ukiyo'e-Künstler im Stile Toyokunis und Kunisadas verdient; schon deshalb war ihm auch nach dem Abstieg zum Tätowierer durchaus so etwas wie das malerische Gewissen und eine große Sensibilität verblieben. Keiner, der nicht eine Haut und Gestalt besaß, daß sie ihn entzückten, durfte darauf rechnen, ihm eine Tätowierung abzuhandeln. Und nahm er dann doch einen an, mußte dieser sich hinsichtlich des Entwurfs und des Preises ganz seinen Vorstellungen fügen und obendrein einen oder auch zwei Monate lang die schier unerträglichen Qualen unter seiner Nadel erdulden.

Im Herzen unseres jungen Tätowierers schlummerten geheime Sehnsüchte und Begierden. Daß die meisten Männer, wenn er ihre Haut mit der Nadel perforierte, in ein klägliches Stöhnen ausbrachen, weil sie den Schmerz in ihrem vom Blut rot unterlaufenen, aufgeschwollenen Körper nicht auszuhalten vermochten, bereitete ihm, je wilder das Stöhnen wurde, ein um so sonderbareres, schwer zu beschreibendes Vergnügen. Am liebsten wandte er die als überaus schmerzhaft bekannten Methoden des Schattierens oder der Scharlachtätowierung an. Hatten sie nach den durchschnittlich fünf- bis sechshundert Nadelstichen pro Tag schließlich das heiße Bad hinter sich, das zur besseren Festigung der Farben diente, so pflegten seine Kunden einer wie der andere halbtot zu Seikichis Füßen umzusinken, für eine Weile unfähig, auch nur ein Glied zu rühren. Und Seikichi blickte dann gelassen auf die erbärmliche Gestalt hinab, um mit einem behaglichen Lachen zu fragen: »Na, jetzt tut es wohl wirklich weh, was?«

Manchmal kam es vor, daß ein Mann ohne Willenskraft wie in Todesqualen den Mund verzerrte, mit den Zähnen knirschte und schrille Schreie von sich gab; woraufhin Seikichi, mit einem schrägen Blick auf das tränennasse Gesicht des Mannes und während er ungerührt weiterarbeitete, erklärte: »Ihr als Sohn dieser Stadt solltet ein bißchen mehr aushalten! Meine Stiche sind nun einmal besonders schmerzhaft.«

Wenn indessen einer von der unbeugsamen Sorte alles über sich ergehen ließ, ohne auch nur die Brauen zu runzeln, meinte er zu ihm: »Oh, Ihr seid ja hartnäckiger, als es den Anschein hatte. Aber wartet, jetzt wird es mit den Schmerzen allmählich immer ärger werden, so daß Ihr Euch bald nicht mehr zu helfen wißt.« Und dabei lachte er, daß seine weißen Zähne blitzten.

Seit langen Jahren war es Seikichis Wunsch, einmal die schimmernde Haut einer Schönen vor sich zu haben und ihr seine Seele einzuätzen. An den Charakter und das Aussehen einer solchen Frau stellte er allerlei Bedingungen. Ein schönes Gesicht und eine schöne Haut allein vermochten ihn da keineswegs zu befriedigen. Schon hatte er sich all diejenigen vorgenommen, von deren Ruf die verschiedenen Freudenviertel in der Stadt Edo widerhallten, aber darunter nicht eine entdeckt, die in Anmut und Gleichmaß seinem launischen Geschmack entsprach. Fest in seinem Herzen malte sich die Erscheinung des noch unbekannten Wesens, und obwohl er sich bereits das dritte, das vierte Jahr vergebens danach sehnte, dachte er nun um so weniger daran, die Hoffnung aufzugeben.

Eines Abends im Sommer dieses vierten Jahres, als er in Fukagawa am Restaurant *Hirasei* vorüberging, bemerkte er, daß unter dem Bambusvorhang einer vor dem Eingang wartenden Sänfte ein nackter, schneeweißer Frauenfuß hervorlugte. Für sein geschärftes Auge besaß der Fuß eines Menschen einen ebensolchen Ausdruck wie das Gesicht. Und dieser Frauenfuß war für ihn ein Juwel edlen Fleisches. Vom großen bis hin zum kleinen die Regelmäßigkeit der zarten fünf Zehen; das noch die hellrosa Muscheln vom Enoshima-Strand überbietende Kolorit der Nägel; die perlengleiche Rundung der Ferse; dazu der feuchte Glanz der Haut, daß man hätte glauben können, der Fuß sei unablässig von einem klaren Bergquell überrieselt. Ein solcher Fuß würde sich eines Tages vom lebendigen Blut der Männer nähren, er würde auf ihren Leichen gehen. Sie, die einen solchen Fuß besaß, sie endlich, so schien ihm, war die Frau unter allen Frauen, nach der er die vielen Jahre seither voller Verzweiflung gesucht hatte. Um ihr Gesicht zu sehen, bezwang er sein rasendes Herz und folgte der Sänfte; einige Straßen weiter jedoch hatte er sie schon aus den Augen verloren.

Während Seikichis Sehnsucht sich in die heftigste Liebe verwandelte, verging dieses Jahr, und dann kam ein Morgen, an dem auch der Frühling des fünften Jahres fast vorüber war. Seikichi saß in seinem damaligen Haus an der Sagastraße in Fukagawa, den Zahnstocher zwischen den Lippen, und betrachtete auf der aus gefleckten Bambusstäben zusammengefügten, offenen Veranda die Töpfe mit seinen Liliengewächsen, als plötzlich das hintere Gartenpförtchen knarrte und durch die niedrige Hecke ein ihm völlig unbekanntes Mädchen hereinschlüpfte.

Es war eine Botin, die eine Tatsumi-Geisha, mit der er ein Verhältnis hatte, zu ihm schickte.

»Meine Herrin läßt dem Meister diesen Überwurf bringen und bittet ihn, er möge doch das Innenfutter mit irgendeinem Muster bemalen.« Damit faltete sie ein safrangelbes Tuch auseinander und holte daraus, zusammen mit einem Brief, einen Kimono-Überwurf hervor, der in dickes, mit dem Porträt des Schauspielers Iwai Tojaku bedrucktes Papier eingeschlagen war.

In ihrem Brief wiederholte die Geisha ihre herzliche Bitte, sich des Überwurfs anzunehmen, und zum Schluß schrieb sie: Was die junge Botin betreffe, so werde diese über kurzem als Schützling in die Häuser gehen; weshalb sie ihm sehr verbunden wäre, wenn er, ohne freilich sie selber zu vergessen, auch ihr seine Gunst erwiese.

»Ich wunderte mich schon, daß ich mich so gar nicht an dich erinnerte; aber demnach bist du also noch neu in der Gegend«, meinte Seikichi und blickte wieder und wieder auf die jugendliche Gestalt. Sie mochte, schien ihm, kaum sechzehn oder siebzehn sein; ihr Gesicht indessen war merkwürdigerweise so herrlich ausgeprägt wie bei denjenigen, die bereits lange Zeit in den Freudenvierteln zugebracht und die Seelen Dutzender von Männern auf dem Gewissen hatten. Es war dies eine Schönheit, erstanden wie aus den zahllosen Träumen all der anmutigen Männer und Frauen, die hier in der Hauptstadt, wo aus dem ganzen Land die Laster und die Reichtümer zusammenströmten, Jahrzehnt für Jahrzehnt und so seit alters durch den Kreis der Wiedergeburten gegangen waren.

»Oder wäre es möglich«, forschte er weiter, »daß du etwa im vorigen Juni einmal in einer Sänfte vom Restaurant *Hirasei* zurückgekehrt bist?« Wobei er, indem er sie auf die Veranda bat, sorgfältig ihre wohlgeformten bloßen Füße betrachtete, die sie auf die mit einer Binsenmatte belegten Stufe setzte.

»O ja«, erwiderte sie und lachte über seine sonderbare Frage, »damals lebte mein Vater noch, da war ich oft im *Hirasei*.«

»Tatsächlich sind es jetzt fast fünf Jahre, daß ich auf dich warte. Und wenn ich dich heute auch zum ersten Mal von Angesicht sehe, an deinen Fuß erinnere ich mich gut. Komm, laß uns hineingehen und miteinander plaudern, denn ich habe dir etwas zu zeigen.«

Obwohl sie sich verabschieden wollte, nahm er sie bei der Hand, und nachdem er sie in einen Raum im oberen Stock geführt hatte, von wo aus man auf die Wasser des großen Flusses hinaussah, brachte er zwei Bilderrollen und breitete zunächst die eine davon langsam vor ihr aus.

Es handelte sich um ein Bild, auf dem die Prinzessin Mo Xi, die Favoritin des grausamen Kaisers Zhou aus dem chinesischen Altertum, dargestellt war. Von der Schwere einer goldenen, mit Lapislazuli und Korallen besetzten Krone schier erdrückt, hatte sie, in der Rechten eine gefüllte Schale, ihren schlanken Leib ermattet an eine Balustrade gelehnt, so daß der Saum ihres Prunkgewands die Treppe abwärts floß, und blickte hinab in den Hof auf das Opfer, einen Mann, der soeben hingerichtet werden sollte. Sowohl die Erscheinung der Prinzessin wie auch der Ausdruck des Mannes, der, die Hände und Füße mit eisernen Ketten an eine Bronzesäule gefesselt, mit geschlossenen Augen und in Erwartung seines Endes vor ihr den Kopf senkte – alles war mit einer geradezu erschreckenden Kunst ausgeführt.

Für eine Weile starrte die junge Besucherin auf das seltsame Bild, und ohne daß es ihr bewußt war, begannen ihre Pupillen zu funkeln, ihre Lippen zu beben. Auf geheimnisvolle Weise wurde ihr Gesicht allmählich dem der chinesischen Prinzessin ähnlich. Sie entdeckte, darin verborgen, ihr eigenes, wahres Ich.

»Wußte ich es doch«, sagte Seikichi, während er mit einem wohlgefälligen Lachen ihr Gesicht beobachtete, »das ist ein Bild, das dein Innerstes widerspiegelt.«

Sie hob die erblaßte Stirn. »Warum zeigt Ihr mir etwas so Entsetzliches?«

»Die Frau in diesem Bild bist du. Ihr Blut fließt in deinen Adern.« Und damit öffnete er die andere Rolle.

Sie trug den Titel »Die Beute«. In der Bildmitte stand, an den Stamm eines Kirschbaums gelehnt, eine junge Frau und sah unverwandt auf die vielen Leichname der Männer, die, einer über dem anderen, vor ihren Füßen lagen. Dazu Schwärme von Vögeln, die sie mit triumphierendem Gesang umschwirrten, und in den Augen der Frau selber ein Ausdruck schwer bezähmbaren Stolzes und Entzückens. Unklar, ob dies ein Schlachtfeld vorstellte oder einen Blütengarten im Frühling. Der Besucherin war bei diesem Anblick zumute, als spürte sie einem Unbekannten nach, das sie auf den Grund ihres eigenen Herzens verbannt hatte.

»Und dies Bild enthüllt deine Zukunft. Alle die Männer, die hier am Boden liegen, verlieren um deinetwillen ihr Leben«, sagte Seikichi und deutete auf die Frau in dem Bild, deren Gesicht wieder unverwechselbar dem ihren glich.

»Habt Erbarmen und nehmt es rasch weg!« Wie um einer Versuchung auszuweichen, wandte sie der Rolle den Rücken zu und warf sich auf die Matte; doch bald begannen abermals ihre Lippen zu beben. »Meister, daß ich es Euch nur gestehe: Ich bin, Ihr habt es erahnt, von Natur aus wie jene Frau. Seid also nachsichtig und bedrängt mich nicht damit!«

»Laß das feige Gerede und schau dir lieber das Bild genauer an. Du wirst dich nicht mehr lange davor fürchten.« Bei diesen Worten schwebte wie immer ein boshaftes Lachen auf Seikichis Zügen.

Aber sie hob einfach nicht den Kopf. Das Gesicht verhüllt vom Ärmel ihres Kimonos, lag sie da und murmelte ein um das andere Mal: »Nein, Meister, erlaubt, daß ich gehe. Bei Euch wird mir so bange.«

»Bleib, ich bitte dich! Denn ich will dich zu einer Frau machen, die an Schönheit alle übertrifft.« Ohne noch viel zu überlegen, rückte er neben sie. In der Brusttasche seines Kimonos war ein Fläschchen mit einem Betäubungsmittel versteckt, das er einst von einem holländischen Arzt erhalten hatte.

Hell fiel die Sonne auf den Fluß, der Achtmattenraum war wie von Flammen erleuchtet. Die vom Wasser widergespiegelten Strahlen malten ein goldfarbenes, zitterndes Wellenmuster auf das Gesicht der bewußtlos Schlafenden und dahinter auf das Papier der Schiebetüren. Nachdem er auch die seitlichen Wände zugezogen und sein Tätowierwerkzeug herbeigeholt hatte, saß Seikichi eine Zeitlang wie benommen da. Nun erst konnte er ihre unirdische Schönheit so ganz genießen. Er hatte den Eindruck, er würde dessen nie überdrüssig werden, und säße er zehn, säße er hundert Jahre still in diesem Zimmer ihrem reglosen Gesicht gegenüber. Wie das alte Volk von Memphis das heilige Ägypten mit Pyramiden und Sphinxen geschmückt hatte, so war Seikichi im Begriffe, die Haut eines unbefleckten Menschenkindes mit seiner Liebe einzufärben.

Schließlich ließ er die Spitze des Zeichenpinsels, den er mit Daumen, Ringfinger und dem kleinen Finger der Linken hielt, über ihren Rücken gleiten, während er gleichzeitig mit der rechten Hand die Stechnadel führte. Die Seele des jungen Tätowierers hatte sich in die Tusche hinein aufgelöst; nun sickerte sie in die Haut des Mädchens. Und die einzelnen Tropfen des mit Branntwein vermischten Ryūkyū-Zinnobers, den er hineinträufelte – es waren Tropfen von seinem Blut. Er erkannte in ihnen die Art seines eigenen Inneren.

Unvermerkt war der Mittag vorübergegangen, schon fiel über dem heiteren Frühlingstag die Dämmerung; aber nicht einen Augenblick ruhte Seikichis Hand, so wenig die Schlafende ihrerseits erwachte.

Und als einmal, besorgt über das lange Ausbleiben der Kleinen, der Hausdiener der Geisha angelaufen kam, jagte ihn Seikichi davon, indem er ihm erklärte: »Wenn du die Botin meinst – sie ist längst wieder fort!«

Später hing über der Residenz des Tosa-Fürsten auf dem jenseitigen Ufer der Mond, und eine unwirkliche Helle erfüllte die Räume all der Häuser längs des Flusses; doch die Tätowierung war noch nicht zur Hälfte fertig, so daß Seikichi immer aufs neue den Docht der Kerze putzen mußte.

Schon einen einzigen Farbpunkt einzuätzen, fiel ihm nicht leicht. Sooft er die Nadel einstach, sooft er sie herauszog – jedesmals tat er dabei einen tiefen Seufzer, war es ihm, als würde sein eigenes Herz durchbohrt. Allmählich bildete sich aus den Einstichpunkten die riesige Gestalt einer schillernd gefleckten Spinne heraus; und als die Stunde kam, da es draußen wieder zu tagen begann, hielt mit seinen gestreckten acht Beinen dieses unheimliche, dämonische Tier den ganzen Rücken umspannt.

Die Frühlingsnacht zerteilte sich unter den Ruderschlägen der auf- und abwärtsziehenden Boote; im Dunst, aus dem sich nach und nach die vom Frühwind geschwellten weißen Segel lösten, erglänzten die Ziegeldächer von Chūshū, Hakozaki und Reigan. Und jetzt endlich legte Seikichi den Pinsel beiseite und betrachtete die Spinne, die er in den Mädchenrücken gestochen hatte. Alles, was seine Existenz ausmachte, lag in dieser Tätowierung. Mit dem Abschluß dieser Arbeit war in seinem Herzen eine große Leere entstanden.

Hiernach blieben sie, nun beide, reglos so für lange Zeit. Bis Seikichis leise, heisere Stimme hörbar wurde, wie sie sich bebend an den vier Wänden des Raumes brach. »Um dich wahrhaft zur schönen Frau zu machen, habe ich meine Seele in die Tätowierung gegossen, und also wird es künftig in Japan landauf, landab keine mehr geben, die dich übertrifft. Du bist nicht mehr furchtsam wie bisher. Alle Männer müssen dir zur Beute werden, aus der du dich nährst . . .«

Als hätten diese Worte sie erreicht, stieg wie ein dünner Faden ein schwaches Stöhnen über ihre Lippen herauf. Allmählich kam sie wieder zu Bewußtsein. Schwer atmete sie ein und schwer atmete sie aus, dabei so die Schultern hebend und senkend, daß die Spinnenbeine wie lebendig zuckten.

»Es scheint dich zu peinigen. Das ist, weil die Spinne deinen Leib umklammert.«

Sie hob mit einem ausdruckslosen Blick ein wenig die Lider, wie jedoch der abendliche Mond an Helle zunimmt, so begannen ihre Augen nach und nach zu funkeln, bis ihr Leuchten das Gesicht des Mannes beschien.

»Meister«, sagte sie noch halb im Traum, aber in ihrer Stimme schwang so ewas wie eine wilde Entschlossenheit mit, »laßt mich geschwind die Tätowierung auf meinem Rücken sehen; wenn Ihr mir denn Euer Leben geschenkt habt, muß ich davon ja wirklich schön geworden sein!«

»Nun, zunächst nimmst du ein Bad, damit sich die Farben befestigen.«

Seikichi hatte sich über ihr Ohr gebeugt und murmelte, wie um sie zu bemitleiden. »Das wird weh tun, doch du beherrschst dich, nicht wahr?«

»Wenn ich nur schön werde, will ich alles, was auch immer, ertragen«, erwiderte sie, wobei sie sich, ungeachtet der Schmerzen in ihrem Körper, zu einem Lächeln zwang.

Aber dann im Bade: »Oh, brennt das heiße Wasser auf meiner Haut! ... Meister, ich flehe Euch an, laßt mich allein! Geht hinauf und wartet auf mich! Ich mag nicht, daß mich ein Mann so elend sieht.«

Unfähig, sich beim Heraussteigen auch nur abzureiben, stieß sie Seikichis hilfreiche Hand beiseite und warf sich in rasenden Qualen auf den Lattenrost, um mit einem Alptraumächzen so liegenzubleiben. Wie vom Wahnsinn verwirrt, fiel ihr kummervoll das Haar über die Wangen. Hinter ihr stand ein Spiegel. Zwei schneeweiße Fußsohlen schimmerten in seinem Glas.

Daß sie sich so ganz anders benahm als tags zuvor, verwunderte Seikichi über die Maßen; doch tat er, wie sie ihn geheißen hatte, und wartete allein im oberen Stock. Und kaum war eine halbe Stunde vergangen, als sie, das gewaschene Haar auf beide Schultern gekämmt und wieder in ihrem Kimono, vor ihm erschien.

Um ihre heiter geschwungenen Brauen verriet nichts mehr die ausgestandenen Schmerzen, und während sie sich gegen das Fenstergeländer lehnte, sah sie in den leicht verschleierten Himmel hinauf. Seikichi legte die beiden Bilderrollen vor ihr nieder und sagte: »Ich schenke sie dir zusammen mit der Tätowierung; du darfst sie mitnehmen, wenn du gehst.«

»Oh«, erwiderte sie, »jetzt habe ich meine frühere Furcht restlos abgestreift. Und Ihr, Meister, seid meine erste Beute!«

Dabei blitzten ihre Augen wie Schwerter. In ihren Ohren hallte es von triumphierendem Gesang.

»Zeig mir, bevor du gehst, noch einmal die Tätowierung«, bat Seikichi.

Sie senkte schweigend den Kopf und streifte den Kimono von ihren Schultern. In diesem Augenblick fiel die Morgensonne voll auf das tätowierte Bild, und prächtig erglänzte der Rücken der jungen Frau.

Ryūnosuke AKUTAGAWA

Der Chrysanthemenball

Es war in der Nacht des dritten November im 19. Jahr der Ära Meiji. Die siebzehnjährige Akiko stieg, von ihrem kahlköpfigen Vater begleitet, die Treppen des Rokumeikan empor, wo an diesem Abend ein festlicher Ball stattfinden sollte. Chrysanthemen, die an ihrer vollkommenen Schönheit fast etwas Künstliches hatten, schmückten in drei parallel laufenden Girlanden die breite, hell von Gasleuchtern bestrahlte Treppe. Die Blütenblätter der hintersten Girlande waren rot, die der mittleren tiefgelb und die der vorderen strahlend weiß. Oben, wo die Treppe zu Ende war, fluteten aus dem Ballsaal ununterbrochen, gleich einem nicht unterdrückbaren Seufzer überströmenden Lebensglücks, muntere Orchesterklänge.

Akiko hatte schon früh die französische Sprache und europäisch tanzen gelernt. Aber heute abend sollte sie den ersten offiziellen Ball besuchen. Aus diesem Grunde gab sie ihrem Vater, als er sich auf der Hinfahrt im Wagen mit ihr zu unterhalten suchte, nur recht geistesabwesende Antworten. In der Tiefe ihres Herzens hatte sich ein Gefühl der Unruhe erhoben, das man als frohe Angst hätte bezeichnen können.

Aber kaum hatte sie das Gebäude des Rokumeikan betreten, da erlebte sie Dinge, die sie ihre Unruhe völlig vergessen machten. Als sie auf halber Höhe der Treppe angekommen waren, überholten sie einige hohe chinesische Staatsbeamte. Diese sehr beleibten Herren warfen, als sie auseinander traten, um den beiden Vortritt zu lassen, überraschte Blicke auf Akiko. Wahrhaftig, in ihrem schlichten rosenfarbenen Tanzkleid, das hellblaue Band um den edel geformten Hals und mit der aus ihrem schwarzen Haar heraus duftenden Rose besaß Akiko die ganze Schönheit der jungen Frauen des sich nun der Welt aufschließenden Japan –

eine Schönheit, die die Augen der chinesischen Beamten, denen die langen Haarschwänze den Rücken herabbaumelten, durchaus verblüffen mußte. Und gerade als sie dies selber wahrnahm, eilte ein Japaner im Schwalbenschwanz an ihr vorbei die Treppe hinab, wandte unwillkürlich den Kopf nach ihr um und warf ihr einen überraschten Blick zu. Dann legte er, als sei ihm etwas eingefallen, die Hand an seine weiße Krawatte und eilte durch die Chrysanthemengirlanden zum Eingang hinunter.

Als Akiko und ihr Vater ganz oben angekommen waren, fanden sie an der Tür des Ballsaals die Gastgeber des Abends, einen Grafen mit meliertem Backenbart und die ein wenig ältere Gräfin, die mit letzter Vollkommenheit nach der Mode der Zeit Ludwigs XV. gekleidet war. Beide hießen die Gäste überaus würdig willkommen. Es entging Akiko nicht, daß bei ihrem Anblick über das alte listige Gesicht des Grafen für einen Augenblick der Ausdruck unschuldiger Bewunderung huschte. Ihr sehr gutmütig aussehender Vater stellte sie mit einem glücklichen Lächeln dem Grafen und der Gräfin vor. Akiko empfand Scham und Stolz zugleich. Gleichwohl fand sie noch Zeit, in dem hochmütigen Gesicht der Gräfin etwas Vulgäres zu bemerken.

Auch in dem Ballsaal prangten die Chrysanthemen in märchenhafter Fülle. Und die kostbaren Spitzen und Blumen und Elfenbeinfächer der eines Tanzpartners harrenden jungen Damen bewegten sich geräuschlos in der erfrischenden Süße der Wohlgerüche. Akiko trennte sich bald von ihrem Vater und schloß sich einer Gruppe prachtvoll gekleideter junger Damen an. Es waren alles Mädchen ihres Alters, und sie trugen hellblaue und rosenfarbene Tanzkleider. Als sie Akiko begrüßten, zwitscherten sie sanft wie Vögel und bewunderten sie, wie bezaubernd sie heute aussähe.

Aber da trat bereits ein französischer Marineoffizier, den Akiko bisher noch nie gesehen hatte, ganz ruhig auf sie zu. Er verbeugte sich höflich nach japanischer Art und ließ dabei seine beiden Arme hinab zu den Knien gleiten. Akiko spürte, wie ihr das Blut leicht in die Wangen stieg. Es verstand sich von selbst, was die Verbeugung besagen sollte, und so wandte sie sich an die neben ihr stehende junge Dame, damit sie ihr solange den Fächer halten möge. Sie wandte sich gerade wieder um, da sagte der französische Marineoffizier mit einem kleinen Lächeln auf den Wangen und in einem etwas fremdartig klingenden Japanisch ganz deutlich:

»Wollen Sie nicht mit mir tanzen?«

Und Akiko tanzte mit ihm sofort den Walzer von der blauen Donau. Ihr Partner hatte ein sonnengebräuntes Gesicht, klar geschnittene Züge und einen dicken Schnurrbart. Sie war von Gestalt zu klein, um zu ihm hinauf zu reichen; sie legte ihre eine Hand, die in einem langen Handschuh steckte, auf die linke Schulter seiner Uniform. Doch der erfahrene Offizier führte sie geschickt und spielerisch leicht durch die Menge. Dann und wann flüsterte er auf französisch liebenswürdige Schmeicheleien in ihr Ohr.

Sie erwiderte sie mit einem scheuen Lächeln und sah sich von Zeit zu Zeit in dem Ballsaal um, durch den sie tanzten. Zwischen den Menschenwogen konnte sie Vorhänge von Purpurseide mit dem kaiserlichen japanischen Wappen darauf sehen und das fröhlich glitzernde Silber und das nüchterne, matte Gold der Chrysanthemen unter der chinesischen Flagge, auf der ein blauer Drache seine Klauen spreizte. Einen Augenblick lang hielten die Menschenwogen, von den wie Champagner auf sie herabperlenden heiteren Melodien des deutschen Orchesters aufgerührt, in ihrer schwindelerregenden Bewegung inne. Als Akiko eine ihrer Freundinnen auf sich zu tanzen sah, nickte sie ihr glücklich zu, während jene eilig an ihr vorüberschwebte. Im gleichen Augenblick wirbelte wie ein großer Nachtschmetterling von irgendwoher ein anderer Tänzer zwischen sie.

All die Zeit über spürte sie sehr wohl, daß der französische Marineoffizier jede ihrer Bewegungen genau beobachtete. Dieser Ausländer, der Japan noch nicht sehr gut kannte, war offenbar von der Lebhaftigkeit ihres Tanzes überrascht und bezaubert. Lebte auch diese reizende junge Dame wie eine Puppe in einem Haus aus Papier und Bambus? Nahm sie mit zierlichen Eßstäbchen aus Metall die Reiskörner aus den mit blauen Blumen bemalten Schälchen, die nicht größer als die Innenfläche einer Hand waren? Diese Fragen schienen sich in seinem freundlich lächelnden Gesicht immer wieder aufs neue zu spiegeln. Akiko belustigte das, aber sie empfand auch Stolz dabei, und so glitten ihre prachtvollen, rosenfarbenen Tanzschuhe noch beschwingter über das glatte Parkett, wenn sie seine überraschten Blicke auf ihren Füßen ruhen fühlte.

Aber schließlich schien der Offizier zu bemerken, daß die junge Dame, die so sanft und anmutig wie ein Kätzchen war, langsam ermüdete, und so fragte er sie, während er ihr in die Augen sah:

»Sollen wir weitertanzen?«

»Non, merci«, erwiderte Akiko mit deutlicher, aber erregt klingender Stimme.

Darauf bahnte sich der Franzose, noch immer mit ihr tanzend, einen Weg durch das Gewoge von schimmernden Spitzen und Blumen und führte sie mit nachlässiger Eleganz zu den Chrysanthemenvasen an der Wand. Nach der letzten Tanzumdrehung ließ er sie auf einem dort stehenden Stuhle Platz nehmen, und dann verbeugte er sich noch einmal, nachdem er sich in seiner Uniform stramm aufgerichtet hatte, tief nach japanischer Art.

Bald darauf tanzten beide noch eine Polka und eine Mazurka miteinander, hierauf griff Akiko nach dem Arm des französischen Offiziers und schritt mit ihm die an beiden Seiten mit weißen, gelben und rosenroten Chrysanthemen geschmückten Treppen hinunter in den großen Empfangssaal.

Dort, mitten unter Schwalbenschwänzen und weißen Frauenschultern, die unablässig hin und her wogten, war eine ganze Reihe von Tischen, auf denen viel Silber und Kristall glänzte, hoch mit Fleischgerichten und Trüffeln beladen, ragten Türme von Sandwiches und Eiscreme, Pyramiden von Granatäpfeln und Feigen. Besonders hübsch war ein goldfarbenes Gitter mit künstlichen Weinranken, die ihre grünen Blätter über die Chrysanthemen hinweg zur Wand hin streckten. Zwischen diesen Blättern hingen gleich Wespennestern üppige Bündel von violetten Trauben. Vor dem goldschimmernden Gitter entdeckte Akiko ihren kahlköpfigen Vater, der, eine Zigarre rauchend, mit einem Herrn gleichen Alters plauderte. Als er sie sah, nickte er ihr leicht, doch mit offensichtlichem Stolze zu, dann wandte er sich, ohne sie zu beachten, wieder seinem Gesprächspartner zu und rauchte weiter.

Der französische Marineoffizier begab sich mit Akiko an einen der Tische, und die beiden ließen sich nun die herrliche Eiscreme munden. Während Akiko aß, bemerkte sie, wie die Augen des

Franzosen immer wieder von ihren Händen, ihrem Haar und ihrem von dem blauen Band verzierten Hals magnetisch angezogen wurden. Natürlich verstimmte sie das keineswegs, und doch leuchtete für einen Augenblick ein echt weiblicher Argwohn in ihren Augen auf. Als zwei junge Damen, die wie Deutsche aussahen, mit roten Kamelienblüten an der schwarzsamtenen Brust vorübergingen, rief sie, um diesem Zweifel Ausdruck zu verleihen:

»Die europäischen Frauen sind doch wirklich unvergleichlich schön!«

Aber der französische Offizier schüttelte, zu ihrem Staunen, nur ernst den Kopf und erwiderte:

»Auch die japanischen Frauen sind schön. Und ganz besonders Sie!«

»Oh, nein.«

»Ich bitte Sie! Das ist nicht nur einfach ein Kompliment. Sie könnten wirklich, so wie Sie jetzt sind, auf einem Pariser Ball erscheinen, und alle würden bewundernd aufblicken! Denn Sie sehen wie eine Prinzessin auf einem Gemälde von Watteau aus.«

Akiko wußte nicht, wer Watteau war, und so erlosch die Vision der zaubervollen Vergangenheit, die der französische Marineoffizier heraufbeschworen hatte – die Vision eines Springbrunnens in einem schattigen Hain und von welkenden Rosen –, ohne auch nur eine Spur zu hinterlassen. Doch dieses japanische Mädchen, das doppelt so empfindsam wie andere war, vergaß, während es mit seinem Eiscremelöffel spielte, durchaus nicht, seine Gedanken weiterzuspinnen.

»Ich möchte gern auf einen Pariser Ball. Nur einmal sehen, wie es dort aussieht!«

»Oh, ein Pariser Ball ist genau wie dieser hier!«

Dabei blickte der Marineoffizier auf die um ihn her wogenden Menschen und auf die Chrysanthemen, die den Tisch vor ihnen umstanden. Dann legte er plötzlich, während ein ironisches Lächeln in seinen Augen aufblitzte, seinen Eiscremelöffel beiseite und fügte wie im Selbstgespräch hinzu:

»Nicht nur in Paris. Die Bälle sind auf der ganzen Welt die gleichen.«

Eine Stunde später standen Akiko und der französische Marineoffizier unter dem Licht der Sterne Arm in Arm auf dem Balkon vor dem Ballsaal. Sie waren von vielen anderen japanischen und ausländischen Gästen umringt.

Jenseits des Balkongitters ragten Kiefern, die den ganzen weiten Garten erfüllten, still mit ihren ineinanderreichenden Zweigen, und da und dort leuchteten zwischen den Enden der Zweige kleine rote Papierlaternen. Auf dem Grund der kalten Nachtluft schien der vom Garten her aufsteigende Duft von Moos und abgefallenen Blättern leise und schwebend den Atem des einsamen Herbstes mitzuführen. In dem Ballsaal hinter ihnen wogten noch immer unablässig die kostbaren Spitzen und Blumen unter den Vorhängen von violettem Seidenkrepp, auf dem das kaiserliche Chrysanthemenwappen mit den sechzehn Blütenblättern eingefärbt war. Und auf dieses Meer von Menschen peitschte der Wirbelwind der Orchestermusik in hohen, manchmal schrillen Tönen gnadenlos herab.

Natürlich ließen auch von dem Balkon aus pausenloses Geplauder und Lachen die Nachtluft unaufhörlich schwingen. Als dann ein prachtvolles Feuerwerk über die Kiefern in den Himmel hinaufschoß, ertönte aus den Kehlen der auf dem Balkon versammelten Menschen fast ein einziger Ausruf des Entzückens. Akiko unterhielt sich leichthin mit einer jungen Dame, die sie gut kannte, doch besann sie sich bald und fand den französischen Offizier, der mit seinen Armen die ihren stützte, schweigsam zu dem Sternenhimmel über dem Garten aufblickend. Sie hatte das Gefühl, daß er von Heimweh bewegt war, und so sagte sie, während sie verstohlen zu ihm aufsah, in einem halb neckenden Ton:

»Sie denken jetzt sicher an Ihre Heimat!«

Der Franzose, wie immer mit einem Lächeln in den Augen, wandte sich ihr ruhig zu. Statt »Non!« zu antworten, schüttelte er seinen Kopf wie ein Kind.

»Aber Sie sinnen doch über irgend etwas nach.«

»Raten Sie einmal!«

Gerade in diesem Augenblick begann die Menge um sie erneut zu lärmen, es klang, als wollte sich ein Sturmwind erheben. Wie in geheimem Einverständnis brachen Akiko und der Franzose ihre Unterhaltung ab und sahen zu dem Nachthimmel auf, der schwer auf die Kiefern im Garten herabdrückte. Da plötzlich begannen ein paar rote und blaue Raketen, die ihre Spinnenbeine gegen die Dunkelheit warfen, zu erlöschen. Akiko fand dies aus irgendeinem Grunde so wunderschön, daß es sie traurig stimmte.

»Ich dachte an dieses Feuerwerk. An dieses Feuerwerk, das wie unser Leben ist«, sagte der französische Marineoffizier, während er freundlich auf Akikos Gesicht heruntersah, in einem fast belehrenden Ton.

Es war im Herbst des 7. Jahres der Ära Taishō. Auf dem Heimweg zu ihrer Villa in Kamakura traf Akiko in der Eisenbahn zufällig einen jungen Schriftsteller, mit dem sie leicht befreundet war. Er hatte einen Strauß weißer Chrysanthemen, die er einem Bekannten in Kamakura bringen wollte, ins Gepäcknetz gelegt. Akiko, nun die betagte Frau H., bemerkte zu ihm, daß sie beim Anblick von Chrysanthemen stets an ein bestimmtes Erlebnis ihrer Jugend erinnert werde, und sie berichtete ihm von jenem Ball im Rokumeikan mit allen Einzelheiten. Der junge Schriftsteller fühlte sich, als er diese Geschichte aus dem Munde der alten Dame hörte, tiefbewegt. Und als sie mit dem Erzählen fertig war, fragte er, ohne sich viel dabei zu denken: »Gnädige Frau, kennen Sie auch den Namen dieses französischen Offiziers?«

Da gab ihm die alte Dame eine gar unerwartete Antwort. »Natürlich. Er hieß Julien Viaud.«

»Dann war es also Loti, nicht wahr? Pierre Loti, der ›Madame Chrysanthème‹ geschrieben hat!«

Der junge Mann fühlte sich freudig erregt. Doch die alte Dame sah ihm nur staunend in die Augen und murmelte immer wieder: »Nein, es war nicht Loti. Es war Julien Viaud*!«

---

* Pierre Loti (1850–1923), französischer Schriftsteller, bereiste als Marineoffizier den Fernen Osten. Sein bürgerlicher Name war Julien Viaud.

Naoya SHIGA

Kuniko

Ich kann nicht leugnen, daß ich an Kunikos Selbstmord schuldig bin. Ich will es durchaus nicht abstreiten, aber was hätte ich tun sollen? Hätte ich es nur im leisesten geahnt, daß sie sich mit Selbstmordgedanken trug, so hätte ich sie auch sicher retten können. Gewiß, ich war nachlässig. Aber ich glaubte es sein zu dürfen. Nicht im Traume wäre ich auf den Gedanken gekommen, Kuniko so schlecht zu behandeln, daß sie sich das Leben nehmen mußte! Ich habe sie von Herzen geliebt. Einem Außenstehenden mag es vielleicht auch vollkommen unbegreiflich sein, warum sie, drei Kinder hinterlassend, freiwillig aus dem Leben schied. Sicherlich hatte es nach außen hin den Anschein, daß ich sie gut behandelte, aber in Wirklichkeit war ich entweder grausam zu ihr, oder sie hat sich, ohne daß sich ihr Herz wirklich danach sehnte, in einem nur vorübergehenden Anfall von Schwermut das Leben genommen. Anders ist das, sollte man meinen, kaum denkbar. Aber keines von beidem trifft zu. Ich habe Kuniko wahrhaftig von ganzem Herzen geliebt. Ich kann mir nicht vorstellen, daß sie mir das nicht glaubte. Und dennoch, als ich sie tot sah, hatte ich plötzlich das Gefühl, ihr Selbstmord wäre unausweichlich gewesen.

Letzten Endes trifft es wohl eben doch zu, daß ich Kuniko getötet habe. Ein ungeheuerlicher Gedanke. Er peinigt mich seit Kunikos Tod unablässig. Und obgleich ich diesen Vorwurf als absurd bezeichne, vermag ich ihn doch nicht ganz zurückzuweisen. Mit Reue allein ist mir freilich nicht geholfen. Was war es denn eigentlich, das Kuniko in den Tod getrieben hat? Ich habe seitdem unablässig darüber nachgedacht, aber es ist mir nie klar geworden. »Niemand, der sich das Leben nahm, hat je seine geheimsten Gedanken vor dem Tode so niedergeschrieben, wie sie wirklich waren«, las ich einmal in einem Abschiedsbrief eines Selbstmörders, und so ist es nur natürlich, daß es auch mir nicht möglich ist, alles, was Kuniko in den Tod getrieben, bis ins letzte zu erfahren und zu verstehen. Da ich ein Bühnenschriftsteller bin, der das Schreiben zu seinem Beruf erwählte, bin ich nicht damit zufrieden, meine blinde Torheit lediglich zu verurteilen und mich in Reuegefühle zu hüllen. Ich muß mein Unglück – ich sage nicht »Kunikos Unglück«, sondern »mein Unglück« – niederschreiben. Vielleicht kommen dabei die in mir düster schwebenden Gedanken endlich zur Ruhe. Es soll durchaus keine Selbstverteidigung sein. Vielleicht aber erlange ich inneren Frieden, wenn ich mich selbst besser verstehen lerne.

Kuniko war von ihrer frühesten Jugend an ein bedauernswertes Geschöpf. Sie war nicht gerade ein Bettelkind, aber sie wuchs in fast bettlerhafter Armut auf.

Wie sie mir einmal erzählte, ging sie jeden Sommer, am Tag des allgemeinen Großreinemachens, zusammen mit ihrer Mutter in die Stadt und sammelte aus den vor den Häusern hoch aufgestapelten Abfallhaufen alte Holzschuhe, Fächer, Lumpen und Glasflaschen auf. Sie war fünf, sechs Jahre und trug auf ihrem Rücken das viel zu große Bündel nach Hause. Dabei hielt sie es keineswegs für bittere Armut, wenn sie neben ihrer Mutter eifrig mit einem Bambusstock in dem Müll vor den Häusern kramte. Sie tat es mit Vergnügen, es war für sie ein fröhliches Ereignis, das in jedem Jahre nur einmal stattzufinden pflegte. Eines Tages entdeckte Kuniko in einem Abfallhaufen einen kleinen Ring, der ihr von ungeheurem Wert schien. Sie hielt den Stein für einen Rubin, aber es war in Wahrheit nur rotes Glas. Wertloser Tand also, wie er im Krämerladen für zehn oder fünfzehn Sen zu haben war. Aber ihre Freude daran mochte sehr viel größer gewesen sein als die, mit der sie später einen Juwelenring von mir entgegennahm, den ich ihr zur Erinnerung an meinen ersten Theatererfolg zum Geschenk machte.

»Es ist schlecht von mir, so zu sprechen, aber es ist die Wahrheit«, sagte sie und fuhr dann fort zu erzählen. Sie hütete den gefundenen Ring sehr sorgsam als einen Schatz ohnegleichen, aber nach wenigen Tagen lockerte sich die silberne Kralle, die das rote Glas umschloß, und das Juwel ging verloren. Da weinte sie bitterlich, und ihre Tränen wollten gar nicht mehr versiegen. Ihr Kummer muß unendlich groß gewesen sein.

»Ich weiß nicht, wie ich das anderen beschreiben soll, aber mich hat der Verlust so tief geschmerzt, daß ich es mein Leben lang nicht vergessen kann.«

Mit dreizehn hatte sie sich von ihrer Mutter trennen müssen. Sie strickte damals auf einer kleinen, noch mit der Hand zu bedienenden Maschine schottische Strümpfe, um sich das Leben ein wenig zu erleichtern, da starb ihre Mutter unter furchtbaren Schmerzen an Darmkrebs.

Es war für Kuniko eine bittere Erfahrung, in so jungen Jahren sich ganz allein durchs Leben schlagen zu müssen. Da sie auffallend hübsch war, meinte ein Mann aus der Nachbarschaft, man möge sie in ein Geishahaus stecken und dort ausbilden lassen. Aber ein anderer, der ein wenig wohlwollender dachte, führte sie in eine befreundete Familie als Kindermädchen ein. Später arbeitete sie sogar in einer Fabrik und eine Zeitlang auch in dem Speisesaal eines Bahnhofrestaurants.

Ich lernte Kuniko kennen, als sie in einem Berghotel, das nur im Sommer betrieben wurde, beschäftigt war. Mir fiel ihr hübsches Gesicht sofort auf, aber ihre Hände waren nicht schön. Jedesmal bemerkte ich das mit Bedauern, wenn sie die Teller auf meinen Tisch stellte. An einem ihrer Finger steckte ein glatter, dicker Ring. Ich war nicht einmal besonders enttäuscht, als ich ihn entdeckte, obgleich ich mich von Anfang an recht stark zu ihr hingezogen fühlte. Ich wußte nicht, ob dieser Ring das Zeichen der Ehe oder eines Verlöbnisses war, ich hielt ihn eher für einen Talisman, mit dem das Mädchen Unheil von sich abzuwenden gedachte.

Ich nahm Kuniko gegenüber zunächst eine kühl abwartende Haltung ein, obgleich mir natürlich der Gedanke an einen kleinen Flirt nicht wenig verlockend erschien. Ich war damals sechsunddreißig Jahre alt und noch unverheiratet. Es war mir fast zur Gewohnheit geworden, Beziehungen zu Frauen nicht allzu ernst zu nehmen. Beim Anblick einer schönen Frau, die ich noch gar nicht liebte, erhob sich leicht ein ungeordnetes Begehren in mir, zumal wenn es den Umständen nach gar nicht allzu schwer erschien, sich ihr vertraulich zu nähern. Das war der Grund, weshalb mir auch Kuniko gegenüber anfangs der wirkliche Ernst gefehlt hat.

Als ich eines Abends von meiner Arbeit ermüdet war (ich hatte sie abgebrochen, da ich einfach nicht weiterkam), andererseits aber einen zu vollen Kopf hatte, um einschlafen zu können, begab ich mich auf leisen Sohlen – es war schon nach elf Uhr, und ich wollte die übrigen Gäste nicht stören – durch den langen Gang zu dem Billardsaal, um durch ein kurzes Spiel die innere Gespanntheit loszuwerden.

Man gelangte zu diesem Saal, indem man von der Eingangshalle aus ein paar Stufen hinanstieg, einen langen Gang durchschritt und dann wieder einige Stufen hinabging. An der linken Seite dieses Ganges befanden sich zwei Zimmer, die man nur bei besonders großem Andrang von Gästen zu benutzen pflegte. Aus einem dieser Räume hörte ich nun, wenn auch nur ganz leise, eine männliche und eine weibliche Stimme, die miteinander stritten. An diesen Zimmern gingen im allgemeinen nur Gäste vorbei, die sich zum Billardsaal begaben, aber da es hierfür schon zu spät war, mußte ich annehmen, daß hier ein heimliches Stelldichein stattfand. Ich hatte den Gang schon zur Hälfte durchschritten und wollte daher nicht einfach umkehren. Es schien mir, daß sich der Mann dem Mädchen, das ihn abwies, mit Gewalt aufzudrängen versuchte, und daher schritt ich mit gewöhnlich lauten Schritten an dem Zimmer vorbei. Im gleichen Augenblick stürzte, die halb offene Tür aufstoßend, eine junge Frau heraus, die um ihr Nachtgewand einen schmalen Gürtel trug. Es war Kuniko mit einem vor Erregung fast bis zur Häßlichkeit geröteten Gesicht. Durch die geöffnete Tür ergab sich ein ungehinderter Blick in das Zimmer, und dort saß ein im gleichen Speisesaal bedienender Boy auf dem Bett und starrte auf mich mit haßerfüllten Augen. Ohne anzuhalten, begab ich mich zum Billardzimmer hinab.

Als ich am nächsten Morgen in den Speisesaal trat, war mir die Aussicht, die beiden anschauen zu müssen, nicht wenig peinlich. Was das Mädchen betraf, so hatte sie ja nichts Böses getan, aber ich vermutete, daß sich der junge Mann schämte, mir in die Augen zu sehen. So nahm ich mir vor, ihm etwa zu sagen: »Es hat nichts auf sich, seien Sie ohne Sorge! Ich werde es niemandem weitererzählen.« Ich hatte in der Tat den jungen Hotelangestellten recht gerne. Wenn er, fröhlich den Gong schlagend, mit großen Schritten durch die Gänge eilte, war seine Gestalt erfrischend jung; er war zudem zu den Gästen höflich, hatte Verstand, und es war doch für einen jungen Menschen, der einen ganzen Sommer abgeschlossen in den Bergen zu verbringen hatte, ein Vorfall wie der von gestern abend nur allzu natürlich, und da sein Vorhaben zudem gescheitert war, gab es meiner Meinung nach auch nicht viel zu tadeln.

Als ich aber den Speisesaal betrat, waren aus irgendeinem Grund die beiden nirgends zu erblicken. An meinem Tische bediente ein anderes Mädchen. Sie sah mir flüchtig in die Augen, und dabei erschien auf ihren Wangen ein feines Lächeln, mit dem sie mir heimlich zu erkennen gab, daß auch sie von dem Geschehen der vergangenen Nacht wußte.

Während des Mittagessens tauchte Kuniko wieder auf, aber sie bediente an ziemlich entfernten Tischen und war sichtlich bemüht, mir nicht ins Gesicht zu sehen. Doch als ich mir nach dem Essen den Tee auf die Veranda bringen ließ und von dort aus mit dem Blick auf die fernen Berge eine Zigarette rauchte, näherte sie sich mir mit errötenden Wangen und sagte mit leiser Stimme: »Ich danke Ihnen für gestern abend« und neigte dazu höflich den Kopf, zog sich aber sofort wieder zurück. Ohne Zweifel, ich hatte ihr aus reinem Zufall einen guten Dienst erwiesen, der Boy hingegen hatte entlassen werden müssen, weil er von mir entdeckt worden war, und das fand ich bedauerlich. Kuniko hatte wohl den Vorfall, da ich Zeuge gewesen war, von sich aus dem Hotel bekanntgegeben.

Seitdem wurden wir allmählich miteinander vertrauter. Aber zu engeren Beziehungen kam es erst ein halbes Jahr darauf, als Kuniko in einem Kaffeehaus in Shiba tätig war. Mit Kaffeehausmädchen sich anzufreunden war kein schwieriges Problem für mich, die Freundschaft zwischen Kuniko und mir indessen war bisher allzu rein gewesen, und so bedurfte es eines besonderen »Sprungs«, falls ich sie um mehr bitten wollte. Wenn Kuniko mit einer mir fast zu ernst erscheinenden Miene auf jenen Vorfall anspielte: »Damals hast du mir wirklich sehr geholfen!«, da brachte ich nichts weiter über die Lippen als: »Aber bitte, das war nichts weiter!« Es wäre mir allzu schwergefallen, ihr etwa zu bedeuten: »Nun, wenn du mir ein wenig dankbar sein willst...« Sie verehrte ja in mir, wie sie sagte, einen reinen und sauberen Menschen, und daher mochte ich ihr Vertrauen nicht enttäuschen. Es hat noch ein halbes Jahr gedauert, bis wir ganz zusammenkamen. Während dieser Zeit ging ich übrigens nicht dauernd bei ihr ein und aus. Ich besuchte sie nur einige Male in der Woche. Der Ausdruck auf ihrem Gesicht, wenn ich plötzlich bei ihr eintrat, gewann mich schließlich für sie. Ich erkannte, daß sie mich liebte. Das Gefühl stolzen Selbstbewußtseins war mir an sich fremd und peinlich, doch war nicht zu verkennen, daß Kuniko Vertrauen zu mir empfand und sich herzlich freute, wenn sie mich sah. Das fühlte ich deutlich. Und entsprechend nahm meine Liebe zu ihr an Ernsthaftigkeit noch zu. Dadurch wurde aber der Sprung über das, was uns trennte, immer schwieriger. Schließlich sprang ich doch mit einem Satz darüber hinweg. Mein Herz hatte sich nun klar entschieden: Aus der anfangs spielerischen, verliebten Laune war wirkliche Liebe geworden. Es war eine Wahrheit entstanden, die aus der Lüge kam.

Wir haben dann zusammengelebt. Kuniko wollte lieber draußen vor der Stadt wohnen als in Tōkyō, wo zu viele Menschen sie kannten, und da ich in Kichijōji gerade ein passendes Häuschen fand, zogen wir dorthin.

Zuvor hatte ich drei Jahre lang mit meiner alten Haushälterin in Aoyama-Takagi gewohnt. Als Kuniko kam und sich umsah, mangelte es in meinem Haushalt an manchem, von dem ich bisher angenommen hatte, es müsse in genügender Menge vorhanden sein, und so begaben wir uns in die Kaufhäuser Mitsukoshi und Shirokiya und kauften all das zusammen, was für einen neuen Hausstand vonnöten war.

Zwei Jahre vorher war Kuniko die Nebenfrau eines Angestellten gewesen, der in einer Aktienbank tätig war. Dieser Mann hatte sich ihr gegenüber zu Anfang recht freigebig gezeigt, sich dann aber, nachdem sie zu ihm gezogen war, als ein Geizhals schlimmster Sorte erwiesen. Nicht jedoch seine übertriebene Sparsamkeit hatte Kuniko so heftig abgestoßen, vielmehr wurden ganz im Gegensatz zu seinem Geiz seine Forderungen an Kunikos Körper immer extremer und tyrannischer, was schließlich so weit ging, daß es nicht mehr menschenwürdig war. Kuniko hatte sich mehr und mehr von ihm abgestoßen gefühlt. Dabei war dieser Mann von einer abgründigen Eifersucht besessen gewesen. Glühende Eifersucht gilt gemeinhin als ein Beweis der Liebe, und auch Kuniko deutete sie zunächst nicht schlecht, aber allmählich erkannte sie, daß er die Anfälle seiner wütenden Eifersucht künstlich schuf, in der heimlichen Absicht nämlich, sich so ohne Abfindung von ihr trennen zu können. Über diesen häßlichen Plan geriet sie in wilden Zorn. Jeder Tag, den sie noch weiter bei ihm blieb, war eine Pein für sie, und schließlich sprach sie, wie es jener gehofft hatte, als erste den Wunsch nach Trennung aus. So ist sie dann mit leeren Händen von ihm gegangen. Der Mann freilich muß im Nachhinein des öfteren Sehnsucht nach ihr empfunden haben, denn er erschien immer wieder in dem Kaffeehaus, in dem Kuniko angestellt war, und wollte sie in sein Haus zurückführen. Aber sie antwortete ihm stets mit einem entschiedenen Nein.

In meinem Haus war in Kunikos Zimmer alles vorhanden, was sie für ein bequemes Leben brauchte. Wenn sie um sich sah und daran dachte, wie armselig sie es bei jenem gehabt hatte, der doch über ein beträchtliches Vermögen verfügte, da geriet sie in der Erinnerung an ihn erneut in Zorn.

»Sei mir bitte nicht böse, wenn ich daran denke und nun vergleiche. Ich möchte dir nur sagen, wie unendlich frei und glücklich ich mich jetzt fühle. Ich habe mir ein solches Glücksgefühl bisher nicht einmal im Traum vorstellen können!«

Sie hängte eine schmal gerahmte Fotografie einer schönen ausländischen Frau an die Wand, welche eine weiße, buschige, vermutlich persische Katze in den Armen hielt und mit ihren Wangen liebkoste. Nach meiner Auffassung paßte dieses Bild eher in einen Friseursalon, und ich wurde etwas verlegen, aber ich wollte Kuniko, die sich kindlich daran freute, nicht kränken, und so schwieg ich. Ich gab mir Mühe, in ihrer Freude an diesem Bild nicht den Beweis eines schlechten Geschmacks zu sehen, und wollte gern damit zufrieden sein, wenn sie selber damit glücklich war.

Wir führten ein Leben süßer Seligkeit, ganz wie ein jungvermähltes Paar. Wenn ich an mein Alter dachte, erschien mir dies wunderlich genug. Wir waren beide leidenschaftlich ineinander verliebt.

Nicht selten brachte uns die Alte in Verlegenheit, wenn sie unvermutet die Papierschiebetür öffnete und einzutreten versuchte.

»Bei diesem wilden Liebesgetändel darf man ja die Tür überhaupt nicht mehr öffnen«, murmelte sie dann so laut, daß wir es hören mußten.

Kuniko und die Alte kamen nicht gut miteinander aus. Die Frau stammte aus einer alten Familie von Tempelsamurais und mußte – ich weiß nicht, ob es wahr ist, aber sie sprach davon stets mit besonderem Nachdruck – in ihrer Jugend in Glanz und Wohlleben aufgewachsen sein. Jedenfalls wies sie nun gelegentlich in kaum verhüllten Andeutungen darauf hin, daß Kuniko eben doch ein Kaffeehausmädchen gewesen sein. Kuniko brach dann in Tränen aus und beklagte sich bei mir, aber ich konnte, obgleich es mich zornig machte, die Alte nicht offen zurechtweisen, da in ihren Worten allein ja keine direkte Verachtung lag.

Die Alte hatte sich, als sie noch mir allein den Haushalt führte, niemals von dieser häßlichen Seite gezeigt. Es war erstaunlich, wie plötzlich sie sich änderte, nachdem Kuniko ins Haus gekommen war. Ich hatte mir nach ihrer Meinung wohl viel vergeben, daß ich mit einem ehemaligen Kaffeehausmädchen zusammenlebte, und aus ihrer Haltung mir gegenüber sprach manchmal sogar eine vorwurfsvolle Überlegenheit. Es kam nun in meiner Abwesenheit öfter vor, daß sie zu Kuniko sagte: »Als der Herr noch allein lebte, war es so und so«, und sie mäkelte und besserte angeblich in meinem Interesse an Kuniko herum, wenn diese sich emsig darum bemühte, irgendeine Arbeit für mich zu tun.

Erkundigte ich mich genauer, so ergab sich, daß die Alte gelegentlich tatsächlich im Recht war, in den meisten Fällen aber keineswegs. Ich hielt es für töricht, das alte Wesen, das sich dauernd so halsstarrig zeigte, in alle Ewigkeit bei mir zu behalten und so Kuniko zu quälen, aber da sie mir mehrere Jahre lang treue Dienste geleistet hatte, wäre es mir zu schwergefallen, sie in Zorn zu entlassen. Inzwischen vermochte es Kuniko nicht länger zu ertragen, und es kam zwischen den beiden zum offenen Bruch. »Dann kann ich hier nicht mehr länger bleiben«, rief die Alte, und Kuniko gab ihr zur Antwort: »Ja, bitte, gehen Sie!«

Ich erklärte ihr, daß ich ihr für ihre langjährige Hilfe dankbar sei, daß mir aber nach alledem nichts weiter übrigbleibe, als sie ziehen zu lassen. Das war unser Abschied.

Kuniko war mit unserem Leben sehr zufrieden. Sie sagte mir immer wieder, sie habe es sich nicht träumen lassen, noch einmal so glücklich zu sein. Auch ich war glücklich, und wenn ich bedachte, daß ich imstande war, Kuniko so froh zu machen, empfand ich ein doppeltes Glück. Unser beider Leben hatte freilich den Geschmack einer gutmütigen Süße, doch sträubte ich mich, es in einem solchen Lichte zu betrachten.

Bald war Kuniko guter Hoffnung. Und nach Ablauf einer friedlichen Zeit wurde ein Knabe geboren. Die Geburt selbst ging ohne Schwierigkeiten vonstatten, aber nach einem Monat begann sie zu klagen, sie fühle sich nicht wohl, und sie ließ sich vom Arzt untersuchen. Dieser stellte fest, daß noch ein kleiner Rest Nachgeburt zurückgeblieben war. So begab sie sich für einen Monat in ein Krankenhaus in Surugadai.

Das zweite Kind wurde geboren. Still und ungefährdet vergingen die Jahre. Kuniko freute sich darüber und fand in diesem Leben das wahre Glück. Und da sie wirklich tagaus, tagein der Kinder wegen alle Hände voll zu tun hatte, langweilte sie sich nie. Für mich indessen wurde die Gleichförmigkeit unerträglich, und ich verfiel in immer gereiztere Stimmungen. Eines Tages bot man mir an, eine Theatergruppe zu übernehmen, aber ich verspürte keine Lust, mir zu meiner theaterschriftstellerischen Tätigkeit noch eine solch mühsame organisatorische Arbeit aufzubürden. Ich fand die Monotonie freilich entsetzlich, andererseits war ich überzeugt, jene Geschäftigkeit würde mich töten, und so lehnte ich ab, obgleich man sehr in mich drang. Immer tiefer versank ich in trübes Sinnieren.

Da ereignete sich eines Tages etwas, was Kunikos strahlendem Glück eine kleine Schramme zufügte.

Ich habe einen Bruder, der etwa zehn Jahre älter ist als ich. Er ist Lehrer an einer Schule im Kansaigebiet. Eines Tages nun erhielt ich ein Telegramm von seiner Frau, in dem sie mich dringend bat, sie sofort zu besuchen. Im allgemeinen pflegte mein

Bruder bei wichtigen Anlässen selbst zu schreiben. Es erschien mir sehr merkwürdig, daß das Telegramm von seiner Frau unterzeichnet war. Ein unklares Gefühl drohenden Unheils in der Brust, fuhr ich noch am gleichen Abend mit dem Eilzug ab.

Mein Bruder hatte sich, wie mir seine Frau nach meiner Ankunft erklärte, mit dem Dienstmädchen in intimere Beziehungen eingelassen, und dieses Mädchen fühlte sich meiner Schwägerin gegenüber überlegen und war vorlaut und frech zu ihr geworden.

»Ich bin nicht eifersüchtig, und dein Bruder redet mir auch zu, in dieser lächerlich bedeutungslosen Sache doch ja nicht wütend zu sein, aber die Fuji ist von einer solchen Arroganz zu mir! Ich bin wütend. Ich meine, bei einem als Erzieher tätigen Manne dürfte dergleichen nicht geschehen. Ich fühlte mich vor unserer Takiko unendlich beschämt. Verzeih, daß ich dich von weither rief, aber ich möchte dich herzlich bitten, rede deinem Bruder ins Gewissen.«

»Da bringst du mich in Verlegenheit. Ich würde verstehen, wenn sich mein älterer Bruder über mich entrüstete, aber der Gedanke, ihn meinerseits ermahnen zu wollen, ist mir peinlich. Ich besitze im übrigen nicht das geringste Recht dazu. Als ich noch unverheiratet war, habe ich ihn mit einer ähnlichen Geschichte in schwere Sorge versetzt.«

»Gerade deswegen dachte ich mir, du seiest am besten hierfür geeignet; denn du brauchst nicht zu schroff mit ihm zu sprechen.«

»Das mag so sein. Aber besteht an deinem Verdacht wirklich kein Zweifel?«

»Nein, ich habe es mit eigenen Augen gesehen. Ich ertrage es einfach nicht mehr, wenn Fuji mit ihrem großen, frechen Gesicht weiterhin mit uns zusammenlebt. Bisher habe ich deinem Bruder gegenüber noch keine Vorwürfe erhoben, ich bat ihn nur, er möge Fuji sofort entlassen.«

»Und er war damit einverstanden?«

»Nein!«

»Weiß Takiko davon?«

»Sie ist ein sorgloses Kind, vielleicht ist ihr noch gar nichts aufgefallen.«

Takiko war die einzige Tochter meines Bruders und besuchte

die dritte Klasse einer Mädchenschule. Mein Bruder liebte sie zärtlich.

Am Nachmittag, nach beendetem Dienst in der Schule, kam mein Bruder nach Hause. Er war über die Plötzlichkeit meines Besuches erstaunt und fragte mich, was mich dazu veranlaßt habe, aber er schien bald zu merken, daß seine Frau mich gerufen hatte.

Meine Schwägerin bat mich noch einmal inständig, ich solle offen mit ihm sprechen, aber ich konnte mich nicht entschließen, ihm direkte Vorhaltungen zu machen.

Am Abend rief ich die kleine Takiko ins Besuchszimmer und fragte sie: »Weißt du, aus welchem Grund der Onkel gekommen ist?«

Sie war um die Antwort verlegen, errötete und sah auf die Seite.

»Nun, du scheinst es zu wissen. Das ist gut so. Sag deinem Vater ganz einfach, er solle die Fuji entlassen. Er wird dich bestimmt nicht nach dem Grunde fragen. Ja? Einverstanden?«

Mir selber erschien dieses Vorgehen zwar etwas feige, aber es blieb mir keine andere Wahl.

Und tatsächlich hatte es Erfolg. Die verständige Nachgiebigkeit meines Bruders machte mir einen angenehmen Eindruck.

Auf der Rückfahrt im Zug überlegte ich hin und her, wie ich Kuniko davon berichten wollte. Ihr gar nichts zu erzählen, war unmöglich, schließlich sorgte sie sich zu Hause um den Ausgang meiner Mission. Außerdem bestand gar keine Notwendigkeit, vor ihr etwas zu verbergen, es war mir nur peinlich, ihr alles genau zu berichten, denn ich mußte ihr gleichzeitig gestehen, daß ich mir selber einmal das gleiche hatte zuschulden kommen lassen. Das lag zwar schon viele Jahre zurück und konnte daher Kuniko kaum wesentlich betrüben, trotzdem war ich irgendwie verlegen.

Als Kuniko nach dem ersten Kind wieder ins Krankenhaus gemußt hatte, hatte ich nämlich mit unserem recht hübschen Dienstmädchen einige Male lasterhaften Umgang gepflogen. Das Mädchen gab, kurz bevor Kuniko das Krankenhaus verließ, seine Stellung bei uns auf; damit war die Angelegenheit spurlos bereinigt gewesen, und ich hatte sie schon fast ganz vergessen. Wenn ich nun aber Kuniko von der Affäre meines älteren Bruders erzählte – was in ihr zweifellos Abscheu gegen ihn und Mitleid mit meiner Schwägerin erregen würde –, dann konnte ich keinesfalls meine eigene böse Tat einfach verschweigen und ein unschuldiges Gesicht zur Schau tragen. Andererseits wiederum bedrückte es mich, Kuniko, die so völlig darauf vertraut hatte, daß ich seit unserer Heirat einen tadellosen Lebenswandel führte, durch mein Geständnis enttäuschen zu müssen. Mein Gewissen geriet in schwere Unruhe.

Ich kam nach Hause zurück, ohne mich noch entschieden zu haben. Aber schließlich habe ich ihr doch alles gebeichtet. In meinem Bruder und mir fließt das gleiche Blut. Nur das eine erzählen und das andere verbergen, das wäre mir peinlich, ja unerträglich gewesen.

Kuniko war maßlos bestürzt. Sie hatte die Illusion gehegt, ich stammte, wie man zu sagen pflegt, aus einer wohlerzogenen Familie, und so war sie schon über das Verhalten meines Bruders entsetzt; als ich ihr dann aber noch von meinem eigenen Fehltritt erzählte, wirkte das auf sie, als stürzte sie plötzlich einen Abgrund hinunter.

»Es gehört der Vergangenheit an, und so will ich kein Aufhebens machen, aber ich muß dir offen sagen, ich bin tief erschüttert. Ich habe dir mein vollkommenes Vertrauen geschenkt. Weshalb sind die Männer nur so? Ihr seid doch beide gute Menschen, du und auch dein Bruder. Wie könnt ihr so etwas tun? Nun habe ich das Gefühl, ich dürfte der ganzen Welt nicht mehr trauen. Als ich in dem Café arbeitete, hatte ich mit den unterschiedlichsten Menschen zu tun, und Leute von dieser Art habe ich immer nur als Tiere betrachtet. Aber als ich dir begegnete, empfand ich wirklich Verehrung für dich, und ich gewann dich gerade deshalb lieb, weil du in meinen Augen ein Mensch aus einer Welt warst, die so ganz anders war als die jener Leute. Wie konntest du nur . . .«

»Nun höre schon auf!« rief ich, da mir unerträglich zumute wurde. »Du hattest ganz einfach eine übersteigerte Meinung von mir. Du weißt doch, daß ich es vor unserer Heirat nie so genau mit diesen Dingen nahm. Ich war eben damals nichts weiter als eines von diesen ›Tieren‹. Und auch jetzt kann ich nicht sagen, es sei viel anders. Ich will die Verantwortung nicht von mir abwälzen, aber ich möchte durchaus behaupten, daß im Manne nun einmal ein Tier steckt. Der Unterschied besteht nur darin, ob man das Tier frei herumlaufen läßt oder es an die Kette legt. Extrem gesagt: Dieses Tier ist eben der Mann.«

»Oh, abscheulich! Noch nie habe ich von dir etwas so Furchtbares zu hören bekommen! Wird denn das Familienglück damit nicht in Grund und Boden zerschlagen?« rief Kuniko aus, während sie am ganzen Leibe zu zittern begann.

»Nun, vielleicht übertreibe ich ein wenig, wenn ich sage, dieses Tier sei der Mann. Für den Mann kommt an erster Stelle die Arbeit und an zweiter, entsprechend seinem Instinkt, die Liebe zu den Frauen. Und die Art seines Liebens läßt in der Tat an etwas Tierisches denken. Wenn jemand versucht, diese Tatsache abzuleugnen, reizt es mich zu so überspitzten Formulierungen. Ich bin durchaus nicht etwa der Meinung, etwas Gutes getan zu haben. Ich finde es dir gegenüber unverzeihlich. Doch wenn ich es nur als meine eigene Angelegenheit betrachte, wirft mir mein Gewissen nicht allzuviel vor, wenngleich ich meine Tat natürlich keineswegs loben will. Sie war bestimmt schlecht. Aber die Gewohnheit hat mein Gewissen gelähmt.«

»So hast du bisher noch niemals gesprochen. Ich höre das zum ersten Male.«

»Weil es bisher nicht nötig war, es auszusprechen. Weil es ein Gedanke ist, auf den ich wirklich nicht stolz sein kann.«

»Es ist eben etwas Böses. Du hältst es doch auch dafür, oder?«

»Hm, ich glaube wohl.«

»Siehst du es selbst für etwas Schlechtes an und wirst es bestimmt nie wieder tun?«

»Das möchte ich.«

»Wenn du dich nicht klarer ausdrückst, finde ich keine Ruhe!«

»Vermutlich wird es nicht wieder vorkommen. In solchen Dingen will ich möglichst vorsichtig sein.«

»Was für eine unzuverlässige Antwort!«

Ich hätte in diesem Falle, Kunikos wegen, zu gerne mit »Ja, ganz bestimmt nicht!« geantwortet, aber ich fühlte, wie mich der Aufrichtige in mir scharf beobachtete, und so vermochte ich diese Worte einfach nicht über die Lippen zu bringen.

»Nun gib dich doch damit zufrieden! Wenn du mich allzusehr

in die Enge treibst, weiß ich nicht, was ich noch sagen werde. Es gibt ein Sprichwort, nach dem eine in die Enge getriebene Maus die Katze frißt! Eine tüchtige Maus!«

»In solchen Fällen ist zumeist der Ehemann die Maus.«

Jetzt waren wir wenigstens soweit, daß wir wieder lachen konnten, aber der Schlag, den ich Kuniko durch mein Geständnis versetzt hatte, war größer als erwartet. Ich bereute es, Dinge gesagt zu haben, die ich gar nicht hätte zu sagen brauchen. Tatsächlich endete es für diesmal damit, daß sich, was keineswegs ein befriedigendes Ergebnis war, lediglich eine Schramme in die Glücksperle grub, die ich Kuniko geschenkt; indessen war dieses Glück unstreitig nur als Fiktion vollkommen, und es blieb die Frage, wieweit eine Frau, zumal ein so schwaches Wesen wie Kuniko, ein solches Glück in der Realität durchzusetzen vermochte.

Hätte ich das nur etwas früher erkannt, so wäre vielleicht alles gutgegangen und Kuniko hätte sich nicht das Leben genommen. In diesem Gedanken mag viel Unaufrichtigkeit liegen, aber wenn ich mit dem ganzen Problem fertiggeworden wäre, ohne eine Frau zu töten, so brauchte ich mir wohl kaum vorwerfen, eine böse Tat begangen zu haben.

Dann vergingen wieder drei, vier Jahre tiefsten Friedens, aber die gleichmäßige Ruhe trieb mich immer mehr in die Enge. Es war seltsam, wie mir die Inspirationen schwanden. Ich war unfähig, mich mit Leib und Seele in eine Arbeit zu vertiefen. Ich empfand wohl noch Interesse für den oder jenen Stoff, für dies oder jenes Thema. Aber wenn ich mit der Niederschrift begann, widerstand mir die Arbeit sofort. Mein Interesse am Schreiben hielt nicht an. Ich verfiel wie automatisch in einen Zustand der Trägheit, obgleich ich immerhin wie in Erinnerung an mein früheres Schaffen gelegentlich etwa einen Einakter zustande brachte. Den haben dann zwar diejenigen, die mir gewohnheitsmäßig seit je ihr Wohlwollen zugewandt, auch tatsächlich sehr gelobt, aber recht darüber freuen konnte ich mich nicht.

Schon früher hatte ich gelegentlich Schreibschwierigkeiten gehabt, da sich jedoch, wenn ich dagegen anstürmte und mich abquälte, die Inspiration stets bald wieder einstellte, gab ich am Ende nicht mehr viel darauf. Es war nicht nötig, dachte ich, solche Symptome als Engpässe für das ganze Leben zu betrachten; dergleichen würde sich bei einigem Abwarten von selber lösen. So sorglos wurde ich schließlich. Wenn irgend etwas an mich herantrat, was mich ernstlich betraf, erhielt ich ja meine innere Spannkraft wieder. Vielleicht war es auch dieses Mal so, hoffte ich. Freilich hatte ich Angst davor, es könnte sich ein solch aufwühlendes Ereignis innerhalb meines Familienlebens abspielen, doch war ich fest davon überzeugt, daß ich trotz allen Schmerzes auch dann die innere Kraft finden würde, mich wieder zu erheben.

Ein Literaturkritiker hat damals meinen Zustand sehr gut durchschaut, als er schrieb, es wäre ein Unglück, wenn ich »mit dem Frieden eines gutmütigen Menschen« mein Leben beschlösse. Ich stimmte ihm völlig zu. Aber Kuniko meinte, als ich ihr seinen Aufsatz zeigte:

»Ob Frieden eines gutmütigen Menschen oder was immer für ein Frieden – mischt er sich da nicht in Dinge ein, die ihn nichts angehen? Will er aber damit sagen, der häusliche Frieden sei etwas Schlechtes, so begreife ich das nicht.«

»Der Frieden eines gutmütigen Menschen« – das war der Titel eines Einakters, in dem ich einen kleinen Vorfall aus unserem Familienleben für die Bühne skizziert hatte. Als das Stück aufgeführt wurde, fand es bei der Kritik sogar eine recht gute Aufnahme. Kuniko kannte das Gerücht, daß das häusliche Leben gerade jenes Kritikers keineswegs harmonisch verlief, daß er außer seiner Frau noch eine Geliebte besaß und außer dieser noch andere.

»Er meint damit nicht, ich solle meinen häuslichen Frieden brechen! Er warnt mich nur davor, mich allzusehr abzusondern und mich in Selbstsucht zu verschließen. Daraus zu folgern, er fordere mich zu einem liederlichen Leben auf, ist durchaus ungerechtfertigt!«

»Nein, nein, da bin ich mir ganz sicher. Du selber denkst ja genauso!«

»Was für ein Unsinn! Nur ein erbärmlicher Tropf könnte sich von einem anderen dazu überreden lassen. Ich gebe ihm nur in dem Sinne recht, als es für dich zwar ein glückliches Leben bedeutet, wenn der Mann brav und treu bleibt, die Kinder gesund gedeihen und das Hauswesen seinen friedlichen, geordneten Gang geht, aber dem Manne kann das nicht genügen. Tatsächlich habe ich in letzter Zeit erschreckend viel von meiner inneren Spannkraft verloren. Mir ist, als könne ich unter dem Druck einer dick verstaubten Luft weder Hände noch Füße bewegen. Nur aus einer Art träger Gewohnheit schreibe ich noch ein paar Gelegenheitsstücke, aber auch die sind ohne Geschmack und Wärme. Dieser Kritiker nun ermutigt mich, er redet mir zu, mich nicht länger selbst zu betrügen. Er will mich durchaus nicht, wie du meinst, zu einem liederlichen Leben verführen. Sei so mißtrauisch, wenn du willst, ich kann dich nicht hindern, aber deine Behauptung, ich stimmte seiner von dir ohnehin mißverstandenen Aufforderung zu, ist Unvernunft im höchsten Grade!«

»Du sprichst fortwährend von Arbeit, aber wieso kannst du denn nicht arbeiten? Das verstehe ich nicht. Die Bedingungen sind denkbar gut. Die Kinder sind gesund, im Hauswesen ist alles in bester Ordnung, uns bedrücken keine Sorgen um die Zukunft – das müßten doch die besten Voraussetzungen für die Arbeit abgeben. Hast du denn nicht stets geklagt, du könntest nicht mehr schaffen, sobald sich die Kinder auch nur ein wenig erkältet hatten? Zerschlägst du nun aber den Frieden in deinem Hause, so wirst du bestimmt nicht schreiben können!«

»Da hast du recht. Wenn ich Sorgen um meine Familie hätte, könnte ich es sicherlich nicht. Das trifft zweifellos zu. Aber ich spreche von etwas ganz anderem! Es ist außerordentlich schwierig, dir das zu erklären. Du glaubst, ich hätte in meiner augenblicklichen Lage nicht den geringsten Anlaß, mich zu beklagen. Und du bist unzufrieden mit mir, weil du meinst, ich begehrte etwas Unbilliges. Aber von mir aus gesehen ist es folgendermaßen: Wenn diese friedliche, ungestörte Ruhe noch weiter anhält, komme ich mir mehr und mehr wie ein großer Pfirsich vor, der langsam von unten her anfault. Mein Leben ist nicht so, wie es sein sollte. Meine innere Haltung ist nicht die richtige. Von alldem weißt du natürlich nichts, und wenn ich mein jetziges Leben auch nur ein klein wenig zu ändern wünsche, glaubst du sogleich, ich wollte mich auf Seitenpfaden amüsieren, und das verwirrt unsere ganze Diskussion. Du hast mich vollkommen mißverstanden!«

»Vielleicht. Aber nachdem du mich einmal enttäuscht hast,

richtet sich mein Mißtrauen stets wie von selbst auf diesen Punkt. Das mag eine meiner schlechten Angewohnheiten sein, ich kann es nicht ändern.«

»Glück oder Unglück, alles bringst du in Zusammenhang mit dieser einen Frage. Für eine Frau scheint das ganz natürlich zu sein, aber meiner Meinung nach ist es gefährlich!«

»Was sollte da gefährlich sein? Wenn du dich nur in der Gewalt hast, ist nichts zu befürchten! Gefährlich ist nur das, wovon ich spreche. Und wenn dir selber gefährlich zumute ist, so stammt dies aus dem bangen Gefühl der Ungewißheit, ob und wann du mich unglücklich machen wirst. Daher sprichst du so. Zweifellos bist du viel gescheiter als ich, aber in solchen Dingen trifft mein Gefühl meist das Richtige.«

Kuniko hatte erregt und ganz ungewöhnlich derb gesprochen. Und auch ich, weil es mir unbehaglich war, dort abgetastet zu werden, wo es gar nicht weh tat, wurde allmählich zornig.

»So beruhige dich doch! Wenn man dir zuhört, ist einem wahrhaftig, als würde gegen einen hypothetischen Feind mit scharfen Granaten geschossen. Das ist mir zu töricht. Es besteht überhaupt kein Problem, denn du sprichst von Dingen, die mit mir gar nichts zu tun haben. Wenn du immer weiter davon redest, ohne mich auch nur im geringsten verstehen zu wollen, werde ich am Ende noch wirklich böse!«

Ich hatte durchaus nicht die Absicht, meinen Zorn zu zeigen, aber der Ton meiner Stimme wurde ganz von selber hart und barsch. Und auch Kuniko war verstimmt, sie machte plötzlich ein gedankenverlorenes Gesicht und schwieg.

Am nächsten Morgen kam sie in das Zimmer, in dem ich schlief, und bat mich um Verzeihung für den vergangenen Abend.

»Schon gut, ich bin dir nicht böse.«

»Ich stecke voller Mißtrauen! Das kommt wohl, weil meine Umgebung immer so schlecht gewesen ist. Als ich mich gestern schlafen legte und noch einmal darüber nachdachte, sah ich ein, wie entsetzlich ich mich benommen hatte, und ich schlich leise zu dir, um es dir zu sagen, aber du schliefst bereits fest, und so ließ ich es sein. Es lag mir die ganze Nacht auf der Seele, und ich fand keinen Schlaf.«

»Wie kannst du nur! Du mußt in allem noch etwas sorgloser werden, Kuniko! Du hast doch die Anlage dazu, unbekümmert zu leben.«

»Wo ich sorglos sein kann, da bin ich es auch. Aber in dieser Sache will es mir einfach nicht gelingen. Es ist das eine meiner schlechten Angewohnheiten, die daher rührt, daß ich mich von Jugend auf mit einer so schlimmen Umwelt abzufinden hatte. Ich habe bisher allem Schlechten gegenüber auch die Kraft besessen, es zu ertragen, aber nun, da ich von dem Gedanken beherrscht bin, unendlich glücklich zu sein, besitze ich selbst kleinsten Unannehmlichkeiten gegenüber nicht die nötige Geduld. Du hast recht, wenn du das als Eigensinn bezeichnest.«

»Du bist zweifellos ein guter Mensch, Kuniko. Nur ist dein Fehler, daß du Kleinigkeiten sofort auf ein großes Ganzes erweiterst, und dadurch entsteht dann in dir ein banges, unrichtiges Gefühl.«

»Ja, ich verstehe. Das ist wohl mein größter Fehler. Ich vertraue dir künftig ganz und in allen Dingen, und also kann ich ohne Sorge sein, nicht wahr?«

»So ist es gut.«

»Da bin ich beruhigt. Ich werde dich nie wieder mit meinem Mißtrauen plagen! Ich weiß es ganz sicher, daß ich der allerglücklichste Mensch auf Erden bin und du bestimmt nichts tun wirst, was mich ängstigen würde. So will ich es halten.«

Damit war das Gespräch freilich wieder auf seinen Ausgangspunkt zurückgefallen, aber ich stimmte zu, weil es mir zu lästig erschien, von vorn zu beginnen.

Das dritte Kind wurde geboren, und unverändert reihten sich die friedlich monotonen Tage aneinander. Ich war mir bewußt, daß die Art meiner Lebensführung nicht die richtige war, andererseits sah ich nicht, wie ich sie ändern sollte. Eines Tages stellte ich daher eher ungewollt Kuniko die folgende idiotische Frage:

»Betrachtest du mich eigentlich als ein Haustier?«

»Oh, warum das?«

»Oder möchtest du mich wenigstens als ein Haustier behandeln?«

»Wie kommst du nur auf einen so wunderlichen Gedanken?«

»Du hast den alten Onkel in Yoshizawa, der an nichts als an sein

Vermögen dachte, früher einmal scharf verurteilt. Was du damals an jenem getadelt hast, tust du nun selbst! Dem Geld gegenüber bist du zwar gleichgültig, aber man braucht dafür nur das sogenannte häusliche Glück zu setzen, so bist du jenem insofern gleich, als du einen anderen Menschen um des eigenen Vorteils willen verstümmelst.«

Als ich diese Anschuldigung beendet hatte, mußte ich fast selber lachen.

»Also hast du das Gefühl, meinetwegen verstümmelt zu werden?«

»Hm, mir ist, als hätte ich in der Mitte des Rückens zu faulen angefangen.«

»Das ist eine Krankheit, die man Rückenmarkschwindsucht nennt«, lachte Kuniko laut heraus.

»Und daher beunruhigt es mich, wenn ich nicht rechtzeitig mit der Heilung beginne. Jetzt ist es noch nicht zu spät, und so bin ich eifrig dahinter her!«

»Demnach stelle ich gewissermaßen die Krankheitsbakterien dar?«

Solange meine Anklage gutgelaunt aufgenommen wurde, endete alles in Scherz und fröhlichem Lachen wie jetzt. Aber wenn wir uns in eine Diskussion verstrickten, geschah es nicht selten, daß ich um die Antwort verlegen war.

Und dann vergingen wieder friedliche, ungestörte Tage und Monate. Für mich bedeuteten sie freilich keineswegs eine bequeme Ruhe. Mir war, als sei ich in einen schmutzigen Morast geglitten und könne trotz verzweifelten Zappelns nicht heraus, weil ich nirgendwo einen festen Halt für meine Füße fand. Alles erschien mir öde und trübe, und die Zeit ging hin ohne Sinn und Frucht.

Ich beschäftigte mich mit der Aufzucht von Goldfischen, hegte kleine Vögel und hockte im Winter mit krummem Rücken, einen Arbeitskittel ohne Ärmel übergehängt, auf der sonnenbeschienenen Veranda und besserte die Papierschiebetüren aus, ich legte einen Dunghaufen an und versuchte, in einem Blumenbeet Dahlien und Chrysanthemen zu ziehen. Es war ein Leben, wie das eines alten Mannes, der schon Abschied genommen und sich in die Einsamkeit zurückgezogen hat.

Kuniko sagte oft, sie werde ihre Tochter auf keinen Fall einmal einem Literaten zum Manne geben, und ich war damit durchaus einverstanden. Zwar war ich nicht gerade der Meinung, daß alle Literaten Menschen von meiner Art seien, aber ich ahnte nur zu gut, wie sehr ein Schriftsteller in einem Seelenzustand wie dem meinen sein häusliches Leben gefährden muß. Immer heftiger verspürte ich eine ungeduldige Sehnsucht nach einem außerordentlichen Geschehnis, das mich reifer und tiefer machen würde. Ich mochte noch kurz vorher im Gespräch mit Kuniko gar vortrefflich geredet haben, es umgaukelte meine Phantasie doch immer wieder die heimlich ersehnte Möglichkeit einer neuen und tief erregenden Liebeserfahrung.

Wenn ich damals in meinen Theaterstücken eine Frauengestalt schaffen wollte, trat immer nur eine Frau vor meine Augen. Ich mochte in einem Stück drei, vier Frauen auftreten lassen, wirklich lebendig konnte ich nur eine gestalten. Und dieser Frauentyp erschien in all meinen Stücken. Aber nun war ich seiner zutiefst überdrüssig geworden. Daß ich letzten Endes nur diese eine Frau kannte, machte mich wütend über mich selbst. Ich konnte in der Tat keine andere Frau als Kuniko wirklich lebendig auf die Bühne stellen.

An dieser Frage aber entschied sich für mich, über welche schöpferische Kraft als Theaterschriftsteller ich verfügte.

Als vor mehr als zwanzig Jahren Shimazaki Tōson seinen Roman »Hakai« schrieb, war er entschlossen, ihn ohne jegliche Rücksicht auf Opfer zu vollenden. Er schränkte sich möglichst ein, seine Familie litt an Unterernährung, und eine seiner Töchter starb sogar, wie er selbst irgendwo schreibt. Als ich das las, geriet ich in lauten Zorn, und ich fragte mich, ob das Werk denn wirklich einen so hohen Wert besitze, daß dieses Opfer gefordert werden durfte. Es schien mir durchaus nicht belanglos, wenn im Austausch für einen Roman ein Mädchen, wessen Tochter auch immer, sterben mußte. Ob »Hakai« fertig geschrieben wurde oder nicht, das erschien mir dagegen nicht so wichtig.

Aber könnten andere nicht den gleichen Vorwurf gegen mich erheben?

Ob ein Bühnenautor wie du, würde man etwa sagen, in seinen Stücken nur einen einzigen Frauentyp darzustellen vermag oder nicht, das ist für uns vollkommen belanglos! Lieber wäre uns, wenn du deswegen nicht etwa eine Frau nur ein klein wenig unglücklich machtest! Es ist gut, Goldfische zu züchten. Und Papierschiebefenster auszubessern, ist auch recht gut. Dahlien hübsch einzupflanzen ist vielleicht ebenfalls eine lobenswerte Sache. Du brauchst nicht deine ganze Kraft für dein künstlerisches Werk verwenden, es werden nach dir junge Autoren in Mengen auftreten! Kein Mensch wird sich etwas dabei denken, wenn du, so wie du bist, zu Staub zerfällst...

Wäre ich ein Außenstehender, würde ich vielleicht selbst so urteilen, aber da es um mich geht, vermag ich es bei bestem Willen nicht. Bühnenautoren von meiner Begabung werden nicht zu allen Zeiten so einfach aus dem Boden schießen. Zwar hasse ich das Wort Genie, aber wenn man eine auserwählte, seltene Begabung als Genie bezeichnet, darf ich mich sicherlich so nennen. Allerdings habe ich, was in mir steckt, noch nicht vollkommen entwikkelt, und falls ich mein künstlerisches Lebenswerk mit dem bisher Geleisteten beschließe, wird das, was ich der Welt wirklich noch zu geben hätte, auf ewig mit mir begraben werden. Aus diesem Grunde darf ich mein Leben unter keinen Umständen so weiterführen. Sonst träfe mich zu Recht die Strafe des Himmels.

Der Grundsatz: »Die Kunst über alles!« gilt neuerdings nicht mehr, aber die meisten älteren Literaten hatten sich ihm verschrieben. Shimazaki Tōson und sein Roman »Hakai« sind hierfür ein Beispiel. Der leidenschaftlichen Beharrlichkeit des Künstlers gegenüber seinem Werk liegt ein solch übersteigertes Gefühl zugrunde. Gerade dadurch aber machte die Menschheit ihre wahren Fortschritte. Ja, nur eine solche Haltung läßt die Menschheit weiterkommen. Welchen Rang ich selber als Bühnenautor einnahm, konnte ich zwar niemals mit Sicherheit feststellen, jedenfalls besaß ich den heftigen und unabweisbaren Wunsch nach einem intensiven dichterischen Schaffen. Und dennoch, hätte ich mein Leben mit einem gewöhnlichen, bürgerlichen Dasein beschlossen, ohne irgendwie schöpferisch tätig zu sein, so wäre das vielleicht für mich das wahre Glück gewesen. Nachdem Kuniko gestorben war, verfolgte mich dieser Gedanke unablässig.

Eines Tages sollte wieder einmal eines meiner Bühnenwerke, ein altes Stück, das ich selbst schon halb vergessen hatte, von einer

Schauspielertruppe aufgeführt werden. Wenn man schon etwas von mir aufführen wolle, sähe ich lieber eines auf der Bühne, zu dem ich selbst mehr Vertrauen habe, gab ich zu bedenken, da aber gerade dieses Stück den Schauspielern besonders zuzusagen schien, baten sie mich so lange, ihnen die Aufführung zu erlauben, bis ich schließlich einverstanden war. Mit einem Gefühl, als sei es das eines anderen, las ich das Stück noch einmal durch, und ich fand, daß es doch sehr jugendlich unreif, ja gelegentlich unerträglich war. Andererseits war ich, wie ich mich erinnerte, damals voll feuriger Begeisterung gewesen, wohingegen ich heute, das war mir klar, einen solchen inneren Schaffensschwung durchaus nicht mehr aufzubringen vermochte. Wie herrlich müßte es sein, überlegte ich mir, sich wieder an einer Arbeit zu begeistern. Aber das war mir vollkommen unmöglich geworden. Was immer ich zu schreiben, zu planen begann, sogleich empfand ich, daß es leer und öde war. Und im Augenblick schwand mir die Lust, die Arbeit weiterzuführen. Thema und Technik dieses alten Stückes nun waren von unverkennbarer jugendlicher Unfertigkeit. In meiner damaligen Begeisterung indessen hatte ich es für ein Meisterwerk gehalten. Ich konnte mich jetzt einer ironischen Empfindung nicht erwehren, dabei erinnerte ich mich mit schmerzlicher Sehnsucht des alten Schwungs, der mir jetzt nicht mehr gelingen wollte.

Als die Theaterproben begonnen hatten, wurde ich, wie es üblich ist, öfter aufgefordert, ihnen beizuwohnen, aber ich empfand nicht die geringste Lust dazu. Einige Tage vor der ersten Vorstellung erhielt ich abends plötzlich den Besuch der Schauspielerin Asama Yukiko. Sie wollte Genaueres über den inneren Charakter ihrer Rolle wissen.

»Es ist eine ganz schlichte Frauengestalt! Der in Japan am allerhäufigsten vertretene Typ. Aber ich glaube, in Leuten wie Ihnen ist davon nicht mehr viel vorhanden. Es ist ein Überrest aus dem letzten Jahrhundert.«

Die Schauspielerin zuckte die Achseln und lachte.

»Von Ihrem Standpunkt aus gesehen, ist sie vermutlich so etwas wie eine Antiquität. Und auch der Held des Stückes gehört in eine Antiquitätensammlung.«

»Der Held? Das sind Sie doch selber, Meister!«

»Nein, das bin ich nicht.«

»Aber ja. Regisseur Sasayama benutzt Sie als Modell!«

»Das ist ein einfältiger Scherz und reine Willkür.«

»Man muß aber doch irgendeinen Anhaltspunkt haben.« In den Monologen zum Beispiel treten die Eigentümlichkeiten Ihrer Ausdrucksweise ganz klar hervor. Bei Ihren ersten Worten vorhin ist mir das aufgefallen.«

»Es verrät schlechten Geschmack, auf der Bühne eine Karikatur des Verfassers zu geben. Jetzt ist es zu spät, um noch dagegen einzuschreiten, aber ich werde in Zukunft die Bedingung stellen, daß man dergleichen unterläßt.«

»Ich habe da noch ein Problem.«

»Und das wäre?«

»Etwas sehr Schwieriges.«

»Sagen Sie es mir ruhig.«

»Eigentlich bin ich gekommen, um Ihre Frau zu sehen.«

»Ah, so«, lachte ich. »Na, Sie haben mir ja schlimme Liebhabereien. Meine Frau ist eben dabei, die Kinder zu Bett zu bringen, aber wenn es sich darum handelt, werde ich sie natürlich nicht herzeigen.«

»Oh, das ist schade, wirklich . . .«

»Es geht nicht immer alles nach Ihrem Willen.«

»Tatsächlich würde ein Augenblick genügen. Ich habe erzählen hören, Ihre Frau sei ganz außerordentlich hübsch . . .«

»Ha, ha, ha!«

»Bitte, Meister! Ich bitte Sie«, sagte sie mit einem schmeichelnden Augenaufschlag.

»Lassen wir das . . . Sind übrigens Ihre Eltern noch am Leben?«

»Nein.«

»Sie haben aber doch eine Tante?«

»Eine Tante? Ich habe drei Tanten.«

»Nun, dann nehmen Sie eine von diesen als Modell. Das genügt vollauf.«

»Sie sind gemein.«

»Um eine Frau darzustellen, wie ich sie schreibe, genügt das vollkommen. Es ist zwar unhöflich Ihrer Tante gegenüber . . .«

»Ich darf also Ihre Frau nicht sehen?« sagte sie schmollend.

»Sie haben es dumm angestellt! Meine Frau interessiert sich sehr für Schauspielerinnen und wäre, wenn Sie geschwiegen hätten, bestimmt noch erschienen, aber da Sie nun so von ihr gesprochen haben, kommt sie sicher nicht.«

»Ihre Frau weiß es doch gar nicht!«

»Sie ist augenblicklich nur auf der anderen Seite des Korridors bei den Kindern, und so konnte sie jedes Wort verstehen.«

»Du lieber Gott, sind die Menschen schlecht«, lachte die Schauspielerin laut auf. Plötzlich erschrak ich. Beklommen stellte ich mir vor, wie Kuniko jetzt ein tiefbetrübtes Gesicht machte und mir bitter grollte, daß ich mit einer jungen Frau fröhlich scherzte und lachte. Und ich bereute es, nicht gleich von Anfang an zu meiner Besucherin ein wenig strenger gewesen zu sein.

Als ich so schwieg, schien auch die Schauspielerin ihre Hoffnung, meine Frau zu sehen, aufgegeben zu haben.

»Meister! Warum kommen Sie nicht wenigstens einmal zur Probe?« begann sie dann plötzlich.

»Weil ich mir beim Zusehen sicherlich die Stimmung verdürbe.«

»Fürchten Sie, daß unsere Aufführung Ihnen nicht gefallen könnte?«

»Das mag hinzukommen, aber der eigentliche Grund ist wohl, daß mich das Stück an sich nicht sonderlich interessiert.«

»Ich finde es ausgezeichnet.«

»Da kann ich Ihnen nicht helfen. Wenn Sie es unbedingt bewundern wollen ...«

»Ja, ob Sie es begreifen oder nicht, ich bin trotzdem überzeugt, daß es ein wundervolles Werk ist!«

Sie redete mir heftig zu, doch einmal bei einer Probe zu erscheinen und zuzusehen. Wenn ich ihr schon den einen Wunsch abschlüge, sagte sie, solle ich doch wenigstens diesen erfüllen.

»Wann beginnt die Probe?«

»Um zehn Uhr.«

»Doch am Vormittag?«

»Ja.«

»Gut, ich werde um diese Zeit erscheinen.«

»Aber bestimmt! Und haben Sie vielen Dank.«

Und plötzlich flüsterte sie mir noch zu: »Bringen Sie doch bitte Ihre Frau mit!« Wobei sie schelmisch ihre Augen aufschlug und mir ein wenig ihre Zungenspitze zeigte.

Kurz darauf fuhr sie in dem Auto, das draußen auf sie gewartet hatte, zurück.

Wäre ich ein Romanschriftsteller, so müßte ich nun meine hier einsetzenden Beziehungen zu dieser Schauspielerin bis ins einzelnste schildern. Ja, vielleicht müßte sogar auch ich, obwohl ich keiner bin, darüber schreiben. Aber es interessiert mich im Grunde jetzt nicht mehr, zudem fehlt mir die Energie, deren es zu einer solchen Darstellung bedürfte. Jedenfalls verliebte ich mich leidenschaftlich in sie. Ob ich sie wirklich vom Grund meiner Seele liebte, weiß ich freilich selbst nicht genau, aber es war zweifellos eine Liebe, der ich mich mit ganzer Hingabe verschrieb.

Asama Yukiko hat mich bestimmt nicht geliebt. Sie hat sich wohl nur deswegen so eifrig um mich bemüht, um durch ihre Beziehungen zu mir öffentliche Aufmerksamkeit zu erregen. Ein weiterer Grund war der, daß sie dadurch ihr Verhältnis zu einem anderen Mann, der jünger als sie war und mit dem sie bis dahin zusammengelebt hatte, zu einem klaren Abschluß bringen wollte. Sie ließ mich auch die mit jenem Mann während der letzten Monate gemachten Schulden sowie die noch ausstehende Hausmiete bezahlen. Die beiden waren in letzter Zeit, wenn auch nur zankend, lediglich deswegen noch zusammengeblieben, weil sie beide die bis dahin gemeinsam eingegangenen Verpflichtungen nicht begleichen konnten.

Als sie mich eines Tages wissen ließ, ihr bisheriger Freund sei endlich ausgezogen, und ich sie daraufhin besuchte, fand ich in diesem Haus eine so wilde Unordnung vor, daß ich es kaum für eine von Menschen bewohnte Stätte halten konnte. Es war rein nichts da, was in seinem augenblicklichen Zustand sofort hätte gebraucht werden können. In dem Holzkohlenbecken lagen nicht nur Zigarettenstummel, sondern auch Obstschalen, Filmprogramme, Bleistiftabfälle, Scherben und Kaffeetassen – es war ein wahrer Kehrichthaufen! Und was das Schlafzeug betraf, so war nur ein einziges schmutziges Stück vorhanden, das aber seine Samteinfassung schon eingebüßt hatte, sowie ein mit einem

Handtuch umwickeltes Kopfpolster, dessen beide Nähte geplatzt waren, so daß der Buchweizen herausfloß. Zerbrochene Lampenschirme, Brandspuren auf den Matten, gebrauchte Eßgeräte – es war nicht zu beschreiben.

»Ich bewundere dich, daß du es hier aushalten kannst.«

»Ja, aber ich bin deswegen hier auch nie richtig zur Ruhe gekommen.«

»Das ist mir durchaus verständlich. Dieses Haus ist ja eine wahre Rattenhöhle.«

»Es gibt soviel Flöhe, daß es nicht auszuhalten ist!«

»Was hast du nun mit dem Haus vor?«

»Ich möchte es am liebsten anzünden, damit es bis auf den Grund niederbrennt.«

»Das wäre ein herrlicher Spaß.«

Als ich durch den dunklen Gang in die Küche gehen wollte, stieß ich versehentlich mit dem Fuß gegen einen auf dem Boden liegenden Gegenstand, so daß dieser durch die Toilette, deren Tür offenstand, ins Freie rollte.

»Ich habe da eben etwas mit dem Fuß angestoßen«, sagte ich.

»Was war es denn?«

»Ich weiß es nicht, aber es rollte in die Toilette hinein.« Yukiko erhob sich und sah nach.

»Oh, das war ja mein Hut!«

»So?« lachte ich laut heraus, »aber da du ihn sowieso nicht mehr benutzt hast, ist es ja nicht so schlimm.«

»Ich habe ihn erst neulich gekauft! Ich bin außer mir!«

Und während sie so sprach, holte sie ihn an einem feuchten Ort unter Trichterwinden hervor und hängte ihn, nachdem sie ihn flüchtig berochen hatte, mit den Worten »Sonnendesinfektion!« an einem Baumzweig in der Sonne auf.

»Was treibst du da, um Himmels willen? He! Wirf das Ding schleunigst ins Feuer, damit es verbrennt! Das geht nun doch zu weit!«

»Nein, nein! Dieser Hut steht mir am allerbesten.«

Als ich mich nach einem halben Jahr an diese Geschichte erinnerte, fand ich tatsächlich immer mehr, daß dieser Hut ihr wirklich wundervoll stand, so verliebt war ich. Ich bin damals, wenn ich die Wahrheit sagen soll, mit vollem Bewußtsein zu einem Wesen geworden, das ihr in allem und jedem ganz zu Willen war.

Wenn die Schauspielertruppe, der Yukiko angehörte, zu Aufführungen übers Land fuhr, hat sie mich öfter eingeladen, mitzukommen, aber ich tat es nie. Ich war zu sehr besorgt, Kuniko könnte auf diese Weise von unseren Beziehungen erfahren. Zum Glück gab es in meiner Umgebung Leute, die über meinem Geheimnis wachten, und da auch ich mit viel Sorgfalt auf das Geschwätz in den Theater- und Kunstspalten der Zeitungen achtete, bekam Kuniko drei, vier Monate lang von unserer Liebe nichts zu wissen.

Aber eines Tages erschien plötzlich in den Skandalspalten einer Zeitung ein Artikel über uns, mit einer Fotografie. Yukiko hatte damit zwei Zwecke gleichzeitig erreicht, ich jedoch war bestürzt. Glücklicherweise hatte Kuniko die Zeitung am Morgen noch nicht gelesen; ich nahm sie sofort in mein Arbeitszimmer, verbarg sie dort und glaubte, die Gefahr damit beseitigt zu haben. Überdies war es ja unwahrscheinlich, daß man eine so triviale Geschichte noch ein zweites Mal zu veröffentlichen gedachte, und da ferner anzunehmen war, daß es keinen so albernen Reporter gab, der meine Frau nach ihrer Meinung über diesen Artikel befragen könnte, beruhigte ich mich zunächst ein wenig, aber ich wagte damals den ganzen Tag nicht, vor Kuniko die Augen aufzuschlagen, und wurde von einem überaus peinlichen Gefühl gequält.

Es erschien mir seltsam genug, daß man eine so belanglose Tatsache wie die, daß ein Mann wie ich mit einer Schauspielerin namens Yukiko befreundet war, in die Zeitung aufnahm. Ich selber freilich habe durch diese öffentliche Bloßstellung nicht gelitten, nur Kuniko war das arme Opfer.

Als einmal am Vorabend der Auslandsreise eines Dichters in der Zeitung dessen Beziehungen zu einem etwas lockeren Mädchen offen ausgebreitet worden waren, geriet ich in heftigen Zorn. Die Brutalität des Reporters, gerade die Abendzeitung kurz vor dessen Auslandsreise zur Veröffentlichung seiner intimsten Geheimnisse auszuwählen, erregte meine tiefe Abscheu. Wer auch nur ahnt, was der Vortag einer solchen Abreise für die Familie und den Freundeskreis des Abreisenden bedeutet, kann normalerweise unmöglich so handeln. Wenn dergleichen unbedingt angeprangert werden muß, warum bringt man es nicht wenigstens am Tage nach der Abreise? Der Reporter setzte wohl gerade seinen besonderen Stolz darein, den Termin der Zeitungsmeldung genau mit dem Tag der Abreise zusammenfallen zu lassen! Als ich mir das überlegte, wurde mir bitterlich die traurige Wahrheit bewußt, daß es keine Medizin auf Erden gab, die einem so platten Dummkopf zur Heilung hätte aufgestrichen werden können. Was jener Dichter sich hatte zuschulden kommen lassen, war ganz das gleiche wie ich mit meinem Verhältnis zu Yukiko. Freilich darf man die Qualität der Partnerinnen nicht unberücksichtigt lassen. Es war in meinem Fall keineswegs ein unverantwortliches Spiel mit einem reinen und unbescholtenen Mädchen. Yukiko war von einer Dirne nicht wesentlich verschieden. Ich hatte damals gegen den Zeitungsreporter, der den Vortag der Reise als den in jenem Sinne wirksamsten Zeitpunkt gewählt, einen heftigeren Zorn empfunden als nun, da ich selbst in der Zeitung bloßgestellt worden war. Er war mit dem Gefühl eines Menschen, der sich von Frau und Kindern für längere Zeit verabschiedet und ins Ausland verreist, allzu grausam verfahren.

Am Tage der Abreise sollen nach dem Bericht von Leuten, die den Dichter bis zum Schiff begleitet hatten, dessen Augen rot verweint gewesen sein. Da es ein Mann war, dessen Augen auch sonst wie verweint aussahen, konnte ich mich zwar auf diese Darstellung nicht ganz verlassen, aber immerhin empfand ich großes Mitleid mit ihm. Als ich freilich später erfuhr, daß der Dichter nachher in der gleichen Zeitung Reisenachrichten aus Rußland veröffentlichte, war ich sehr erstaunt... Nun, jedenfalls war ich, als der Artikel über mich erschien, nicht allzutief bekümmert.

Yukiko behauptete, für sie sei es maßlos peinlich, aber sie schien sich in Wahrheit eher darüber gefreut zu haben, denn nun hatte sie es ja erreicht, was sie sich gewünscht hatte. Fehlt bei einer Schauspielerin wie Yukiko der öffentliche Skandal, so erregen ihre Kunst und ihre äußere Erscheinung nicht genügend Aufmerksamkeit beim Publikum. Im übrigen ist, obgleich dies sehr arrogant klingen mag, mein Name in der Öffentlichkeit viel bekannter und interessanter als der von Asama Yukiko, da ich immerhin schon zwanzig Jahre lang für das Theater schreibe. Yukiko genügte es schon, wenn ihr Name mit dem meinen zusammen genannt wurde. Mochte es sich um eine bösartige Kritik oder ein schmunzelndes Gerede handeln, ihr Wunsch war erfüllt, wenn sie damit Propaganda für sich treiben konnte. Aber natürlich hatte Kuniko, die schließlich doch alles erfuhr, von uns dreien das bedauernswerteste Los gezogen.

»Nun weiß ich nicht, was ich noch sagen soll. Mir ist, als sei alles bisher ein Traum gewesen. Wenn ich mir überlege, daß das, was in meiner Vorstellung bestand, nicht die Wahrheit war, dann ist mir, als sei ich allein ein ganz anderer Mensch als ihr, und das macht mich unendlich schwermütig. Oh, wie einfältig ich war! Nach eigener Willkür habe ich die Dinge für schön gehalten und mir eingebildet, sie seien wahr. Nun aber muß ich erkennen, wie beschämend töricht ich war.«

»Du darfst nun nicht alles nur von dieser einen Frage aus beurteilen. Wenn man dich so sprechen hört, könnte man glauben, du seiest fest überzeugt, daß es auf Erden überhaupt keine Wahrheit mehr gibt.«

»Warte ein wenig. Ich verstehe das meiste, was du sagst. Gewiß hast du recht. Es ist gefährlich, die Dinge nur unter diesem Gesichtspunkt zu betrachten. Es gibt außerdem noch eine Menge von Wahrheiten. Das verstehe ich. Aber nun ist alles in mir so eng geworden, daß ich nicht mehr trennen kann: dies ist dies, und jenes ist jenes. Du bist klug, und ich bin einfältig, und wenn ich deinen Argumenten zuhöre, habe ich das Gefühl, durch deine vielen gescheiten Worte würde meine eigene Überzeugung wegdiskutiert, aber wenn ich ehrlich sein darf: Nachher ist mir immer, als hättest du mir etwas vorgegaukelt. Mir ist es höchst peinlich, daß ich gerade dir gegenüber so fühle, aber ich kann nicht anders. Was soll ich tun? Wenn ich daran denke, daß ich allein ganz anders bin als ihr, fühle ich mich unsagbar traurig und hilflos.«

»Ich weiß nicht, was ich dir darauf erwidern soll.«

»Mir auszumalen, daß von nun an mein ganzes Leben lang solche Dinge geschehen werden – das ist mir, als sei mein Weg in tiefstes Dunkel gehüllt.«

»Es mag wie eine Ausrede klingen, Kuniko, aber wenn du mir

vorwirfst, ich hätte dich in diese Verzweiflung gestürzt, so möchte ich dich doch bitten, mir zu glauben, daß meine Tat wahrhaftig etwas ganz anderes ist, als du meinst. Es ist fast komisch, wenn ich das vor dir beteure, aber ich habe von allem Anfang an in einer Frau wie Yukiko nur Blei gesehen. Ich kann dir freilich nicht erklären, weshalb einer, der Gold oder Silber sein eigen nennt, sich dazu noch Blei wünscht. Aber wenn du mir nicht wenigstens dies glauben willst, weiß ich mir nicht zu helfen. Ich möchte damit sagen: Du warst mir so kostbar wie Silber, aber Yukiko habe ich nie höher als Blei eingeschätzt. Ich gebe zu, daß ich mich sehr schlecht benahm, aber du mußt mir glauben, daß ich Yukiko gegenüber nur Gefühle solchen Ranges hegte.«

»Und was gedenkst du nun mit ihr zu tun?«

»Ich werde mich von ihr trennen. Sie hat damit, daß über sie in der Zeitung berichtet wurde, ihren Zweck erreicht.«

»Und deine Gefühle für sie?«

»Hm.«

»Wie steht es damit?«

»Aufrichtig gesagt, ich werde vielleicht zunächst ein wenig Sehnsucht nach ihr haben. Aber die Trennung ist kein so großer Schmerz.«

»Ein wenig weh tut es doch, oder?«

»Ich weiß nicht. Ich weiß es nicht eher, als bis es soweit gekommen ist.«

»Du trennst dich also vielleicht auch nicht von ihr?«

»Nein, nein, ich werde mich ganz bestimmt von ihr lösen; ich sagte das nur, weil du mich nach meinen Gefühlen fragtest.«

»Was wird aber werden, wenn du weiter so empfindest?«

»Das wird sicherlich nicht der Fall sein. Nur im Augenblick der Trennung, danach nicht mehr.«

Ich fand es wunderlich, wie ganz anders eine Sache war, je nachdem ob ich allein über sie nachdachte oder ob ich mit Kuniko darüber sprach. Die Beziehungen zu einer Frau wie Yukiko waren nach meiner Auffassung durchaus ein unbedeutendes Nichts. Doch wenn ich mit Kuniko darüber sprach, wurden sie zu einem furchtbar schwierigen und bedrückenden Problem. Dies mag an sich ganz natürlich sein, erstaunlich war nur, daß ich die Empfindung hatte, als verändere sich dabei der Inhalt dieses

Problems seinem Wesen nach. Ich habe mich bald danach von Yukiko getrennt. Ich gab ihr soviel Geld, daß sie ein ganzes Jahr davon leben konnte, und kam so ganz einfach mit ihr ins reine.

Ich sollte eigentlich nicht weiter darüber schreiben, und es ist ja im Grunde etwas, was mich tief beschämt, aber ich habe durch das Erlebnis mit Yukiko in der Tat eine Art innere Belebung erfahren. Meine Füße fanden nun gewissermaßen in jenem Sumpfe, aus dem ich mich vier, fünf Jahre lang nicht herauszuarbeiten vermochte, endlich einen Halt. Ich wandte mich dank dieses Erlebnisses wieder meiner geistigen Arbeit zu und empfand wieder das alte Interesse am Schaffen. Ich fühlte mich wie aus einem Leben befreit, in das ich seltsam eingeklemmt gewesen war. Endlich kehrte ich zu meiner Arbeit zurück! Ich begann sofort, ein schon früher geplantes, ziemlich umfangreiches Theaterstück zu schreiben.

Es war ein historisches Stück mit dem Titel »Fürst Tsukiyama«. Die Erforschung der geschichtlichen Fakten war nicht leicht, aber das Leben Fürst Tsukiyamas so auf dem Theater zu sehen, wie es sich in Wirklichkeit zugetragen hatte, das allein schon war schön und fesselnd genug. Seiner Gestalt fehlte es zwar, verglichen mit Yodogimi, an Prunk und Glanz, dafür steckte sie voll ungeheurer Gewalttätigkeit und erregte das Gefühl eines verborgenen Schauers. Und wenn man zudem den immer erregten Charakter seines Sohnes Nobuyasu geschickt darzustellen verstand, war es möglich, aus dem Ganzen ein prachtvolles Werk zu schaffen. Die persönliche Feindschaft des Tadayasu gegen Nobuyasu, die innere Anhänglichkeit des Ieyasu an Nobuyasu, ferner die Beziehungen zwischen Nobunaga und Ieyasu, der heimliche Verkehr des Fürsten Tsukiyama mit Katsuyori, die Persönlichkeit des chinesischen Arztes Jianjing – wie ungeheuer spannend war das alles! Wob man dazu noch die damit zusammenhängenden Geschehnisse hinein, so konnte es ein Werk von zwar nicht neuen, aber außerordentlich starken Gefühlen werden.

Yukiko vergaß ich überraschend schnell. Kaum einen Monat zuvor noch ein bezauberndes Wesen, das nicht einen Tag lang aus meinen Sinnen schwand, schien es mir jetzt, als gehörte sie einer weit zurückliegenden Vergangenheit an. Nicht nur Yukiko, auch

Kuniko und den Kindern gegenüber entwickelte ich die gleiche Gefühlskälte, und ich billigte das. Es tut mir leid, dies in einem Atem nennen zu müssen, aber selbst zu den Goldfischen, den kleinen Vögeln und den Dahlien geriet mein Herz in eine immer größere Distanz. Schon am frühen Morgen begab ich mich ins Arbeitszimmer, nachmittags ging ich nur ganz kurz spazieren und schloß mich hierauf bis zum Schlafen wieder ein. Mit meiner Familie kam ich lediglich beim Essen zusammen, aber dann war ich durchaus nicht gut gelaunt. Lärmten mir die Kinder zu arg beim Spielen, schrie ich sie auf der Stelle nieder, und wenn Kuniko in Haushaltsangelegenheiten zu mir kam, geriet ich in Zorn und verweigerte die Antwort.

Ich war ununterbrochen in gespanntester Erregung. Besonders während ich über Nobuyasu schrieb, fühlte ich, wie die seltsam gereizte und tolle Stimmung dieses Charakters auch auf mich übersprang. Als ich das Rasen jenes Mannes, der etwa, als er eines Tages jemandem beim Tanzen zusah und ihn ungeschickt fand, sofort nach Pfeil und Bogen griff und ihn zu Boden streckte, oder auf der Falkenjagd einem zufällig daherkommenden Priester, weil er diesem die Schuld für das Mißlingen der Jagd zuschrieb, den Strick um den Hals legen und ihn von einem Pferde zu Tode schleifen ließ – als ich mich bemühte, dies alles niederzuschreiben, wurde ich, da ich mich gleichzeitig in dieselbe Stimmung versetzte, ganz von selbst auch ein wenig toll. Und aus dieser zermürbenden Anspannung heraus geriet ich sehr leicht in jähen Zorn.

Für Kuniko, die schon die Affäre mit Yukiko mitgenommen hatte, war es unerträglich, mich fortgesetzt in einer solchen seelischen Verfassung zu sehen. Sie machte Tag für Tag ein trauriges Gesicht, wobei sie trotzdem sorgsam darauf achtete, daß mich die Kinder nicht bei der Arbeit störten. Manchmal empfand ich Mitleid mit ihr, manchmal aber reizte mich ihr verschüchtertes Wesen zu lautem Zorn.

»Wie wäre es, wenn du dich ein wenig frischer gäbest? Du brauchst doch nicht ängstlich zu sein, weil ich jetzt in nervöser Arbeitsstimmung bin. Ich finde die Atmosphäre im Hause niederdrückend und unerfreulich. Es ist einfach lächerlich, daß du dich ängstlich und bedrückt fühlst, weil mir die Lust am Schaffen wiedergekommen ist. Sei ein bißchen munterer! Wenn ich dich gelegentlich bitte, für Ruhe im Hause zu sorgen, brauchst du dich doch nicht furchtsam zusammenzukauern!«

»Ich habe nicht das geringste Vertrauen mehr zu mir selbst. Du wirst es mir übelnehmen, aber ich weiß tatsächlich nicht, wie ich mich in diesem Hause noch verhalten soll. Bisher hatte ich das Gefühl, als sei alles hier lebendig miteinander verbunden, aber nun scheint mir jedes ganz seltsam vom anderen geschieden zu sein. Du bist du, ich bin ich, die Kinder sind die Kinder. Ich fühle mich dabei ganz unerträglich traurig und verlassen. Was ist nur mit mir geschehen, vielleicht sind meine Nerven einfach überreizt.«

»Ich habe endlich zu meiner Arbeit zurückgefunden, und jetzt störst du mich mit solchem Gerede. Ich habe keine Zeit, mich mit deinen Sorgen zu beschäftigen. Ich bin ich, und du bist du, und so ist es gut. Mag ich noch so in meiner Arbeit aufgehen, mußt du doch dabei nicht mittun. Benimm dich so wie immer. Dein peinlich freudloses Gesicht, das du mir dauernd zeigst, macht mich gereizt und jähzornig.«

»Auch ich freue mich darüber, daß du dich mit ganzer Seele in deine Arbeit vertiefst, aber es wäre besser gewesen, du wärest von selbst dazu gekommen. Es geschah jedoch durch jene unangenehme Geschichte, und das macht mich so mutlos! Wenn deine Lust am Schreiben eingesetzt hätte, nachdem wir uns beide wieder gut geworden waren, so wollte ich zufrieden sein, aber so ist es mir, als sei die Gefahr noch gar nicht vorüber!«

»Wenn wir beide zu den gleichen Empfindungen gefunden hätten, wie du es hofftest, so könnte das vielleicht für dich recht erfreulich sein, aber mir ist es im Augenblick nur lästig! Mein Gefühl ist weit von dir entfernt. Warum willst du mich nicht allein lassen? Dauernd läufst du mit deinen Gefühlen hinter mir her und verfolgst mich! Das ist überaus töricht! Wir sind zwar Eheleute, aber es ist doch keineswegs nötig, alles und jedes gemeinsam zu tun. Du solltest wirklich soviel Freiheit in dir selber haben, um dich etwas weniger mit deinen Gefühlen einzudrängen, wenn mich die Leidenschaft der Arbeit erfaßt. Das ist mir unangenehm und lästig.«

»Ich bin also ein Hindernis für deine Arbeit?«

»Ja! Weniger du selbst als deine Gefühle, die so ohne Sinn und Verstand hinter mir herlaufen. Aus welchem Grunde hängst du dich eigentlich so an mich, während ich tief in meiner Arbeit stecke? Ich begreife das nicht.«

»Als wollte ich mich in deine Arbeit einmischen.«

»Eben das tust du. Werde etwas gleichgültiger! Gleichgültiger! Und wenn du mir zuliebe nur immer frisch und munter bist, dann kann auch ich mich leichten Herzens in meine Arbeit vertiefen. Wenn du aber versuchst, mir überallhin nachzulaufen, werde ich unerträglich böse.«

»Sosehr ich mich auch bemühe, ich kann nicht ganz verstehen, was du meinst. Ich habe nicht die geringste Absicht, hinter dir herzulaufen, aber wenn ich dich jetzt so sprechen höre, ist mir tatsächlich so, und bedenke ich erst, daß ich neuerdings gar nicht mehr frisch und munter sein kann, sosehr ich es auch möchte, dann scheinst du mir wirklich recht zu haben. Aber was soll ich tun? Und wüßte ich einen Ausweg, hülfe es mir nichts, denn ich habe nicht mehr das geringste Selbstvertrauen!«

»Das halte ich nicht mehr aus! Tu, was du willst. Es ist mir unangenehm, mich weiter mit dir über deine Gefühle zu unterhalten. Wenn das nur noch ein wenig länger anhält, gehe ich fort. Irgendwohin, ganz allein, und tue dort meine Arbeit. Ich komme dann vielleicht für ein halbes oder ein ganzes Jahr nicht zurück. Mir sollte es recht sein.«

Meine Geduld war zu Ende. Ich sprach, während ich Kuniko mit zornigen Blicken begegnete. Es war mir tatsächlich so zumute.

Kuniko starrte mich an aus einem bleichen Gesicht.

»So gern ich es möchte, ich verstehe es nicht. Manchmal glaube ich zu verstehen, aber in Wirklichkeit kann ich es nicht.«

»Dann läßt du es eben bleiben.«

Es war in einer Nacht, vier, fünf Tage später. Kuniko hatte sich in ihrem Aussehen keineswegs verändert, ihre Traurigkeit war ganz die gleiche; da ich aber annehmen durfte, daß sie sich etwas beruhigt hatte, ging ich Gesprächen über ihren Gemütszustand aus dem Wege. Auch an diesem Abend arbeitete ich wieder in meinem Studierzimmer im ersten Stock, da hörte ich plötzlich, wie sich Kuniko, die anscheinend keinen Schlaf finden konnte, in dem großen Zimmer unruhig hin und her bewegte, in den Waschraum ging, die Wandschranktüren aufschob oder sich in die Küche begab. Es war schon zwei Uhr nachts, was hatte sie denn vor? Aber ich rief sie nicht. Als es nach einer Weile ruhig geworden war, glaubte ich, sie sei eingeschlafen. Doch kurz darauf vernahm ich Schritte, die ganz heimlich – es war wie ein leises Schaben – die Treppe heraufstiegen. Ich zweifelte nicht daran, daß es Kuniko war, da aber eine Diskussion wie die von neulich mich jetzt erheblich gestört hätte, rief ich absichtlich heftig: »Wer ist da?« Keine Antwort. Leise kamen die Schritte nach oben. Schweigend schrieb ich weiter. Nun öffnete sich die Schiebetür, doch ich wandte mich nicht um.

Dann sah ich aber doch mit den Worten: »Komm mir jetzt nicht mit irgendeinem Gespräch!« zu ihr hin. Sie stand da, die beiden Hände an die halbgeöffneten Papierschiebetüren gelegt, doch als ich ihr ins Gesicht blickte, fuhr ich zusammen. So sah der Tod aus! Kunikos Gesicht war nicht mehr von dieser Welt. Der Mund vor gewaltsamer Anspannung wie verzerrt, die winzig gewordenen Augen flackernd auf mich gerichtet. Ich fühlte sofort, daß Kuniko etwas getan hatte, was nie wieder gutzumachen war. Ich sprang auf und eilte zu ihr, und Kuniko kam von der Tür her plötzlich wie fallend auf mich zu und klammerte sich heftig an mich.

»Was hast du Wahnsinniges getan?« rief ich aus. Ich zitterte vor Erregung und Wut.

Kuniko, die Augen ganz fest geschlossen, preßte sich mit ihrem ganzen Körper an mich. Ich konnte nicht länger stehen und setzte mich auf einen Stuhl, Kuniko in den Armen haltend. Einige Male schien sie sich übergeben zu müssen.

»Hast du Gift . . . Gift genommen?«

Ihr Gesicht in meine Brust vergraben, erbrach sie schließlich etwas. Ich löste sie mit Gewalt von mir, um zu sehen, was es war. Ich erkannte Kristalle von Ätzsublimat. Kuniko umklammerte mich immer heftiger. Ich löste ihre Hände von mir, stürzte die Treppe hinunter und weckte die Dienstmädchen. Dann schickte ich sofort eine zum Arzt und ließ sagen, Kuniko habe Ätzsublimatkristalle geschluckt, davon aber nur zwei wieder erbrochen, und ich wisse nicht, wie viele sie im ganzen genommen habe; ihr Zustand sei überaus bedenklich.

Als ich wieder in den ersten Stock zurückeilte, war Kuniko kreideweiß, und sie stöhnte heftig, während sie sich vor Schmerzen nach allen Seiten krümmte.

»Kuniko! Kuniko!«

Es war auf keine Hilfe mehr zu hoffen. Ich rief das Dienstmädchen, ihr Wasser einzuflößen.

Kuniko hat furchtbar gelitten. Schließlich kam auch der Arzt, aber während er die Magenspülung vorbereitete, atmete sie schon nicht mehr.

Ineko SATA

Aus der Bonbonfabrik

Wie immer schob Hiroko den Saum der Decke ein wenig hoch, unter der ihr jüngerer Bruder schlief, und setzte sich dort zum Frühstück. Ihr kleines dunkles Gesicht war noch müde und verquollen. In der Küche vorm Herd packte unterm Schein der Lampe die Großmutter den Behälter mit dem Mittagessen. Selbst wenn man sich regte, die Kälte der frühen Stunde drang einem durch alle Glieder. Dann und wann war zu hören, wie irgendwo andere auch die morgendliche Mahlzeit vorbereiteten.

Hiroko zog die Brauen zusammen und blies verzweifelt über den Reis, und als sie schließlich eine Schale geleert hatte, stand sie hastig auf.

»Was denn, willst du keinen Reis mehr?«

»Mir reicht es.«

Schon nahm sie sich aus der Schublade am hölzernen Kohlebecken das Geld für die Elektrische.

»Das reicht dir doch unmöglich. Iß noch eine Schale, soviel Zeit hast du noch.«

»Ich kann ihn nun mal nicht hinunterschlingen.«

Und während sie der Großmutter die Reisschale in die Hand gab, kriegte Hiroko Tränen in die Stimme.

»Kannst nicht?! An so einem kalten Tag mußt du heißen Reis gegessen haben, sonst frierst du dich ja steif.«

»Aber wenn ich dann zu spät bin – das ist furchtbar.«

Vor vier, fünf Tagen war sie zum erstenmal zu spät gekommen. Nur: Zuspätkommen gab es nicht in ihrer Fabrik. Punkt sieben wurden die Werkstore geschlossen. Also hatte sie diesen einen Tag wohl oder übel frei machen müssen. Denn den Mädchen von ihrem winzigen Lohn für die Verspätung etwas abzuziehen, war zu umständlich.

An jenem Morgen in der Bahn war es ihr aufgefallen: Sie schien zu spät zu sein. Schon fuhren lauter gutgekleidete junge Frauen mit, und niemand sah mehr nach Arbeiter aus. Beunruhigt und als wollte sie aus der Atmosphäre im Wagen die Zeit ablesen, ließ sie ihre Blicke herumwandern. Endlich trat sie an die Tür. Der Schaffner – mit der einen Hand hatte er die Uhr aus der Brusttasche gezogen – war eben im Begriff, die dort ausgehängte Tabelle mit dem Billigtarif zusammenzurollen.

Die Gegend machte ihr einen seltsamen Eindruck. Dabei hatte doch die Elektrische bereits die Haltestelle erreicht, nach der – an der nächsten – Hiroko aussteigen mußte. Schon zuvor zogen sich parallel zur Trambahnstrecke die kasernenähnlichen roten Ziegelgebäude der Fabrik entlang, und an einem davon befand sich ihr Eingang. Hiroko wollte ihn nicht verpassen, also starrte sie angestrengt auf Tor um Tor. Da spürte sie wie von einem Druck, von einem Rumoren einen scheußlichen Schmerz im Magen.

Von der Elektrischen bis zum Werkstor rannte sie. Und es war, wie sie von der Bahn aus gesehen hatte.

Als sie vom Hause weggegangen, war es noch dunkel gewesen. Ihr Geld für die Elektrische hatte aus Kupferstücken bestanden, die die ganze Familie zusammengekratzt hatte. Doch nun war vor ihr das stählerne Tor dicht heruntergelassen. Sie hatte es nicht geschafft. Schließung erfolgt um sieben Uhr. Sie drückte sich verstohlen beiseite. Sie umklammerte fest mit beiden Händen unter ihrem Umhang die Schachtel mit dem Mittagessen, preßte sie dann gegen ihre Brust und ging los. Sie schluchzte. Immer mehr Leute waren unterwegs. Der Verkehr hatte von ihrem, Hirokos Morgen in einen anderen Morgen gewechselt.

Ja, das Zuspätkommen war für Hiroko schlimmer, als wenn sie sich steif frieren würde.

Nachdem sie unter Großmutters Gemäkel zu Ende gefrühstückt hatte, wickelte sie ihr Gesicht in einen Schal und machte sich mit einem Gefühl auf den Weg, als zöge sie in die Schlacht. Draußen war die Helle der Morgendämmerung blank wie ein frischgeschliffenes Küchenmesser. Und knirschend kalt war es. Auf der Brücke rutschte sie ein paarmal mit ihren Holzsandalen.

Die Elektrische, in der noch die Glühbirnen brannten, war vollbesetzt von Firmenjacken und Blaukitteln. Sie alle hatten wie vom Kampf mit der Kälte rote Gesichter. Und da sie, kaum daß sie die Bohnenmus-Suppe in sich hineingestürzt hatten, losgesprungen waren, verbreiteten sie unter den dämmrigen Lampen in der Bahn tatsächlich so etwas wie einen Küchengeruch.

Hiroko drängte sich zwischen die Beine der Erwachsenen. Sie war genausogut eine Arbeiterin. Eine kleine, schwache Arbeiterin, ein Grashalm, den kein Pferd gefressen hätte.

»Na, tüchtig, Kleines! Wo geht's denn hin?« Der Mann, der für sie ein bißchen beiseite gerückt war, sprach sie an. »Aber was ist mit deinem Vater?«

»Er hat keine Arbeit.« Hiroko schämte sich, das zu sagen.

»Ah, hängt herum und tut nichts. Wie furchtbar!«

Dabei zeigte der Mann eine verständnisvolle Miene. Und im Wagen ringsum richteten sich plötzlich aller Blicke betroffen auf sie wie unter einem Zwang. Denn das ging jeden an, und jeder sah in Hiroko seine eigenen Kinder vor sich.

Hirokos Vater war in einer Kleinstadt Angestellter gewesen. Damals trug er gestreifte Anzüge im europäischen Schnitt und spielte Billard in einem Klub. Noch zu Lebzeiten seiner Frau, die drei, vier Jahre krank gelegen hatte, bevor sie starb, hatte er den kleinen Grundbesitz durchgebracht. Wiederverheiratet, entwikkelte er eine seltsame Neigung zum kleinbürgerlichen Leben. Die zweite Frau gab in den Familien der Direktoren seiner Firma Unterricht auf der Koto-Zither und im Ikebana. Auch konzertierten sie miteinander, indem sie ihn zur Bambusflöte begleitete. Eine Zeitlang ließ er seine Mutter und die beiden Kinder allein und zog ins Elternhaus der Frau. Schließlich fand er dies mit seinem Ansehen nicht vereinbar. Die Kinder sollten doch die Mittelschule besuchen. Aber würde sein Einkommen das tragen? Als Angestellter bringt man es im Leben zu nichts. Was er nicht begriff: daß es für sie, mochten sie was auch immer unternehmen, eben nicht zu schaffen war. Er ging mit der ganzen Familie nach Tōkyō. Die Trennung von der zweiten Frau bestärkte ihn in dem Entschluß, eine Krankheit seines jüngeren Bruders, der sich in Tōkyō durchs Studium quälte, beschleunigte die Verwirklichung. Indessen war der Umzug in die Hauptstadt nur die Flucht eines Möchtegerns aus seinem Milieu gewesen. Da war kein Ziel, kein Plan.

Er trank, schrie herum und peinigte die Familie.

Sein Bruder, von einer anderen Familie adoptiert, hatte für sich nur das Kolleggeld; da aber der Ältere, der es verwahrte, nicht zurechtkam, suchte er sich einen Job. Die ungewohnte Arbeit warf ihn nieder. Er legte sich ins Bett und stand nicht mehr auf.

Hirokos Familie wurde, seit sie in Tōkyō war, von der Krankenpflege restlos in Anspruch genommen. Ihr Vater war unterdessen Hilfsarbeiter in einer Bierbrauerei, dann Hausknecht in einer Garküche. Dergleichen Beschäftigungen nämlich lagen ihm. Dennoch holte er sich dabei geschwollene Schultern und dicke Füße und gab es auf. So mußten sie sich mit dem behelfen, was die Großmutter nebenbei verdiente. Hiroko war zu der Zeit in der fünften Klasse.

Eines Abends sagte ihr Vater: »Ob Hiroko da nicht mal hingeht?« Damit warf er, ohne jemanden direkt anzusprechen, die Zeitung beiseite. Hiroko, die Reisschale in der Hand, spähte auf das Blatt; seine scheinbar so arglose Bemerkung verwirrte sie. Irgendeine Bonbonfabrik suchte Arbeiterinnen. Hiroko hatte den Kopf gesenkt, schweigend stopfte sie sich den Reis in den Mund. Auch sonst sagte keiner ein Wort.

»Na, Hiroko«, meinte ihr Vater nach einer Weile mit einem halben Lächeln, »wie fändest du das?«

»Aber die Schule –« wollte sie antworten, doch kamen ihr gleichzeitig die Tränen.

»Sie ist ja noch – nein, wie grausam –«

»Sei du doch still!« herrschte der Vater die Großmutter an. Hirokos jüngerer Bruder sah insgeheim dann und wann mit besänftigender Miene auf die Schwester. Der Kranke auf seinem Lager hatte die nach oben gerichteten Augen geschlossen.

Am nächsten Tag im Büro jener Fabrik in der Verhandlung zwischen ihrem Vater und einem Angestellten wurde über Hiroko einfach verfügt.

»Dreizehn also ist sie? Aha!« Der Angestellte notierte ihren Namen und so weiter.

»Ja, noch richtig ein Kind. Sie werden allerlei Mühe haben.«

»Oh, nein. Dafür sorgen unsere Vorschriften schon«, fuhr der Angestellte fort, indem er Vaters privat gemeinte Bemerkung ohne viel Umstände zurückwies.

Auf dem Heimweg nahm ihr Vater Hiroko mit in ein Nudelrestaurant. Vornübergebeugt saß er mit gekreuzten Beinen da und schenkte sich auf dem niedrigen Eßtisch Reiswein ein, er war guter Laune. »Ist zwar ein bißchen weit der Weg, aber siehst mal zu, nicht wahr? Das mit der Schule wirst du dann auch noch schaffen.«

Tatsächlich mochte man allein mit der Elektrischen vierzig Minuten brauchen bis zur Fabrik. Aber davon abgesehen, von ihrem Tagesverdienst Geld für die Fahrt auszugeben, war eigentlich nicht drin. Alle anderen Fabrikmädchen suchen sich ja ihre Stellung in einer Gegend, die sie zu Fuß erreichen können. Oder sie haben bei einer großen Firma Unterkunft gefunden. Hirokos Vater jedoch kümmerte sich um dergleichen nicht. Er war rein aus Laune für jene Fabrik, weil sie in der Öffentlichkeit einen gewissen Ruf besaß.

Vom nächsten Tag an ging Hiroko niedergeschlagen auf Arbeit.

»Was denn, Mitsu-chan, hast du schon die dritte fertig?«

»Ach wo, gerade knapp zwei Büchsen. Und du?«

»Ich auch. Mit den steifen Fingern –«

An den zu zwei Reihen zusammengeschobenen Tischen standen etwa zwanzig Mädchen einander gegenüber, mit weißen Kitteln bekleidet, die Köpfe gesenkt, eifrig mit den Fingerspitzen hantierend, und schwatzten dabei. Um den Arbeitstakt einzuhalten, schwankten sie in heftigen Bewegungen wie mechanisch hin und her.

Hiroko, das Mädchen mit den entzündeten Augen und die jüngere Schwester der Vorarbeiterin bildeten als die Neuen zu dritt eine Gruppe und hatten einen Tisch für sich. Abgesondert von den anderen in einem Winkel des Saals legten sie in einem offensichtlich noch von keiner Geschicklichkeit bestimmten Rhythmus Bonbons auf kleine Papierstreifen.

»Was die alle so schnell sind!« sagte Hiroko zu ihrer Nachbarin mit den Triefaugen.

»Sie werden eben schon lange hier sein.«

»Sind sie auch. Kein Wunder also«, flüsterte die Schwester der Vorarbeiterin. Dieses Mädchen war klein und ausgemergelt und hatte ein Gesicht, das mit dem schmalen Mund wie das einer Erwachsenen wirkte.

Die Dritte, die neben Hiroko stand, zwinkerte wegen ihres Trachoms in einem fort wie vor Trauer mit den Augen. Sie war von einer schwachen, ja welken Konstitution.

Bei den anderen drüben fing eine an, einen Schlager zu singen; manche stimmten ein, manche machten die Begleitung dazu. Hiroko stapelte die Pappschachteln, soweit sie endlich fertig waren, aufeinander und zählte sie. Da kam, in jeder Hand einen Bogen Schreibpapier, ein Büroangestellter herein. Es war – Hiroko erkannte ihn wieder – der Angestellte von neulich.

»Na, wer wird's heute sein?«

»Wahrscheinlich O-Ume, wie gewöhnlich. Bestimmt sogar.«

»Ich hab' aber gestern auch ganz schön geschafft.«

Unterdessen gab der Angestellte den einen Bogen der Vorarbeiterin zum Halten und klebte ihn, während er sich aufreckte, an eine Stelle auf der gegenüberliegenden Wand. Es handelte sich um die Leistungstabelle vom Vortage. Täglich wurden so die Namen der drei Besten und der drei Schlechtesten ausgehängt.

»Da hast du doch recht gehabt.«

»Bei O-Ume geht nie was schief!«

»Wer sich nicht anstrengt, der bringt es zu nichts.«

Der Angestellte grinste, als sollte das ein Scherz sein. Hiroko hörte wohl, daß jemand ihren Namen vorlas, blickte jedoch nicht auf. Dann vernahm sie, wie die offensichtlich ehrgeizige Vorarbeiterin mit der strengen Shimada-Frisur zu ihrer jüngeren Schwester in barschem Ton sagte: »Du bringst es auch mal zu nichts, wenn du dich nicht zusammenreißt!«

Hiroko mußte an die Schule denken. Dort war ihr Name stets auf dem Aushang gewesen. Aber in der Schule wurden die Schlechtesten nicht mit aufgeführt.

Sie wollte um jeden Preis bald tüchtiger sein in ihrer Arbeit. Während die anderen Mädchen fünf Büchsen schafften, kriegte sie gerade zweieinhalb fertig. Auch wenn sie einmal dachte: Heute werden es mehr als sonst, sobald die letzte Stunde herankam, waren es wieder bloß zweieinhalb.

Hiroko begann sich zu hetzen. Auf alle Fälle wollte sie wenigstens heraus aus der Liste der Schlechtesten.

Eine jede blieb emsig an der Arbeit. Das war ein Wettrennen. Die ausgehängte Leistungstabelle vor Augen, quälten die Mädchen das letzte aus ihren kleinen Körpern heraus.

Nach hinten zu ging der Fabriksaal der Mädchen auf einen Fluß hinaus. Sonne fiel in diesen Saal den ganzen Tag über keine. Der Saaleingang befand sich an einem düsteren Durchweg innerhalb des Fabrikgeländes, und Licht drang lediglich zu den Fenstern auf der Flußseite herein. Aus den Fenstern sah man auf die wild verschachtelten Hinterfronten der Häuser auf dem gegenüberliegenden Ufer, jenseits des von Abwässern stinkenden Flusses, auf dem unablässig und träge mit leeren Fässern beladene Boote, Müllkähne und dergleichen vorüberzogen.

Dort auf den rußgeschwärzten Dächern waren Reklametafeln für Seife und Reiswein aufgestellt, und auf den Reklametafeln lag von morgens bis abends die Sonne. Dieses Leuchten hatte etwas wie von Glück an sich. Wenigstens schienen so durch die geschlossenen Fenster doch warme Farben herüber. Bei Sonnenuntergang traf eine schwache Röte schräg auf die Schmutzflecken auf den Scheiben, verlöschte aber bald. Danach wurde es völlig düster in dem Saal. Jetzt, da es Tag für Tag stürmte, klapperten die ganze Zeit über die Fensterflügel, und an einer Stelle, wo eine Scheibe zerbrochen war, fegte erbarmungslos der Wind herein. Zwar hatten sie schon längst beantragt, das Loch zuzusetzen, doch nichts war geschehen.

Die Mädchen standen bei ihrer Arbeit den geschlagenen Tag lang auf dem gedielten Boden. Bis sie sich eingewöhnt hatten, schleppten sie die Beine nach wie steife Stöcke; sie litten unter Atembeklemmung, bekamen Schwindelanfälle. Manche auch waren, wenn es Abend wurde, so durchgefroren, daß sie sich vor Bauchschmerzen krümmten. Alle hatten sie sich Leibbinden umgeschlungen und trugen, fest zusammengeschnürt, Vaters alte Unterhosen.

Sobald es auf Mittag zu ging, hielt es eine von ihnen nicht mehr aus und sagte: »Allmählich müßten wir mit dem Aufwärmen anfangen, oder?«

»Aber schnell, sonst wird's nicht mehr richtig warm.«

»Du, sei so gut und stell meins gleich mit hin, ja?«

»Meins auch. Das in dem lila Tuch dort.«

Im Handumdrehen hatten sie alles rings um das Kohlebecken mit Aluminiumbehältern vollgestellt. Das Essen, morgens um sechs abgefüllt, war in den Näpfen klumpig zusammengefroren. Nun am Kohlebecken kamen die Mädchen mit ihren verschiedenen Kümmernissen heraus.

»Meine Mutter hat schon wieder was Kleines. Ich hab' von Babys wirklich genug. Ist doch wahr, ich brauch' bloß nach Hause kommen, schon muß ich Kinder warten. Wär' ich mal in Stellung gegangen.«

»Ich hab' sogar zu Neujahr nichts gekriegt. Da war ich vielleicht enttäuscht!«

»Ehrlich gesagt, ich überleg' mir, ob ich mich nicht verpflichten soll. Arbeiten tut bei mir nämlich nur meine Mutter, und ich könnte als Kuli beim Straßenbau ein besseres Geld machen.«

»Und wenn du nun als Tanzmädchen anfingst?« mischte sich eine andere ein.

»Was denn, ich und ein Tanzmädchen? Das bestimmt nicht.«

sd »Na ja, aber meine Schwester – du glaubst nicht, was die jedesmal für schöne Kimonos anhat, wenn sie nach Hause kommt.«

»Nichts für mich. Ich will gar keine schönen Kleider und so Zeug haben.«

Hiroko und das Mädchen mit dem Trachom standen dabei und hörten wie alle zu. Leise fragte Hiroko ihre Nachbarin: »Möchtest du eigentlich nicht in die Schule gehen?«

»Ich kann doch nicht – mit meinen schlechten Augen.«

Nachmittags um drei hielten die Mädchen Vesper. Dafür zahlten sie von ihrem schmalen Lohn. Und es war festgelegt, daß es sich dabei stets nur um gegrillte Süßkartoffeln für einen Sen handeln durfte.

Seitdem Hiroko am ersten Tag, weil sie dieses eine Sen-Stück nicht hatte, sich so schrecklich geschämt, pflegte sie, sich unbedingt wenigstens eines einzustecken. Zum Besorgen gingen reihum jeweils zwei los. Nur dafür durften sie hinaus.

Auf der Straße der Fabrik gegenüber, wo Haus an Haus die

Altkleiderhändler ihre Geschäfte hatten, tanzten, vom Wind gebläht, dicke Baumwollkittel und weitärmelige Mäntel aus demselben Zeug. Die Mädchengestalten aber, die in ihren weißen Kitteln, die nackten Arme unter ihre Schürzen geschoben, geduckt dahinliefen, sahen irgendwie verkrüppelt aus.

Die Bonbons, die die kleinen Arbeiterinnen einwickelten, wurden in einem anderen Saal hergestellt. In großen Kisten brachten die Arbeiter sie herüber.

»Heute gibt's Zitronen!«

»Na so was! Als hätten wir's nicht schon die ganze Zeit gerochen.«

Die blanken, bestäubten Bonbons ergossen sich polternd auf die Tische. Ein süßlicher Duft von Zitrone stieg auf. Es kam nicht eben häufig vor, daß Zitronenbonbons fabriziert wurden. Die waren nämlich für den Fabrikanten unrentabel. Den Mädchen freilich war es ein Vergnügen, wenn sie die Süßigkeiten, die sie verarbeiteten, auch selber mochten. Sollten diese Zitronenbonbons doch schließlich in den Läden draußen den Kindern Freude machen.

Es war üblich, daß sie, was an Bruch unter den Bonbons war, in den Mund stecken durften. Auch Hiroko und das Mädchen mit dem Trachom pickten sich die zerbrochenen heraus.

»Höre, wenn du dich so damit vollstopfst, bekommst du es mit mir zu tun. Verstanden?«

Mit einem plötzlichen Ruck senkte die Schwester jener gehässigen Vorarbeiterin den Kopf. Hiroko – es war das erste Mal – sah auf und wandte sich um. Die Frau des Fabrikanten war zum Kontrollgang erschienen.

»Gehorsamsten guten Morgen! Gehorsamsten guten Morgen!« riefen sie nacheinander alle und verbeugten sich dabei. Jeden Tag kam entweder der Fabrikant oder, wenn er nicht konnte, seine Frau, um nach dem Rechten zu sehen. Manchmal kamen sie auch beide.

Die gnädige Frau ging bis in die Mitte des Saales, wo sie stehenblieb. Angetan mit einem dunkelbraunen Ōshima-Kimono und einer gleichen Überjacke, drehte sie den Mädchen den Rükken zu. Eine hübsche Bediente folgte ihr. Da die Dienerin in unmittelbarer Nähe der gnädigen Frau beschäftigt war, hatte man sie prächtig herausgeputzt. Die Vorarbeiterin an ihrer Seite gab irgendwelche offenbar schmeichlerischen Berichte. Mit betonter Herablassung ging die gnädige Frau darauf ein.

Hierauf lächelte sie befriedigt... Die Mädchen arbeiteten ja nach wie vor folgsam weiter; und trotzdem nicht genug: Der Fabrikant und seine Frau bestellten Leute, die bei Arbeitsschluß am Tor bei jeder einzelnen Arbeiterin Ärmelbeutel und Taschen und Eßbehälter auf ihren Inhalt überprüften. Da standen sie dann bei Wind und Wetter und warteten, bis sie an die Reihe kamen.

»Ist die aber eingebildet!« flüsterte Hiroko ihrer Nachbarin zu, während sie jetzt beobachtete, wie die gnädige Frau durch den Ausgang verschwand.

Die Kleine mit dem Trachom zwinkert heftig. »Paß auf, du kriegst es wirklich mit ihr zu tun«, meinte sie tadelnd, wohl weil sie fürchtete, Hiroko habe die Verhältnisse noch nicht recht begriffen. Hiroko allerdings meinte, eine fremde gnädige Frau sollte doch kleinen Mädchen gegenüber wenigstens ein Lächeln zeigen.

»Ach, O-Sumi hat es gut«, sagte, neidisch auf die Dienerin, die Schwester der Vorarbeiterin. »Was darf sie für schöne Kimonos tragen!«

So hatte sich, als die Fabrikantenfrau erschien, jede ihr Teil gedacht, Hiroko und die Schwester der Vorarbeiterin und das Mädchen mit dem Trachom.

Der düstere Gang im Keller hallte wider vom Schrittgetrappel über die Bohlen, an der Decke schwankten die kleinen Glühbirnen. Schwatzend drängten sich die Mädchen herunter.

Es war zur Vesperzeit gewesen. Die Vorarbeiterin hatte gesagt: »Das noch, und damit wäre dann die Arbeit für heute erledigt.«

»Wieder Flaschen spülen?«

»Scheußlich, bei der Kälte!«

»Bitte, besorgen Sie uns doch heute wenigstens warmes Wasser dafür!«

Immer wenn sie mit dem Bonbonverpacken zu Ende waren, ließ man sie Kosmetikflaschen reinigen. Eigentlich vertrieb diese Fabrik ja flüssige Schminke.

Der Kellerraum mit der Waschanlage hatte einen gestampften

Lehmfußboden, er war dumpf und feucht. Auf den Holzrosten stehend, froren sie an ihren nackten Beinen. Von oben aus den Fensterlöchern her hörten sie Ruderschläge.

»Oh!« schrie eine enttäuscht, »es ist doch kalt, das Wasser. Gibt's denn kein warmes?«

Hierauf fielen zwei, drei mit schrillen Stimmen ein: »Das halt' ich nicht aus – so was.« »Wir wollen warmes Wasser haben!«

Die Vorarbeiterin machte ein Gesicht, als wäre ihr das peinlich. »Wartet, ihr bekommt euer warmes Wasser«, sagte sie und ging, um darüber in einem anderen Fabriksaal zu verhandeln.

Die Mädchen unterdrückten ihre einigermaßen gereizte Stimmung, sie spülten eine kleine Flasche nach der anderen aus. Ihre Hände, sobald sie sie kurz aus dem Wasser nahmen, prickelten und schmerzten, und im Nu wurden sie rissig. Also tauchten sie die Hände rasch wieder ins Wasser ein.

Während sie so ohne ein Wort an den Flaschen herumputzte, fielen von Hirokos Nasenspitze die Tränen.

Ein Monat ungefähr war verstrichen, seit Hiroko zum erstenmal in die Fabrik gegangen war.

An diesem Tag hatte Hiroko das Geld für die Heimfahrt nicht, und sie lief zu Fuß. Sie hatte bis dahin manchmal auch morgens laufen müssen. Dann war die Großmutter mit ihr gegangen, waren sie beide an die zwei Stunden marschiert, und wenn sie endlich in die Nähe der Fabrik gekommen, waren vor ihnen die Straßenlaternen mit einem Schlage verlöscht.

Inzwischen hatte sie sich ans Laufen gewöhnt.

Es war abends acht Uhr vorbei. Zu Hause in dem zugeschobenen Sechsmattenzimmer war die ganze Familie bei der Heimarbeit. Aus der Strickmütze auf Großmutters Schoß unter der elektrischen Lampe wurden bei jeder raschelnden Handbewegung winzig feine Wollhärchen hochgewirbelt. Im Schein der Lampe tanzten diese braunen Fädchen auf und nieder. An der Wand im Winkel hatte sich der Kranke in seinem Bett auf den Bauch gedreht und pinselte mit Tubenfarben Rosen und Vögel auf grünes Papier. So was wurde als Umschlag für Notizbücher verwendet. Vater saß mit gekreuzten Beinen neben dem Kopfende und half ebenfalls mit, indem er die Stücke prüfte. Ringsum lagen dicht an dicht die fertig gemalten grünen Bögen ausgebreitet. Hirokos jüngerer Bruder war seit einer ganzen Weile hinter Großmutters Rücken mit geröteten Augen in eine Zeitschrift vertieft.

Hiroko trug auf dem Tisch neben der Schiebetür zur Küche das Essen auf. Über dem irdenen Kohlebecken brodelte eine Gemüsesuppe. Wie immer war von dem durch eine einfache Mauer abgetrennten Haus des Nachbarn, eines Geta-Riemenmachers, das Geklopfe so deutlich herüberzuhören, als triebe er seine nächtliche Arbeit unterm gleichen Dach.

Hiroko hob ihr vom Dampf der Gemüsesuppe erhitztes Gesicht und sagte: »Wenn man von draußen heimkommt, freut man sich am meisten auf so ein heißes Essen.« Wieder zu Hause, hatte sie das Gefühl, die tüchtige Ernährerin der Familie zu sein.

»Ei, ei, nun mach dich mal nicht lausig! Wieviel schaffst du denn inzwischen? Noch immer bloß zweieinhalb?«

Auf Vaters Spöttelei wurde Hiroko rot und blickte zu Boden.

In der Fabrik hatte man neuerdings die Tagesentlohnung abgeschafft, jetzt wurde der Lohn nach der Zahl der Büchsen errechnet. Pro Büchse sieben Sen.

Für die Mädchen, die eingearbeitet waren, hatte sich das Einkommen erhöht. Die meisten indessen mußten sich, um auf denselben Lohn wie bisher nach dem Tagessatz zu kommen, unvergleichlich mehr abquälen. Und sie hatten doch schon zuvor geschuftet, was sie konnten. Daß sie sich, bloß weil jetzt pro Büchse bezahlt wurde, noch hätten steigern können, daran war nicht zu denken. Ihr Einkommen sank schlagartig. Hiroko und andere fielen um ein Drittel zurück. Zudem wurden täglich die Leistungstabellen ausgehängt. Selbst nach der Mittagspause brauchte die Vorarbeiterin jetzt nicht mehr zu sagen: »Also los, fangen wir an!« Um ihrer bisherigen Lohnhöhe nachzujagen, zappelten sich die Mädchen ab wie die Tanzmäuse, die im Tretrad laufen.

Die Großmutter zog wie ungerührt die Nase hoch. »Ist doch klar. Die Arbeitgeber sind natürlich auch nicht auf den Kopf gefallen«, sagte sie, während sie die Strickmütze, die sie vor sich hatte, umstülpte. »Hier zum Beispiel dies Ding, sollte da ein Löchlein drin sein, muß ich Ersatz liefern. Und die Wolle heutzutage ist so miserabel und reißt im Nu, daß man Angst hat, überhaupt ranzugehen.«

»Na schön, deine Sache, Mutter. Aber wie sieht es damit bei Hiroko aus? Ob sie sich auf die Weise daran gewöhnen wird –« meinte der Vater und zündete sich eine Zigarette an.

»Oh, sie gibt sich alle Mühe.«

»Um so problematischer, wenn wir sie nun herausnähmen –«

Wieder sprach er das aus, als bedeutete es nichts. Erstaunt sah Hiroko auf.

»Und wie dann weiter?«

»Weiß ich's? Irgendwas wird sich schon ergeben.«

Der Kranke legte seinen Malpinsel weg und drehte sich auf die Seite. »Ein bißchen mühsam ist das mit der jetzigen Stelle ja, und so weit weg«, sagte er.

Worauf der Vater ernsthafter und diesmal mit Entschiedenheit erklärte:

»Genug jetzt, es hat keinen Zweck. Was bleibt denn auch übrig, wenn man jeden Tag das Fahrgeld abzieht –«

Hiroko begann zu begreifen, daß sie ein Mädchen war, dem es an Kraft mangelte.

An diesem Abend legte sie sich seit wie vielen Tagen zum erstenmal mit dem Gefühl schlafen, endlich wieder frei zu sein. Sie mußte an das Mädchen mit dem Trachom denken, mit dem sie so gut ausgekommen war, auch daran, wie sie – als sie vorm Nachhausegehen am Ausgang auf die Kontrolle gewartet hatten – von der Schwester der Vorarbeiterin mit der Bemerkung gehänselt worden war: »Was hast du doch für einen lausig aufgeputzten Mantel an!«

Nicht lange danach und auf die Bemerkung ihres Vaters, daß es – weil sie körperlich nicht so robust sei – eine leichte Stellung sein sollte, nahm sich eine alte Vermittlerin Hirokos an, und sie ging zur Probe in ein winziges China-Nudellokal im Vergnügungsviertel. Mit dem Kartoffelschälen allerdings wollte es dort nicht so recht klappen.

Eines Tages kam vom Schullehrer aus dem Heimatort ein Brief.

Darin stand: Er werde sich bemühen, von irgendwem auf irgendeine Weise das Schulgeld für sie aufzutreiben; viel werde es natürlich nicht sein, aber den Grundschulabschluß wenigstens müsse sie doch machen . . .

Als dieser umadressierte Brief sie im Nudellokal erreichte – sie wohnte jetzt bereits dort –, riß sie ihn auf und begann ihn zu lesen, um dann jedoch, den Brief in der Hand, auf die Toilette zu laufen. Sie las ihn noch einmal, konnte ihn aber, weil es zu dunkel war, nicht richtig entziffern. Ohne ein Geschäft zu verrichten, kauerte Hiroko in der düsteren Toilette und weinte.

Masuji IBUSE

Der Salamander

Der Salamander war betrübt.

Er hätte so gerne die Felsgrotte, in der er hauste, verlassen; da aber sein Kopf im Ausgang steckenblieb, vermochte er nicht hinauszugelangen. Die Grotte – nun also seine dauernde Behausung – war so beschaffen, daß sie sich zum Ausgang hin stark verengte. Und düster war sie! Versuchte er einen gewaltsamen Ausbruch, erreichte er nur, daß sein Kopf wie ein Korkpfropfen den Ausgang verschloß. Dies war ihm zwar Beweis dafür, wie mächtig er in den vergangenen beiden Jahren gewachsen war; doch langte es völlig hin, ihn zu verwirren und traurig zu stimmen.

»Was habe ich denn falsch gemacht?«

Er versuchte – soweit er das im Inneren der Grotte konnte – umherzuschwimmen. Menschen, die sich von Sorgen bedrückt fühlen, pflegen in gleicher Weise im Zimmer auf und ab und auf und ab zu laufen. Zum Umherschwimmen indessen war die Wohnhöhle des Salamanders nicht groß genug. Er konnte sich nur entweder nach vorn bewegen oder nach hinten, nach links oder nach rechts. Das Resultat war, daß er sich an der Grottenwand mit Schlamm beschmierte und sich selbst merkwürdig glitschig vorkam; es schien ihm denkbar, daß sich auf seinem Rücken, auf seinem Schwanz und seinem Bauch Moose angesiedelt hatten. Er stieß einen tiefen Seufzer aus, und als bedeutete dies bereits einen Entschluß, knurrte er vor sich hin: »Wird mir schon noch die richtige Lösung einfallen, wie ich trotzdem hier herauskomme.«

Aber das sagte er nur, weil ihm in Wirklichkeit durchaus nichts einfiel.

An der Decke der Grotte wucherten Zedernflechten und Lebermoos. Das Lebermoos breitete sich in violetten Schuppen aus, etwa wie wenn Kinder »Land-Erobern« spielen. Die Flechten trieben an den Enden winzig dünner, roter Stengel eine Art zierlicher Knöllchen. Sobald diese zierlichen Knöllchen reif waren, begannen sie – wie es das Fortpflanzungsgesetz der Kryptogamen will – ihre Sporen auszustreuen.

Der Salamander mochte die Zedernflechten und das Lebermoos nicht, wirklich verachtete er sie. War er doch der Meinung, die Sporen, die da so unaufhörlich auf die Wasseroberfläche im Grotteninnern rieselten, würden das Wasser in seiner Behausung verschmutzen. Auch wucherten in den Felsritzen noch einzelne Schimmelhäufchen. Was doch dieser Schimmel für alberne Angewohnheiten hatte! Bald verschwand er, bald kam er wieder; er schien sich einfach nicht im klaren zu sein, ob er sich nun vermehren wollte oder nicht. Da drückte sich der Salamander schon lieber in den Grottenausgang und beobachtete, was draußen vor sich ging. Von einem dunklen Platz aus hinaus ins Helle zu spähen, kann außerordentlich unterhaltsam sein. Aber wann immer er aus dem kleinen Fenster spähte – viel zu sehen gab es für gewöhnlich nicht.

Da war der Gebirgsbach. Wild strudelnd schoß er dahin; überraschenderweise jedoch hatte er an einer Stelle einen großen Stau gebildet. Gerade diesen Stau im Gebirgsbach nun konnnte der Salamander vom Ausgang seiner Grotte her sehen. Ein heiteres Büschel Laichkraut, das im Bachgrund wurzelte, war dort emporgewachsen; jeder einzelne der dünnen Stengel streckte sich geradlinig vom Grund bis hoch an die Wasseroberfläche. Sobald die Stengel diese erreicht hatten, hörten sie auf zu wachsen, und über die Wasserfäche hinaus trieb die Pflanze ihre Blüten in die Luft. Zahlreiche kleine Weißfische schwammen vergnügt zwischen den Laichkrautstengeln hindurch. Sie formierten sich zu einem Schwarm im Stengelwald und kämpften gemeinsam gegen die Strömung an, um von ihr nicht abgetrieben zu werden. So schwenkte dieser Schwarm bald nach links und bald nach rechts. Manchmal geschah es, daß ein einzelnes Fischlein versehentlich nach links schwenkte; sofort schwenkten auch alle anderen geschlossen nach links, weil sie hinter dem einen nicht zurückbleiben wollten. Und wurde einmal eines unter ihnen von den Laichkrautstengeln so behindert, daß es nach rechts schwenken mußte, schwenkten wieder die anderen Fischlein geschlossen hinter ihm her nach rechts. Offensichtlich bedeutete die Tatsache, daß sich aus der Gemeinschaft ein einzelnes löste und davonschwamm, für die anderen eine rechte Strapaze.

Der Salamander sah den kleinen Fischen zu; schließlich lachte er spöttisch: »Ach, was seid ihr doch so unselbständig!«

Inzwischen hatte sich auf der Oberfläche des Staus ein sanfter Strudel gebildet. Er bemerkte es an einem weißen Blütenblatt, das aufs Wasser gefallen war: Es beschrieb oben auf dem Wasser einen Kreis, der allmählich immer enger wurde. Die Geschwindigkeit nahm zu. Zuletzt drehte sich das weiße Blütenblatt in einem winzig kleinen Kreis, und als es dessen Mittelpunkt erreicht hatte, wurde es abwärts ins Wasser gesogen.

»Da kann's einem ja schwindlig werden!« knurrte der Salamander.

Eines Abends nun verirrte sich ein kleiner Krebs in die Grotte. Das Tierchen schien in der Brutzeit zu sein: Der durchsichtige Unterleib war prall gefüllt mit Eiern, nicht größer als die Samenkörnchen der Sperlingshirse. Es klammerte sich an die Grottenwand und bewegte seine langen Fühler, die sich so verdünnten, daß ihre Spitzen kaum noch zu sehen waren. Nach einer Weile, als hätte es plötzlich einen Entschluß gefaßt, sprang das Tierchen von der Grottenwand rückwärts herunter, versuchte dabei zwei, drei Saltos und hängte sich schließlich an die Flanke des Salamanders.

»Was es wohl da treibt?«

Der Salamander hatte das Gefühl, er müßte sich umdrehen; doch beherrschte er sich. Denn schon bei der geringsten Bewegung hätte sich das Tierchen erschreckt und wäre auf und davongeflüchtet.

»Na, was mag es vorhaben, das schwangere Kerlchen?«

Vermutlich hielt der Krebs die Salamanderflanke für Felsgestein und wollte seine Eier darauf ablegen. Irgend etwas jedenfalls schien seine Gedanken völlig in Anspruch zu nehmen.

Hochmütig meinte der Salamander bei sich: »Ja, so sind sie, die Dummen – bald besorgt, bald tief in Gedanken versunken.« Woraufhin er beschloß: »Ich muß heraus aus dieser Grotte! Es gibt nichts Dümmeres, als ständig vor sich hin zu grübeln.« Und diesmal war es ihm ernst damit.

Er nahm alle seine Kräfte zusammen und stürzte sich in den Grottenausgang. Aber es endete damit, daß sein Kopf steckenblieb und wie ein mächtiger Pfropfen in der Höhlung des Ausgangs festsaß. So mußte er, um den Pfropfen loszukriegen, abermals alle seine Kräfte anspannen und sich rückwärts herausarbeiten.

Bei diesem Aufruhr wurde drinnen in der Grotte der Schlamm aufgewühlt, worüber der kleine Krebs maßlos erschrak. Als er aber dann erkannte, daß die Keule, die er für Felsgestein gehalten hatte, erst plötzlich zu einem Pfropfen wurde und dann wieder zurückfuhr, brach er über dieses Schauspiel in ein riesiges Gelächter aus. Tatsächlich gibt es kein Lebewesen, das im trüben Wasser so gerne lacht wie der Krebs.

Der Salamander versuchte es von neuem. Und wieder war alle Mühe umsonst. Er konnte unternehmen, was er wollte, jedesmal blieb sein Kopf in der Höhlung stecken.

Tränen flossen dem Salamander aus den Augen. »Ach ihr Götter! Ich flehe euch an: Habt Erbarmen! Freilich, zwei Jahre lang habe ich vor mich hingedöst und mir nichts gedacht – mich aber nun zur Strafe für ein ganzes Leben in diesen Keller einzusperren, das ist zuviel der Grausamkeit! Ich fange an, verrückt zu werden.«

Ihr, die ihr diese Geschichte vernehmt, habt zwar gewiß noch keinen tobenden Salamander gesehen; aber wer wagt zu sagen, daß ein Salamander nicht dazu neigt? Belacht und verspottet ihn nicht! Versteht doch: Er ist es leid, zu lange schon liegt er in der düsteren Kufe, seine Geduld ist erschöpft. Verlangt nicht jeder Geisteskranke, daß man ihn freiläßt aus dem Zimmer, in das er eingesperrt ist? Wünscht sich nicht – und wäre er ein noch so großer Menschenfeind – auch der Gefangene das gleiche?

»Ach ihr Götter! Warum müßt ihr gerade über mich ein so elendes Schicksal verhängen?«

Draußen vor der Grotte spielten auf der Wasseroberfläche eine große und eine kleine Wasserspinne. Die kleine ritt auf dem Rücken der großen. Als sie plötzlich den Frosch gewahrten, erschraken sie, klappten zu Strichen zusammmen und stoben irgendwohin davon. Der Frosch hatte, während er vom Grund zur Wasseroberfläche hochtauchte, seinen Angriff mit kraftvollen Stößen geführt. Als sein dreieckiger Kopf nun ins Leere stieß, kehrte er auf den Grund zurück und wiederholte den Angriff.

Der Salamander betrachtete diese flinken Bewegungen und das ganze Schauspiel mit begeisterten Augen. Doch versetzte ihn das so in Erregung, daß er schließlich begriff, er hätte besser nicht hinsehen sollen. Er versuchte die Augen zu schließen. Er war traurig. Er dachte: Unnütz bin ich – wie ein Stück altes Eisen.

Keiner wird von sich selbst gern in so albernen Worten reden. Es muß einem schon das Herz von Mißgeschick zerquält sein, wenn er sich für ein Stück altes Eisen hält. Solche Leute hängen dann ihren Gedanken nach, ohne einen Finger zu rühren; sie wischen sich ihre feuchten Hände an der Weste ab, ja, sie neigen dazu, sich in jeder Hinsicht gehen zu lassen.

Der Salamander dachte nicht daran, die geschlossenen Augenlider zu öffnen. Das zumindest war ihm jedenfalls geblieben: die Freiheit und die Möglichkeit, seine Augen auf- oder zuzumachen, wann und wie es ihm paßte.

So kam es, daß sich unter seinen geschlossenen Augenlidern etwas ganz Unbegreifliches abspielte. Das bloße Schließen der Augen hatte genügt, ein ungeheures Dunkel zu erzeugen. Und dieses Dunkel wiederum glich einem unendlichen Abgrund, dessen Tiefe und Weite niemand zu ermessen vermocht hätte.

Ich muß hier abermals darum bitten, den Salamander nicht dafür zu verachten, daß er sich in solche einfachen Überlegungen vertiefte. Selbst der Aufseher im Gefängnis – wenn er nicht gerade seinen mürrischen Tag hat – wird einen lebenslänglich Verurteilten kaum für sein zweckloses Gejammer schelten.

»Ach, mich friert vor lauter Einsamkeit!«

Für jemanden, der ein weiches Gemüt hat, wäre das Schluchzen des Salamanders in seiner Grotte drunten nicht zu überhören gewesen.

Wenn jemand recht betrübt ist und in diesem Zustand für längere Zeit bleibt, so kann das gut ausgehen, kann aber auch üble Folgen haben. Nun, der Salamander schien keinen guten Charakter zu haben. Eines Tages richtete er es so ein, daß ein

Frosch, der sich vom Eingangsloch her in die Grotte verirrt hatte, nicht wieder hinaus konnte. Als der Salamander wie ein Korkpropfen das Grottenfenster verschloß, war der Frosch völlig verwirrt: Er kletterte die Grottenwand hoch, sprang an die Decke und klammerte sich dort am Lebermoos fest. Es war derselbe Frosch, der draußen im Stau vom Grund an die Wasseroberfläche, von der Wasseroberfläche wieder zum Grund mit kräftigen Stößen auf- und niedergetaucht war und damit den Neid des Salamanders erregt hatte. Versehentlich war er in die Grotte geraten, wo dieser Schurke von einem Salamander ihn schon erwartete.

Die Möglichkeit, daß er seinen Tiergenossen in die gleiche Lage bringen konnte, in der er selber sich befand, befriedigte den Salamander ungemein.

»Ich sperr' dich lebenslänglich hier ein!«

Für eine Weile wirkten diese Worte des Bösewichts wie ein Zauber. Der Frosch kroch vorsichtig und schwerfällig in eine Nische. Als er sich dort sicher glaubte, reckte er den Kopf aus der Nische und sagte: »Das ist mir gleich.«

»Komm heraus!« brüllte der Salamander. Und damit begann ein hitziger Wortwechsel.

»Ob ich rauskomm' oder nicht, das entscheide ich!«

»Na, da kannst du lange entscheiden.«

»Du bist ein Dummkopf!«

»Der Dummkopf bist du!«

Ungezählte Male wiederholten sie solche Reden. Am nächsten Tag, am übernächsten Tag – immer mit den gleichen Worten – beharrten sie auf ihrem Standpunkt.

Ein Jahr mit seinen Monaten und Tagen verging.

Im Frühsommer, bis dahin waren sie zu Steinen erstarrt gewesen, erwachten die Gefangenen der Grotte von dem wärmeren Wasser wieder zum Leben. Und den ganzen Sommer über, solange sie munter waren, setzten die beiden ihren Streit fort. Daß der Salamander aus der Grotte nicht hinaus konnte, weil sein Kopf zu dick war, schien der andere längst durchschaut zu haben.
»Ah, du kommst nicht raus – dein Kopf bleibt stecken!«

»Na, und du? Willst du nicht runterkommen?«

»Versuch du doch mal, ob du nicht rauskommst!«

»Komm du lieber herunter!«

Wieder verging ein Jahr mit seinen Monaten und Tagen. Wieder verwandelten sich zwei Steine in lebendige Wesen. Aber in diesem Sommer redeten sie kein Wort miteinander, darauf bedacht, daß keiner die Seufzer des anderen hörte.

Noch vor dem Salamander indessen gab der Frosch in der Felsnische ein seltsames Stöhnen von sich. Es klang wie das Wehen eines Windhauchs: »Ah – a-a-ah – – –« Wie im Jahr zuvor rührte ihn der Anblick der Sporen, die aus den Zedernflechten unaufhörlich herabrieselten.

Der Salamander konnte das unmöglich überhören. Er blickte hinauf, wobei er seinen Augen einen freundschaftlichen Ausdruck gab, und fragte: »Du hast doch nicht etwa geseufzt?«

Der andere rappelte sich auf und erwiderte: »Was geht's dich an?«

»Laß die dummen Antworten und komm jetzt gefälligst herunter!«

»Ich kann mich nicht regen vor Hunger.«

»Da bist du also am Ende?«

»Ja«, antwortete der Frosch, »ich bin am Ende.«

Nach einer Weile fragte der Salamander: »Worüber denkst du nach?«

Der andere Gefangene erwiderte mit betonter Reserve: »Daß ich dir auch jetzt gar nicht mal besonders böse bin.«

Yasunari KAWABATA

Von Vögeln und Tieren

Von Vogelgezwitscher zerbrach sein Tagtraum.

Der Käfig, ein Rundkorb wie die auf der Kabuki-Bühne noch üblichen, in denen man einst die Schwerverbrecher transportierte, allerdings zwei- oder dreimal so groß, stand auf einem schon klapprigen alten Lastwagen.

Versehentlich schien das Taxi, in dem der Mann saß, zwischen eine Autokolonne geraten, die zu einer Beisetzung unterwegs war. Der Wagen hinter ihnen trug, aufgeklebt auf die Scheibe vor dem Gesicht des Fahrers, das Nummernschild »23«. Der Mann sah sich zum Straßenrand um; eben befanden sie sich vor einem Zen-Tempel, an dem ein steinernes Mal verkündete: »Historische Stätte – Grab des Dazai Shundai«.

Am Tor des Tempels hatte man zudem einen Anschlag angebracht: »Abschiedsritus anläßlich eines Trauerfalls«.

Es war auf halbem Abhang. Unten am Abhang folgte eine Straßenkreuzung, auf der ein Verkehrspolizist stand. Etwa dreißig Wagen, ohne sich auch nur irgendwie einzuordnen, drängten darauf zu, was den Mann – er starrte noch immer auf die Vögel, die wohl bei der Beisetzung aufgelassen werden sollten – nervös zu machen begann. Er wandte sich an sein Hausmädchen, das steif neben ihm saß und vorsichtig einen Blumenkorb in den Armen hielt: »Wie spät mag es jetzt sein?«

Aber natürlich hatte das kleine Mädchen keine Uhr. Dafür antwortete der Fahrer: »Zehn vor sieben, und meine Uhr geht sechs oder sieben Minuten nach.«

Es war noch hell an diesem Frühsommerabend. Die Rosen in dem Korb dufteten schwer. Aus dem Garten des Zen-Tempels wehte von den Juniblüten eines Baums ein beunruhigender Hauch herüber.

»Dann kommen wir zu spät. Können Sie nicht schneller fahren?«

»Im Augenblick bleibt mir nichts anderes übrig, als Platz zu machen, damit die auf der rechten Seite möglichst bald vorbei sind ... Was gibt es denn in der Hibiya-Halle?« Der Fahrer überlegte wohl, ob er etwa Gäste mitnehmen könnte, die auf dem Heimweg von der Veranstaltung wären.

»Eine Tanzvorführung.«

»Aha! ... Ich möchte mal wissen, wie lange es braucht, alle die Vögel da fliegen zu lassen.«

»Eigentlich bedeutet es ja ein schlimmes Vorzeichen, wenn man unterwegs einem Trauerzug begegnet.«

Das Flügelgeflatter hörte sich chaotisch an. Sobald der Lastwagen anfuhr, begannen die Vögel wie wild zu lärmen.

»Aber nein, ein gutes Vorzeichen. Ein besseres, heißt es, kann man sich nicht wünschen.«

Als wollte er mit dem Wagen seine Worte sichtbar demonstrieren, glitt der Fahrer auf die rechte Spur hinüber und begann die Trauerkolonne energisch zu überholen.

»Wie merkwürdig. Das wäre also das genaue Gegenteil!« lachte der Mann und dachte dabei: Immerhin ist es ganz natürlich, wenn sich der Mensch so zu denken angewöhnt.

Dies eben mochte ein weiterer solcher Anlaß dafür sein, daß ihn auf dem Weg zu Chikakos Tanzabend ausgerechnet solche Dinge beschäftigten. Freilich, um von schlimmen Vorzeichen zu reden: daß er in seinem Hause tote Tiere hatte herumliegen lassen, war zweifellos ein noch schlimmeres, als auf der Straße einem Trauerzug zu begegnen.

»Vergiß nicht, sobald wir zurück sind heute abend, die Goldhähnchen zu beseitigen! Sie werden noch im Wandschrank oben liegen«, sagte er, wie um es loszuwerden, zu dem Hausmädchen.

Seit die Goldhähnchen gestorben waren, ein Pärchen mit chrysanthemenfiedrigen Hauben, war bereits eine Woche vergangen. Die Vogelleichen aus dem Käfig herauszuholen, schien ihm zu mühevoll, also hatte er sie, wie sie waren, in den Wandschrank geschoben. In den Wandschrank, der sich, stieg man die Stufen hinauf, gleich oben am Ende der Treppe befand. Obwohl sie, wenn Gäste kamen, jedesmal die Sitzkissen unter diesem Käfig hervorzogen, hatten er und das Hausmädchen sich schon so an die Vogelleichen gewöhnt, daß sie einfach vergaßen, sie zu beseitigen.

Das Goldhähnchen gehört neben der Tannenmeise, der Sumpfmeise, dem Zaunkönig, der Blaudrossel und der Schwanzmeise zu den kleinsten Stubenvögeln. Der Rücken ist grünoliv, der Bauch hellgelb bis aschfarben, auch die Halsseiten sind fahlgrau; die Flügel zeigen zwei weiße Streifen, ihr äußerer Rand dagegen, mit dem sie den Wind zerteilen, eine gelbe Färbung. Am Oberkopf befindet sich ein fetter schwarzer Strich, der einen gelben Fleck einfaßt. Sobald sich die Federn bauschen, wird dieser gelbe Fleck deutlich sichtbar und erscheint ganz wie eine aufgesetzte gelbblütige Chrysantheme. Beim Männchen reicht das Gelb bis zu einem kräftigen Orange. Die runden Augen des kleinen Vogels haben etwas von einem drolligen Charme, und wenn er vergnügt mit lebhaften Bewegungen an den oberen Käfigstäben hin und her hüpft, ist er wirklich hübsch und von einer feinen Anmut zugleich.

Da es, als der Vogelhändler das Pärchen gebracht hatte, Abend gewesen war, hatte der Mann den Käfig einfach auf den dämmrigen Hausaltar gestellt. Wie er nun nach einer Weile wieder hinsah, waren die Vögel in einer allerdings bezaubernden Haltung eingeschlafen. Eng aneinandergedrückt, hatte jeder der beiden seinen Kopf in das Körpergefieder des anderen geschoben, so daß sie zusammen rund wie ein Wollknäuel geworden waren. Unmöglich, den einzelnen Vogel herauszukennen.

Der Mann, ein Junggeselle nahe den Vierzigern, fühlte eine kindliche Zärtlichkeit seine Brust erwärmen, und lange sah er so, aufrecht am Eßtisch stehend, auf den Hausaltar hin.

Ob sich, überlegte er, unter Menschen auch junge Liebende finden, die so schön miteinander schlafen – ein Paar wenigstens in irgendeinem Lande? Und ihn überkam das Verlangen, mit jemandem zusammen diese Schlafenden zu betrachten, aber das Hausmädchen rief er dann doch nicht.

Vom folgenden Tag an hatte er auch während seiner Mahlzeiten den Vogelkäfig auf dem Eßtisch stehen, um dabei die Goldhähnchen zu beobachten. Tatsächlich pflegte er sich selbst dann nicht von seinen Lieblingstieren zu trennen, wenn er Besuch hatte.

Was der Gast erzählte, drang kaum an sein Ohr; vielmehr mochte er vollauf damit beschäftigt sein, ein junges Rotkehlchen dadurch handzahm zu machen, daß er ihm mit hin- und hergehender Hand Futter auf dem Finger vorhielt, oder er knackte geduldig die Flöhe eines Shiba-Hunds auf seinem Schoß und meinte dabei: »Der Shiba-Hund hat etwas von einem Fatalisten an sich, das gefällt mir. Ob man ihn so auf den Schoß nimmt oder in eine Zimmerecke setzt, – manchmal rührt er sich dann halbe Tage lang nicht von der Stelle.«

Häufig geschah es, daß er seinen Besuch noch nicht einmal ansah, bis dieser sich erhob und ging.

Sommers setzte er in einem Glasbecken auf dem Tisch im Empfangszimmer rote Karauschen und Zwergkarpfen aus. »Mag sein, es liegt an meinen Jahren, jedenfalls ist mir die Gesellschaft von Männern allmählich verleidet. Sie sind mir zuwider. Sie machen mich augenblicklich müde. Ob beim Essen oder auf einer Reise, – am liebsten bin ich mit einer Frau zusammen.«

»Wäre es da nicht besser zu heiraten?«

»Das taugte auch nichts, weil es möglichst eine Frau sein sollte, die gefühllos scheint. Schließlich ist es doch das angenehmste, sich zu sagen: nun ja, sie hat eben keine Gefühle – und im Verkehr mit ihr völlig gleichgültig zu bleiben. Auch Hausmädchen stelle ich nur noch solche ein, die möglichst wenig Gefühl zeigen.«

»Deshalb halten Sie sich also Tiere?«

»Tiere sind nur selten gefühllos ... Und hätte ich nicht immer etwas Lebendiges um mich, wäre ich ja doch sehr einsam.«

Während er so vor sich hin redete und aufmerksam zusah, wie sich an den vielfarbigen kleinen Karpfen im Glasbecken beim Umherschwimmen das Schillern der Schuppen immer wieder veränderte, und dachte: Was ist das doch für eine zarte Lichtwelt selbst in einem so engen Wasser! – hatte er seinen Gast völlig vergessen.

Sobald der Händler irgendeinen neuen Vogel in die Hand bekam, brachte er ihn stillschweigend zu ihm. Es kam vor, daß in seinem Arbeitszimmer dreißig verschiedene Arten von Vögeln lebten.

Und meinte das Hausmädchen widerwillig: »Schon wieder der

Vogelhändler?«, so antwortete er: »Warum nicht? Denk nur daran, wie mich das zumindest für einige Tage in gute Laune versetzt; so preiswert ist das sonst nicht zu haben.«

»Aber der Herr schaut dann wieder mit ernstem Gesicht bloß die Vögel an.«

»Was denn, ist dir das unbehaglich? Scheint es dir, ich würde verrückt? Dir ist es in diesem Hause zu still und zu einsam, wie?«

Für ihn aber waren die ersten zwei, drei Tage, nachdem ein neuer Vogel hinzugekommen war, von dem Gefühl erfüllt, sein Leben wäre wieder jung und frisch geworden. Dankbarkeit empfand er dann gegenüber dieser Welt. Vielleicht war es seine eigene Schuld, aber Menschen vermochten in ihm dergleichen Empfindung kaum wachzurufen. Und schon allein dadurch, daß die Vögel sich lebendig bewegten, waren ihm hier die Wunder der Schöpfung leichter verständlich als in der Schönheit von Muschel und Blume. Noch als Käfigvögel offenbarten diese kleinen Wesen so deutlich ihre Freude am Leben.

Bei dem zierlichen und lebhaften Goldhähnchenpaar traf dies besonders zu.

Ungefähr einen Monat später indessen, als sie gefüttert wurden, flog einer der Vögel aus dem Käfig heraus. Und das Hausmädchen, verwirrt, ließ ihn davonflattern bis über den Schuppen in den Kampferbaum. Morgendlicher Reif lag auf den Blättern des Baums. Die beiden Vögel, der eine drinnen, der andere draußen, erhoben laut ihre Stimmen und riefen einander zu. Rasch setzte der Mann den Käfig auf das Schuppendach und legte eine Leimrute dazu. Zwar wurde ihr Rufen um so herzzerreißender, schließlich aber um Mittag war der entkommene Vogel in die Ferne fortgeflogen. Diese Goldhähnchen stammten aus den Bergen bei Nikkō.

Übriggeblieben war das Weibchen. Sich erinnernd, wie die beiden miteinander geschlafen hatten, bedrängte der Mann den Vogelhändler unablässig um ein anderes Männchen. Er lief sogar selber in alle Vogelhandlungen, doch fand er keines. Endlich besorgte ihm sein Händler ein neues Pärchen aus der Provinz. Auf seinen Einwand, er wolle nur ein Männchen, meinte der Vogelhändler: »Sie waren nun einmal ein Pärchen. Den einen allein im Laden zu behalten, hätte keinen Sinn; machen wir es also so, daß ich Ihnen das Weibchen umsonst dazugebe.«

»Ob sich denn aber die drei miteinander vertragen?«

»Ich denke schon. Wenn Sie die beiden Käfige einige Tage Seite an Seite aufstellen, werden sie sich gewiß aneinander gewöhnen.«

Doch er, darin wie ein Kind, das ein neues Spielzeug gleich auch benutzt, konnte nicht so lange warten. Kaum, daß der Vogelhändler gegangen war, setzte er die beiden neuen Vögel zu dem einen alten in den Käfig. Es kam zu einem Tumult, der über das hinausging, was er erwartet hatte. Ohne nur den Fuß auf die Sitzstange zu setzen, flogen die beiden neuen Vögel wild flatternd von einer Ecke des Käfigs in die andere. Das alte Goldhähnchen, vor übergroßer Furcht starr auf dem Käfigboden hockend, sah unschlüssig hinauf, wie die beiden tobten. Die schrien einander zu wie ein Ehepaar im Augenblick der Gefahr. Bei allen dreien klopfte das verängstigte Herz wie rasend. Als er den Käfig in einen Wandschrank stellen wollte, rückte das Pärchen laut zwitschernd aneinander, während sich das verlassene Weibchen unruhig abseits hielt.

Das würde nicht gutgehen, und er tat sie in getrennte Käfige; doch als er in dem einen das Pärchen sah, empfand er Mitleid mit dem Weibchen in dem anderen. Nun steckte er das alte Weibchen und das neue Männchen in den einen Käfig. Das neue Männchen rief zu seinem verlassenen Weibchen hinüber und zeigte keinerlei Neigung für das alte Weibchen; dennoch waren sie bald darauf aneinandergerückt und schliefen. Am nächsten Abend, obwohl er sie wieder in einen gemeinsamen Käfig setzte, tobten sie nicht mehr so wie am Tage vorher. Und sie schliefen friedlich miteinander alle drei, wobei die Vögel rechts und links ihre Köpfe in das Gefieder des dritten in der Mitte schoben. Da stellte er den Käfig an sein Kopfende und schlief auch.

Als er jedoch am folgenden Morgen erwachte, schliefen zwei der Vögel zusammengedrängt wie ein einziges Wollknäuel, während der dritte auf dem Käfigboden unter der Sitzstange lag, die Flügel halb gespreizt, die Beine von sich gestreckt, die Augen ein wenig geöffnet – und war tot. Vorsichtig, wie um es die beiden anderen nicht merken zu lassen, holte der Mann die Vogelleiche heraus und warf sie in den Müllkasten, ohne dem Hausmädchen etwas davon zu sagen. Das war, dachte er, kaltblütiger Mord.

»Welches aber von den Weibchen mag gestorben sein?« Ein um das andere Mal starrte er in den Käfig, doch schien es sich bei dem überlebenden wider Erwarten um das alte Weibchen zu handeln. Seine Zuneigung galt mehr dem Weibchen, das er schon eine Zeitlang aufgezogen hatte, als dem eben vor zwei Tagen hinzugekommenen. Vielleicht war es also seine Voreingenommenheit, die ihn dies vermuten ließ. Er, der ohne Familie lebte, fand es abscheulich, daß er so voreingenommen sein sollte.

»Wenn ich in solchem Maße zwischen meinen Neigungen unterscheide, warum dann eigentlich lebe ich mit Tieren? Wo ich doch dafür am Menschen den geeignetsten Gegenstand hätte?«

Man hält die Goldhähnchen für außerordentlich empfindliche Vögel, die leicht sterben können. Doch seine beiden waren danach kräftig und gesund.

Es kam die Jahreszeit heran, in der er nicht mehr ausgehen konnte, weil er allerlei Jungvögel aus den Bergen, angefangen mit einem jungen Würger, den er von einem Wilderer erhielt, zu füttern hatte. Als er einmal den Waschzuber auf die Veranda setzte und die Vögel darin badete, fielen Glyzinienblüten hinein.

Während er dem Klatschen der Flügel im Wasser lauschte, kratzte er den Kot aus den Käfigen; da hörte er plötzlich draußen vor dem Zaun Kindergeschrei, von dem ihm schien, es ginge darum, das Schicksal irgendeines kleinen Tieres zu bedauern, und als er sich über den Zaun reckte, fürchtend, sein junger Drahthaar-Foxterrier könnte sich aus dem Innenhof hinausverlaufen haben, war es ein Lerchenjunges. Eines, das sich noch nicht richtig auf den Beinen halten konnte und kraftlos flatternd durch einen Müllhaufen torkelte. Wenn ich es nun aufzöge – dachte er plötzlich und rief: »Was ist denn mit ihm?«

»Die Leute in dem Haus da drüben«, ein kleiner Volksschüler wies auf ein von Paulownia-Bäumen grellgrünes Haus, »sie haben den Vogel einfach weggeworfen. Bestimmt stirbt er.«

»Hm, wird er eben sterben.« Gleichgültig trat der Mann vom Zaun zurück.

In jenem Haus zogen sie Lerchen auf. Da hatten sie wohl ein Vögelchen, bei dem keine Aussicht bestand, daß es jemals singen würde, hinausgetan. Das ist nun einmal so, einen untauglichen Vogel setzt man aus, dachte er, und augenblicklich war sein Mitleid erloschen.

Unter jungen Vögeln gibt es welche, bei denen man nicht weiß, sind es Weibchen oder Männchen. Der Händler bringt auf alle Fälle sämtliche Jungen eines Nestes aus den Bergen mit, und sowie er sieht, was ein Weibchen ist, wirft er es weg. Denn die Weibchen, die ja nicht singen, kann er nicht verkaufen. Auch wenn man Tiere liebt, ist es doch ganz natürlich, daß man immer nur die vorzüglichsten haben möchte, und so läßt sich nicht vermeiden, daß andererseits eine solche Grausamkeit um sich greift. Zwar hatte auch er die Angewohnheit, sich beim ersten Anblick jedes Tier zu wünschen, das er hübsch fand; doch wußte der Mann aus Erfahrung, diese unbeherrschten Neigungen würden schließlich einer Grausamkeit gleichkommen, und da er sich zudem vorstellte, daß die Folge ein Zusammenbruch seiner gewohnten Gemütslage wäre, schien es ihm nun schon geradezu undenkbar, er könnte, noch so sehr darum gebeten, ein von fremder Hand aufgezogenes Tier, ein wie prächtiger Hund oder Vogel es auch wäre, übernehmen und in seinem Hause halten.

Aus diesem Grunde sind mir Menschen zuwider – war seine, des Junggesellen, eigensinnige Auffassung. Sobald es sich um Mann und Frau, um Eltern und Kinder oder um Geschwister handelt, und wäre einem der andere noch so gleichgültig, sind doch die Fesseln so leicht nicht zu durchschneiden, und man muß wohl oder übel mit ihnen leben. Obendrein hat jeder Mensch auch noch sein eigenes sogenanntes Ego.

Und schließlich war es doch denkbar, daß darin, das Leben und die Lebensgewohnheiten eines Tieres zum Gegenstand des Spiels zu machen und es unter Vorausbestimmung einer idealen Form auf kunstvolle, auf gestaltverändernde Weise heranzuziehen, etwas von einer schmerzlich ergreifenden Reinheit, von einer gottähnlichen Heiterkeit läge. Gewiß bedachte er die von Zucht zu Zucht eilenden, quälerisch verfahrenden Tierfreunde, die ihm symbolisch schienen für das Tragische in der Natur, aber auch im Menschen, mit einem höhnischen Lächeln, letzten Endes aber entschuldigte er sie doch.

Im Jahr zuvor, an einem Abend im November, hatte ihn der

Besitzer eines Hundestalls aufgesucht, ein Mann, der wegen eines chronischen Nierenliedens oder dergleichen zusammengeschrumpft war wie eine Mandarine, und hatte ihm erklärt: »Da ist mir eben etwas wirklich Schreckliches passiert. Als wir in den Park kommen, mache ich die Hündin von der Leine los, und wie ich noch denke: Na, in diesem Nebel, wo es so dunkel ist, hast du sie eben mal für einen Moment aus den Augen verloren – schon hat sich ein streunender Köter auf sie gestürzt. Ich habe sie natürlich sofort weggerissen, das Luder, und sie in den Bauch getreten, ich habe sie es büßen lassen, bis sie nicht mehr hoch konnte; also meine ich, es dürfte kaum was sein. Aber meist hat es ja dann – aus purer Tücke sozusagen – doch geklappt.«

»Leichtsinnig waren Sie. Und Sie sind ein Händler?«

»Freilich, das ist peinlich, und sagen kann ich es niemandem. Dieses Luder! Hat sie mich im Handumdrehen um vier-, fünfhundert Yen geschädigt.« Krampfhaft zuckte der Hundehalter mit seinen gelben Lippen.

Die stolze Dobermann-Hündin hatte wie gebrochen den Kopf gesenkt und blickte aus gequälten Augen blinzelnd zu dem Nierenkranken auf. Der Nebel wehte herein.

Diese Hündin, so war man übereingekommen, sollte durch die Vermittlung des Mannes verkauft werden. Nun gab er zu bedenken, daß es jedenfalls, wenn sie, kaum daß sie im Haus des Käufers wäre, Bastarde würfe, auch seinen Ruf ruinieren müßte; doch dessenungeachtet hatte der Hundehalter, offensichtlich in finanziellen Schwierigkeiten, bald darauf die Hündin verkauft, ohne sie ihm vorzuführen. Das Ergebnis war, daß zwei, drei Tage später der neue Besitzer mit der Hündin zu ihm kam. Nachdem er sie gekauft, am folgenden Abend schon, so berichtete er, habe die Hündin einen toten Wurf gehabt.

»Wir hörten ein qualvolles Winseln, und als das Hausmädchen den Regenladen öffnete und nachsah, fraß die Hündin unter der Veranda ein Frischgeborenes. Das Mädchen, fürchterlich erschrocken, und es war ja noch vor Tagesanbruch, konnte es nicht richtig sehen; so wissen wir nicht, wie viele sie geworfen hatte. Immerhin schien sie, als das Mädchen sie sah, eben das letzte Junge aufzufressen. Wir haben dann sofort den Tierarzt gerufen, und der meinte, man solle es nicht für möglich halten, daß einem ein Hundehändler wortlos eine tragende Hündin verkaufe, aber wahrscheinlich sei sie von irgendeinem streunenden Hund besprungen worden, und da habe er sie schrecklich getreten oder geschlagen und sie zu uns gebracht. Normal war die Geburt nicht. Es könnte auch sein, daß es sich um eine Hündin handele, die die Angewohnheit hat, ihre Jungen aufzufressen. Wenn das so ist, solle ich sie mal wieder zurückbringen; ja, meine ganze Familie ist entrüstet. Ein Hund, den man so behandelt hat, der sei doch wirklich zu bedauern.«

»Na, dann lassen Sie mal sehen.« Nachlässig hob der Mann die Hündin auf und tastete nach den Brustwarzen. »Fest steht, daß das Zitzen sind, an denen sie schon einmal Junge gesäugt hat. Diesmal hat sie sie aufgefressen, weil sie tot ankamen«, sagte er mit gleichgültigem Gesicht, obwohl er über den unehrlichen Hundehändler wütend war und die Hündin ihm leid tat.

Auch in seinem Haus hatte es einmal Bastarde gegeben.

Er konnte selbst auf einer Reise nicht mit einem männlichen Begleiter im selben Zimmer schlafen, er mochte in seinem Haus keinen Mann über Nacht behalten, noch stellte er einen Hausdiener ein; und wiewohl dies damit, daß er Männer gefühlsmäßig als lästig empfand, nichts zu tun hatte, hielt er sich auch nur Hündinnen. Ein Rüde hingegen sollte schon ein ganz ausgezeichnetes Exemplar sein, sonst wird er für die Zucht nicht verwendet. Sein Erwerb verschlingt Geld, man muß für ihn werben wie für einen Kinostar, und entsprechend schroff ist das Auf und Ab seiner Popularitätskurve. Man wird in Importkonkurrenzen verwickelt, ja es hat das etwas von einem Glücksspiel. Irgendwann einmal war der Mann zu einem Hundehändler gekommen, und man hatte ihm einen als Zuchttier berühmten japanischen Terrier vorgeführt. Der Rüde lag den ganzen Tag über im Obergeschoß, eingehüllt in eine Decke. Wurde er nur die Treppe heruntergetragen, schien er, aus langer Gewöhnung, schon zu ahnen, daß eine Hündin gekommen war. Er wirkte wie eine erfahrene Prostituierte. Da sein Fell kurzhaarig war, stand sein außerordentlich kräftiges Glied auffällig hervor, so daß der Mann doch tatsächlich den Blick abwandte und ein gewisses Unbehagen empfand.

Indessen waren es nicht solche Dinge, die ihn davon abhielten, einen Rüden zu nehmen; in Wahrheit gab es kein größeres Vergnügen für ihn, als dabeizusein, wenn eine Hündin warf, und dann die Jungen aufzuziehen.

Da war zum Beispiel die Geschichte mit dem Boston-Terrier gewesen, einer recht unzuverlässigen Hündin. Die pflegte sich unter dem Zaun hindurchzuwühlen oder die alten Bambuslatten zu zerkauen, und also hatte er sie, als sie läufig war, zwar angebunden, aber nachdem sie die Leine durchgebissen hatte und doch hinausspaziert war, wußte er, daß sie Bastarde werfen würde.

Nun, sowie das Hausmädchen ihn weckte, erhob er sich wie ein Arzt, wenn er gerufen wird, und sagte: »Bring mir eine Schere und Verbandwatte! Und dann schneide das Strohseil von einem Sake-Faß ab!«

Der Erdboden im Innenhof ließ, wo die frühwinterliche Morgensonne auf ihn schien, einen Hauch von Frische ahnen. Dort in der Sonne hatte sich die Hündin ausgestreckt; schon begann sich ein Beutel wie eine Aubergine aus ihrem Bauch hervorzuschieben. Wie entschuldigend wedelte sie mit dem Schwanz, flehentlich blickte sie zu ihm auf, und plötzlich empfand der Mann so etwas wie Gewissensbisse.

Die Hündin war jetzt zum erstenmal läufig gewesen, doch ihrer Konstitution nach war sie noch nicht ganz ausgewachsen. Deshalb – so ließ sich aus ihrem Blick erkennen – kam sie mit dem Erlebnis Geburt noch nicht zurecht.

»Was geht jetzt in meinem Bauch bloß vor sich? Ich versteh's nicht, ich komme mir so hilflos vor. Was soll ich nur tun?« schien die Hündin sagen zu wollen, ein wenig betroffen und als schämte sie sich; andererseits empfand sie, während sie sich ihm völlig arglos anvertraute, offensichtlich keinerlei Verantwortung für das, was sie tat.

Den Mann erinnerte das an Chikako vor mehr als zehn Jahren. Damals, als sie sich ihm verkaufte, hatte sie ein Gesicht gemacht wie diese Hündin.

»Ist es wahr, was Sie sagen: daß man allmählich gar nichts mehr empfindet – wenn man so ein Gewerbe betreibt?«

»Das kommt schon einmal vor, aber sobald du dann wieder einem Mann begegnest, von dem du denkst: Der gefällt mir – . . .

Oder hast du gar erst zwei, drei feste Männer wirst du an ›Gewerbe‹ überhaupt nicht mehr denken.«

»Ich mag Sie sehr.«

»Und trotzdem kannst du nicht?«

»Nein, nicht das.«

»Sondern?«

»Wenn ich einmal heirate – er wird es merken, oder?«

»Sicher wird er es merken.«

»Aber wie soll ich es bloß machen?«

»Und wie hast du es sonst gemacht, wenn es so war?«

»Wie hat es denn Ihre Frau gemacht?«

»Ja, nun –«

»Sagen Sie es mir doch!«

»Ich habe keine Frau.« Und wie verwundert, hatte er in ihr todernstes Gesicht gestarrt.

Weil sie Chikako gleicht, deswegen bekam ich Gewissensbisse. Damit hob er die Hündin auf und brachte sie in die Gebärkiste.

Bald darauf, noch im Schafhäutchen, trat das erste Junge aus, aber die Mutterhündin schien nicht zu wissen, was sie damit anfangen sollte. Der Mann trennte das Schafhäutchen mit der Schere auf und zerschnitt die Nabelschnur. Die nächste Blase war größer, und in dem grünlich trüben Fruchtwasser sahen die beiden Embryos aus wie tot. Rasch wickelte er sie in Zeitungspapier ein. Danach kamen noch drei. Alle befanden sie sich im Schafhäutchen. Das siebente und letzte schließlich regte sich zwar in der Blase, war aber eingeschrumpft. Nachdem er es einen Augenblick lang betrachtet hatte, stopfte er es kurzerhand mit in das Zeitungspapier und sagte: »Wirf das irgendwo fort! Im Westen die Leute sortieren die Jungen, und die schwach sind und nichts taugen, töten sie; aber wir weichherzigen Japaner bringen das nicht fertig... Und der Hündin gibst du ein rohes Ei zu schlucken.« Dann wusch er sich die Hände, und schon lag er wieder im Bett. Er hätte durch die Straßen laufen mögen, innerlich überfließend von der frischen Freude: Da war neues Leben geboren. Daß er eines der Jungen getötet hatte, daran dachte er nicht mehr.

Allein, eines Morgens – es war in der Phase, in der ihre noch halb geschlossenen Augen sich ganz öffneten – war eines der

Hündchen tot. Er zog es hervor, tat es vorn in seinen Kimono und warf es gleich darauf auf seinem Morgenspaziergang fort. Zwei oder drei Tage später war abermals eines steif und leblos. Die Hündin pflegte, wenn sie sich einen Schlafplatz zurechtmachte, rücksichtlos das Stroh umzuwühlen. Dabei wurden die Jungen dann unter dem Stroh begraben. So viel Kraft, das Stroh beiseite zu scharren und daraus hervorzukriechen, hatten die Hündchen noch nicht. Und die Alte machte sich nicht die Mühe, sie mit den Zähnen zu packen und herauszuholen. Im Gegenteil, sie schlief auf dem Stroh, unter dem die Jungen lagen. So wurden die Hündchen über Nacht entweder totgedrückt, oder sie erfroren. Es war wie bei einer einfältigen Kindsmutter, die den Säugling an der Brust ersticken läßt.

»Wieder ist eines tot.« Während er ohne viel Umstände das dritte Opfer in den Kimono schob, rief er mit einem Pfiff die Hunde zusammen und ging in den nahen Park. Und als er einen Blick auf den Boston-Terrier, auf die Hündin warf, die ausgelassen umherjagte, als wüßte sie nicht, daß sie ihre Jungen umgebracht hatte, da erinnerte er sich merkwürdigerweise abermals an Chikako.

Chikako war achtzehn gewesen, als sie, ein Spekulant hatte sie mitgenommen, nach Harbin reiste und dort etwa drei Jahre lang bei einem Weißrussen tanzen lernte. Doch ihr Liebhaber, der in allem strauchelte, was er auch anfing, schien schließlich die Kraft zum Durchhalten verloren zu haben, und indem er Chikako bei einer Musikertruppe auftreten ließ, die durch die Mandschurei tingelte, kämpften sie sich beide allmählich bis in die Heimat zurück. Sobald sie jedoch in Tōkyō zur Ruhe gekommen waren, verließ Chikako den Spekulanten und heiratete den Musiker, der sie seit der Mandschurei mit seinem Instrument begleitet hatte. Nun trat sie sogar hier und da auf Bühnen auf und begann ihre eigenen Tanzabende zu geben.

Um jene Zeit galt der Mann als einer derjenigen, die einen großen Einfluß auf die Musikwelt ausübten, nicht so sehr allerdings, weil er etwas von Musik verstanden hätte, als vielmehr wegen des monatlichen Zuschusses, den er einer bestimmten Musikzeitschrift zahlte. Immerhin besuchte er die musikalischen Veranstaltungen, um dort mit Leuten, die er vom Sehen her kannte, törichtes Zeug zu reden. So sah er auch Chikako tanzen. Und das barbarisch Dekadente ihres Körpers faszinierte ihn. Was denn für ein Geheimnis mochte es sein, das in dieser Frau eine solche Wildheit hatte aufblühen lassen? Es schien ihm, wenn er sie in seiner Erinnerung mit der Chikako vor sechs, sieben Jahren verglich, einfach unbegreiflich. Er fragte sich sogar, warum er sie damals eigentlich nicht geheiratet hatte.

Bei ihrem vierten Tanzabend indessen schien ihm ihre körperliche Vitalität plötzlich stumpf geworden. Entschlossen eilte er zu ihr in die Garderobe, und unbekümmert darum, daß sie, noch im Tanzkostüm, beim Abschminken war, packte er sie am Ärmel und zerrte sie hinaus auf die dämmrige Rückseite hinter der Bühne.

»Lassen Sie mich doch da bitte los! Wenn Sie mich auch nur ein bißchen anfassen, habe ich gleich solche Schmerzen in den Brüsten.«

»Du willst dich doch nicht etwa ruinieren!? Was sollen also die Dummheiten!«

»Aber ich habe ja Kinder immer so gern gehabt. Ich wollte endlich auch ein Kind haben.«

»Du willst es großziehen? Du denkst, du kannst neben solchen Weibersachen der Kunst leben? Eine Mutter mit einem Kind – wie stellst du dir denn das weiter vor? Du hättest rechtzeitig aufpassen sollen!«

»Ich konnte doch da nichts tun!«

»Rede keinen Unsinn! Als ob eine Künstlerin so etwas jedesmal einfach hinnehmen dürfte! Was meint denn dein Mann dazu?«

»Er freut sich und verwöhnt es.«

»Hm.«

»Und ich bin glücklich, wenn ich denke: Da habe ich früher solche Dinge getrieben, und trotzdem habe ich jetzt ein Kind.«

»Es wäre wohl besser, du gäbst das Tanzen auf.«

»Nein, niemals!« Das sagte sie mit einer so überraschend heftigen Stimme, daß er schwieg.

Immerhin kam es bei Chikako zu keiner zweiten Niederkunft. Auch sah man sie nie mit jenem Kind, das sie geboren hatte. Vielmehr schien, möglicherweise deswegen, ihr Eheleben allmählich sich zu trüben und zu verwildern. Gerüchte darüber drangen auch an sein Ohr.

So unbekümmert wie dieser Boston-Terrier dürfte Chikako ihrem Kind gegenüber gewiß nicht gewesen sein.

Und selbst die jungen Hunde wären zu retten gewesen, wenn er sie hätte retten wollen. Nach dem Tod des ersten hätte er nur das Stroh klein zu hacken oder ein Tuch darüberzubreiten brauchen, so wären die folgenden Fälle zu vermeiden gewesen. Aber auch das zuletzt verbliebene Hündchen ging schließlich den gleichen Weg in den Tod wie seine drei Geschwister. Nicht, daß er gedacht hätte: Es wäre besser, die Hündchen stürben. Er hatte andererseits aber auch nicht gewünscht: Sie müssen unbedingt am Leben bleiben. Daß er derart gleichgültig gewesen war, lag wohl daran, daß es sich um Bastarde gehandelt hatte.

Früher war es vorgekommen, daß sich dem Mann ein auf der Straße umherstreifender Hund angeschlossen hatte. Und er, den ganzen Weg über mit ihm redend, war nach Hause zurückgekehrt, hatte ihm zu fressen gegeben und ihn an einem warmen Platz über Nacht behalten. Dankbar hatte er empfunden, daß ein solcher Hund seine freundliche Absicht begriff. Nachdem er indessen angefangen hatte, selber Hunde zu halten, wandte er sich nach dergleichen Straßenkötern nicht einmal mehr um. Wahrscheinlich geht es mit den Menschen ähnlich – spottete er über seine Einsamkeit, voller Verachtung für alle diejenigen, die ihr Leben innerhalb der Familien verbrachten.

Mit der jungen Lerche war es tatsächlich dasselbe. Sein Mitleid, aus dem er sie hätte am Leben erhalten und aufziehen wollen, erlosch sofort wieder, und indem er sich sagte: Ich kann ja nichts dafür, daß man einen untauglichen Vogel aussetzt, überließ er sie den Kindern, die sie vermutlich zu Tode marterten.

Indessen hatten seine Goldhähnchen, während er für so kurze Zeit nach der jungen Lerche sah, allzu lange im Wasser gebadet.

Erschrocken nahm er den Badekäfig aus dem Zuber, aber die beiden lagen auf dem Käfigboden wie nasse Lumpen und regten sich nicht. Als er sie auf seine Handfläche setzte, und sie zuckten mit den Beinen, faßte er wieder Mut: »Oh, so leben sie also doch noch!« Mit beiden Händen umschloß er sie, die die Augen schon halb geschlossen hatten und bis in ihre kleinen Körper durchgekühlt waren, so daß sie kaum noch zu retten schienen, und wärmte sie über einem länglichen Stövchen, während er das Hausmädchen die nachgeschüttete Holzkohle anfächeln hieß. Wasserdampf stieg aus dem Gefieder. Die Vögel bewegten sich wie in Krämpfen. Er hoffte, daß sie, und wäre es nur durch den Schreck über die auf ihre Körper strahlende Hitze, die Kraft fänden, gegen den Tod anzukämpfen; da er aber selbst an den Händen die Glut nicht ertragen konnte, breitete er ein Handtuch auf den Boden des Badekäfigs, setzte die Vögel darauf und hielt sie so über das Feuer. Sogar das Handtuch sengte an und wurde braun. Von Zeit zu Zeit, als würden sie aufgezogen, taumelten die Vögel mit heftig flatternden Flügeln umher; aber es blieb ein Versuch, denn stehen konnten sie nicht, und auch die Augen hatten sie wieder geschlossen. Ihr Gefieder war nun völlig trokken. Als er jedoch den Käfig vom Stövchen nahm, lagen sie am Boden wie zuvor und machten nicht den Eindruck, als ob sie wirklich am Leben wären. Das Mädchen ging hinüber in jenes Haus, in dem man die Lerchen aufzog, und kam zurück mit dem Ratschlag: Man solle Vögeln, wenn sie schwach seien, einfach grünen Tee zu trinken geben und sie in Watte einhüllen. Also nahm er die Vögel, nachdem er sie in Watte gepackt hatte, in beide Hände und tauchte ihre Schnäbel in den leicht abgekühlten grünen Tee. Und die Vögel tranken. Nach einer Zeit hielt er sie dicht vor einen Napf mit Weichfutter, da reckten sie ihre Hälse und fingen an, danach zu picken.

»Ah, jetzt werden sie wieder lebendig!«

Was für eine Freude der Erleichterung! Nun erst bemerkte er, daß er, um das Leben der Vögel zu retten, bereits viereinhalb Stunden gebraucht hatte.

Doch wie oft die beiden Goldhähnchen auch versuchten, sich auf der Sitzstange niederzulassen, immer wieder fielen sie herunter. Es schien, ihre Zehen öffneten sich nicht. Er fing sie und fühlte mit dem Finger hin: Die Zehen hatten sich zusammengekrümmt und waren steif. Man hätte sie wohl zerbrechen können wie trockene dünne Zweige.

»Ob etwa der Herr sie vorhin versengt hat?«

Auf diese vorsichtige Bemerkung des Hausmädchens und um so wütender, als er selber fürchtete, es könnte – irgendwie hatten die Beine so seltsam vertrocknet ausgesehen – tatsächlich an dem sein, erwiderte er: »Ich habe sie in meinen Händen gehalten, ich habe sie auf das Handtuch gesetzt – und da soll ich den Vögeln die Beine versengt haben? ... Wenn es sich mit den Beinen bis morgen nicht gegeben hat, gehst du zum Vogelhändler und läßt dir erklären, was ich da am besten mache.«

Indem er die Tür zu seinem Arbeitszimmer verriegelte, schloß der Mann sich ein und nahm dann die Beine der Vögel in den Mund und wärmte sie. Als sie dabei seine Zunge berührten, war das ein Gefühl, daß ihm Tränen des Mitleids aufstiegen. Nach einer Weile waren die Flügel naß vom Schweiß seiner Handflächen. Und die Zehen der Vögel, aufgeweicht von seinem Speichel, wurden ein wenig biegsamer. Wenn er sie gewaltsam berührte, könnten sie, so schien ihm, leicht brechen, weshalb er zunächst nur eine Zehe vorsichtig aufbog und versuchte, sie seinen kleinen Finger umgreifen zu lassen. Dann tat er die Beine wieder in seinen Mund. Nachdem er die Sitzstange entfernt hatte, stellte er das in eine kleine Schale umgefüllte Futter auf den Boden des Käfigs; offensichtlich jedoch fiel es den Vögeln noch immer schwer, auf ihren versagenden Beinen zu stehen und zu fressen.

»Der Vogelhändler meint, der Herr wird ihnen wohl doch die Beine versengt haben«, berichtete das Mädchen, als es am folgenden Tag aus dem Geschäft zurückkam. »Sie könnten, sagt er, die Beine in Tee wärmen. Meist aber picken die Vögel so lange daran herum, bis sie wieder heil sind, sagt er.«

Und wirklich, fortwährend pickten die Vögel nach ihren Beinen, oder sie nahmen sie in den Schnabel und zerrten daran.

»He, ihr Beine, was ist los?« schien das zu bedeuten, »nun mal vorwärts!« Und energisch wie der Specht pochten sie mit Eifer darauflos. Dann wieder versuchten sie mutig, sich auf ihre kränklichen Beine zu stellen. Der Mann hätte sie anreden, hätte sie anfeuern mögen: Wie klar war doch das Leben dieser Kleinen, die sich wohl einfach unsäglich darüber verwunderten, daß ein Teil ihres Körpers nicht in Ordnung sein sollte.

Zwar tauchte er sie auch in Tee, offensichtlich jedoch bekam diesen Beinen die Methode mit dem Mund noch besser.

Die beiden Goldhähnchen waren noch nicht recht an Menschen gewöhnt gewesen, weshalb bis dahin, wenn er sie in die Hand nahm, ihre Brust stets heftig geklopft hatte; in den zwei, drei Tagen aber, seit er ihre Beine behandelte, schienen sie mit seiner Handfläche völlig vertraut geworden, so daß sie sich nun durchaus nicht mehr ängstigten, sondern im Gegenteil fröhlich zwitschernd sogar ihr Futter fraßen, während er sie hielt. Dies ließ sie ihm nur um so rührender erscheinen.

Da jedoch seine Pflege auch nicht die mindeste Wirkung hatte, begann er nachlässig zu werden, und am Morgen des sechsten Tages lagen die beiden Goldhähnchen, die wie sonst zusammengekrümmten Zehen mit Kot beschmiert, einträchtig nebeneinander und waren tot.

Wie ist doch das Sterben eines Vogels etwas so Flüchtiges. Meist findet man morgens ganz unerwartet den kleinen Leichnam im Käfig.

Der erste, der in seinem Haus starb, war ein Bluthänfling. Während der Nacht hatte eine Ratte dem Pärchen die Schwänze herausgerissen, so daß der Käfig mit Blut bespritzt war. Das Männchen verendete am Tag darauf. Das Weibchen hingegen, obwohl alle die Männchen, die danach eins ums andere zu ihm getan wurden, aus irgendeinem Grunde starben, lebte noch lange Zeit und immer mit einem roten, blanken Hinterteil, wie es die Affen haben. Schließlich aber fiel es doch, alt und schwach geworden, tot nieder.

»Bluthänflinge scheinen bei mir nicht zu gedeihen. Also nehme ich keine mehr.«

Von Anfang an hatte er Bluthänflinge und ähnliche, dem Geschmack junger Mädchen entsprechende Vögel nicht gemocht. Er liebte das Herbe der Weichfutterfresser, wie man sie in Japan als Stubenvögel zu halten pflegt, und nicht so sehr die im Westen beliebten Hartfutterfresser. Für die eigentlichen Sänger wie Kanarienvogel oder Buschsänger oder Lerche, alle mit so prächtigen Melodien, hatte er nichts übrig. Daß er dennoch einmal Bluthänflinge hielt, kam daher, daß der Vogelhändler sie ihm geschenkt hatte. Nachdem dann der eine gestorben war, hatte er nur immer wieder einen Nachfolger für ihn gekauft.

Andererseits wäre er selbst auch bei Hunden, nachdem er zum Beispiel einmal einen Collie gehabt, nie auf den Gedanken gekommen, eine Art ganz abzuschaffen. Man wünscht sich die Frau, die der Mutter gleicht. Man liebt die Frau, die der ersten Geliebten gleicht. Man möchte die Frau heiraten, die der verstorbenen Ehefrau gleicht. Und war es damit denn nicht genauso? Wenn der Mann mit Tieren als Gefährten lebte, dann deshalb, weil er allein und einsam sein wollte, um desto rücksichtsloser seinen Launen und Neigungen nachgeben zu können, und also gab er es auf, danach noch Bluthänflinge zu halten.

Die gelbe Bachstelze, die als nächster Vogel nach dem Bluthänfling starb, hatte für ihn – mit ihrem Grüngelb von den Schenkeln bis zum Steiß, ihrem Gelb an Bauch und Brust, vor allem aber mit ihrer sanften, zierlichen Gestalt – etwas von dem Zauber eines lichten Bambuswaldes, und da sie, außerordentlich zahm, auch dann unter fröhlichem Geflatter mit halb geöffneten Schwingen vergnügt das Futter von seinem Finger fraß, wenn sie keinen Hunger hatte, und dabei noch lieblich zwitscherte, ja sogar verspielt nach dem Muttermal in seinem Gesicht pickte, ließ er sie im Zimmer frei fliegen. Nachdem sie gestorben war, weil sie zuviel von Reisgebäck- und anderen Krümeln aufgepickt und gefressen hatte, wollte er zunächst zwar eine neue haben, verzichtete aber schließlich darauf und tat ein Rotbärtchen, eine Vogelart, wie er sie bis dahin noch nie gehabt hatte, in den leeren Käfig.

Im Fall der Goldhähnchen indessen, vielleicht gerade weil sie durch seine Fahrlässigkeit halb ertrunken und an den Beinen verletzt worden waren, fiel es ihm schwer, sein Verlangen zu unterdrücken. Nicht lange und der Vogelhändler brachte ihm wieder ein Pärchen. Und wieder – dabei waren es doch so winzige Vögel – badete er sie, und obwohl er diesmal zuschaute, ohne sich vom Zuber auch nur zu entfernen, stand er abermals vor demselben Resultat.

Als er den Badekäfig aus dem Zuber hob, zitterten sie und hatten die Augen geschlossen, wenigstens aber vermochten sie sich auf ihren Beinen zu halten, was gegenüber dem damaligen Fall erheblich günstiger war. Auch brachte er nun soviel Vorsicht auf, daß er ihnen nicht die Beine versengte.

»Wieder ist mir das passiert. Mach bitte Feuer!« sagte er gelassen, mit einem Anflug von Verlegenheit.

»Wie wäre es denn, wenn der Herr sie sterben ließe?«

Er schrak auf, als erwachte er aus einem Schlaf.

»Aber denk doch an das vorige Mal, da habe ich sie ohne Mühe gerettet.«

»Gerettet, sagen Sie? Es wird auch diesmal nicht für lange sein. Ich hab' schon damals gedacht, wo ihre Beine in solchem Zustand waren – wenn sie doch bald tot wären.«

»Dabei kann ich sie retten, wenn ich sie retten will.«

»Es wäre besser, Sie ließen sie sterben.«

»Meinst du wirklich?« Er spürte ein körperliches Erschlaffen, als ob er plötzlich bewußtlos würde, und schweigend stieg er hinauf in sein Arbeitszimmer im Obergeschoß, setzte den Käfig in das Sonnenlicht, das durch das Fenster hereinfiel, und schaute gedankenverloren zu, wie die Goldhähnchen langsam starben.

Vielleicht hilft ihnen die Kraft des Sonnenlichts –, betete er. Er selber aber war, wie erfüllt von einer seltsamen Trauer und als sähe er seine eigene Erbärmlichkeit vor sich, nicht imstande, mit soviel Aufhebens wie das vorige Mal das Leben der Vögel zu retten.

Als sie schließlich zu atmen aufhörten, nahm er die durchnäßten Vogelleichen aus dem Käfig und hielt sie eine Zeitlang auf seinem Handteller. Hierauf tat er sie wieder zurück und schob den Käfig in jenen Wandschrank. Und wie er stand, ging er die Treppe hinunter und sagte zu dem Hausmädchen nur wie nebenbei: »Jetzt sind sie tot.«

Goldhähnchen, kleine Vögel, die sie sind, werden leicht schwach und sterben dann. Andererseits gediehen bei ihm ähnlich kleine Vögel wie etwa Schwanzmeisen, Zaunkönige, Tannenmeisen ganz ausgezeichnet. Wenn er sie tatsächlich beide Male beim Baden umgebracht hatte – war es nicht vielleicht genauso gewesen wie mit den Bluthänflingen, die es schwer gehabt hatten, in einem Haus zu überleben, in dem einmal ein Bluthänfling gestorben war? Der Mann hielt es für eine schicksalhafte Verknüpfung, weshalb er, mit dem Versuch eines Lächelns, zu dem Mädchen sagte: »Zu den Goldhähnchen sind die Bande nun gelöst.«

Dann streckte er sich im Wohnzimmer auf der Matte aus, ließ sich von seinen Hündchen an den Haaren zerren, und nachdem er aus den hier aufgereihten sechzehn oder siebzehn Käfigen den mit der Ohreule ausgewählt hatte, stieg er mit ihm in sein Arbeitszimmer hinauf.

Sowie die Eule ihn sah, machte sie wütende Augen, drehte den eingezogenen Kopf ununterbrochen hin und her, klapperte mit dem Schnabel und fauchte. Diese Ohreule fraß niemals auch nur einen Happen, solange er sie beobachtete. Hielt er ihr ein Stück Fleisch zwischen den Fingern hin, schnappte sie unwillig danach, schluckte es aber nicht hinunter, sondern ließ es die ganze Zeit über schlaff aus dem Schnabel hängen. Einmal hatte er mit ihr die Nacht hindurch bis zum Morgengrauen einen hartnäckigen Ausdauerwettkampf geführt. Solange er in ihrer Nähe gewesen war, hatte sie keinen Blick auf das Futter geworfen. Hatte sich noch nicht einmal gerührt. Als aber dann der Nachthimmel sich allmählich aufhellte, bekam sie doch Hunger. Da hörte er am Geräusch der Krallen, wie sie die Sitzstange entlang auf das Futter zu rutschte. Und er wandte sich zu ihr um. Der Vogel, der eben noch mit angelegten Kopffedern und schmal zusammmengekniffenen Augen, in einer Pose, wie man sie verschlagener, tückischer nicht für möglich gehalten hätte, den Hals zum Futter hin ausstreckte, hob erschrocken den Kopf, fauchte den Mann boshaft an und machte wieder seine unschuldige Miene. Der Mann schaute weg. Und abermals hörte er die Eule mit den Krallen kratzen. Sie blickten einander an, und abermals ließ der Vogel vom Futter ab. Während sich das mehrfach wiederholte, begrüßte bereits der Würger mit schrillem Gezwitscher den Morgen.

Keineswegs war es so, daß der Mann diese Ohreule gehaßt hätte, vielmehr hatte er sein Vergnügen an ihr.

»Ich suche immer und denke: Wenn es ein solches Hausmädchen gäbe!«

»Sieh mal an, selbst du hast deine bescheidenen Seiten.«

Schon hatte sich der Mann mit verdrossenem Gesicht von dem Freund abgewandt und lockte mit einem »Kiki-kiki!« den Würger zu sich heran.

»Kikikiki – kikikiki!« antwortete der Würger in einer Lautstärke, als wollte er ringsum alles fortschreien.

Ein Raubvogel wie die Eule, verlor dieser Würger doch die

Zutraulichkeit nicht und ließ sich aus der Hand füttern, ja, er hing an dem Mann wie ein verzogenes kleines Mädchen. Sobald er, wenn der Mann nach Hause kam, seine Schritte draußen hörte oder auch nur ein Husten, sofort begann er zu schreien. Und war er aus dem Käfig heraus, so flog er ihm auf die Schulter oder aufs Knie und schlug vergnügt seine Flügel.

Statt eines Weckers setzte der Mann diesen Würger neben sein Kopfkissen. Und wurde es morgens hell, brauchte er sich nur einmal umzudrehen oder die Hände zu bewegen oder das Kopfkissen zu richten, sofort kokettierte der Vogel und rief ein sanftes »Tschi-tschii-tschitschii«. Selbst auf ein bloßen Schlucken antwortete er: »Kikiki-kiki!« Die Stimme aber, mit der er ihn schließlich ohne weitere Rücksicht weckte, war so erfrischend wie ein Blitz, der den Morgen eines neuen Lebenstages durchzuckt. Hatte er dann mit ihm mehrere Male Ruf und Antwort gewechselt und der Mann war nun völlig wach, begann er, indem er die verschiedenen Vögel nachahmte, leise vor sich hinzuzwitschern.

Der Würger war der erste, der ihn spüren ließ: Glück zu auch für diesen Tag! Und bald schlossen sich alle anderen Vögel mit ihrem Gezwitscher an. Noch im Nachtgewand, tat der Mann etwas Weichfutter auf seinen Finger und reichte es dem Würger hin, und der pickte stürmisch darauflos, was der Mann wiederum gleichermaßen als Zuneigung empfand.

Da er auf Reisen, selbst wenn er nur einmal woanders schlief, mitten in der Nacht erwachte, weil er von seinen Tieren geträumt hatte, geschah es so gut wie nie, daß er von zu Hause fortblieb. War es die Macht der Gewohnheit? Mochte er jemanden besuchen oder etwas einkaufen gehen – allein, wie er war, begann er sich unterwegs unglücklich zu fühlen und kehrte schließlich um. Fand sich also sonst keine weibliche Begleitung, blieb ihm nichts anderes übrig, als sein Hausmädchen mitzunehmen.

Abgesehen davon, daß er jetzt unterwegs war, um Chikako tanzen zu sehen: Nachdem er sich von dem Hausmädchen auch noch den Blumenkorb tragen ließ, konnte er unmöglich zurück und etwa sagen: »Lassen wir's, fahren wir heim.«

Bei diesem Tanzabend – er wurde von einer Zeitung veranstaltet – handelte es sich um eine Art Konkurrenz zwischen vierzehn oder fünfzehn Tänzerinnen. Er hatte Chikako seit zwei Jahren nicht mehr auf der Bühne erlebt, doch war ihr Tanz nun so degeneriert, daß er die Augen abwandte. Geblieben war von jener wilden Kraft nicht mehr als das übliche kokettierende Wesen. Mit der einstigen körperlichen Gestrafftheit waren ihr auch die fundamentalen Formen des Tanzes verlorengegangen.

Unter dem Vorwand, es sei gewiß ein schlechtes Omen, daß er – wenn auch der Taxifahrer so und so gesagt habe – einem Trauerzug begegnet sei und daß bei ihm zu Hause noch die Goldhähnchenleichen lägen, ließ er das Mädchen den Blumenkorb in die Garderobe bringen; nachdem aber Chikako ihn unbedingt zu sehen wünschte und er angesichts ihres Tanzes an diesem Abend ein ausführliches Gespräch für peinlich hielt, ging er, da es denn sein mußte, im Gedränge einer Zwischenpause zu ihrer Garderobe, aber nur, um sich dort am Eingang, ohne daß er einen Augenblick stehengeblieben wäre, hinter dem geöffneten Türflügel zu verbergen.

Chikako wurde eben von einem jungen Mann geschminkt.

Die Augen still geschlossen, den Hals ein wenig nach oben gestreckt, als ob sie sich dem jungen Mann völlig ergeben hätte, erschien ihr unbewegtes, grellweißes Gesicht, da Lippen und Brauen und Lider noch nicht nachgemalt waren, wie das einer leblosen Puppe. Ja, geradezu wie das Gesicht einer Toten.

Vor nicht ganz zehn Jahren hatte er einmal mit Chikako zusammen Doppelselbstmord begehen wollen. Damals war zwar seine ständige Redensart gewesen: ›Ich möchte sterben, ich möchte sterben‹ – doch einen eigentlichen Grund, daß er hätte sterben müssen, hatte es nicht gegeben. Es war wohl nur die Vorstellung, für immer allein und mit den Tieren zu leben, eine Vorstellung, den Schaumblüten gleich, die über ein solches Leben hintrieben. Gerade deshalb hatte er die Empfindung: Chikako, die sich gedankenlos anderen überließ, als brächte ihr irgendein Unbekannter einmal, was sie sich erhoffte von dieser Welt, sie, die selber noch gar nicht richtig zu leben schien, wäre die geeignete Gefährtin im Tod. Schließlich, mit unverändertem Gesichtsausdruck, als begriffe sie nicht, was sie da tat, nickte Chikako einfältig; nur einen Wunsch sprach sie aus.

»Binden Sie mir aber die Beine fest zusammen; man wühlt nämlich dabei, heißt es, den Rocksaum hoch.«

Erst da, als er sie mit einer dünnen Schnur zusammenband, bemerkte er erstaunt, wie schön ihre Beine waren, und er dachte: »Was ist er, werden die Leute sagen, mit einer hübschen Frau gestorben . . .«

Sie legte sich so, daß sie ihm den Rücken zukehrte, und arglos die Augen schließend, streckte sie den Hals ein wenig aus. Und dann preßte sie ihre Handflächen aneinander. Ihn aber traf wie ein Blitz die beglückende Erfahrung der Leere.

»Nein, wir werden nicht sterben.«

Zweifellos, ihm war weder nach töten noch nach sterben zumute. Und bei Chikako wußte man nicht, ob es Ernst war oder eine spielerische Laune. Dem Gesichtsausdruck nach keines von beiden. Es war an einem Nachmittag im Hochsommer gewesen.

Doch hatte ihn das irgendwie so erschreckt, daß er danach, ohne auch nur im Traum noch an Selbstmord zu denken, nie wieder davon sprach. Mag geschehen, was will, immer werde ich mich dankbar an diese Frau erinnern müssen – so klang es damals durch die Tiefe seines Inneren.

Wie sie jetzt von dem jungen Mann für den Tanz geschminkt wurde, hatte Chikako ihn an ihr damaliges Gesicht, an ihre zusammengelegten Hände erinnert. Auch zuvor der Tagtraum, der, gleich nachdem er das Taxi bestiegen, in ihm aufgetaucht war, hatte dies gemeint. Ja, sooft er, nachts zumal, zurückdachte an jene Chikako, immer sah er sie vor seinem inneren Auge eingehüllt in die Helle der weißen Hochsommersonne.

»Warum aber, möchte ich wissen, habe ich mich dann so rasch hinter der Tür versteckt?« murmelte er vor sich hin, und wie er dabei den Korridor zurückging, stand da ein Mann, der ihn freundlich grüßte. Zwar wußte er einen Augenblick lang nicht, wer das sein könnte, aber der Mann, schrecklich erregt, meinte zu ihm: »Sie ist eben doch gut. Wenn man sie wie hier neben so vielen anderen tanzen läßt, wird einem erst klar, was gut ist an Chikako.« Und da erinnerte er sich: Es war jener Musiker, der Chikako geheiratet hatte.

»Wie steht es denn nun?«

»Ach, ich dachte, gehst sie einmal begrüßen. Tatsächlich habe ich mich ja Ende letzten Jahres von ihr scheiden lassen, aber in ihrem Tanz ist Chikako hervorragend. Eben einfach gut.«

Ich sollte auch irgend etwas finden, das mich so gefühlsselig macht – dachte er, ohne zu wissen, warum er verlegen war und verwirrt. Und dann fiel ihm eine bestimmte Zeile ein.

Eben jetzt trug er die nachgelassenen Aufzeichnungen eines Mädchen mit sich herum, das im Alter von fünfzehn Jahren gestorben war. Neuerdings fand er sein größtes Vergnügen darin, solche von Jugendlichen verfaßten Schriften zu lesen. Die Mutter der Fünfzehnjährigen, offenbar nachdem sie das Gesicht der Toten zurechtgemacht hatte, schrieb an den Schluß der Tagebucheintragung vom Todestag des Mädchens diese Zeile:

»Das Gesicht zum erstenmal in ihrem Leben geschminkt, glich sie einer Braut.«

Osamu Dazai

Von Frauen

Am 26. Februar dieses Jahres (1936) revoltierten in Tōkyō die jungen Offiziere. An jenem Tag führte ich – das längliche Holzkohlebecken stand zwischen uns – ein Gespräch mit einem Freund. Wir wußten nichts davon, daß revoltiert wurde; unser Gespräch begann damit, daß wir uns überlegten, was eine Frau wohl als Nachtgewand trägt.

»Richtig klar ist mir das nicht. Man sollte es konkret zu sagen versuchen, mit der Methode des Realismus. Mir scheint, gerade wenn man Frauen schildert, muß man sich an diese Methode des Schreibens halten. Was tragen sie denn nachts im Bett wirklich? Etwa den langen Unterkimono?«

Es lief darauf hinaus, daß wir uns gegenseitig auf die Vorstellung testeten, die wir uns im tiefsten Inneren von der Frau unserer Sehnsucht machen, von einer Frau, mit der man – gäbe es sie – leben könnte, ohne ans Sterben zu denken. Mein Freund stellte sich eine zarte Geliebte vor, 27, 28 Jahre alt. In einem Winkel von Mukōjima wohnt sie im Obergeschoß eines Privathauses zur Miete, allein mit ihrer fünfjährigen Tochter, einem unehelichen Kind. An einem Juliabend, wenn zum Flußfest das Feuerwerk abgebrannt wird, besucht er sie, um sich mit ihr zu vergnügen. Dabei malt er der kleinen Fünfjährigen etwas vor. Er zieht einen kreisrunden Kreis, füllt ihn sorgfältig mit knallgelbem Buntstift aus und erklärt ihr: »Das ist der Vollmond.« Die Frau schlüpft in ein Nachtgewand aus zart hellblauem Frotteestoff und bindet einen Ziergürtel darüber mit einem Muster von Glyzinienblüten. Mein Freund, nachdem er so weit gekommen war, wollte nun wissen, wie ich mir eine solche Frau denke. Und also begann auch ich, von seinen Fragen immer wieder unterbrochen, meine Schilderung:

»Krepp jedenfalls trägt sie nicht. Krepp wirkt an sich schon unsauber; und schmuddelig darf er erst recht nicht sein. Das verdirbt einem die Stimmung, verstehst du?«

»Du denkst an einen Pyjama, oder?«

»Pyjama? Bewahre! Das wäre denn doch so gut, als wenn sie nichts anhätte. Und nur im Oberteil gliche sie einer Karikatur.«

»Dann also auch ein Stück aus Frotteestoff?«

»Nein, ich weiß: einen leichten baumwollenen Männerkimono, der frisch gewaschen ist. Grobe Streifen; und der Gürtel dazu ein schmales Band aus dem gleichen Zeug. Vorn gebunden wie ein Judo-Kittel. Ja, einen jener Yukatas, wie man sie als Hotelgast bekommt. Der wäre richtig. Es sollte vielleicht überhaupt eine Frau sein, die etwas knabenhaft wirkt.«

»Ah, ich verstehe! Du sagst zwar immer wieder, du seist ausgepumpt, bist aber doch reichlich anspruchsvoll. Die prächtigste Zeremonie ist das Begräbnis, heißt es; genau in dem Sinne wartest du auf den richtigen erotischen Augenblick. Und ihr Haar?«

»Jedenfalls nicht in japanischer Frisur; die trieft vor Öl und stört nur. Dazu diese schrecklich grotesken Aufbauten!«

»Sieh an! Und eine schlichte Frisur im westlichen Stil – wie wär's damit? Sie ist Schauspielerin. Könnte etwa ein Mitglied des alten kaiserlichen Theaters sein.«

»Nein, eine Schauspielerin, die immerfort um ihren komischen Ruf besorgt ist – das wäre nichts für mich.«

»Du solltest nicht spotten. Das ist ein ernsthaftes Gespräch.«

»Ich weiß. Auch ich glaube nicht an ein Spiel. Zu lieben ist lebensgefährlich. Süß ist es sicherlich nicht.«

»Entschuldige, du bleibst mir zu undeutlich. Laß uns ganz realistisch vorgehen. Vielleicht macht ihr eine Reise? Versuche die Frauen auf irgendeine Weise in Bewegung zu versetzen, und du wirst sie erstaunlich klar begreifen.«

»Leider gehört sie zu den Menschen, die sich nicht übermäßig bewegen. Sie hat etwas Schläfriges an sich.«

»Weil du zu schüchtern bist. Gerade deshalb geht es nicht anders, als daß wir ganz rigoros erzählen. Wir wollen zunächst einmal versuchen, die Frau dahin zu bringen, daß sie – wie du es gern hättest – einen Hotelkimono anzieht.«

»Dann wäre mir allerdings lieber, wir würden am Bahnhof Tōkyō beginnen.«

»Gut. Also verabredet ihr, euch am Bahnhof zu treffen.«

»Am Abend zuvor sage ich bloß: ›Wir wollen eine Reise machen.‹ Und sie nickt dazu. Ich sage: ›Um zwei Uhr nachmittags warte ich am Bahnhof Tōkyō.‹ Und sie nickt wieder. Das ist die ganze Verabredung.«

»Halt, wer ist sie denn nun? Eine Schriftstellerin etwa?«

»Nein, eine Schriftstellerin – das geht nicht. Ich stehe bei Schriftstellerinnen in keinem guten Ruf. Wirklich. Eine des Lebens etwas überdrüssige Malerin, sagen wir: eine reiche Malerin – die wird es doch geben, oder?«

»Das läuft auf dasselbe hinaus.«

»Meinst du? Nun, dann wird es sich am Ende um eine Geisha handeln. Um eine Frau jedenfalls, die vor dem Mann keine Furcht mehr hat.«

»Hattest du schon vor dieser Reise ein Verhältnis mit ihr?«

»Kann sein, kann sein auch nicht. Aber selbst angenommen, es wäre der Fall gewesen: Die Erinnerung daran ist mir so undeutlich wie ein Traum. Mehr als dreimal im Jahr war ich mit ihr nicht zusammen.«

»Und wohin geht die Reise?«

»Von Tōkyō aus zwei, drei Stunden Fahrt. In die Berge hinauf; ja, zum Beispiel in einen Badeort mit heißen Quellen.«

»Du mußt nichts überstürzen. Bis jetzt ist diese Frau noch nicht einmal am Bahnhof erschienen.«

»Auf dem Weg zum Bahnhof denke ich: Am Tag zuvor hat sie zwar versprochen, daß sie kommt; aber gemeint hat sie es nicht. Dennoch habe ich das unbestimmte Gefühl: möglich wäre es doch. Sie ist nicht da. Nun gut, sage ich mir, werde ich also die Reise allein machen. Trotzdem will ich bis zu den letzten fünf Minuten warten.«

»Und was hast du an Gepäck?«

»Einen kleinen Koffer. Im allerletzten Augenblick – es ist genau fünf vor zwei – drehe ich mich zufällig nach hinten um.«

»Da steht sie und lächelt.«

»Nein, sie lächelt nicht. Ihr Gesicht ist ernst. ›Ich habe mich verspätet‹, entschuldigt sie sich mit leiser Stimme.«

»Nun will sie ohne ein Wort deinen Koffer an sich nehmen.«

»Das lehne ich mit Bestimmtheit ab. ›Nicht nötig‹, sage ich.«

»Was für Fahrkarten hast du?«

»Entweder für die erste Klasse oder für die dritte Klasse. Sagen wir: für die dritte Klasse.«

»Ihr steigt in den Zug.«

»Ich lade sie ein, und gemeinsam betreten wir den Speisewagen. Die weißen Tischtücher, die Blumen auf den Tischen, vor den Fenstern draußen die vorüberfliegende Landschaft – das ist nicht ungemütlich. In Gedanken versunken, trinke ich ein Bier.«

»Auch für die Frau läßt du ein Bier kommen.«

»Nein, das nicht. Für sie bestelle ich einen Apfelsaft.«

»Es ist Sommer, oder?«

»Herbst.«

»Und du sitzt einfach so gedankenverloren da?«

»Ich sage: ›Ich bin dir sehr dankbar.‹ Sogar mir klingt das schrecklich aufrichtig in den Ohren. Ich bin von mir selbst gerührt.«

»Ihr kommt im Hotel an. Es ist schon Abend.«

»Von dem Augenblick an, da wir ins Bad gehen, beginnt die Sache bedeutsam zu werden.«

»Natürlich geht ihr nicht gemeinsam baden. Oder wie wollt ihr es halten?«

»Gemeinsam? Ausgeschlossen. Ich gehe zuerst. Ich tauche einmal unter und kehre ins Zimmer zurück. Sie ist unterdessen in einen langen wattierten Kimono geschlüpft.«

»So, von hier an laß mich weitererzählen! Wenn ich etwas falsch mache, brauchst du es nur zu sagen. Ich habe, glaube ich, die ungefähre Richtung erfaßt. Du läßt dich auf der an das Zimmer grenzenden Veranda in einem Korbsessel nieder und rauchst eine Zigarette. Du leistest dir eine teure Zigarette, eine ›Camel‹. Auf die Berge im roten Herbstlaub fällt die Abendsonne. Nach einer Weile kommt die Frau aus dem Bad. Sie breitet das Handtuch aus und hängt es auf das Verandageländer. Dann tritt sie leise hinter dich; folgsam schaut sie in die gleiche Richtung, in die du schaust. Sie stimmt sich ganz auf deine Gefühlslage ein, in der sie dasselbe als schön empfindet wie du. Das dauert längstens fünf Minuten.«

»Nein, eine Minute ist genug. Fünf Minuten, und ich käme um vor Melancholie.«

»Das Essen wird aufgetragen. Der Reiswein kommt. Ihr werdet doch etwas trinken?«

»Warte, einen Augenblick. Seit ihrer Entschuldigung am Bahnhof Tōkyō – ›Ich habe mich verspätet‹ – hat sie noch nichts wieder gesagt. Sie sollte doch wohl an dieser Stelle wenigstens ein Wort reden.«

»Nein, wenn sie jetzt etwas Unpassendes vorbringt, ist alles verdorben.«

»Meinst du? Nun gut, also treten wir schweigend ins Zimmer zurück und setzen uns beide an den Tisch. Seltsam, wie?«

»Durchaus nicht. Du redest irgend etwas mit dem Zimmermädchen. Genügt das nicht?«

»Nein, anders. Die Frau hat das Mädchen weggeschickt. ›Sie können gehen‹, sagt sie leise, aber bestimmt. ›Überlassen Sie das nur mir.‹ Ganz unerwartet sagt sie es.«

»Ich verstehe. So eine Frau also ist sie!«

»Dann schenkt sie mir ein, mit unsicherer Hand wie ein kleiner Junge. Das Gesicht unbeteiligt. Die Reisweinflasche noch immer in der linken Hand, breitet sie die herumliegende Abendzeitung auf der Matte aus, stützt die rechte Hand auf die Matte und liest.«

»Die Abendzeitung bringt einen Bericht von den Überschwemmungen am Kamo-Fluß.«

»Nein. Hier besser etwas, das die Symptome unserer Zeit verdeutlicht. Zum Beispiel: Großfeuer im zoologischen Garten. Nahe an die hundert Affen bei lebendigem Leib in ihren Käfigen verbrannt.«

»Zuviel der Grausamkeit! Wenn sie nun die Spalte mit dem Horoskop für den nächsten Tag läse – wäre das nicht natürlicher?«

»Ich höre mit dem Reiswein auf und sage: ›Wir wollen essen.‹ Gemeinsam nehmen wir die Mahlzeit ein. Unter anderem gibt es gebackene Eier. Mir ist – ich kann nicht anders – elend zumute. Als ob ich mich plötzlich an etwas erinnerte, werfe ich die Eßstäbchen fort und setze mich an den Schreibtisch. Ich hole mir Manuskriptpapier aus dem Koffer und fange an, planlos drauflos-zuschreiben.«

»Und was hat das zu bedeuten?«

»Meine Schwäche. Ich muß mich auf diese Weise widerwärtig geben, sonst komme ich hier nicht mehr heraus. Ich fühle mich bloßgestellt. Werde schrecklich wütend.«

»Ah, da zappelst du nun!«

»Es gibt nichts zu schreiben. Ich schreibe das Iroha-Gedicht, die 47 Silbenzeichen. Schreibe sie ein über das andere Mal, schreibe sie wieder und immer wieder. Und während ich schreibe, sage ich zu ihr: ›Mir ist eingefallen, ich habe eine eilige Arbeit. Ehe ich es vergesse, möchte ich die gern erledigen. Geh du doch bitte inzwischen und schau dir die Stadt an. Eine stille Stadt, eine schöne Stadt.«

»Du stiftest nur immer mehr Verwirrung. Aber wie du willst. Die Frau ist einverstanden. Sie kleidet sich um und verläßt das Zimmer.«

»Und ich, wie niedergeworfen, strecke mich auf dem Boden aus. Unruhig betrachte ich meine Umgebung.«

»Dein Blick fällt auf die Horoskop-Spalte in der Abendzeitung. Dort heißt es: ›Merkur regiert. Verschieben Sie eine Reise.‹«

»Ich rauche eine ›Camel‹, das Stück zu drei Sen. Eine angenehme, etwas pompöse Stimmung bemächtigt sich meiner. Ich finde mich selbst liebenswürdig.«

»Unbemerkt ist das Zimmermädchen eingetreten. ›Soll ich‹, fragt sie dich, ›die Betten auslegen?‹«

»Ich springe auf. ›Aber getrennt, ja?‹ antworte ich jovial. Auf einmal denke ich: Du hättest Lust auf einen Reiswein. Aber ich beherrsche mich.«

»Allmählich könnte die Frauensperson zurückkommen, was meinst du?«

»Noch nicht. Sobald ich sicher bin, daß das Mädchen weg ist, beginne ich etwas Seltsames.«

»Du wirst doch nicht davonlaufen, oder?«

»Ich zähle mein Geld. Drei 10-Yen-Banknoten. Zwei, drei Yen Kleingeld.«

»Na, das genügt. Als die Frau dann wirklich zurückkommt, hast du deine angebliche Arbeit wiederaufgenommen. ›Ich bin wohl doch zu früh?‹ murmelt sie, mehr oder weniger ängstlich.«

»Ich antworte nicht. Ohne meine Arbeit zu unterbrechen, sage ich: ›Kümmere dich nicht um mich – gute Nacht!‹ Das klingt nach einem Befehl. Und ich schreibe weiter Zeichen für Zeichen das Iroha-Gedicht auf das Papier. ›I-ro-ha-ni-ho-he-to – Wenn auch die Farben duften‹ –«

»Hinter deinem Rücken entschuldigt sich die Frau: ›Dann lege ich mich also –‹«

»›– chi-ri-nu-ru-wo-wa-ka – so welken sie doch in dieser Welt‹, schreibe ich. – ›we-hi-mo-se-su – ohne Trunkenheit‹, schreibe ich. Und dann – zerreiße ich das Manuskriptpapier.«

»Du benimmst dich allmählich wirklich wie ein Verrückter.«

»Was soll ich machen?«

»Legst du dich noch nicht hin?«

»Ich gehe ins Bad.«

»Wohl, weil dir ein wenig kalt geworden ist.«

»Durchaus nicht. Eine leichte Verwirrung setzt bei mir ein. Wie ein Irrer bade ich etwa eine Stunde lang. Dann krieche ich – rot gekocht, ein Gespenst – aus dem Wasser. Als ich ins Zimmer zurückkehre, liegt sie bereits. Neben ihrem Kopfkissen brennt die elektrische Stehlampe mit dem Papierschirm.«

»Ist sie eingeschlafen?«

»Sie schläft noch nicht. Sie hat die Augen weit offen. Ihr Gesicht ist blaß. Den Mund zusammengepreßt, starrt sie hinauf an die Zimmerdecke. Ich nehme ein Schlafmittel und lege mich ins Bett.«

»In das der Frau?«

»Natürlich nicht. Es sind – meine ich – fünf Minuten vergangen, seit ich mich gelegt habe, da stehe ich leise auf. Nein, ich springe auf die Beine.«

»Tränen steigen dir in die Augen.«

»Wütend bin ich. So wie ich dastehe, werfe ich flüchtig einen Blick zu ihr hinüber. Steif hat sie ihren Körper unter der Bettdecke ausgestreckt. Daß ich sie in dieser Lage sehe, beruhigt mich außerordentlich. Ich lange mir Nagai Kafūs Roman ›Das kalte Lachen‹ aus dem Koffer und lege mich wieder ins Bett. Ich kehre ihr den Rücken zu und vertiefe mich in das Buch.«

»Ist Kafū nicht ein wenig bedenklich?«

»Nun, dann eben die Bibel.«

»Ich begreife durchaus deine Stimmung, aber –«

»Meinst du, etwas in der Art der illustrierten Bücher wäre besser?«

»Tatsächlich ist hier das Buch wichtig für dich. Um so mehr sollten wir in Ruhe überlegen. Vielleicht gewisse Gespenstergeschichten? Es muß sich doch etwas finden lassen. Pascals ›Pensées‹ sind zu schwer, Satō Haruos Gedichte zu naheliegend. Aber irgend etwas muß es geben.«

»– gibt es! Einen Band mit meinen eigenen Erzählungen.«

»Jetzt wird es trübsinnig.«

»Ich fange beim Vorwort an. Rasend lese ich Seite um Seite herunter. Mein ganzes Gefühl ist nur noch ein inbrünstiges: Rettet mich!«

»Die Frau ist verheiratet, oder?«

»Da auf einmal hörte ich hinter mir ein Geräusch wie von fließendem Wasser. Mich schauderte. Es war ein schwaches Geräusch. Aber mir war, als würde mir das Rückgrat ausgebrannt. Die Frau hatte sich heimlich im Bett umgedreht.«

»Und was dann?«

»›Laß uns sterben‹, sagte ich. Und die Frau auch –«

»Hör auf davon! Das ist keine Erfindung mehr!«

Die Vermutung meines Freundes traf zu. Am Nachmittag des folgenden Tages unternahmen wir einen Doppelselbstmord. Sie war keine Geisha. Sie war auch keine Malerin. Sie war eine aus ärmlichen Verhältnissen stammende Frau, die in unserem Hause in Diensten stand.

Nur weil sie sich im Bett umgedreht hatte, mußte sie sterben. Mir mißlang der Tod. Sieben Jahre sind vergangen, und ich lebe noch immer.

Kafū NAGAI

Geliebtes Gesicht

Aus dem Wachhaus am Tor von Shinyoshiwara-Ageya trat ein Mann heraus – er hatte offenbar Dienst in dieser Nacht – und schloß das Tor, an dessen Flügel das Wort Ageya zu lesen war. Es war zwei Uhr nachts, die Stunde, zu der das Freudenviertel geschlossen werden mußte.

Hinter dem Tor führte die Straße zum Ryūsen-Viertel. Diesseits reihten sich mit ihrer Rückwand zahllose Bordellgebäude aneinander. Aufschrift an Aufschrift, Hintertor an Hintertor. Zur linken Hand, unter den Fenstern dieser Häuser bis hinaus vor das Kyōmachi-Tor, drängten sich in langer Kette Verkaufsbuden mit heruntergerollten Schilfvorhängen und bunten Lampen. Rechts, vorm Tor am Edo-Viertel, warteten an den Straßenkreuzungen Taxis die ganze Nacht hindurch.

Aus einem kleinen Speisehaus traten zwei jüngere Taxifahrer und wischten sich mit der Handfläche die Mundwinkel ab.

»Was ist das schwül heut nacht! Dies Jahr macht einem das Wetter viel Kummer!«

»Ja, kaum ist es Abend, weht nicht das kleinste Lüftchen mehr, es wird so stickig, daß man überhaupt nicht schlafen kann. Da ist's schon besser, man schlägt sich wie wir die Nacht um die Ohren.«

»Sag mal, Toyo, bist du eigentlich noch immer bei der Ryōgoku-Gesellschaft?«

»Ja, und du?«

»Ich habe neuerdings ziemlich oft gewechselt. Hab' vorübergehend sogar in Yokohama gearbeitet. Jetzt bin ich schon länger als zwei Jahre brav und bieder bei einem Taxibetrieb in Atagoshita. Es war schön damals in Ryōgoku, unvergeßlich schön!«

»O ja, Tame! Wie sich die Zeiten verändert haben! Damals

waren wir beide noch jung! Jetzt werde ich im nächsten Jahr schon dreißig!«

»Dreißig? Da sind wir ja nur ein Jahr auseinander!«

»Bist du noch nicht verheiratet?«

»Ich hätte eigentlich nichts dagegen, kann mich aber nicht recht entschließen!«

»Heißt das, daß du dein Leben auch weiterhin allein und freudlos als Junggeselle verschwenden willst?«

»Lach mich nur aus! Manchmal glaube ich wirklich, ich sollte für immer allein bleiben – obwohl das ja eigentlich nicht das Richtige ist!«

»Red dir's vom Herzen, Toyo! Erzähl mir, was dich bedrückt!«

»Ich soll dir aus meinem Leben erzählen? Ach, das ist ja alles nur dummes Zeug! Es hat keinen Sinn!«

»Nein, bitte, erzähl es mir! Das ist heute genau die Gelegenheit dafür. Schlafen wir jetzt, fressen uns die Mücken auf, und in eines dieser Häuser zu gehen, ist auch nichts. Um bis zum Morgen wach zu bleiben, ist eine Geschichte wie die deine gerade gut. Da schau hinauf! Der Mond dort zwischen den Wolken! Wie schön das aussieht! Wenn es nur ein bißchen regnen wollte!«

»Ja, wie wundervoll klar der Himmel heute ist – wie im Theater!«

Am dunklen Nachthimmel trat aus den silberweißen, langsam dahinziehenden Wolken der Halbmond hervor und beleuchtete die Blechdächer der Bordelle von Kyōmachi.

In den einzelnen Straßen, wo die Tore nun schon alle geschlossen waren, erloschen mit einem Schlag die tausend bunten Leuchtschriften an den Umfriedungsmauern und Dachtraufen, nur die Straßenlampen schufen ein dämmeriges Halbdunkel.

Die Nacht war wahrhaftig von einer bedrückenden Schwüle. Vom anderen Ende der Straße her waren lachende Stimmen zu hören. Ein paar herumlungernde Gäste schienen noch immer nicht heimgehen zu wollen. Zurufe der Werber und der Freudenmädchen quirlten eine kurze Weile wie das lärmende Geunke von Fröschen aus einem Teiche auf – und wieder war alles still. Nur dann und wann erklang, von einem Akkordeon oder Shamisen begleitet, in der Ferne die Melodie eines Schlagers:

»Im Schatten blühen Rosen auf,
brennen rot, dunkelrot.
Der Himmel über den Winkelgassen
ist strahlend blau an klaren Tagen,
doch sie da, befleckt...«

Der Chauffeur Toyo sah nachdenklich zum Mond zwischen den Dächern auf, lauschte diesem Lied eine Weile und nahm schließlich die Zigarette aus dem Mund und warf sie auf den Boden.

»Nun gut, Tame, ich will dir die Geschichte erzählen. Einem anderen als dir könnte ich's nicht! Es war vor drei Jahren. Ich war damals noch sehr schüchtern und still; wenn man mich etwas fragte, war ich kaum imstande, frei heraus zu antworten. Sooft mir die Arbeit Zeit ließ, ging ich nach Asakusa, um mir die hübschen Beine der Tänzerinnen anzusehen und mich ein wenig zu zerstreuen. Ja, das wird eine lange Geschichte. Und mit gutem Grund!«

Der Chauffeur Tame, der wie Toyo einen eigenen Taxiwagen besaß, setzte sich auf das Trittbrett seines Autos, sah, während er die Haltung eines aufmerksamen Zuhörers annahm, zu den menschlichen Schatten hinter den großen, der Straße zugekehrten Bordellfenstern auf, und nickte dann und wann zu den Worten seines Freundes. Das sentimentale Lied, das durch das ganze Viertel zog und bald in der Ferne verklang, bald in der Nähe sich wieder erhob, wurde unmerklich von anderen abgelöst, und diese Melodien begleiten Toyos Bericht, als wären sie eigens hierfür bestellt.

»Nachdem ich die Fahrkonzession erhalten hatte, arbeitete ich zunächst in einem Taxibetrieb in Azabu. Das verdankte ich meiner älteren Schwester, die in einem Café in Shinjuku beschäftigt gewesen war und dann einen Taxiunternehmer geheiratet hatte. Dessen Frau war kurz vorher gestorben, und bald nach der Heirat mit meiner Schwester stellte er mich bei sich ein. In dieser Gegend liegen verschiedene ausländische Botschaften und große, vornehme Häuser. Meine Fahrgäste waren also reiche Leute und die Arbeit daher leicht und angenehm. Zwei meiner Kundinnen riefen mich, wenn sie mich brauchten, am Telefon sogar mit meinem Vornamen! Die eine war die Frau des Chefarztes einer Klinik, die andere die heimliche Geliebte eines Botschaftsangestellten. Die beiden fuhren fast jeden Tag ins Theater oder zu irgendeiner Tanzvorstellung. Sie fanden mich angenehm jung und hilfsbereit und riefen nur immer mich, wenn sie ausfahren wollten. Die Geliebte des Botschaftsangestellten übrigens sollte, wie es hieß, früher einmal in einer Teestube gearbeitet haben. Sie hatte in der Nähe der Botschaft ein vornehmes Haus gemietet und wohnte dort mit ihrer Mutter und einem Dienstmädchen.

Dieses Mädchen war neunzehn Jahre alt und hieß O-Nobu. Es war nicht gerade mager, doch von kleiner, zierlicher Gestalt, zudem mit einem nicht eigentlich hübschen Gesicht. Ich kann mir vorstellen, daß ein anderer, dessen Geschmack nicht so wie der meine war, O-Nobu möglicherweise sogar häßlich gefunden hätte. Ihre Nase war klein und niedrig, ihre Stirn etwas zu rundlich gewölbt. Die äußeren Augenwinkel waren leicht nach unten gezogen, aber sie hatte herrlich große, strahlende Augen mit langen Wimpern. Wenn sie sprach oder irgend etwas betrachtete und dabei, wie das ihre Gewohnheit war, den Kopf leicht zur Seite neigte und die Augen halb schloß, wirkten diese langen, seidigen Wimpern noch viel länger, und ihr meist frohes, helles Gesicht wirkte dann – vielleicht aus diesem Grunde – wie von Trauer überschattet. Unglaublich schnell hatten wir uns ineinander verliebt. Ich sollte eigentlich nicht so unbekümmert von ihr reden, aber meine O-Nobu ist tot, und wenn ich jetzt allein lebe, ist es vor allem ihretwegen. Ja, ja, hör nur zu! Heut will ich dir alles erzählen. Laß mich fortfahren!

Als ich eines Tages die heimliche Frau des Botschaftsangestellten irgendwohin gebracht hatte und dann zu unserer Garage zurückgekehrt war, rief mich kurz darauf O-Nobu an. Die gnädige Frau habe ihr befohlen, ihr dies und jenes, was sie selber vergessen hatte, nachzubringen. Die Sonne war schon fast untergegangen, als O-Nobu und ich auf der Heimfahrt waren. Die Abendnebel stiegen auf, und am Graben des Kaiserpalastes sah alles so prachtvoll wie auf einem Gemälde aus. O-Nobu legte von hinten leicht ihre Hand auf meine Schulter und bat mich, sie noch ein wenig spazierenzufahren, ihre Herrin komme erst spätabends nach Hause. Schon als ich O-Nobu das erstemal flüchtig gesehen hatte, wußte ich sofort, daß ich sie liebte, und so erfüllte ich ihren

Wunsch nur zu gern. Wir fuhren den äußeren Palastgraben entlang, um den großen Park des Meiji-Schreins herum und von dort aus in die Tamagawa-Gegend. Während dieser Fahrt fanden sich unsere Herzen ohne Schwierigkeit, und ich kostete die ganze Süße des Lebens. Danach erzählte ich meiner Schwester ganz offen von ihr, und sie verstand mich gut. O-Nobu wurde meine rechtmäßige Frau. Wir mieteten uns ein Häuschen in der Nähe des Betriebes meines Schwagers.

Aber dieses Glück war wie ein Traum. Ach, viel flüchtiger noch als ein Traum! Nur drei Monate lebten wir zusammen, dann ging ich weinend nach Suna ins Krematorium und nahm für immer von ihr Abschied. Das war unser Schicksal. Die Ursache ihres Todes war wirklich seltsam. Wir waren eines Abends in der Vorstadt spazierengegangen und hatten auf dem Heimweg in einem Restaurant in Shinjuku gebackene Austern gegessen. Und die waren verseucht! O-Nobu und ich, wir bekamen Typhus, aber das Schicksal hat uns nicht alle beide vernichten wollen. Ich blieb allein am Leben.

Während ich im Betrieb meines Schwagers weiterarbeitete, mußte ich immerzu an meine verstorbene Frau denken, und mein Schmerz wurde von Tag zu Tag unerträglicher. So suchte ich, um mich abzulenken, anderswo Arbeit. Trotzdem wurde es in meinem Kopfe immer trüber und dunkler, es war fast gefährlich, und so nahm ich auf meinen Fahrten stets einen Gehilfen mit. Wenn ich mir das heute überlege, kommt es mir wie ein Wunder vor, daß mir kein Unfall passiert ist.

Vor knapp einem halben Jahr fuhr ich eines Abends einen Gast zu einem der Kinos in Asakusa. Beim Kaminari-Tor überließ ich den Wagen meinem Gehilfen und schlenderte ziellos durch das Vergnügungsviertel im Park. Auf den gemalten Werbeschildern und Fotografien der Kinos war mehr oder weniger dasselbe wie in der Stadt zu sehen, ich wollte diesmal aber etwas anderes, etwas völlig anderes erleben, und so kaufte ich mir ein Billett in einem kleinen Operettentheater am Parkteich. Ein junges, europäisch gekleidetes Mädchen reichte mir ein Programm, und eine andere, gleichaltrige Platzanweiserin, die irgendwo im Korridor lehnte und eifrig in der Nase bohrte, forderte mich auf, ihr zu folgen. Sie öffnete neben sich eine Tür und schob mich zusammen mit anderen Gästen hinein. Vor der rohen Bretterbühne, über die sich eine riesige Decke spannte, war ein Verschlag aus Querlatten. Das Ganze glich eher einem großen Pferdestall. Man konnte die grell überstrahlte Bühne vom halbdunklen Zuschauerraum aus mit einem einzigen Blick übersehen. Die buntgemalte Kulisse zeigte eine parkähnliche Gegend. Ein Schauspieler in Studentenuniform und eine Schauspielerin in buntem, modernem Sommerkleid traten in das Licht der Scheinwerfer und sangen, während das Orchester sie dazu begleitete. Kaum hatte man die Ohren gespitzt, um den Text des Liedes zu verstehen, da schwebte von rechts und links je eine Gruppe von Ballettänzerinnen herein, und diese umringten in zierlicher Bewegung das singende Paar. Sie waren alle gleich gekleidet – nein, Kleid konnte man das kaum nennen. Nur Hüften und Brüste waren mit etwas Seide bedeckt, das übrige war nackte, schimmernde Haut. Und plötzlich sah ich, daß unter diesen Tänzerinnen eine war, die meiner toten O-Nobu glich! Unwillkürlich drängte ich mich nach vorn und verschaffte mir in dem sich an die Barriere lehnenden Menschenhaufen gewaltsam Platz.

Im wiegenden Takt der Musik teilten sich die über zwanzig Mädchen in Gruppen von je drei, tänzelten vorwärts, rückwärts, links und rechts, aus- und ineinander, es war ein herrlich buntes Bild! Eine von ihnen dauernd im Auge zu behalten, war ebenso schwer, wie wenn man versucht, unter vielen Fischen, die sich in einem großen Bassin tummeln, immer den gleichen herauszufinden.

Je mehr ich aber das Mädchen betrachtete, desto klarer und eindringlicher erschien mir ihre Ähnlichkeit mit O-Nobu. Sie hatte die gleiche gewölbte Stirn, den nämlichen leicht schwermütigen Zug um den Mund und dieselbe Figur. Wenn sie beim Tanzen und Schreiten den Zuschauern zulächelte, wie das ja so dazu gehört, war auch dieses Lächeln dem von O-Nobu täuschend ähnlich. Ihr Haar trug sie in der Mitte gescheitelt, und es hingen ihr dunkelschwarze Locken in die Stirn, fast bis zu den langen, langen Wimpern herab. Auch das wie bei O-Nobu!

Ach, wie oft hatte ich einst diese Locken gestreichelt und geküßt! Und als O-Nobu im Krankenhaus gestorben war, ergriff ich die weichen Locken, um auch von ihnen Abschied zu nehmen. Unbewegt starrte ich O-Nobu an, wie sie da tot vor mir lag, und mir stürzten die Tränen nur so aus den Augen.

Als mir das alles wieder einfiel, drehte ich mich zur Seitenbarriere, um mein Gesicht daran zu lehnen. Fast hätte ich laut zu weinen angefangen, da merkte ich, daß sich die Musik plötzlich seltsam verändert hatte. Ich öffnete schnell die Augen. Die beiden, die gerade noch das Duett gesungen hatten, und auch die vielen Tänzerinnen, sie waren alle verschwunden! Vor einer Kulisse, die eine Straßenecke vorstellen sollte, sangen ein Mann und eine Frau in gewöhnlichem Straßenanzug mit lauter Stimme.

Von diesem Tag an besuchte ich das kleine Theater Abend für Abend. Die Tänzerin, die O-Nobu so täuschend ähnlich sah, hieß im Programm Hagi Tsuyuko. Ich mochte noch so beschäftigt sein, bei dem Akt, in dem Tsuyuko auftrat, fehlte ich kein einziges Mal.

Ich weiß nicht, wie der Tanz heißt, bei dem man sich niederkauert, die Knie spreizt, erst die Hüften, dann den ganzen Oberkörper dreht, mit den Händen von den Schenkeln aus über die Hüften hinaufstreicht, die Hände gegen die Brust drückt, die Haare an die Schläfen preßt und dann schließlich den Kopf sinken läßt. Es war ein wunderlicher Tanz, aber er verriet unbeschreibliche Trauer! Tsuyukos schlanke, nur spärlich bekleidete Gestalt war während dieses Tanzes eine vollkommene Wiedergabe O-Nobus, wenn sie abends, heimgekommen, ihren Kimono auszog. Der Gedanke, daß mich diese Arme einst liebevoll umfangen hatten, stürzte mich in Verzweiflung, plötzlich konnte ich in dem dumpfen, schwülen Halbdunkel des Zuschauerraums die aufsteigende Erregung nicht mehr unterdrücken, und so lief ich mitten in der Vorstellung hinaus ins Freie, setzte mich halb taumelnd auf eine Bank am Teich und kühlte meine Stirn im Nachtwind. Es war nach zehn Uhr, als ich das Parkviertel verließ.

Auch wenn ich abends einen Gast in eine völlig entgegengesetzte Richtung gebracht hatte, fuhr ich, obwohl ich genau wußte, daß ich das Theater vor Schluß der Vorstellung gar nicht mehr erreichen würde, nur eben dem Drang meines Herzens folgend, hinüber nach Asakusa. Vor den schon verschlossenen Fenstern und Eingängen des Theaters lief ich im Dunkeln auf und ab und kehrte erst spät nach Hause zurück.

Die geheimnisvolle Finsternis des Vergnügungsparks, in dem schon alle Lichter erloschen waren, wurde mir immer vertrauter, und oft flüchtete ich mich nun mit meinem untröstbaren Schmerz dorthin. Von dieser Zeit an mied ich jeden lauten Ort. Wo es aber dunkel, still und einsam war, fühlte ich mich wohl und zu Hause. Da hätte ich für immer bleiben mögen.

So kam es auch, daß ich nie versuchte, mich Tsuyuko zu nähern, wie sehr sie meiner verstorbenen Frau auch ähnlich sah. Zudem war sie als Tänzerin von Asakusa eine Künstlerin, die sich wohl nie dazu hergegeben hätte, die Frau eines Taxichauffeurs zu werden. In dem finsteren Zuschauerraum, inmitten der gedankenlos grölenden Menge, stand ich, ohne daß jemand ahnte, was in mir vorging, und war doch der glücklichste Mensch auf Erden. Wenigstens glaubte ich damals, daß es kein größeres Glück für mich geben könne.

Solche Abende, an denen sich aus den zu beiden Seiten der Straße aufgereihten Kinos die gewaltigen Menschenmengen ergossen, versetzten mich stets in eine Stimmung wunderlicher Trauer. Das Geräusch der vielen Schrite, die farbenfrohen, in dem lauen Abendwind dahineilenden Gestalten, all das war von so unvergleichlichem Zauber, daß ich ihm immer wieder erlag. Und wie lustig die Musik auch von da und dort erklang, ich lauschte nur auf die scharfen, leidenschaftlichen Töne der Violinen und Trompeten, bis sie in dem aufsprudelnden Spiel des Orchesters untergingen.

So ging das Jahr zu Ende. Überall in der Stadt hingen große Papierlaternen und lange bunte Fahnen. Ich hatte damals keinen Gehilfen mehr, und so stellte ich, weil ich wieder in das kleine Theater gehen wollte, an einem der Abende meinen Wagen in die Garage eines guten Bekannten in Tatsubayashi und eilte durch eine stille Seitenstraße von Matsuba her auf den Park zu.

Da rief plötzlich eine Frauenstimme hinter mir: ›Toyo-san!‹

Erstaunt hielt ich inne und wandte mich um; da stand eine Frau von mittlerem Alter vor der Gittertür eines einstöckigen Häuschens, dem Steinwall eines Tempels gerade gegenüber, und begoß ihre Zwergbäume. Es war Tamae. Sie hatte einst zusammen mit meiner Schwester in einer größeren Teestube in Shinjuku gearbeitet. Sie war dort die älteste der vierzig, fünfzig Mädchen und sehr zügellos gewesen, sobald sie getrunken hatte. Jede Nacht nach Geschäftsschluß waren sie zu fünft oder sechst in meinen Wagen gestiegen, und ich hatte sie nacheinander nach Hause gefahren. Da Tamae am weitesten weg wohnte, setzte ich sie immer als letzte ab. Eines Abends hatte sie nun viel getrunken und war, wie mir schien, nicht mehr imstande, allein auszusteigen. Ich nahm sie daher auf meine Arme und trug sie in den ersten Stock ihres abseits der Straße liegenden Hauses. Kaum aber hatte ich sie dort niedergesetzt, war sie zu meiner Überraschung gar nicht mehr berauscht, sie nahm von ihrem Teebrett eine Whiskyflasche und lud mich ein, doch mit ihr weiterzutrinken. Nach einigen Gläsern wollte ich wieder gehen, aber Tamae lehnte sich mit verführerischem Augenaufschlag an meine Knie und bat mich flehentlich, die Nacht bei ihr zu bleiben. Na, heute würde mich so etwas nicht mehr verlegen machen, aber damals kannte ich ja, offen gesagt, die Frauen noch nicht. Ich hatte das Gefühl, daß ich ihr die Bitte nicht einfach abschlagen und weglaufen konnte, andererseits befiel mich eine gewisse Furcht, und ich schämte mich. Es war eine seltsame Stimmung! Ich betrank mich, bis ich fast bewußtlos war, und so kam es, daß ich am Ende doch die Nacht bei ihr blieb.

Als ich sie jetzt wieder traf, stellte sie den Kasten mit den Zwergbäumen auf den Schuhkasten im Flur und rief mir zu, ich solle doch hereinkommen und eine Tasse Tee mit ihr trinken. Ich erinnerte mich an jene Nacht und fühlte mich leicht verlegen. Aber ich besaß nun doch schon soviel Festigkeit, daß ich ohne langes Zögern mit ihr in den oberen Stock hinaufging.

Wir plauderten über völlig belanglose, alltägliche Dinge. Doch dann fragte sie mich unvermittelt: ›Wie ist das, Toyo, bist du noch immer allein?‹

Wollte sie mich wieder wie damals verführen? Schnell wich ich einer Antwort aus, erzählte ihr, ich hätte in einem kleinen Theater eine Tänzerin entdeckt, die meiner verstorbenen Frau unglaublich ähnlich sähe, und ich gestand ihr weiter, daß ich Abend für Abend dorthin ging, um sie anzuschauen.

Tamae war schon immer ein mitfühlendes Menschenkind gewesen. Sie schien mir zwar nur halb zuzuhören, aber aus ihren Augen sprach echtes Mitleid und eine warme Teilnahme an meinem Schicksal. Sie versprach mir, sich in der Nachbarschaft nach Tsuyuko zu erkundigen, wohnten doch in ihrem Viertel sehr viele Künstler und Künstlerinnen von Asakusa. Bald verabschiedete ich mich von ihr, fuhr durch die Seitengassen von Shibazaki und kam schließlich wieder auf die Hauptstraße.

In Abendnebel gehüllt, neigte sich der Wintertag seinem Ende zu. Hoch über den niedrigen Holzdächern von Asakusa, an der Ecke zum Tawara-Viertel, begannen riesige Reklameschriftzeichen im roten Neonlicht aufzuleuchten, und ihnen gegenüber strahlte das Schild eines großen Wildschweinrestaurants. Dünn wie ausgelaufene Farbe, glühte das Rot, während die Straßenlaternen in regelmäßigen Abständen kalt zwischen den Bäumen hervorschimmerten.

Drei Monate waren seit jenem Herbsttag vergangen, an dem ich begonnen hatte, Abend für Abend in das kleine Theater zu gehen, Nacht für Nacht durch die spärlich beleuchteten Gassen zu laufen, die Hauptstraße überquerend, nachdem ich flüchtige Blicke in die im Licht der vorbeiflitzenden Autos aufleuchtenden Ladenfenster geworfen hatte, um dann zum Himmel aufzusehen, der, vom Licht der Amüsierstätten angestrahlt, rötlich über den Dächern glomm. Mir wurde weh ums Herz. Da vernachlässigte ich nun meinen Beruf und rannte hin, mir eine Frau anzusehen, die mir doch nie gehören würde. Was für eine jammervolle Torheit! Und wie ich mich allabendlich eilig jenem Viertel näherte, mich zwischen den vor einem düsteren Hintergrund aufragenden Häusern dahintastete und vor mir die blendenden Lichter jenes Viertels aufzustrahlen begannen, da wurde ich, gleich einem Bärenspinner, immer stärker in ihren Bann gezogen. Wie verzaubert eilte ich dem kleinen Theater entgegen. All die Lichter, die vielen Plakate und Schilder, die bunten, im lauen Winde schaukelnden Fahnen und Flaggen, die in die verschiedensten Richtungen strömenden Menschenmassen – dies war jeden Abend das gleiche. Aber vielleicht erschien es mir gerade deswegen, weil ich gewohnt war, allabendlich durch sie hindurchzusteuern, bald nicht mehr wie eine wirkliche Welt, sondern eher wie ein Traum, ja, wie ein Traum, der spurlos verlischt. Unwillkürlich blieb ich wieder und wieder stehen, betrachtete den dunklen Himmel über den Fahnen und blickte wie verzaubert umher.

Auch jetzt hatte mich diese Stimmung übermannt, unbeweglich stand ich mitten im Menschengewühl und schaute nach allen Seiten – da trippelte leichtfüßig eine junge Frau an mir vorbei, die mir bekannt vorkam.

Ich warf einen schnellen Seitenblick auf sie, und im gleichen Augenblick erkannte ich: Es war die Tänzerin Tsuyuko. Sie trug keinen Hut, über ihre linke Braue hing eine Locke, und ihr dunkles, volles Haar war mit einem blauen Bändchen aufgebunden. Sie hatte einen olivfarbenen Mantel um, und durch ihre dünnen Seidenstrümpfe schimmerte die Haut. Sie war viel weniger geschminkt und gepudert als auf der Bühne, ihr Gesicht wirkte mager und bleich, und aus diesem Grunde wohl glich sie O-Nobu noch mehr als im Theater. Es war kaum zu fassen, daß sie es nicht selber war. Unaufhörlich wurde ich von den mir entgegendrängenden Menschen hin und her gestoßen und geschoben, aber ich schritt wie in einem Traum, fast wie von Sinnen, hinter ihr drein.

An der Ecke eines mächtigen Kinopalastes wurde Tsuyukos Gestalt für eine Weile von einer finsteren Seitenstraße verschlungen. In dieser düsteren Gasse lagen zerfetzte Kulissen, künstliche Bäume, Lampions und anderer Abfall am Boden. Passanten waren nirgends zu erblicken. Im Dunkel der einen Straßenseite ragten steil die Gebäudeformen eines Kinos und eines Theaters empor, und auf der einen Flügeltüre des Theaters war ein Zettel angeklebt, auf dem ich lesen konnte: ›Kein Zutritt während der Vorstellung!‹ Aus den Spalten der Tür drangen Tonfetzen von Orchesterinstrumenten und von ganz fern auch die Geräusche von der Bühne zu mir, aber all das vermehrte nur den Trübsinn dieser Gegend. Auf der anderen Seite der Straße, zwischen den niedrigen Wohnhäuschen, blitzten die Lichter einiger Schießbunden auf und leuchteten in die Gesichter der bedienenden Mädchen, auf die als Preise vorgesehenen, aufgestellten weißen Puppen, auf die aufgetürmten Zigarrenkisten, die ein guter Schütze hier gewinnen konnte. Nirgends waren Schießlustige zu sehen. Auch auf dem breiten Autoparkplatz befanden sich, vielleicht weil Jahresende war, nur wenige Menschen. Hoch oben in der Luft blähten sich die aufgezogenen bunten Fahnen gleich Schiffssegeln im Wind, und die hin und her schwankenden Bambusstangen, die sie trugen, knarrten und ächzten in der winterlichen Kälte.

Als fühlte sie sich verfolgt, eilte Tsuyuko dahin, sie sah weder nach rechts noch nach links. Plötzlich jedoch mäßigte sie das Tempo ihrer kleinen Schritte, knüpfte im Gehen den Knoten ihres Schals neu und strich sich über das lockere Haar. An der Ecke der lärmenden Hauptstraße beugte sie sich unerwartet ein wenig vor, drängte sich schnell und geschickt durch die Menge und betrat eine der vielen kleinen Erfrischungsstuben; vor dieser wehte ein kurzer weißer Vorhang im Winde und auf der Glastür stand mit großen Schriftzeichen geschrieben: ›Kōtōya-Teestube‹.

Im Vorderraum des nicht besonders hohen Lokals glänzte ein neusilberner Kaffeekessel, und hinter ihm standen zwei Männer in weißem Dreß und weißer Mütze. An die Wand hatte man einen großen Papierbogen geklebt, auf dem zu lesen war:

Kakao	10 Sen
Kaffee	5 Sen
Hot dog	5 Sen

Zwei, drei nachlässig aussehende junge Mädchen bedienten die Gäste, die da und dort an den langen Tischen Platz genommen hatten. Einige der Gäste lasen Zeitung.

Als ich näher durch die Glastür sah, entdeckte ich Tsuyuko neben dem Ofen, der in der Mitte stand. Sie unterhielt sich gerade mit zwei europäisch gekleideten Mädchen, die wohl wie sie Tänzerinnen an einer der Bühnen Asakusas waren.

Nachdem ich mich vergewissert hatte, daß hier, nach dem Aussehen des Geschäfts, den Preisen und der Kleidung der Gäste zu urteilen, auch ein einfacher Taxichauffeur zugelassen war, trat ich beglückt und mit wildem Herzklopfen ein. Hinter Tsuyuko war sogar ein kleiner Tisch frei, ich hätte mich zu gern dorthin gesetzt! Aber ich fand doch nicht den Mut dazu und drückte mich schließlich in einiger Entfernung von ihr irgendwo an die Wand. Den bestellten Kaffee ließ ich unbeachtet vor mir stehen, ich hockte wie ein Träumender da und starrte nur immer den drei Tänzerinnen ins Gesicht.

Tsuyuko hatte wie ich Kaffee bestellt und etwas Toast mit

Marmelade. Als ich nach einer Weile den Finger durch den Tassenhenkel schob, um zu trinken, bemerkte ich zu meiner Überraschung einen roten Fleck an meiner weißen Manschette. Es war Blut. Gleich darauf entdeckte ich auch an meinem Handgelenk eine kleine Wunde, einen winzigen, scharfen Schnitt wie von einem Rasiermesser. Auch meine Taschenuhr war verschwunden! Ich griff in meine hintere Hosentasche, um nach meiner Geldbörse zu fühlen, da war auch sie nicht mehr da!

Ein so niederträchtiges Pech, das Opfer eines Taschendiebs geworden zu sein, war mir in meinem ganzen Leben noch nicht passiert. Und gleich das erstemal hatte ich Uhr und Börse eingebüßt! Als ich vorhin Tsuyuko auf der Straße begegnet und ihr wie träumend nachgelaufen war, hatte ich tatsächlich alles um mich her vergessen. Wie sollte ich nun meinen Kaffee bezahlen? Ich schämte mich maßlos, aber da mir nichts anderes übrigblieb, zeigte ich dem hinter dem neusilbernen Kessel stehenden Mann, der offenbar der Wirt war, sowie den anwesenden Gästen, also auch Tsuyuko, die kleine Schnittwunde an meinem Handgelenk und die zerschnittene Hosentasche und bat gleichzeitig den Wirt, er möge sich ein wenig gedulden, bis ich mir aus der Garage bei Tatsubayashi Geld geholt hätte.

Die Wunde sowie die Blutflecken an meinem Hemd waren überzeugende Beweise, daß mir ein Unglück widerfahren war. Der Wirt und alle Gäste bezeugten mir ihre aufrichtige Teilnahme. In seiner Freundlichkeit wollte mir der Wirt sogar erlauben, die Tasse Kaffee zu bezahlen, wenn ich irgendwann einmal wieder vorbeikäme. Tsuyuko, die einen Blick auf meine Wunde getan hatte, rief besorgt: ›Oh, das muß aber weh tun!‹ Und sie bat den Wirt in herzlichem Ton, mich doch zu verbinden. Ihre Stimme klang völlig anders als einst die meiner O-Nobu! Auch erschien sie mir, während ich sie von der Seite her betrachtete, an Jahren älter, sie mochte fünf- oder sechsundzwanzig sein. Ich war so glücklich, daß mir fast Tränen in die Augen stiegen, und ich war so dankbar, daß ich sie hätte anbeten mögen.

Ich wandte mich ihr zu, zog meine Mütze und verneigte mich höflich tief. ›Danke, nein! Es ist schon gut! Ich bin ja auch gleich hier in der Nähe zu Hause!‹

Meine Stimme, die entschieden und liebenswürdig ablehnen

sollte, hat sicher ein wenig gezittert. Wie gern wäre ich noch bei ihr geblieben, wenigstens so lange, bis sie selber aufbrach. Doch in meiner Lage war das unmöglich, und so ging ich schnell hinaus. Um mir in der Nähe Geld zu leihen, kam nun freilich niemand anders in Frage als Tamae, der ich kürzlich begegnet war. Also begab ich mich zu ihr.

Tamae war gerade beim Abendessen. Obwohl ich mich sträubte, hinderte sie mich, das Geld selber hinzubringen; sie übergab es einer alten Dienerin, der sie außerdem noch auftrug, auf dem Rückweg fünf Äpfel für uns beide einzukaufen.

Nachdem die Alte fort war, saßen wir uns am Eßtischchen gegenüber. Neben uns stand ein kleines holzumgittertes Stövchen, über das eine elegante, dick gefütterte Decke gebreitet lag. Während wir uns zutranken und ohne daß ich es recht bemerkte, wurde mir langsam wie benommen zumute. Als ich schließlich die Augen öffnete, war es schon tiefe Nacht, nicht einmal das Geklingel der Straßenbahnen war von draußen her zu hören. Die plötzlich einsetzenden fernen Glockenschläge kamen wohl vom Benten-Berg herüber. Lange und gedankenverloren betrachtete ich im Wandspiegel das vom Dämmerlicht einer kleinen Ampel erleuchtete Bild des Zimmers.

Tamae hatte ich es zu danken, daß ich am Jahresende nicht mehr einsam war. Trotzdem vergaß ich Tsuyuko nicht. Unverändert ging ich in das kleine Theater, um sie zu sehen. Öfter begab ich mich auch in das Café in der Hoffnung, sie dort zu treffen. Aber eine Gelegenheit, mich mit ihr zu unterhalten, hat sich danach nie mehr geboten.

Hin und wieder besuchte ich Tamae, um mich bei einer Tasse Tee und einer kleinen Plauderei über meine Einsamkeit hinwegzutrösten, aber meine Phantasie umspielte nur immer Tsuyukos zierliche Gestalt. Bei Tamae fand ich ein wenig Erleichterung für mein bedrücktes Gemüt. Sie hat von Anfang an richtig begriffen, was ich fühlte. Sicher hat auch auf ihrer Seite nie die Neigung bestanden, ihr Leben mit dem eines so einfachen Menschen wie mir zu verbinden. Sie war jetzt die Nebenfrau eines ihr nicht übermäßig sympathischen Mannes aus Chiba geworden, der sie zwei- bis dreimal im Monat besuchte. Von Zeit zu Zeit rief sie mich, um sich in ihrer Verlassenheit zu trösten. Nur deswegen duldete sie mich wohl um sich. Um die Einsamkeit unserer beiden Herzen, deren Empfindungen doch nicht so recht zueinander sprachen, spielten wir gleichsam ein Theater der Liebe. Wann die ungestillte Sehnsucht in uns einmal erfüllt wird? Ich weiß es nicht. Vielleicht werden wir uns ewig sehnen müssen . . .«

»Und was geschah weiter mit Tsuyuko?«

»Zu Anfang dieses Jahres, als man die Neujahrskiefern vor den Türen schon weggenommen hatte und ich nach längerer Zeit wieder in ihr Theater ging, trat sie nicht mehr auf. Auch im Programm war ihr Name nicht genannt. Und dann verging wieder ein halbes Jahr. Es war an einem Abend, kurz vor der Regenzeit. Ich hatte, zu sehr vorgerückter Stunde, einen Gast nach Nodo gebracht und befand mich auf der Heimfahrt. Ich fuhr am Nogara-Berg vorbei und näherte mich gerade Matsuko, als die Sommernacht langsam heller wurde. So weit das Auge reichte, stand alles voll von üppigem dunkelgrünem Schilf, in dem die Goldamseln sangen. Schläfrig betrachtete ich die Landschaft von Wasuregawa und war gerade dabei, eine Menge Dinge zu denken, da standen an der Weghecke, aus der mir Sonnenblumen und verschiedene andere Blüten entgegenleuchteten, zwei europäisch gekleidete Mädchen, deren Eleganz ganz und gar nicht in diese Gegend paßte. Sie hielten meinen Wagen an und fragten, wie teuer wohl eine Fahrt nach dem Kaminari-Tor sei.

Sie kamen mir mit einemmal bekannt vor, und als ich ihnen nachdenklich ins Gesicht sah, erkannte ich sie als die beiden Tänzerinnen, die damals in der mir seitdem unvergessen gebliebenen Kōtōya-Teestube zusammen mit Tsuyuko Kaffee getrunken hatten. Ich antwortete ihnen, der Preis spiele keine Rolle, da ich mich ohnehin auf der Heimfahrt befände. So stiegen sie denn ein, und ich brachte während der Fahrt das Gespräch auf jenen Abend, als ich von einem Taschendieb bestohlen worden war. Danach fragte ich, ein wenig zögernd, nach Tsuyuko. Sie antworteten mir traurig und leise, daß Tsuyuko wohl nie wieder tanzen würde. Als ich bestürzt den Grund wissen wollte, berichteten sie mir, Tsuyuko sei schon immer von zarter Gesundheit gewesen und habe deswegen vor Jahren ihren Beruf als Taxi-Tanzgirl in einer öffentlichen Tanzhalle aufgeben müssen. Sie sei dann mit ihnen in jene Ballettgruppe eingetreten, aber im Januar dieses

Jahres habe sich ihr Zustand bedenklich verschlimmert, sie habe auf der Bühne Blut husten müssen, sei daraufhin sofort nach Hause gegangen und nie wiedergekommen. Ihr Vater sei Stoffhändler im Matsudo-Bezirk. Da Tag und Nacht für sie beide mit Proben und Aufführungen angefüllt seien, hätten sie die kranke Tsuyuko lange nicht mehr aufsuchen können, doch gestern nacht seien sie, trotz vorgerückter Stunde, nach der Vorstellung zum erstenmal wieder bei ihr gewesen, denn es stehe jetzt sehr schlecht um sie.

Während ich den beiden Mädchen zuhörte, kam mir der Gedanke, daß ich, falls Tsuyuko meine Frau geworden wäre, jetzt abermals das gleiche jammervolle Schicksal erleben müßte wie damals, als O-Nobu starb. War es nicht ein Glück, daß ich sie nicht umworben hatte? Und als ich mir das so überlegte, hatte ich das Gefühl, daß mich in Zukunft nur eine oberflächliche oder sehr unglückliche Liebe erwarten könne. Das war sicher mein Schicksal. Unvermittelt stieg eine heftige Wut in mir auf, und ich werde dir sagen, was dann mit mir geschah. Ich kaufte mir, um mich zu betäuben, die Frauen wahllos nacheinander. Mein Leben ist nun ohne Sinn und Ziel, aber ich bin auch nicht mehr traurig.

Meine Schwester weint und weint Tag und Nacht, weil sich ihr Mann eine Nebenfrau hält. Je mehr ich das Leben von dieser Seite sehe, erscheint es mir beklagenswert, töricht und dumm! Unsagbar dumm! Ach, was schwätze ich da die Nacht zusammen! Es ist schon hell geworden! Da, eben hat es fünf Uhr geschlagen!«

Schweigend standen die beiden Chauffeure nebeneinander. Die Holzklapper des Nachtwächters klang durch die Straßen, und sie blickten beide zu den Dirnenhäusern auf. Die Lampen hinter den Fenstern und auch die Straßenlaternen leuchteten noch wie in tiefer Nacht, aber am östlichen Horizont wurde der feine morgendliche Streifen langsam klarer und breiter und goß immer helleres Licht auf die Fenster, die frisch gestrichenen bunten Reklameschilder und die Zementmauern der Häuser.

Innerhalb der geschlossenen Pforte von Ageyamachi wurden plötzlich menschliche Stimmen laut. Man hörte die langgezogenen Ausrufe eines umherziehenden Händlers, der gedämpfte Bohnen anpries.

Ango SAKAGUCHI

Unter der vollen Blüte im Kirschbaumwald

Wenn die Kirschen blühen, nehmen die Leute ihren Sake mit hinaus, essen ihre Klößchen aus Reis oder Fleisch und gehen unter den Blüten auf und ab; der überwältigende Anblick des prachtvollen Frühlings taucht alles in heitere Gelöstheit. Aber der Schein trügt, und ich werde euch sagen, warum. Daß die Menschen unter der Kirschblüte zusammenkommen, sich einen antrinken, bis ihnen schlecht wird, und sie sich auch mal in die Haare geraten, dies alles erzählt man sich erst seit der Edo-Zeit. Ganz früher wußte man, daß es unter einem blühenden Kirschbaum nicht geheuer ist – keiner dachte dabei an einen schönen Anblick. Wenn man heute von der Kirschblüte sprechen hört, verbindet man damit die Vorstellung von fröhlich miteinander trinkenden und zankenden Leuten, von ausgelassener und lustiger Stimmung. Und doch – unter der Kirschblüte verschwinden Menschen, dort breitet sich Unheil aus. So gibt es auch im Nō-Theater folgendes Stück:

Eine Mutter sucht ihr geliebtes Kind, das man ihr entführt hat. Als sie, ganz außer sich, unter die volle Blüte eines Kirschbaumhains tritt, malt sich in den Schatten der alles überflutenden Blütenblätter die Gestalt ihres Kindes. Die Frau wird wahnsinnig und sinkt tot zu Boden. Die Blüten begraben sie unter sich.

Einst gab es auch auf dem Suzuka-Paß einen Weg, auf dem die Reisenden einen Kirschblütenwald durchqueren mußten. Wenn die Bäume nicht in Blüte standen, ging alles gut. Kam aber die Blütezeit, dann wurde es den Reisenden im Kirschwald seltsam zumute. So schnell wie möglich wollten sie unter den Blüten hindurchkommen. Sie liefen rasch auf die grünen oder die noch kahlen Bäume zu. Einem allein gelingt das, schnell rennt er unter den Blüten hindurch zu den ungefährlichen Bäumen. »Gott sei

Dank«, denkt er aufatmend, »das ist noch mal gut gegangen.« Aber schon bei zweien sieht die Sache schlecht aus; denn nicht alle Menschen laufen gleich schnell. Selbst wenn einer, weil er langsamer ist, den anderen in Todesangst hinterherschreit: »Hoi, hoi, so wartet doch!«, rennen die anderen weiter wie verrückt und lassen den Freund im Stich. Haben sie schließlich den Kirschblütenwald auf dem Suzuka-Paß hinter sich, dann verschlechtert sich plötzlich das bislang gute Verhältnis unter den Reisegefährten, und es schwindet das Vertrauen in die Freundschaft des Kameraden. Ganz allmählich hat es sich von selbst ergeben, daß die Reisenden nicht mehr unter den Kirschbäumen hindurchgehen und lieber auf einem großen Umweg einen anderen Bergpfad benutzen; abgeschnitten von der Landstraße versank der Kirschbaumwald bald in tiefe, von keinem menschlichen Wesen berührte Bergeinsamkeit.

Viele Jahre blieb es so, bis sich auf diesem Berg ein Räuber ansiedelte. Wirklich ein rauher, hartgesottener Kerl, der auf der Landstraße die Leute überfiel. Er riß ihnen die Kimonos vom Leib und brachte sie nicht selten auch noch um. Aber selbst ihn befiel eine seltsame Angst, als ihn der Weg zum erstenmal in den blühenden Kirschbaumwald führte. Von da an war ihm diese Blüte dort verhaßt. »Solche Blüten haben etwas Unheimliches, irgendwie scheußlich.« Etwas in dieser Art brummte er in sich hinein. Obwohl unter der Blüte kein Wind ging, war es ihm, als höre er es rauschen: »Schuu, schuu ...« Aber es gab keinen Windhauch, keinen Laut; es gab nur ihn selbst und das Geräusch seiner eigenen Schritte, eingehüllt in diesen kalten, totenstillen, bewegungslosen Wind. Mit den Blütenblättern, die fielen und fielen, schien sich auch seine Seele zu lösen und sein Leben schwächer und schwächer zu werden. Da wollte er die Augen zukneifen und schreiend davonlaufen; aber weil er mit geschlossenen Augen gegen die Kirschbäume rannte, mußte er sie doch offenhalten, und es grauste ihn nur noch mehr.

So ein Räuber aus den Bergen läßt sich aber nicht aus der Ruhe bringen. Ihm geht nichts lange nach. Deshalb wunderte er sich nur. Aber eines nahm er sich vor: Er wollte das nächste Jahr daran denken. Dieses Jahr hatte er zwar nicht aufgepaßt, aber für das kommende Jahr, wenn die Blüte käme, würde er sich das genau merken. Jedes Jahr überlegte er sich das, und so waren wohl schon zehn Jahre vergangen, und wieder ging ein Jahr zur Neige.

Während ihm das die ganze Zeit über immer wieder durch den Kopf gegangen war, waren zu seiner ersten Frau sechs weitere dazugekommen. Und wieder ging er auf die Landstraße, um sich dort die achte zu rauben und dazu den Kimono ihres Mannes. Den Mann brachte er um. Kaum hatte er ihn ermordet, beschlich ihn ein merkwürdiges Gefühl. Etwas war anders als sonst. Wie anders, wußte er nicht, es war aber anders. Da er es nicht gewöhnt war, den Dingen auf den Grund zu gehen, stellte er auch diesmal keine weiteren Überlegungen an.

Der Bergräuber hatte zunächst nicht die Absicht gehabt, den Mann zu töten. Er wollte ihm die Kleider vom Leib reißen und ihn dann wie sonst mit einem Tritt zum Teufel jagen. Aber weil die Frau einfach zu schön war, hatte er den Mann kurzerhand mit dem Schwert niedergestreckt. Nicht nur für ihn selbst kam das alles ganz überraschend, auch für die Frau. Als er sich nämlich nach ihr umschaute, starrte sie ihm, gelähmt vor Schrecken, fassungslos ins Gesicht.

»Ab jetzt gehörst du mir!« sagte er zu ihr, und sie nickte. Er nahm sie bei der Hand und zog sie hoch. Weil sie stark zitterte, bat sie ihn, er möge sie tragen. Der Räuber war einverstanden, nahm sie mühelos auf den Rücken und marschierte los. Als es jedoch steil bergauf ging, bat er sie abzusteigen, da es hier gefährlich sei. Die Frau jedoch klammerte sich an ihn. »Nein, nein, aber nein doch«, rief sie und kam nicht herunter.

»Warum soll ausgerechnet ich einen Weg gehen können, der einem bergerfahrenen Mann wie dir zu steil ist? Überleg dir das doch einmal!«

»Ja, ja, schon gut, schon gut«, erwiderte er gut gelaunt, obwohl er erschöpft war und ihm alles weh tat. »Aber steig doch wenigstens einmal herunter. Stark bin ich ja. Wenn du also glaubst, ich muß eine Pause machen, weil ich es nicht mehr schaffe, dann irrst du dich. Nur habe ich eben hinten keine Augen im Kopf. Und weil ich dich schon dauernd auf dem Rücken trage, halte ich es jetzt einfach nicht mehr aus. Steig nur ein einziges Mal ab, daß ich bewundern kann, wie hübsch du bist.« »Aber nein, aber nein«, sagte die Frau wieder und klammerte sich an seinen Hals. »In dieser trostlosen Gegend kann ich auch nicht einen Augenblick stillhalten. Bring mich nur auf der Stelle zu deinem Haus. Sonst werde ich nicht deine Frau. Wenn ich das hier noch länger aushalten muß, beiße ich mir einfach in die Zunge, und schon bin ich tot.«

»Schon gut, schon gut. Ich hab' es begriffen. Ich werde dir jeden Wunsch erfüllen!«

Der Gedanke daran, daß eine solche Schönheit in Zukunft seine Frau sein würde, gab dem Bergräuber das Gefühl, er müßte vor Glück vergehen. Stolz straffte er die Schultern, drehte sich einmal um sich selbst und zeigte der Frau die Berge vorne und hinten, links und rechts.

»Alles, was sich hier Berg nennt, gehört mir«, sagte er. Aber die Frau hörte ihm gar nicht zu. Das hatte er nicht erwartet. Er fand es schade und fing wieder an: »Also gut. Was du hier an Bergen, an Bäumen und Tälern siehst, alles, von den Tälern herauf bis oben zu den Wolken, gehört mir.«

»Geh doch bitte schnell weiter, ja? Ich möchte wirklich nicht auf diesem steilen Felsen absteigen. Da können ja jeden Moment Felsbrocken auf uns fallen.«

»Ja, ja. Wenn wir nach Hause kommen, mache ich dir ein tolles Essen.«

»Kannst du denn nicht schneller laufen? Lauf doch bitte, lauf doch!«

»Hier kann ich nicht einmal alleine rennen.«

»Auch du hast also keinen Mumm. Und ich, ich bin jetzt die Frau eines schrecklichen Taugenichts! Oh, oh, oh, was hat mein Leben jetzt noch für einen Sinn?«

»So ein Blödsinn, bei so einem Weg!«

»Ach, ach, es ist zum Verzweifeln. Jetzt bist du wohl auch noch müde!«

»Unsinn! Paß auf, ich zeig' dir einmal, wie schnell ich da den Berg hinaufkomme. Da kommt kein Reh mehr mit.«

»Aber du atmest ja schon schwer. Bist du nicht auch etwas blaß?«

»Mein Wort gilt! Wenn ich jetzt loslege, dann vergeht dir da hinten Hören und Sehen.«

Aber der Räuber spürte jeden Knochen und war zu Tode

erschöpft. Als er schließlich zu seinem Haus kam, flimmerte es ihm vor den Augen, dröhnten ihm die Ohren, und er hatte, heiser wie er war, nicht mehr die Kraft, auch nur einen Ton herauszubringen. Aus dem Haus kamen ihm seine sieben Frauen entgegen. Der Räuber lockerte mit letzter Kraft seinen verkrampften Körper und ließ die Frau herunter.

Die sieben waren betroffen von dieser Schönheit, wie sie bisher noch keine gesehen hatten. Die Frau aber schreckte vor den schmutzigen Weibern zurück. Einst mochten wohl einige von ihnen ganz hübsch gewesen sein, aber jetzt war nichts mehr davon übrig. Die Frau hatte ein ungutes Gefühl und zog sich hinter den Rücken des Mannes zurück.

»Was sind denn das für Bergweiber?«

»Das sind meine Frauen von früher.«

In seiner Verlegenheit kam dem Mann die Idee, das »früher« dazuzusetzen – eine gute Antwort aus dem Stegreif –, aber die Frau kannte kein Pardon.

»Aha, deine Frauen sind das also!«

»Weißt du, ich hab' eben nicht gewußt, daß es so etwas Liebliches wie dich gibt.«

»Los, bring sie um, die da!« rief die Frau und zeigte mit dem Finger auf die mit dem angenehmsten Gesicht.

»Also hör einmal, ich muß sie doch nicht gleich umbringen! Du könntest sie ja als Dienstmädchen nehmen!«

»Aber du hast doch meinen Mann umgebracht; und jetzt bist du nicht bereit, mit deiner Frau das gleiche zu tun! Dennoch verlangst du von mir, daß ich deine Frau werde!«

Ein Seufzer entrang sich seinen zusammengepreßten Lippen. Es sah aus, als würde er einen Luftsprung machen, als er sich mit einem Satz auf die betreffende Frau stürzte und sie niederstreckte. Aber es blieb ihm nicht einmal die Zeit, Luft zu holen.

»Jetzt die, als nächstes die da!«

Der Mann zögerte kurz, ging aber dann geradewegs auf sie zu und schlug ihr mit einem Schwertstreich den Kopf ab. Während er noch dahinrollte, erklang schön und klar die weichstrahlende Stimme der Frau, als sie mit dem Finger auf die dritte zeigte: »Diese jetzt, als nächstes die!«

Die Frau, auf die sie zeigte, schlug die Hände vors Gesicht und fing schrill zu schreien an. Gegen diesen Schrei hob er das Schwert mit beiden Händen hoch über den Kopf und lief los. Die restlichen Frauen sprangen alle gleichzeitig auf und stoben in alle Richtungen auseinander.

»Wenn du nur eine entkommen läßt, gilt's nicht, ja? Dort hinter dem Busch ist noch eine, und da läuft eine den Berg hinauf!«

Der Mann rannte wie ein Verrückter mit dem blutigen Schwert über dem Kopf in den Bergwald hinauf. Nur eine war schließlich noch da, die vor Schrecken nicht rechtzeitig weggekommen war. Sie war lahm und die häßlichste von allen. Der Mann kehrte zurück. Er hatte, ohne auch nur einmal eine Ausnahme zu machen, alle umgebracht und hob nun wieder wie selbstverständlich das Schwert.

»Halt, das genügt. Nur die nicht. Ich nehme sie mir als Dienstmädchen!«

»Jetzt bin ich schon einmal dabei; laß mich es zu Ende bringen!«

»Dummkopf, wenn ich dir doch sage, du sollst sie *nicht* umbringen!«

»Ach, ja, richtig, richtig.«

Der Mann warf das blutige Schwert beiseite und ließ sich auf die Erde fallen. Tiefe Müdigkeit überkam ihn und legte sich auf seine Augen; er fühlte sich so schwer, als sei er im Boden festgewachsen. Plötzlich wurde ihm die Stille bewußt. Ein ungutes Gefühl stieg in ihm auf, und als er sich verblüfft umwandte, stand da die Frau mit einem Ausdruck von leichter Trauer. Der Mann hatte das Gefühl, aus einem bösen Traum zu erwachen. Die Schönheit der Frau wirkte wie ein Strudel. Seine Augen, ja seine Seele, wurden ganz von selbst in sie hineingezogen, und er konnte sich nicht mehr bewegen. Da bekam er Angst, aber er wußte nicht zu sagen, was für eine Angst das war. Ihre Schönheit war einfach zu groß. Es zog seine Seele in sie hinein, so daß in seiner Brust die Angst aufwogte und ihn ununterbrochen durchströmte.

»Das kommt mir irgendwie bekannt vor«, dachte er. »Irgendwann«, überlegte er, »war das schon einmal so. Ach ja, das war's!«

Als es ihm wieder einfiel, war er ganz erstaunt.

Es war das gleiche Gefühl wie damals, als er unter der vollen Kirschblüte hindurchgegangen war. Er konnte sich nicht erklären, worin die Ähnlichkeit bestand. Aber fest stand, daß eine Ähnlichkeit vorhanden war. Und wenn er auch weiter nichts begriff, machte ihm das, so wie er nun einmal war, nicht viel aus.

Der lange Winter in den Bergen ging zu Ende; auf den Gipfeln, in den Talmulden und im Schatten der Bäume lagen wohl noch vereinzelt Schneereste, aber bald würde die Blütezeit den Bergen ihren Besuch abstatten, und schon leuchteten die Boten des Frühlings über den ganzen Himmel.

»Wenn dieses Jahr die Kirschen blühen . . .«, dachte er bei sich. »Jetzt ist es ja bestimmt noch nicht soweit. Die Blüten werden noch nicht ganz offen sein.« Und entschlossen ging er unter die Blüte. Allmählich wurde es ihm seltsam zumute: vor ihm, hinter ihm, rechts und links, wo immer er auch hinschaute, hingen über ihm die Blüten. Als er sich der Mitte näherte, packte ihn ein unerträgliches, panisches Grauen. Trotzdem überlegte er sich, daß er dieses Jahr einmal mitten im Blütenwald stehenbleiben wollte; er wollte es wagen und sich auf den Boden setzen. »Ich könnte auch die Frau mitbringen«, dachte er plötzlich. Da sah er ihr Gesicht vor sich aufleuchten; sein Herz klopfte heftig, und hastig wandte er die Augen ab. Das Gefühl, es wäre schrecklich, wenn die Frau davon erführe, prägte sich ihm unauslöschlich ein.

Die Frau war sehr verwöhnt. Welche Leckerbissen, mit Hingabe zubereitet, er ihr auch bieten mochte, immer beschwerte sie sich. Er lief auf der Jagd nach Vögeln und Wild die Berge ab. Er erlegte Wildschweine und Bären. Die Lahme suchte Baumsprossen und Kräuterwurzeln, durchkämmte von früh bis spät das Waldland. Aber die Frau zeigte sich nie zufrieden.

»Dieses Zeug setzt man mir jetzt also jeden Tag vor!«

»Aber das sind doch Delikatessen. Bevor du hierhergekommen bist, haben wir nicht einmal in zehn Tagen so etwas zu essen bekommen!«

»Du bist eben ein Mann aus den Bergen. Deshalb mag es für dich so sein. Aber ich bringe das nicht hinunter. Wenn in diesem trostlosen Bergwinkel, wo man die ganze lange Nacht nichts hört als den Ruf der Eule, auch noch das Essen mit dem in der Stadt nicht zu vergleichen ist, dann ist es einfach ganz unerträglich. Was ist das für ein Leben in der Stadt! Was ist das für eine andere Luft dort!

Du kannst dir überhaupt keinen Begriff davon machen, wie sehr ich mich davon abgeschnitten fühle. Du hast mich aus meinem Leben dort herausgerissen; und als Gegenleistung bekomme ich von dir den Schrei der Krähe und den Ruf der Eule! Findest du nicht auch, daß du dich schämen solltest, daß dies eine Gemeinheit ist?«

Der Mann konnte den bitteren Worten der Frau nicht folgen, weil er das Leben in der Stadt nicht kannte. Die Tatsache, daß jemandem das Glück eines Lebens, wie er es führte, nicht genügen könnte, leuchtete ihm nicht ein. Er war nur verwirrt durch den Kummer, der aus ihren Vorwürfen sprach, und wußte nicht, wie er dem begegnen sollte und worauf sich ihre Angriffe bezogen. Es war nicht zum Aushalten.

Weiß Gott, wie viele Reisende aus der Hauptstadt er bis jetzt ermordet hatte. Weil die Stadtleute Geld hatten und allerlei Kostbarkeiten mit sich führten, waren sie eine gute Beutequelle für ihn; aber auch wenn er etwas besonders Wertvolles geraubt hatte, langweilte es ihn; er schimpfte auf die verdammten Dorfdeppen, auf die blöden Bauern. Was er letzten Endes von der Stadt kannte, waren die Kostbarkeiten, die die Leute bei sich hatten. Mehr interessierte ihn auch nicht. Er sah überhaupt keine Notwendigkeit, sich darum zu kümmern, aus welcher Richtung der Wind in der Stadt wehte.

Der Frau aber waren Kämme, Haarnadeln, Haarspangen und rote Schminke sehr wichtig. Wenn er mit seinen schmutzigen, wegen der Beutezüge blutverschmierten Händen ihren Kimono auch nur streifte, schalt ihn die Frau, als sei der Kimono ein Teil ihrer selbst und als sei es deshalb ihre Aufgabe, ihn sorgfältig zu hüten. Sie hielt auf äußerste Reinheit bei sich selbst und im ganzen Haus. Ein kurzärmeliger Kimono und ein dünner Gürtel genügten ihr nicht; sie benötigte wer weiß wie viele Kimonos und Gürtelbänder; diese wurden in die verrücktesten Formen gebunden und hingen unnötigerweise lang fließend herunter. Dazu legte sie noch die verschiedensten Schmuckstücke an, so daß ihre Erscheinung darin die Vollendung fand. Der Mann riß die Augen auf. Er stieß einen Seufzer der Bewunderung aus, und er konnte nicht mehr zweifeln: Es war eine vollendete Schönheit entstanden, und er war ganz erfüllt von ihr. Es war keine Frage, wenn die Einzelteile, die an sich ohne Bedeutung waren – unvollkommene und noch dazu unbegreifliche Bruchstücke – zusammentrafen, entstand ein vollkommenes Ganzes. Nahm man es wieder auseinander, kamen erneut die unbedeutenden Bruchstücke zum Vorschein. Das war es, was er in seiner Art vom Zauber dieses wundersamen Einswerdens erfaßte.

Der Mann schlug Holz in den Bergen und bearbeitete es nach den Wünschen der Frau. Obwohl er die Sachen doch selbst herstellte, konnte er sich zunächst nicht erklären, was er machte und wozu. Es waren ein Sitz und eine Lehne. Der Sitz diente als Sessel. Bei schönem Wetter ließ die Frau ihn hinausbringen und setzte sich mit geschlossenen Augen einmal in die Sonne, einmal in den Schatten. Im Zimmer stützte sie sich, ganz in Gedanken versunken, auf die Lehne. Wenn der Mann sie so sah, hatte er für nichts mehr Augen als für dieses außergewöhnliche und betörende Wesen. Das magische Geschehen vollzog sich; und obwohl er selbst es mitbewirkte, war er gewöhnlich verwundert und berückt von der Wirkung dieses Zaubers.

Jeden Morgen kämmte die Lahme der Frau das lange schwarze Haar. Das Wasser, das dafür benötigt wurde, holte der Mann von der besonders weit entfernten Quelle des Talflusses. Weil das eine spezielle Aufmerksamkeit von ihm war, war er gerührt über seine eigenen Bemühungen. Es wurde sein größter Wunsch, selbst die einigende Kraft, die den Zauber bewirkte, zu sein. So wollte er denn das gekämmte schwarze Haar mit eigener Hand berühren. »Nein, aber nein doch! Mit diesen Händen!« schimpfte ihn da die Frau und schüttelte ihn ab. Wie ein Kind zog der Mann die Hand zurück und schämte sich. Unterdessen wurde ihr Haar glänzend gemacht und hochgebunden. Wenn ihr Gesicht zum Vorschein kam, wurde die Schönheit in ihrer ganzen Wirkung lebendig. Er glaubte sich in einem nicht enden wollenden Traum.

»Diese Sachen da . . .« Er befingerte die gemusterten Kämme und verzierten Haarspangen von allen Seiten. Bisher hatte er weder Bedeutung noch Wert dieser Dinge zu schätzen gewußt; aber auch jetzt noch war er nicht in der Lage, das Zusammenspiel der einzelnen Teile und den Aussagewert des Schmucks zu beurteilen. Die Zauberkraft, die von ihnen ausging, verstand er dagegen. Diese Zauberkraft war das Leben der Dinge.

»Laß deine Finger von den Sachen! Warum streckst du jeden Tag wie auf Befehl deine Finger danach aus?«

»Ja, wirklich komisch!«

»Was ist denn so komisch?«

»Ich weiß auch nicht recht...«, sagte der Mann verlegen. Warum er sich darüber gewundert hatte, wußte er selbst nicht.

Dann erwachte in ihm die Angst vor der Hauptstadt. Es war eigentlich keine Angst; eher eine Hemmung, das Unbehagen, das man etwas Unbekanntem gegenüber empfindet – wie sich einer, der alles weiß, davor fürchtet, in einen ihm unbekannten Bereich verwickelt zu werden.

Immer wenn die Frau die Stadt erwähnte, hatte er mit dieser Angst zu kämpfen. Aber er hatte sich bisher noch vor nichts gefürchtet, was er mit seinen Augen sehen konnte. Deshalb blieb ihm dieses Gefühl der Angst fremd, obwohl er sich auch nicht an die damit verbundene Gehemmtheit gewöhnen konnte. So war er der Hauptstadt gegenüber schließlich nur noch feindlich gesinnt.

»So viele Leute aus der Stadt habe ich schon überfallen, aber niemand hat sich mir gestellt«, überlegte er zufrieden. Er mochte sich an was auch immer in der Vergangenheit erinnern, nie hatte er Angst vor Rache oder vor einer Verwundung gehabt. Das machte ihn mutig und stolz. Er verglich die Schönheit der Frau mit seiner Kraft. Er fühlte sich so stark, daß ihm nur ein Wildschwein als angemessener Gegner erschien. Aber auch ein Wildschwein war ja eigentlich ein harmloses Tier. Er konnte ganz beruhigt sein.

»Gibt es in der Stadt welche mit Hauzähnen?«

»Es gibt Samurais, die Pfeil und Bogen tragen.«

»Ha, ha, ha; was das Bogenschießen angeht, so treffe ich ein Spätzchen bis da drüben über dem Tal. In der Stadt gibt es aber wohl keinen, der eine so harte Haut hat, daß ein Schwert daran zerbricht?«

»Es gibt Samurais mit eiserner Rüstung.«

»Und eine eiserne Rüstung ist stärker als ein Schwert?«

»Ja, so ist es.«

»Ich bezwinge aber Bär und Wildschwein!«

»Wenn du tatsächlich alles kannst, dann laß mich etwas wünschen. Du kannst beweisen, daß du stark bist, wenn du mich in die Stadt bringst. Schmücke mich von oben bis unten mit allem, was sie an Eleganz zu bieten hat. Und weil du mir auf diese Weise eine echte Freude machen könntest, wärst du für mich ein wirklich starker Mann!«

»Ach, das ist doch Unsinn!«

Der Mann faßte den Vorsatz, in die Hauptstadt zu gehen. Er wollte, noch ehe drei Tage und drei Nächte vergangen waren, alles, was es dort nur an Kämmen, Spangen, Haarnadeln, Kimonos, Spiegeln und Schminke gab, vor den Augen der Frau ausbreiten. Das einzige, was ihm dabei auf dem Herzen lag, hatte nichts damit zu tun, daß er in der Hauptstadt fremd war. Es war der Kirschblütenwald. In zwei, drei Tagen würde nämlich dort die volle Blüte sein. Genau dieses Jahr hatte er sich entschlossen: Mitten unter die Blüten der Kirschbäume wollte er sich setzen und sich nicht von der Stelle rühren. Jeden Tag war er heimlich in den Kirschwald gegangen und hatte das Anschwellen der Knospen beobachtet.

»Noch drei Tage«, sagte er der Frau, »dann brechen wir auf!«

»Du hast wohl noch allerhand vorzubereiten?« fragte die Frau mit zusammengekniffenen Augenbrauen. »Laß mich nicht so lange warten; du weißt, daß die Stadt mich ruft!«

»Dennoch. Ich habe eine Verabredung.«

»Also hör einmal, hier, in diesem Bergnest, sollte es jemanden geben, mit dem du dich verabredet hast?«

»Na ja, eigentlich ist da niemand. Aber eine Verabredung habe ich trotzdem!«

»Das ist nun wirklich äußerst merkwürdig: eine Verabredung mit jemandem, den es gar nicht gibt!«

Dem Mann fiel keine Ausrede mehr ein.

»Es ist, weil die Kirschen blühen.«

»Hast du also eine Verabredung mit den Kirschblüten?«

»Ich gehe erst, wenn die Kirschen blühen – weil ich das sehen will!«

»Aber warum denn nur?«

»Weil ich einfach unter die Kirschblüten gehen muß!«

»Ja – aber warum mußt du?«

»Na, weil doch die Kirschen blühen!«

»Warum, weil die Kirschen blühen?«

»Weil sich unter der Blüte überall ein kalter Wind ausbreitet.«

»Unter der Blüte? Ein kalter Wind?«

»Unter der Blüte sind alle Grenzen aufgehoben, weißt du?«

»Unter der Blüte, sagst du?«

Der Mann kannte sich selbst nicht mehr aus und brachte alles durcheinander.

»Nimm mich auch mit unter diese Blüten!«

»Das kommt nicht in Frage!« antwortete er klipp und klar.

Die Frau lächelte verächtlich.

Zum erstenmal sah der Mann ein solches Lächeln. Er hatte bisher nicht gewußt, daß es ein so abgrundtief böses Lächeln gab. Er beurteilte es zwar nicht in dieser Art, nicht als »abgrundtief böse«, aber er kam zu dem Schluß, daß ein solches Lächeln auch mit dem Schwert nicht auszulöschen sei. Das zeigte sich schon daran, daß es sich in sein Gesicht eingrub, als hätte man es ihm mit einem Stempel aufgeprägt. Wenn er sich daran erinnerte, schnitt es ihm ins Gesicht wie die Klinge eines Schwertes. Und er konnte es nicht auslöschen.

Der dritte Tag kam.

Er brach heimlich auf. Der Wald stand in voller Blüte. Als er einen Fuß hineinsetzte, erinnerte er sich an das Lächeln der Frau. Es schnitt ihm mit einer bisher nicht gekannten Schärfe ins Gesicht. Das allein genügte schon, um ihn zu verwirren. Die Kälte der Blüte strömte von allen vier uferlosen Seiten auf ihn ein und überflutete ihn. Kaum war sein Körper diesem Wind ausgesetzt, wurde er durchlässig. Der Wind durchströmte ihn von allen Seiten; schon war da nur noch Wind. Er – seine Stimme – schrie. Er rannte los – nur noch Leere. Er heulte, betete, zappelte und versuchte wegzukommen. Dann, als er merkte, daß er die Blüte hinter sich gelassen hatte, war ihm, als sei er aus einem Traum heraus wieder zu sich gekommen. Anders als sonst war nur, daß er so außer Atem war, daß ihm alles weh tat.

Der Mann, die Frau und die Lahme begannen ihr Leben in der Stadt.

Jede Nacht drang der Mann heimlich in ein von der Frau angewiesenes Anwesen ein. Er brachte ihr von dort Kimonos, Edelsteine und Schmuck mit, aber das allein befriedigte sie nicht. Was sie sich mehr als alles wünschte, waren die Köpfe der jeweiligen Bewohner.

In seinem Haus gab es bereits eine ganze Sammlung solcher Köpfe. Auf allen vier Seiten des Zimmers waren an den Wandschirmen die abgeschnittenen Köpfe aufgereiht; und wenn ein Kopf erst einmal dort hing, wußte der Mann, weil es ihm einfach zu viele waren, schon nicht mehr, welcher von ihnen welcher war. Aber die Frau merkte sich jeden einzelnen; selbst wenn die Haare ausgefallen, das Fleisch verfault und nur der blanke Schädel übrig war, wußte sie noch genau, woher er kam und wer er gewesen war. Sie regte sich auf, wenn er oder die Lahme einen Kopf vom Platz rückten, und erklärte mit lauter Stimme, das dort sei doch die und die Familie, und das sei der und der aus der anderen Familie.

Die Frau spielte jeden Tag mit den Köpfen: Ein Kopf geht zum Beispiel in Begleitung seines Dieners aus. In die Familie des einen Kopfes kommt Besuch aus der anderen Familie. Der Kopf verliebt sich. Oder ein Frauenkopf wird einem Männerkopf untreu, dann wieder verläßt auch mal der Männerkopf den Frauenkopf und bringt ihn zum Weinen.

Da gab es Verrat eines Staatsratskopfs an einem Prinzessinnenkopf: In einer mondlosen Nacht verstellte sich der Staatsratskopf als Liebhaber der Prinzessin, ging zu ihr, und sie schworen sich ewige Treue. Nach dem Schwur erkannte die Prinzessin ihren Irrtum. Weil sie trotzdem den Staatsratskopf nicht hassen konnte, weinte sie über ihr trauriges Schicksal und ging ins Kloster. Der Staatsratskopf folgte ihr dorthin und vergewaltigte den Nonne gewordenen Prinzessinnenkopf. Sie schämte sich zu Tode, konnte aber schließlich dem zärtlichen Flüstern des Staatsratskopfs nicht mehr widerstehen und floh mit ihm aus dem Kloster. Die beiden versteckten sich in einem Bergnest, wo der Prinzessinnenkopf die Frau des Staatsratskopfs wurde. Ihre Haare ließ sie wieder lang wachsen. Allmählich gingen dem Prinzessinnenkopf und dem Staatsratskopf schon die Haare aus, das Fleisch faulte ab, und die Madenwürmer schauten zwischen den Knochen durch. Die Frau ließ die beiden Köpfe miteinander Sake trinken, sich heftig lieben; wenn Kiefer auf Kiefer traf, knirschte es, das verweste Fleisch klebte aneinander, die Nasen verfielen bei der Berührung, die Augäpfel lösten sich aus den Höhlen. Während sich die Formen der zwei miteinander verklebten Gesichter allmählich auflösten, freute sich die Frau so, daß sie laut lachte.

»Ei, iß doch mal bitte das Bäckchen! Ah, das schmeckt fein! So, und jetzt das Hälschen; jaha, und ein Augäpfelchen knabbern wir auch, schön lutschen, ja? Ach, schmeckt das gut! Na, ihr könnt wohl gar nicht genug bekommen? Da knabbert nur tüchtig weiter!« Die Frau lachte hell, mit einer schönen, klaren Stimme. Es klang so belebend wie das Klirren von feinem Porzellan.

Es gab auch einen Mönchskopf. Er war der Frau verhaßt. Er bekam immer eine schlechte Rolle. Er wurde angefeindet, zu Tode gefoltert, ein paarmal hingerichtet. Nachdem aus dem lebendigen Mönchskopf ein toter geworden war, fingen im nachhinein im Gegensatz zu früher seine Haare an zu wachsen, bis sie bald darauf ausfielen und der Kopf verweste, zum Totenschädel wurde. Als es soweit war, befahl die Frau, einen anderen Mönchskopf zu bringen. Der neue hatte noch etwas von der blühenden Frische eines schönen Knaben. Die Frau freute sich, stellte ihn auf den Tisch, leckte ihn mit Sake ab, schmiegte sich an ihn, liebkoste ihn, kitzelte ihn – und schon hatte sie ihn wieder satt.

»Einen dickeren, häßlicheren brauche ich!« befahl sie. Dem Mann wurde es zu schwierig, und er brachte gleich fünf Köpfe, die schwer an ihm herunterbaumelten. Da war ein häßlicher alter Greisenkopf dabei, einer mit dicken Brauen und fetten Backen, auch ein Gesicht mit einer Nase, die aussah wie ein aufgepappter Frosch; einer ähnelte einem Pferd mit gespitzten Ohren, ein anderer sah widerlich fromm aus. Aber nur einer entsprach der Frau: Es war der Kopf eines ungefähr fünfzigjährigen Abts; ein häßlicher Mann mit hängenden Augenwinkeln, Hängebacken und wulstigen Lippen, unter deren Gewicht der Mund immer offenzustehen schien, so daß der Kopf insgesamt einen unappetitlichen Eindruck machte. Die Frau drückte mit einem Finger jeder Hand auf beide Seiten der hängenden Augenwinkel, zog sie hoch und ließ sie kreisen, steckte zwei Stäbchen in die platte

Nase, drehte den Kopf um und ließ ihn rollen, drückte ihn an sich, steckte ihm die eigene Brust zwischen die dicken Lippen, um ihn lutschen zu lassen, und lachte laut dabei. Aber bald wurde es ihr langweilig.

Da war auch noch ein schöner Mädchenkopf, ein friedvoller und edler Kopf. Voll Kindlichkeit, und doch lag auf ihm wundersam der Schmerz früher Vollendung, weil es das Gesicht einer Toten war; es schien, als verberge sich hinter den geschlossenen Augenlidern gleichzeitig Freude und Trauer. Die Frau liebte diesen Kopf wie ihre eigene Tochter, wie ihre eigene kleine Schwester. Sie kämmte das schwarze Haar und schminkte das Gesicht. Sie tat dies und jenes, bis schließlich ein Antlitz so lieblich wie der Duft einer Blume erblühte.

Für den Mädchenkopf brauchte sie den Kopf eines Prinzen. Auch er wurde sorgfältig geschminkt, und die beiden jungen Menschenköpfe entbrannten im leidenschaftlichsten Liebesspiel. Sie schmollten, zürnten, haßten sich, belogen und betrogen sich, machten traurige Gesichter. Aber wenn ihrer beider Leidenschaft auf einmal aufflammte, steckte das Feuer des einen den anderen an und loderte in beiden auf, brannte es in einer gemeinsamen Flamme.

Aber schon trat ein böser Samuraikopf störend dazwischen, ein lüsterner Riese, ein häßlicher, schmutziger Kerl; der Prinzenkopf wurde weggerissen, geschlagen und schließlich umgebracht; von rechts und links, von vorn und hinten fielen die scheußlichen Köpfe über das Mädchen her; an ihrem Gesicht klebte das verfaulte Fleisch der Bösewichte, wie an Fangzähnen verhakte es sich im Gebiß, die Nasenspitze brach ab, die Haare fielen aus. Da stach die Frau immer wieder mit der Nadel Löcher in den Mädchenkopf, schnitt mit einem Messerchen darin herum, höhlte ihn aus, bis er schließlich schlimmer aussah als alle anderen und sie den Anblick selbst nicht mehr ertragen konnte. Da warf sie ihn weg.

Der Mann haßte die Stadt. Nachdem er sich an ihre Besonderheiten gewöhnt hatte, blieb das Gefühl, nicht heimisch zu sein. Er trug zwar den in der Stadt üblichen Suikan, ging aber mit entblößten Schienbeinen. Am hellichten Tag durfte er kein Schwert tragen. Er mußte auf den Markt zum Einkaufen, und wenn er in den Kneipen, in denen es Mädchen gab, Sake trank, mußte er dafür bezahlen.

Die Kaufleute trieben ihr Spielchen mit ihm; von den mit zum Verkauf bestimmtem Gemüse beladenen Bäuerinnen bis zu den Kindern machten sich alle lustig über ihn. Selbst die Tanzmädchen lachten ihn aus. In der Stadt fuhren die Adligen mit den Ochsenwagen in der Mitte der Straße. Die barfüßigen Diener im Suikan stolzierten mit ihren vom Sake geröteten Gesichtern breitbeinig daher. Sie brüllten ihm nach, nannten ihn einen Dummkopf, einen Esel, eine Schlafmütze – in der Stadt, auf der Straße, ja selbst im Tempelgarten wurde er verhöhnt. Aber auch das regte ihn allmählich nicht mehr auf.

Am meisten litt er unter der Langeweile. »Die Menschen sind doch etwas Fades«, dachte er immer wieder. Sie waren ihm lästig. Wenn ein großer Hund kommt, bellen die kleinen. Er war wie der, den sie anbellten. Neid, Eifersucht, Griesgram, Grübeleien mochte er nicht.

»Die Tiere, die Bäume, die Flüsse und die Vögel in den Bergen haben mich nie gestört«, überlegte er.

»Die Stadt ist aber etwas Langweiliges!« sagte er zur Lahmen. »Möchtest du nicht auch zurück in die Berge?«

»Weißt du, ich finde sie nicht langweilig«, antwortete sie. Sie war den ganzen Tag mit Kochen und Waschen beschäftigt und tratschte gern mit den Nachbarn.

»In der Stadt habe ich jemanden zum Reden. Da wird es mir nicht langweilig. In den Bergen dagegen halte ich es kaum aus!«

»Hast du denn vom Tratschen nie genug?«

»Nein, eben nicht! Solange ich jemanden zum Reden habe, gibt es keine Langeweile.«

»Bei mir ist es so: Je mehr ich rede, desto langweiliger wird es mir.«

»Du redest ja erst gar nichts. Deshalb ist es dir langweilig!«

»So ist es gerade nicht. Weil ich mich beim Reden nur langweile, sage ich lieber gleich nichts!«

»Na, dann probier es doch einmal. Bestimmt vergißt du deine Langeweile!«

»Und was soll ich sagen?«

»Was dir eben gerade so einfällt.«

»Und was soll mir gerade so einfallen?«

Der Mann gähnte aus unterdrückter Wut.

Auch bei der Stadt gab es Berge. Aber dort waren Tempel und Klausen und viele Menschen. Es herrschte ein ständiges Kommen und Gehen. Von den Bergen aus war die Stadt gut zu überblicken. »So viele Häuser! Wie schmutzig das aussieht!« dachte er.

Am Tag hatte er schon fast vergessen, daß er jede Nacht jemanden umbrachte. Auch das Töten langweilte ihn nämlich. Es reizte ihn nicht mehr. Nur ein Schlag mit dem Schwert und schon war der Kopf ab. So ein Menschenhals ist etwas sehr Weiches. Man spürt überhaupt keinen Widerstand; als würde man einen Rettich durchschneiden. Wie schwer aber der Kopf selbst war, überraschte ihn jedesmal wieder. Er konnte die Frau irgendwie verstehen. In einer Tempelhalle schlug ein einzelner Mönch wie verrückt die Glocke. »Was macht der bloß für ein idiotisches Zeug!« dachte er. »Keine Ahnung, wozu so etwas führen soll. Wenn ich das Gesicht von so einem Kerl dauernd vor mir hätte, würde ich auch lieber mit seinem abgeschlagenen Kopf zusammenleben wollen.«

Aber weil die Wünsche der Frau nie ein Ende fanden, langweilte ihn auch das. Ihr Wunsch glich einem Vogel, der immer weiter geradeaus am Himmel flog. Ununterbrochen, pausenlos flog er immer in die gleiche Richtung. Dieser Vogel wurde nie müde. Immer strich er gleich mühelos durch die Luft, leicht und wohlig flog er ins Unendliche.

Aber *er* war nur wie ein gewöhnlicher Vogel. Einer, der immer von Zweig zu Zweig hüpfte, höchstens einmal das Tal überquerte – oder wie eine Eule, die auf einem Zweig saß und vor sich hin schlummerte. Er war flink; sein Körper war geschmeidig, er war gut zu Fuß und hatte eine lebhafte Art. Im Denken dagegen war er wie ein schwerfälliger Vogel. Daß er immer geradeaus ins Unendliche fliegen könnte, war ihm unvorstellbar.

Er schaute oben von den Bergen auf den Himmel über der Stadt. Ein einzelner Vogel flog gradlinig über diesen Himmel. Es wurde Tag und Nacht, Nacht und Tag, ein sich unendlich wiederholender Wechsel von Hell und Dunkel. Da gab es kein Ende, einerlei, wie lange er da stand, immer nur dieses nicht endende

Hell und Dunkel. Er konnte sich nicht abfinden mit dieser Unendlichkeit. Er stellte sich den nächsten Tag, dann wieder den nächsten, den übernächsten vor. Ihm war, als platze ihm der Kopf. Nicht, weil ihn der Gedanke daran ermüdete, sondern weil er ihn quälte.

Als er nach Hause zurückkehrte, war die Frau wie immer in ihr Spiel mit den Köpfen vertieft. Sie hatte ungeduldig auf ihn gewartet.

»Heute mußt du mir unbedingt den Kopf eines Hürchens bringen, einen ganz wunderschönen aber! Den will ich nämlich einen Tanz aufführen lassen. Und ich singe dann für dich ein Lied, wie es vor alters üblich war.«

Der Mann versuchte sich daran zu erinnern, wie er oben von den Bergen dem endlosen Wechsel von Hell und Dunkel zugesehen hatte. Dieses Zimmer sollte eigentlich der Himmel sein mit seinem auf immer grenzenlos ewigen Wandel von Hell und Dunkel. Aber er konnte sich schon nicht mehr genau erinnern. Und die Frau hatte auch nichts von einem Vogel, sondern eher etwas von ewiger Schönheit. Dennoch gab er ihr eine Antwort:

»Ich hab' es satt.«

Die Frau erschrak. Schließlich lachte sie auf.

»Oho, was ist denn in dich gefahren! Du bist eben auch nur ein Schwächling!«

»Das kannst gerade du nicht behaupten!«

»Also, was ist dann los?«

»Es geht immer so weiter und weiter. Deshalb habe ich es satt.«

»Ach, das ist ja merkwürdig! Als wäre das nicht mit allem so: tagtäglich essen, tagtäglich schlafen – das hört doch auch nie auf!«

»Das ist etwas anderes!«

»Wieso anders?«

Dem Mann blieb die Antwort im Halse stecken. Aber es ist doch anders, dachte er. Um der Qual zu entgehen, sich noch weiter in die Enge treiben zu lassen, ging er hinaus.

»Bring bitte den Kopf der Tänzerin!« hörte er die Frau hinter sich herrufen; er antwortete nicht.

Er dachte darüber nach, warum es einen Unterschied gab, kam aber nicht darauf. Allmählich wurde es Nacht. Wieder stieg er auf die Berge; den Himmel konnte er schon nicht mehr erkennen.

Er stellte sich vor, er würde den Himmel herunterholen. Es tat ihm weh, als würde ihm der Hals zugeschnürt. Das hieße, die Frau umbringen. »Wenn ich die Frau töte, kann ich den ewigen Wechsel von Hell und Dunkel abstellen. Und ich hole den Himmel herunter.« Er konnte endlich aufatmen. Aber in seinem Herzen tat sich ein Loch auf. Aus seiner Brust flog ein Vogel auf und verschwand spurlos.

»Diese Frau, bin denn ich das? Bin ich selbst vielleicht der Vogel, der da immer und immer in einer Richtung fliegt? Wenn ich die Frau töte – ob ich mich damit wohl selbst töte? Was geht mir da eigentlich dauernd durch den Kopf?«

Er verstand jetzt auch nicht mehr, warum er den Himmel herunterholen wollte. Er hatte all diese Gedankenbilder einfangen wollen, und doch blieb von ihnen nur ein quälender Schmerz zurück. Es wurde hell. Er hatte nicht mehr den Mut, in das Haus zurückzukehren, wo die Frau war. So streifte er unzählige Tage durch die Berge.

Eines Morgens merkte er beim Aufwachen, daß er unter einem blühenden Kirschbaum geschlafen hatte. Es war ein einzelner Baum, der in voller Blüte stand. Erschrocken sprang er auf, aber nicht, um wegzulaufen. Es war ja nur *ein* einzelner Baum. Und plötzlich fiel ihm der Kirschwald auf dem Suzuka ein. Der Wald dort oben mußte jetzt auch in voller Blüte stehen. Sein Heimweh ließ ihn alles vergessen, und er versank in tiefes Nachdenken.

»Zurück in die Berge! Ja, ich gehe zurück. Warum bin ich nur nicht auf das Einfachste gekommen? Warum glaubte ich, ich müßte den Himmel herunterholen?« Ihm war, als sei er aus einem bösen Traum erwacht, als sei er erlöst. Der Duft des ersten Frühlings in den Bergen, der für ihn bis jetzt, bis zu dieser Empfindung, verlorengegangen war, strömte auf ihn zu, wirkte stark und kühl.

Der Mann kehrte nach Hause zurück.

Die Frau kam ihm freudig entgegen.

»Wo warst du nur? Ich habe wirklich zuviel von dir verlangt und dich immer weiter gequält. Aber du kannst dir nicht vorstellen, *wie* traurig ich war, seit du nicht mehr da warst!«

So liebenswürdig war die Frau bisher nie gewesen. Es tat ihm weh. Noch ein wenig, und sein Entschluß wäre ins Wanken geraten, er hätte ihn aufgegeben; aber er nahm sich zusammen.

»Ich werde in die Berge zurückgehen.«

»Sag, willst du mich hier zurücklassen? Wie konnte sich nur so etwas Grausames in deinen Gedanken festsetzen?«

Die Augen der Frau blitzten vor Zorn. Ihr Gesicht war voller Enttäuschung.

»Seit wann bist du nur so herzlos?«

»Du weißt, daß ich die Stadt nicht mag.«

»Auch wenn ich da bin?«

»Ich will nur einfach nicht in der Stadt leben!«

»Aber bin ich denn nicht bei dir? Magst du mich vielleicht nicht mehr? Ich habe während deiner ganzen Abwesenheit nur immer an dich gedacht!« In ihren Augen standen Tränen. Es war das erstemal, daß er das sah. Auf ihrem Gesicht war der Zorn bereits verflogen. In ihm, dem jede Gefühlskälte verhaßt war, stieg eine Welle inniger Wärme auf.

»Du mußt in der Stadt leben, und ich kann ohne die Berge nicht sein!«

»Und ich kann ohne dich nicht sein, verstehst du das nicht?«

»Ja, aber ich werde doch in den Bergen leben müssen.«

»Eben. Wenn du zurückgehst in die Berge, dann gehe ich mit. Ich halte es nämlich auch nicht einen Tag ohne dich aus!«

Sie weinte und drückte ihr Gesicht an die Brust des Mannes und vergoß heiße Tränen, die ihn mit ihrer Wärme benetzten.

Es stand fest, daß die Frau ohne den Mann nicht mehr leben konnte. Der neue Kopf, den es galt, war das Leben der Frau. Und nur einer war da, der ihn ihr bringen konnte: er selbst. Er war ein Teil der Frau. Sie konnte diesen Teil nicht loslassen. Als die Sehnsucht nach dem Mann sie so ganz erfüllt hatte, war sie überzeugt gewesen, er würde wieder in die Stadt zurückkommen.

»Aber kannst du denn in den Bergen leben?«

»Wenn du bei mir bist, kann ich überall leben.«

»In den Bergen gibt es keine Köpfe, wie du sie dir wünschst!«

»Da ich zwischen dir und den Köpfen wählen muß, verzichte ich auf die Köpfe.«

»Träume ich denn?« fragte sich der Mann. Es war zu schön, fast wollte er es nicht glauben.

Die neue Hoffnung erfüllte ihn ganz. Sie kam so unerwartet, so stürmisch über ihn, daß sich die quälenden Gedanken von früher, die er so sehr hatte festhalten wollen, immer weiter entfernten. Er vergaß ganz, daß die Frau noch bis gestern nie so freundlich gewesen war. Es gab nur noch das Heute und das Morgen. Die zwei machten sich auf der Stelle auf den Weg. Die Lahme ließen sie zurück. Dann, als sie aufbrachen, drehte die Frau sich nach ihr um und sagte beim Abschied heimlich zu ihr, sie würden bald zurückkehren, sie solle nur warten.

Vor ihren Augen breiteten sich die Berge aus wie einst. Würden sie rufen, käme eine Antwort. Sie wollten den alten Weg gehen. Kein Mensch hatte ihn seitdem betreten, man konnte keine Spur mehr erkennen, übrig war nur noch der Wald, nur noch der Berghang. Auf diesem Weg mußten sie durch den Kirschwald kommen.

»Bitte, nimm mich auf den Rücken! Diesen weglosen Berg hinauf kann ich nicht gehen!«

»Na gut!«

Der Mann hob sie mühelos hoch. Er dachte an den Tag, an dem sie ihm in die Hände gefallen war. Damals hatte er sie auch getragen, waren sie auch auf dieser Seite des Berges zum Paß hinaufgewandert. Auch damals war er sehr glücklich gewesen, heute aber war sein Glück doch viel tiefer.

»Weißt du noch, als ich dich das erstemal getroffen habe, hast du mich auch getragen«, erinnerte sich die Frau.

»Ja, das ist mir auch gerade eingefallen«, lachte der Mann fröhlich.

»Da kannst du es sehen: alles meine Berge! Die Täler, die Bäume, die Vögel, alles bis zu den Wolken meine Berge. Ja, die Berge sind doch schön! Möchtest du nicht auch losrennen? Das hat es doch in der Stadt einfach nicht gegeben!«

»An unserem ersten Tag habe ich dich laufen lassen – ich auf deinem Rücken –, weißt du noch?«

»Ja, ich war richtig kaputt, ganz schwindlig war mir!«

Der Mann hatte nicht vergessen, daß der Kirschwald in voller Blüte stehen müßte. Aber wie würde es heute sein, an einem solchen Glückstag, unter den blühenden Bäumen? Er hatte keine Angst.

Dann sah er den Kirschwald. Es war wirklich ein einziges Blütenmeer. Die Blütenblätter schwebten im Wind zu Boden. Die ganze Erde war bedeckt. Woher diese Blütenblätter nur alle kamen? Denn wohin der Blick auch ging, breitete sich über ihren Köpfen eine solche Fülle von Blüten aus, daß sie sich nicht vorstellen konnten, auch nur ein einziges Blütenblatt sei schon abgefallen.

Der Mann trat unter die volle Blüte. Alles war totenstill; es schien kühler zu werden. Plötzlich merkte er, wie die Hände der Frau kalt wurden. Auf einmal bekam er Angst. Blitzartig wurde es ihm klar: Die Frau war ein Teufel. Und da brach plötzlich unter den Blüten von allen vier Seiten der kalte Wind ein.

Was da auf dem Rücken des Mannes hing, war eine riesige Alte mit einem bläulich verfärbten Gesicht. Ihr Mund klaffte bis zu den Ohren, das wirre Haar war giftgrün. Der Mann rannte los. Er mußte sie abwerfen. Die Hände des Teufels hatten ihn mit Macht am Hals gepackt. Er konnte nicht mehr richtig sehen. Er nahm alle Kraft zusammen, um den teuflischen Griff zu lockern. Dann zog er seinen Hals zwischen den Händen hervor, der Teufel rutschte von seinem Rücken und fiel hart auf den Boden. Jetzt war es an ihm zuzupacken. Er drückte dem Teufel den Hals zu. Dann, als er plötzlich zu sich kam, merkte er, daß es die Frau war, die er würgte. Sie atmete schon nicht mehr.

Sein Blick verschleierte sich. Er versuchte, seine Augen weiter aufzureißen, aber er hatte nicht das Gefühl, besser sehen zu können. Denn die, die er da umgebracht hatte, war doch keine andere als seine Frau, nur ihre Leiche fand er da.

Ihm stockte der Atem. Seine Kräfte, sein Bewußtsein, alles verging ihm mit einem Mal. Schon fielen zahllose Blüten auf die Tote. Er schüttelte sie. Er rief sie beim Namen. Er fing laut an zu weinen. Weil er immer in den rauhen Bergen gelebt hatte, waren ihm bis zu diesem Tag nie die Tränen gekommen. Als er sich wieder gefaßt hatte, häuften sich auf seinem Rücken schon die weißen Blütenblätter.

Er befand sich gerade in der Mitte des Kirschwaldes. In allen vier Richtungen gab es keinen Winkel, der nicht von Blüten bedeckt gewesen wäre. Die Angst und der Schrecken aus früheren Tagen waren verflogen. Auch den kalten Wind, der von den blühenden Bäumen her geweht hatte, gab es nicht mehr. Nur Stille, nur immer die leise, leise fallenden Blütenblätter. Zum erstenmal saß er in dem Kirschwald unter der vollen Blüte. Er hätte immer so sitzen bleiben mögen. Nirgendwohin konnte er ja zurückkehren.

Auch jetzt noch weiß keiner um das Geheimnis, das dort im Kirschwald unter der vollen Blüte lauert. Es hat wohl etwas zu tun mit Einsamkeit. Einsamkeit – der Mann mußte sie nicht mehr fürchten. Er war ein Teil von ihr.

Zum erstenmal schaute er sich um. Über ihm waren Blüten. Darunter dehnten sich nur die Stille und eine unendliche Leere. Leise, leise fielen die Blüten. Nichts sonst. Kein anderes Geheimnis.

Darüber hinaus fühlte er nur eine laue Wärme. Und er merkte, daß sie von seinem eigenen Leid, von der Trauer in seinem eigenen Herzen kam. Eingehüllt in die klare Kühle von Blüte und Leere wurde ihm allmählich deutlicher, daß die leichte Wärme anschwoll.

Er wollte die Blüten vom Gesicht der Frau wischen. Als er die Hand danach ausstreckte, hatte er den Eindruck, es habe sich etwas verändert. Und unter seiner Hand war nichts als die abgefallenen Blüten, die Frau war verschwunden, sie hatte sich in eine Unzahl von Blütenblättern verwandelt. Während er sich einen Weg durch die Blütenblätter bahnen wollte, verschwand auch er schon allmählich, verschwanden seine Hand, sein ganzer Körper. Dann waren da nur noch die Blüten, nur noch die kühle Leere lag über allem.

Kōbō Abe

Der rote Kokon

Abenddämmerung. Zeit, da die anderen in ihre Nester hasten; ich aber habe kein Haus, um heimzukehren. Ich gehe ohne Eile weiter durch die schmalen Schlitze zwischen Haus und Haus. Warum, obwohl in der Stadt so viele Häuser stehen, ist keines mein Haus? Frage ich mich die mir abertausendmal gestellte Frage abermals und immer wieder.

Wenn ich, gegen einen Telegrafenmast gelehnt, mein Wasser abschlug, konnte es sein, daß da ein Stück Strick herumlag und ich Lust bekam, mir damit den Hals zuzuziehen. »Bruder«, starrte der Strick verstohlen auf meine Kehle, »strecken wir uns lang!« Tatsächlich möchte ich mich schon langstrecken. Aber ich kann mich nicht langstrecken. Ich bin nicht der Bruder eines Stricks, und zudem habe ich noch keinen überzeugenden Grund dafür finden können, warum es mein Haus nicht gibt.

Nacht wird es an jedem Tag. Wird es Nacht, soll man sich langstrecken. Um sich langzustrecken, ist das Haus da. Wenn dem so ist – wieso habe dann ausgerechnet ich kein Haus?

Fällt mir plötzlich ein: Möglicherweise begehe ich einen schweren Denkfehler. Möglicherweise ist es gar nicht so, daß ich kein Haus habe; ich könnte es einfach nur vergessen haben. Ja, das wäre durchaus wahrscheinlich. Nehmen wir einmal an, vor einem Haus, an dem ich vorbeigehen wollte, halte ich inne: Ist das nicht vielleicht mein Haus? Freilich, verglichen mit anderen Häusern hat es keine besonderen Merkmale, die speziell eine solche Möglichkeit andeuteten. Aber das eben kann man von jedem Haus sagen; auch ist daraus kein Beweis abzuleiten, mit dem sich widerlegen ließe, daß dies mein Haus ist. Also Mut gefaßt und an die Tür geklopft!

Und ich habe Glück: freundlich lächelndes Frauengesicht, das aus einem halb geöffneten Fenster schaut. Eine Brise Hoffnung weht mir bis nah ans Herz, wovon dieses sich flach ausbreitet und eine Fahne wird und flattert. Auch ich habe mich lächelnd verbeugt wie ein Gentleman.

»Entschuldigen Sie bitte – aber wäre dies nicht mein Haus?«

Im Nu versteift sich das Gesicht der Frau. »Na, und wer sind Sie?«

Ich will erklären; da stocke ich mit einem Male. Weiß ich doch nicht, wie ich es erklären soll. Wodurch könnte ich sie davon überzeugen, daß es im Augenblick nicht das Problem ist, wer ich eigentlich bin? So sage ich, halb verzweifelnd: »Jedenfalls, wenn Sie der Meinung sind, dies sei nicht mein Haus, möchte ich Sie doch bitten, mir das zu beweisen.«

»Hören Sie –!« Das Frauengesicht schrickt zusammen.

Mich bringt das auf. »Sollte es dafür keinen Beweis geben, darf ich es ja wohl als das meine betrachten.«

»Aber wirklich gehört dieses Haus mir!«

»Was besagt das schon? Nur weil Sie behaupten, es sei Ihr Haus, folgt daraus noch nicht notwendigerweise, daß es mein Haus nicht ist. Oder wie?«

Statt einer Antwort ging das Gesicht der Frau in die Mauer über, schloß sich das Fenster. Ah, lächelndes Frauengesicht, das also ist dein wahres Wesen! Immer diese Verwandlungen: die unsinnige Logik zu verwesentlichen, nach der, warum etwas nicht mein ist, in der Tatsache begründet liege, daß es irgend jemandem gehört.

Warum aber, warum sollte alles irgend jemandem gehören und nichts sein, das mir gehört? Na, und wenn es schon nichts gibt, was mein ist: Könnte es nicht wenigstens eines geben, das niemandem gehört?

Gelegentlich hatte ich Halluzinationen. So etwa: Die Betonrohre auf einer Baustelle oder auf einem Stapelplatz wären mein Haus. Indessen, da es sich hierbei um Dinge handelt, die bereits im Übergang dazu sind, jemandes Eigentum zu werden, und sie das über kurzem auch wurden, waren sie schließlich ohne Rücksicht auf meinen Willen und meine Interessen von dort verschwunden. Oder auch: Sie hatten sich in etwas verwandelt, das unzweifelhaft mein Haus nicht ist.

Nun, und wie steht es mit einer Bank im Park? O ja, gern. Vorausgesetzt, sie wäre tatsächlich mein Haus und es käme nur der da nicht mit dem Knüppel und jagte mich davon... Ganz sicher ist sie etwas, das allen gehört, etwas also, das niemandem gehört. Aber der da sagt: »He, du, steh auf! Das hier gehört allen, das gehört keinem. Und am allerwenigsten dürfte es dir gehören. Schau zu und sei flink auf den Beinen! Falls dir das nicht paßt, muß ich dich ersuchen, durch die Pforte des Gesetzes in meine unterirdischen Gewölbe einzutreten. Anderen Ortes stehenzubleiben, und sei's auch nur, um nach dem Wo zu fragen, heißt, daß du dich eines Verbrechens schuldig machst...«

War demnach ich es, wenn sie vom ruhelos wandernden Ewigen Juden sprachen?

Und nun die Abenddämmerung. Und ich gehe und gehe.

Häuser – ohne zu verschwinden, ohne sich zu verwandeln, unbeweglich auf der Erde sich erhebend: Haus um Haus. Und zwischen ihnen Schlitze ohne bestimmtes Gesicht, sich immerfort verwandelnd: die Straßen. An Regentagen wie Bürsten aufgerauhte, an Schneetagen nur wie die Wagenspur breite, an Sturmtagen wie Riemen fortgetriebene Straßen. Die gehe ich weiter. Warum ich kein Haus haben sollte, das vermag ich nicht zu schlucken, und auch mich aufzuhängen, bringe ich nicht fertig.

Hoppla! Wer da? Und schlingt sich so fest um mein Bein? Wenn es der Strick zum Aufhängen ist: nur keine Überstürzung, nur keine solche Eile! Nein, nein, der nicht: es ist ein klebriger Seidenfaden. Wie ich den zwischen die Fingerspitzen nehme, wie ich an ihm ziehe, kommt er, sehe ich, aus einem Riß in meinem Schuh hervor, wird gleitend länger und immer länger. Seltsamer Faden das – überlegte ich; doch als ich, von Neugier getrieben, unablässig weiter an ihm zerrte, geschah noch Seltsameres. Allmählich begann sich mein Körper seitwärts zu neigen, vermochte ich ihn nicht mehr im rechten Winkel zur Erdoberfläche zu halten: sollte die Erdachse kippen, die Richtung der Schwerkraft sich verändert haben?

Polternd, er hatte sich vom Fuß gelöst, fiel mein Schuh auf die Erde, und da begriff ich. Nicht die Erdachse hatte sich verschoben, sondern der eine Fuß war kürzer geworden. Und je mehr von dem Faden ich an mich zog, desto kürzer wurde mein Fuß.

Er dröselte sich auf, wie der Ellbogen eines abgewetzten Jacketts in seine Fäden zerfällt. Ja, dieser Faden war mein Fuß: Der hatte sich aufgelöst wie aus der Netzgurke das Faserngeflecht.

Ich kam keinen Schritt mehr voran. Und als ich in meiner Ratlosigkeit mich dazu zwingen wollte, begann in meiner ebenso ratlosen linken Hand der in einen Seidenfaden verwandelte Fuß sich von selbst zu bewegen. Glitt geschmeidig an mir herauf, und während er hinfort ganz ohne mein Zutun das Aufdröseln selber besorgte, wickelte er sich um meinen Körper wie eine Schlange. Sobald das linke Bein zu Ende aufgedröselt war, wechselte er wie selbstverständlich auf das rechte Bein über. Nicht lange, und der Faden hatte mich wie ein Sack eingehüllt. Hielt aber dennoch mit dem Aufdröseln nicht inne, faserte vielmehr eines ums andere auseinander, nach dem Unterleib die Brust, nach der Brust die Schultern; und das Aufgedröselte verstärkte den Sack von der Innenseite her. Schließlich war ich verschwunden.

Übrig blieb danach ein hohler Kokon.

Ah, so hatte ich mich doch langgestreckt! Rot färbte die Abendsonne den Kokon: Dies allein mein Haus, das mir gewiß keiner streitig macht. Andererseits, habe ich auch endlich ein Haus – ein Ich, das unterwegs wäre nach Hause, existiert nun nicht mehr.

Drinnen im Kokon hatte die Zeit aufgehört. Draußen war es dunkel geworden, doch im Kokon blieb für immer die Abenddämmerung; rot strahlte das Licht des Sonnenuntergangs von innen heraus. Es ist nicht anzunehmen, daß der da diese augenfällige Eigentümlichkeit mit seinen Blicken nicht wahrgenommen hätte. Der da entdeckte mich, den zum Kokon Gewordenen, zwischen Bahnübergang und Schienen. Erst war er wütend; bald aber kam er zu der Einsicht, daß er einen ungewöhnlichen Fund gemacht hatte, und stopfte mich in seine Tasche. Später, nachdem ich eine Weile in der Tasche herumgerollt war, wurde ich in die Spielzeugkiste seines Sohnes befördert.

Kōbō Abe

Hochwasser

Ein armer, jedoch gewissenhafter Philosoph hatte, um die Gesetze des Universums zu erforschen, auf dem Flachdach über dem Haus ein Teleskop aufgestellt und beobachtete den Lauf der Himmelskörper. Indessen schien er nicht mehr entdecken zu können als – wie immer – einige bedeutungslose Sternschnuppen und die vorbestimmten Positionen der Gestirne, und wenn auch vielleicht nicht gerade weil er sich gelangweilt hätte: Eher rein zufällig richtete er jetzt sein Fernrohr zur Erde hinab. Da sah er, wie eine kopfstehende Straße dicht vor seiner Nase herabhing und wie ein gleichfalls kopfstehender Arbeiter mit den Füßen nach oben auf ihr dahintrottete. In seinem Bewußtsein kehrte er diese Bilder um, führte er sie zurück auf ihren normalen Zusammenhang, und dabei folgte er, indem er die Linse bewegte, den Bewegungen des Arbeiters. Vor der großformatigen Linse stand der kleine Arbeiterkopf völlig durchsichtig da. Denn nun, auf dem Heimweg von der Nachtschicht im Betrieb, war das Innere des Kopfes, abgesehen von der Müdigkeit, allerdings hohl und leer.

Aber der in Ausdauer starke Philosoph machte keine Anstalten, deswegen die Linse abzuwenden, vielmehr blieb er jenem auch weiterhin auf den Fersen. Und nicht lange darauf, so geschah – was seine Geduld belohnte – an dem Arbeiter plötzlich diese Verwandlung: Ohne irgendwelche Ankündigung verschwammen die Umrisse der Gestalt, von den Füßen her schmelzend, schrumpfte sie in sich zusammen, wurde – nur Anzug, Hut und Schuhe blieben übrig – zu einem unförmigen Gallertklumpen, verwandelte sich zuletzt völlig in Flüssigkeit und breitete sich flach auf dem Erdboden aus.

Der so verflüssigte Arbeiter begann langsam einer tieferen

Stelle zuzufließen. Er floß in eine Straßenmulde. Dann kam er wieder daraus hervorgekrochen. Die den Gesetzen der Flüssigkeitslehre widersprechenden Bewegungen dieses Flüssig-Arbeiters erschreckten den Philosophen in einem Maße, daß er um ein Haar das Teleskop, das er in der Hand hielt, fallen gelassen hätte. Und weiter rann das Gerinnsel. Als es am Straßenrand an eine Mauer stieß, kroch es wie ein mit Membranzellen ausgestattetes Lebewesen daran hoch, kletterte über die Mauer hinweg und entschwand den Blicken. Der Philosoph hob das Auge vom Teleskop und tat einen tiefen Seufzer. Am folgenden Tag prophezeite er der Öffentlichkeit das Herannahen eines großen Hochwassers.

Tatsächlich setzte überall in der Welt eine Verflüssigung von Arbeitern und armen Leuten ein. Besonders auffällig waren die massenhaften Verflüssigungen. In großen Betrieben stoppten plötzlich die Maschinen, und sämtliche Arbeiter verflüssigten sich auf einen Schlag, wurden zu einer einzigen Flüssigkeitsmasse und flossen entweder als Bäche durch die Türritzen ins Freie, oder sie krochen die Wände hoch und ergossen sich aus den Fenstern. Ein andermal wieder konnte es in umgekehrter Reihenfolge geschehen: daß, nachdem sich die Arbeiter verflüssigt hatten, in der menschenleeren Fabrik die Maschinen wie irrsinnig weiterrotierten, bis sie am Ende in Trümmer gingen. Daneben wurde in den Zeitungen regelmäßig von Ausbrüchen aus Gefängnissen berichtet, und zwar nach Massenverflüssigungen von Häftlingen, oder von kleineren Überschwemmungen, wenn sich zum Beispiel die Bauern eines ganzen Dorfes in Flüssigkeit verwandelten.

Und die Menschenverflüssigung blieb nicht beschränkt auf solche rein phänomenologischen Vorkommnisse, vielmehr bewirkte sie ein Chaos auf den verschiedensten Gebieten. Mit der Verflüssigung der Täter nahmen die perfekten Verbrechen rapide zu, die öffentliche Sicherheit war gestört. Bei der Polizei setzte man unter der Hand Physiker ein und beauftragte sie damit, die Beschaffenheit dieses Wassers zu untersuchen. Diese Flüssigkeit jedoch, indem sie die wissenschaftlichen Gesetze für Flüssigkörper völlig mißachtete, stürzte die Physiker lediglich in nutzlose Verwirrungen. Während sie sich, berührte man sie mit der Hand, nicht im geringsten von gemeinem Wasser unterschied, zeigte sie zu gewissen Zeiten eine starke Oberflächenspannung wie das Quecksilber und war dann in der Lage, wie die Amöben feste Umrisse zu bewahren; nicht nur, daß sie – wie zuvor geschildert – so von unten nach oben zu kriechen vermochte, die Flüssig-Genossen blieben, durch irgendeinen Impuls ihre ursprüngliche Quantität beibehaltend, separate Einheiten, auch nachdem sie einmal gänzlich in natürlicher Flüssigkeit aufgegangen waren. Im Gegensatz hierzu gab es wiederum Zeiten, zu denen sie wie der Alkohol eine nur schwache Oberflächenspannung erkennen ließ. In solchen Augenblicken bewies sie allen Festkörpern gegenüber eine ungewöhnlich heftige osmotische Kraft. Sie konnte also, auch gegenüber Papieren von gleicher Qualität, je nachdem und entsprechend deren unterschiedlichem Verwendungszweck, entweder völlig wirkungslos sein oder eine Zersetzungskraft entwikkeln wie ein chemisches Präparat.

Ferner war es möglich, daß Flüssig-Menschen einfroren oder verdunsteten. Gefrierpunkt und Siedepunkt waren sehr verschieden. So wurden über dickes Eis hinjagende Schlitten bei schlagartig einsetzender Schmelze mitsamt den Pferden hinuntergerissen, so waren Sportler, die beim Eislauf an der Spitze lagen, plötzlich verschwunden. Einmal war auch mitten im Sommer ein Badeteich unversehens zugefroren und hatte die Mädchen, die in ihm schwammen, eingeschlossen. Da die Flüssig-Menschen die Berge erklommen, sich in die Flüsse mischten, die Meere überquerten, zu Wolken verdampften, als Regen fielen, verbreiteten sie sich über die ganze Welt, und es hieß, strikt darüber zu wachen, ob sich wann, wo, was ereignete. Chemische Untersuchungen erwiesen sich als so gut wie unmöglich. Die Kessel der Dampflokomotiven waren infolge der Beimengung von Flüssig-Menschen nicht mehr zu gebrauchen; wie erhitzt auch immer, es trat kein Dampf aus, oder er erreichte plötzlich eine so gewaltige Spannung, daß er den Kessel zerriß. Fische und Pflanzen, die ja besonders auf das Wasser angewiesen sind, zeigten ein derart gestörtes Verhalten, daß es nicht zu beschreiben ist. Auf allen Gebieten der Biologie setzten schwer berechenbare Mutationen ein, manche Arten starben völlig aus. Äpfel waren zu beobachten, die, wenn sie fielen, Lieder sangen oder Reisähren, die mit einem Geknatter wie Feuerwerk explodierten. Am folgenschwersten aber waren die

Auswirkungen dort, wo sie jene anderen, die noch nicht verflüssigten, besonders die reichen Leute trafen.

Eines Morgens etwa, in dem Augenblick, als er die Lippen ansetzte, um seinen Kaffee zu schlürfen, ertrank ein Großindustrieller in dieser einen Tasse Kaffee, oder es ertrank einer in einem Glas Whisky, oder – schrecklicher Fall – selbst dafür gab es Beispiele, daß einer in einem einzigen Tropfen Augenmedizin ertrank. Das mag geradezu unglaublich klingen, ist aber alles Tatsache.

Davon, daß diese Dinge berichtet wurden, befiel die meisten der Reichen sogleich die Wasserscheu, wie der andere Begriff für Hundstollwut lautet. Ein hoher Regierungsbeamter bekannte: »Wenn ich Wasser trinken will, sehe ich mir das Wasser im Glas an, und auf einmal kann ich nicht mehr glauben, daß dies noch Wasser ist. Ich habe – mit anderen Worten – das Gefühl, es handle sich da um verflüssigte Mineralstoffe, um schlechterdings unverdauliche, ja schädliche Substanzen, und ich würde, nähme ich sie in den Mund, unweigerlich auf der Stelle erkranken. Worauf mich augenblicklich eine entsetzliche Beklemmung überkommt.«

Selbst wenn dabei die bekannten Schluckkrämpfe nicht auftraten, war dies doch eindeutig ein Fall von Wasserscheu. Fälle etwa wie von alten Damen, die allein davon, daß sie Wasser sahen, das Bewußtsein verloren, ließen sich überall beobachten. Die Anwendung von Anti-Tollwut-Serum indessen erbrachte keinerlei Erfolg.

Damals bereits kündeten von einem Ende der Welt zum andern unsichtbare Stimmen in wirrem Durcheinander das Herannahen des großen Hochwassers an. Die Zeitungen versuchten zunächst, dieses Gerücht rundweg zu dementieren, wofür sie die folgenden Gründe vorbrachten: Erstens sei in diesem einen Jahr die Niederschlagsmenge, sowohl in der Verteilung auf die einzelnen Weltgegenden wie auch total gesehen, unter dem langjährigen Mittel geblieben. Zweitens gehe in allen Fällen, in denen von vermehrter Wasserführung der Flüsse berichtet werde, diese Zunahme nicht über die rein jahreszeitlichen Veränderungen in einem Normaljahr hinaus. Drittens könne man in meteorologischer oder geologischer Hinsicht keinerlei grundlegenden Wandel entdecken.

Dies waren Tatsachen. Tatsache aber war auch, daß das große

Hochwasser bereits eingesetzt hatte. Ein Widerspruch, der innerhalb der Gesellschaft eine allgemeine Unruhe auslöste. Daß es kein einfaches Hochwasser war, wurde sehr bald für jedes Auge deutlich. Schließlich konnten selbst die Zeitungen nicht anders, als die Tatsache des Hochwassers zuzugeben. Dennoch erklärten sie unentwegt und in einem noch immer optimistischen Tonfall: Es sei dies zurückzuführen auf unvorhergesehene Vorgänge irgendwo in den Gestirnen, eine nur kurzfristige Erscheinung, und werde bald auf natürliche Weise abklingen. Trotzdem breitete sich das Hochwasser mit jedem Tag weiter aus, Dörfer und Städte versanken, Ebenen und Hügel wurden von Flüssig-Menschen überflutet, und die Leute von Rang und die Reichen begannen auf die Hochflächen, in die gebirgigen Landstriche zu flüchten, wobei jeder der erste sein wollte. Zwar wußten sie, daß das sinnlos war angesichts der Flüssig-Menschen, die ja sogar Mauern überstiegen; aber was sonst hätten sie tun sollen?

Endlich erkannten auch die Monarchen und Staatsoberhäupter den dringlichen Ernst der Lage. Sie erließen Proklamationen, wonach, um die Menschheit vor der Auslöschung durch diese Sintflut zu bewahren, alle geistigen und materiellen Ressourcen mobilisiert und die Errichtung großer Dämme beschleunigt durchgeführt werden sollte. Arbeiter, man sprach von Hunderttausenden, wurden hierfür zur Zwangsarbeit zusammengetrieben. Da änderten plötzlich auch die Zeitungen ihre Haltung; sie unterstützten jene Proklamationen und priesen den darin offenbar gewordenen Sinn für Pflicht und Rechtschaffenheit. Andererseits wußten bereits jetzt so gut wie alle, selbst die Monarchen und Staatsoberhäupter, daß diese Proklamationen nicht mehr waren als Proklamationen um der Proklamationen willen. Deiche etwa zum Schutz gegen die Flüssig-Menschen erwiesen sich – nicht anders als die Newtonsche Mechanik gegenüber der Quantenmechanik – als reinweg vergeblich; denn tatsächlich war es so, daß die mit dem Deichbau befaßten Arbeiter sich scharenweise diesseits der Deiche verflüssigten. Die vierten Seiten der Zeitungen waren angefüllt mit Nachrichten, in denen Bürger als verschollen gemeldet wurden. Doch behandelte man das – entsprechend dem Charakter der Zeitung – nicht als die Ursache des Hochwassers, sondern lediglich als eine Folge davon. Ja man war, die Lippen fest zusammengepreßt, darum bemüht, die Rede keinesfalls auf die paradoxe Natur, die dieses Hochwasser besaß, oder auf seine eigentlichen Ursachen zu lenken.

Es gab damals einen Wissenschaftler, der vorschlug, man solle doch die Flüssigkeit, die den Erdball überflutete, mit Hilfe von Atomenergie verdampfen. Die Regierungen stimmten unverzüglich zu und erklärten, sie würden es an umfassender Unterstützung nicht fehlen lassen. Als man jedoch praktisch die ersten Schritte unternehmen wollte, zeigte sich, daß dies nicht etwa nur verschiedene Schwierigkeiten machte, sondern geradezu unmöglich war. Infolge der in geometrischer Reihe um sich greifenden Menschen-Verflüssigung war mit einem Ersatz an Arbeitern nicht nachzukommen, zudem hatte sich die Verflüssigung bereits auch auf Wissenschaftler ausgedehnt. Im übrigen brachen die Zuliefererfirmen eine nach der anderen zusammen und versanken im Wasser, so daß sich eine Situation ergab, in der man, konzentriert auf den Wiederaufbau beziehungsweise die Neuerrichtung solcher Firmen, einfach nicht absehen konnte, wann – wenn überhaupt – an den Produktionsbeginn der eigentlichen Atomenergieanlage zu denken war.

Unruhe und Beklemmung überschatteten die Welt. Aus Ursache des Trinkwassermangels setzte eine allgemeine Mumifizierung ein, mit rasselndem Atem rangen die Menschen nach Luft.

Nur einer unter ihnen blieb gelassen und heiter. Es war der optimistische, der listenreiche Noah. Gestützt auf seine Erfahrung aus der vorigen Sintflut, arbeitete er, ohne etwas zu überstürzen, ohne sich verwirren zu lassen, mit ruhigem Fleiß an der Vollendung der Arche. Eher noch war er imstande, bei dem Gedanken, daß die Zukunft der Menschheit seinem Stamm anvertraut wurde, in eine religiöse Verzückung zu geraten.

Als die Flut schließlich auch gegen sein Haus schlug, bestieg Noah mit seiner Familie und seinem Hausgetier die Arche. Im selben Augenblick jedoch begannen auch Flüssig-Menschen das Schiffsbord zu erklettern. Noah schrie sie mit lauter Stimme an: »He! Was meint ihr, wessen Schiff das ist?! Ich bin Noah. Und also ist das die Arche Noah. Daß ihr euch nur nicht irrt! Los, schert euch davon!«

Aber zu glauben, diese Flüssigkeit, bei der es sich ja nicht mehr um Menschen handelte, würde seine Worte verstehen, war offenbar eine Unbedachtsamkeit Noahs, eine Fehleinschätzung. Der Flüssigkeit ging es nur um die Probleme flüssiger Körper. Und bereits im nächsten Augenblick füllte sich die Arche mit ihr, und alles, was Leben hatte, ertrank. Dem Wind preisgegeben, trieb die menschenleere Arche umher.

So kam in der zweiten Sintflut die Menschheit endgültig um. Indessen, wenn da einer hinabgeschaut hätte auf die Straßenekken, auf die Schattenflecke unter den Bäumen drunten in den Städten und Dörfern auf dem nun ruhigen Grund des Wassers: dort hatte irgendeine funkelnde Materie angefangen, sich zu kristallisieren, hervorwachsend vermutlich aus den unsichtbaren Herzen der übersättigten Flüssig-Menschen.

Shōtarō Yasuoka

Das Kaninchensyndrom

Armut, soviel steht fest, ist nicht das, was man einen Mangel nennt. Eher ist sie ein zäher Kleb, den du nicht loskriegst. Habe ich jedenfalls den Eindruck. Wir in unserer Familie, nämlich wir drei, mein Vater, meine Mutter und ich, hatten in den letzten Jahren so gut wie überhaupt kein Einkommen; zu erwarten wäre also ein Zustand nach dem alten Sprichwort »Armut ist der beste Besen«: das Haus leergefegt, von einem frischen Windhauch durchweht. Aber davon ist nicht das geringste zu spüren; im Gegenteil, jeder Winkel ist angefüllt mit tausenderlei Kramzeug und einer seltsam stickigen Schwüle.

Mein Vater, der bei der Armee war, anscheinend jedoch als Veterinäroffizier nicht zu den Kriegsverbrechern gezählt wurde, kehrte vor inzwischen vier Jahren wohlbehalten aus dem Süden zurück; immerhin muß man ihn da unten während der Okkupationszeit ziemlich eingeschüchtert haben, denn aus Vorsicht, nicht doch noch verprügelt zu werden, hat er hier in Kugenuma bisher kaum einen Schritt vors Tor getan. Anders als er, war meine Mutter immer recht gesellig gewesen, so daß Hoffnung bestand, sie werde in solchen Zeiten emsige Aktivitäten entfalten; wirklich zog sie einen Süßstoffhandel auf, ging damit freilich bald wieder pleite. Sie hatte den Nachbarinnen eine miserable Ware zu wahnsinnig hohen Preisen verkauft, und seitdem mißtraut man ihr auch dann, wenn sie mit der Verteilung der Reisration an der Reihe ist. Sie leidet daher gleichfalls unter einem entsetzlichen Minderwertigkeitskomplex, verliert in all und jedem völlig ihr Selbstvertrauen, und noch peinlicher ist, daß sie mit dem Abzählen des Geldes nicht mehr zurechtkommt; ja, sie muß, wenn sie ihre täglichen kleinen Einkäufe erledigt, dem Kaufmann ihre Börse hinhalten, damit er sich die Summe herausnimmt. Und ich, indem ich mich bald lege, bald erhebe, kuriere unterdessen lässig an meiner noch nicht ausgeheilten Rückgratkaries herum, die ich mir als Soldat geholt habe.

Wo Leute zusammen sind, denen es wie in unserer Familie so gründlich an der Fähigkeit mangelt, das Leben zu meistern, herrscht eine Unordnung, wie sie sich keiner vorstellen kann, außer er hätte sie gesehen. Jeder andere wäre entsetzt, wenn aus dem Geschirrschrank eine Säge zum Vorschein kommt. Sie liegt dort, weil Mutter sie in ihre wirren Einbildung mit der Reibe für den Bonito-Fisch verwechselt hat. Vater wiederum, noch ganz unter dem Einfluß des Frontalltags, verwahrt alles für ihn Wichtige wie Kleinodien. So hat er auf dem Wandbrett neben der Tokonoma-Nische seine Sägen und die Sezierscheren, Bruchstücke von Glasscheiben und Samen besonderer Wildpflanzen zusammen mit seinen Rangabzeichen und den erdfarbenen Schmuckkordeln für die lederne Schwertscheide in einer seltsamen Ordnung aufeinandergehäuft. Seine Taschentücher und Socken, selbst die Hemden und Unterhosen muß er, sind sie verschwunden, aus einem Geschling alter Lumpen herausanalysieren wie Salz aus dem Meer. Daß in den durchbrochenen Holzteilen über den Schiebewänden, an den Zimmerdecken und den elektrischen Schnüren überall Spinnweben hängen, brauche ich wohl nicht zu erwähnen; aber auf ihnen hat sich etwas festgesetzt, das wie winzige weiße Schimmelblüten aussieht: Es sind Haare von Angorakaninchen . . . An sich mag ich schon Katzen nicht. Versteh' nicht, wie jemand diese Biester, die das ganze Haus verpissen und sich mit ihren haarigen Körpern ungeniert an einem reiben, überhaupt gern haben kann. Jetzt weiß ich, daß Katzen noch um ein Vielfaches besser sind als Kaninchen.

Eines Tages kam uns völlig unerwartet ein Mann besuchen, der sich, weder Mutter noch ich kannten ihn, als früherer Untergebener meines Vaters vorstellte und diesen mit »Exzellenz« anredete. Als er wieder ging, hatte er meinem Vater verrückte Flausen in den Kopf gesetzt. Am Morgen darauf zog Vater, was selten geschah, sein gutes Zeug an und machte sich irgendwohin auf den Weg. Mutter und mich, so mißtrauisch wir waren, befiel das Vorgefühl eines nahen Glücks: Vielleicht handelte es sich um eine ordentliche Anstellung, nicht wahr?

»Wenn er so korrekt gekleidet ist, hat er, finde ich, richtig was Stattliches an sich«, sagte Mutter, worauf ich beipflichtend nickte. Wenn es um eine Beförderung gegangen war, hatte Vater stets auf dieselbe Weise, nämlich ohne ein Wort, das Haus verlassen.

Aber unsere Hoffnung erwies sich als falsch. Als er spätabends wiederkam, hatte man ihm unterwegs die Armbanduhr gestohlen, die er sich in Singapur gekauft hatte, und mit beiden Händen schleppte er eine große Kiste herein. Damit waren diese gräßlichen Tiere in unser Leben getreten.

Wie der wirkliche Bösewicht eine sanfte Miene zur Schau trägt, zeigten sich die kaum der Kiste entronnenen Kaninchen, das Weibchen wie das Männchen, von ihrer bravsten Seite; still hockten sie auf den Tatami-Matten und ließen ihre roten Augen funkeln, so daß selbst ich unwillkürlich ausrief: »Oh, wie süß!« Als Mutter ihnen Brot hinbrockte, reckten sie schüchtern die Köpfe vor, schnappten sich rasch ein Stück und flüchteten damit in einen Winkel des Zimmers. Sie hatten eine so drollige Art, ja, es war ein geradezu fröhlicher Anblick, als würden sie, wohin sie hoppelten, die Gegend ringsum mit ihren schneeweißen Bälgen erleuchten.

Vater war natürlich hochbefriedigt. Und entgegen seiner sonstigen Wortkargheit wurde er gesprächig. »An denen verdienen wir, wenn erst ein halbes Jahr hin ist, Monat für Monat achttausend Yen.«

Mit einem verdatterten »Oh!« riß Mutter den zahnlosen Mund auf; ihr Gesicht glich dem eines Kindes, das man mit einem so großen Zuckerwerk beschenkt, wie es noch keines gesehen hat. Schließlich, als Vater weiter erklärte, welche Menge Zupfwolle das im Jahr ergäbe und daraus wieviel Pfund Garn und wieviel Meter Tuch, brach sie vor lauter Freude in ein nicht enden wollendes Lachen aus: Nein, nein, bei soviel Tuch, da rechne er zu billig; den Handel solle er mal ihr überlassen, sie werde weit mehr herausschlagen, nicht nur achttausend. In ihrer Ausgelassenheit schien sie schon überall Berge von Tuch und Garn vor sich zu sehen.

Ich jedoch bemerkte plötzlich die kleinen schwarzen Kügelchen auf den Tatami-Matten. Sie hatten sie durch das ganze

Zimmer verstreut. Ohne jedes Schamgefühl – das war es. Bei jedem Hopser, den sie taten, ließen sie die schwarzen Dinger zwischen ihren Schenkeln hervorrieseln, und dabei waren die beiden Kaninchen weder verlegen noch gaben sie sich unterwürfig, sondern behielten weiter ihre wahrlich von Dreistigkeit durchdrungenen Mienen. Vor diesen Gesichtern mit den weit aufgerissenen, dümmlich roten Augen stieg eine böse Ahnung in mir auf.

Vom nächsten Tag an begann Vater mit einer ungewöhnlichen Energie drauflloszuwerkeln. Übrigens kann mich nichts so aufbringen wie seine Art zu arbeiten. Normalerweise beschäftigt er sich bei schönem Wetter damit, daß er im Garten den Rasen wegsticht, und wenn es regnet, bastelt er allerlei nutzlose Kästen zusammen. In praktischer Hinsicht bringt beides nichts, macht aber auch als Hobby keinen Sinn. Vor allem will mir nicht einleuchten, was dabei dieser Eifer soll. Unsere Gegend hier, der Kugenuma-Strand, ist berühmt für eine rauhe See und einen kräftigen Wind; und da meinen Vater zu sehen, wie er, einem verzückten Tänzer gleich, inmitten aufwirbelnder Sandwolken und unter gellendem Taktgeschrei die Hacke schwingt – ein Anblick ist das, aus dem mich das Einsame und Verzweifelte vergeblicher Mühen anspringt. Dabei habe ich ihm wie oft gesagt: wenn er weiter so den Rasen wegsticht, gibt das beim ersten Regen unweigerlich einen einzigen Sumpf, und er hat zuletzt nichts als einen Acker, auf dem kein Halm gedeiht.

Aus dem Wohnzimmer heraus, in dem ich liege, brülle ich über den Umgang hinweg: »Was machst du bloß für Unfug! Wir kriegen ja den ganzen Sand ins Haus, es ist entsetzlich.«

Darauf er, gleichfalls brüllend: »Was denn?« Und starrt mit erhobener Hacke zu mir herüber: »Unfug, meinst du? Na, wenn schon!«

Nachdem wir die Kaninchen bekommen hatten, verstärkte sich seine merkwürdige Arbeitswut nur noch. Nacheinander baute er eine Menge verschiedener Kästen, einen Brutkasten, einen Aufzuchtkasten, einen Auslaufkasten und so weiter; in sie alle waren die schöpferischen Ideen, die er aus der Erfahrung mit den bisher verfertigten nutzlosen Kästen gewonnen hatte, aufs fruchtbarste eingeflossen, so daß zum Beispiel, trotz wiederholter Belehrung, niemand außer Vater selbst die Deckelklappen der Käfige zu öffnen verstand. Pausenlos hallten die Geräusche von Säge, Hobel, Stemmeisen und Hammer durchs Haus; ich war nicht imstande zu lesen, zu schreiben oder irgend etwas sonst zu tun, mußte mich wohl oder übel darein fügen, daß ausschließlich Vaters sinnlose Energie mein Hirn durchdrang.

Worüber ich bis dahin nie nachgedacht hatte: Kaninchen geben tatsächlich so etwas wie ein verschnupfes »Tschu-tschu!« von sich. Irgendwie konnte das richtig melancholisch machen. Es wirkte auf mich ähnlich vergeblich wie damals die Stimme des Kaisers, als ich sie zum erstenmal im Radio hörte. Und diese Laute sollte ich die ganze Zeit über ertragen! Aus Furcht nämlich vor einem Überfall durch Diebe oder wildernde Hunde stellte Vater den Käfig mit den beiden Kaninchen in die Tür am Ende des Korridors. Und das war nur etwa einen Meter von meinem Kopfkissen entfernt. Tagsüber schliefen die Kaninchen, nachts tobten sie. Unregelmäßig, dabei ohne eigentliche Unterbrechung drangen aus dem Dunkel die unterschiedlichsten Geräusche an mein Ohr: das Knirschen, mit dem sie am Holz des Käfigs knabberten, das Trapsen, mit dem sie über die Bodenplanken liefen, das Kollern, mit dem ihre Exkremente in das aus Zinkblech gefertigte Abfallrohr rollten (wobei es sich um eine Vorrichtung handelte, die sinnreich so konstruiert war, daß sie sich automatisch den Hinterbacken der umherhoppelnden Kaninchen anpaßte). Manchmal mitten in der Nacht wachte ich auf, weil ich geträumt hatte, ich würde an den Füßen oder am Kopf von riesigen, schrecklich anzusehenden Ratten gebissen, die sich von hinten her an mich heranmachten.

Und habe ich erst mal die Augen auf, ist an Schlaf nicht mehr zu denken. Jetzt fallen mich die wirklichen Gespenster an. Von den Fußspitzen her, die fest in die wattierte Decke eingewickelt sind, kriecht ein unbeschreibliches Jucken an meinem Körper herauf und bohrt sich in die lädierte Stelle am Rückgrat. Alles, was ich an mir habe, scheint mich einzuschnüren. Ich stoße die Gipsschale weg und reiße das Hemd herunter, um mir den Rükken zu kratzen; es ist umsonst. Das Jucken flüchtet sich nur tiefer hinein. In meinem verzweifelten Bemühen, es doch noch zu packen, presse ich die Finger zwischen die Rippen, woraufhin, wie aus Sympathie mit meiner Ungeduld, nun auch die Tiere draußen in ihren Käfigen wieder losrumoren.

Und im Zimmer nebenan Vater und Mutter, zweistimmig schnarchend, phantasierend... Plötzlich ein wieherndes Lachen, und Vater schreit: »Mii-ham!« Was, wie ich vom genaueren Hinhören weiß, heißen soll: »Milch will ich haben!«

Mein Vater, jüngster unter neun Geschwistern, bekam bis zu seinem dreizehnten Lenz von der Großmutter auf dem Dorf die Brust. Nachdem er aus dem Krieg zurück war und ich hörte ihn so im Schlafe reden, dachte ich zunächst, das ist ein Trick, er spielt uns bewußt was vor, weil er keine Lust hat, sich eine Anstellung zu suchen. Aber dann merkte ich, mit welch innerlichem Verlangen er mich anstarrte, sobald ich zur Stärkung meine Trockenmilch trank. Es muß etwas anderes sein. Offenbar hat er tatsächlich Nacht für Nacht diesen von Hunger und Begierde verursachten Traum... Ich könnte auf einen Ödipuskomplex schließen, gewiß; doch das Ganze ist ja eher komisch. Auch entspricht eine Groteske meinem Geschmack weit mehr. Und so gesehen, läßt mich die Vorstellung, wie mein Vater die Brust nimmt, völlig gleichgültig. Trotzdem, sein »Mii-ham«-Geschrei erschreckt mich sehr wohl. Daß es undeutlich bleibt, macht das Unbehagliche daran nur um so bedrohlicher.

Inmitten des von Geräuschen umstellten Dunkels und von der Schlaflosigkeit erst recht nervös gemacht, habe ich das Gefühl, mein Körper würde von innen wie von außen her in Stücke zerfallen, würde sich auflösen. Als ich an der Bettdecke zerre, um sie mir gegen den allzu vielen Lärm über den Kopf zu ziehen, behalte ich lediglich einen Klumpen Watte in den Händen, der größere Teil der Decke bleibt um meine Beine geschlungen... Das Jucken auf dem Rücken wird immer schlimmer. Blasig wie Sumpfgas scheint es aus dem chaotischen Durcheinander im Zimmer, aus dem Staub, den alten Lumpen, den vollgeschneuzten und weggeworfenen Papierfetzen aufzusteigen und in meinen Körper einzudringen. Weil ich mich so weit hinten nicht kratzen kann, versuche ich das Jucken dadurch zu ertragen, daß ich mit angespannten Muskeln starr und steif daliege... Und nun ist auch wieder dieses »Tschu-tschu« zu hören. Herumtoben können sie wer weiß wie laut; warum haben sie aber dann so hilflose Stimmchen?

Nicht lange und die Kaninchen bekamen Junge. Und indem er seine tierärztlichen Fähigkeiten voll entfaltete, zog Vater sie alle acht gesund auf. Er hatte zwar uns gegenüber nie ein Wort darüber geäußert, doch schien er für die beiden alten Tiere eine beträchtliche Summe bezahlt zu haben; jedenfalls kümmerte er sich mit geradezu ängstlicher Sorgfalt um alles, setzte die Kleinen jeden Tag auf die Waage, maß die Körpertemperatur des Muttertiers, und ganz besonders achtete er darauf, daß bei dem täglich mehrmals gereichten Futter die Mischung stimmte und sie richtig fraßen. Andererseits konnte er sich unter diesen Umständen nicht auch noch mit Käfigbau als solchem befassen. Inzwischen war zum Beispiel jene sinnreiche Vorrichtung mit dem Abfallrohr kaputtgegangen, aber er kam ja nicht mal dazu, Behausungen für die Jungen zu basteln, geschweige denn irgend etwas zu reparieren. Die Folge war, daß die Kaninchen über kurzem mitten unter uns im Wohnzimmer lebten. Das ganze Haus wurde zu einem regelrechten Viehstall, und was mich am meisten erschreckte: Auf eine merkwürdige Weise begannen wir selber den Tieren zu ähneln.

Schon bevor die Kleinen gekommen waren, hatten überall Kaninchenhaare herumgelegen; jetzt jedoch schwebte dieser weiche, leichte Wollflaum ständig durch die Zimmer, und da er sich von den Köpfen her auf uns legte, sah man die Gesichter der anderen nur noch undeutlich wie in Dunst gehüllt. Bei Vater war es, weil er die Tiere immer wieder bürstete, besonders schlimm. Ihm hatten sich, was er offensichtlich nicht wußte, die weißen Haarbüschel in die Nasenlöcher gesetzt, wo sie sich bei jedem Atemzug hin und her bewegten; wenn er dann beim Essen gar mit den Schneidezähnen zubiß, schwand das Menschliche allmählich ganz aus seinen Zügen. Bei Mutter wiederum bewirkte schon der erste Anblick der Kaninchenbrut eine Neubelebung ihrer mütterlichen Gefühle. Sie schleppte die kleinen Wuschelknäuel den lieben langen Tag mit sich herum und nahm sie, mochten sie sie noch so sehr zerkratzen, in ihrem Brustausschnitt mit ins Bett. Dort redete sie unaufhörlich und leise in Kindersprache auf die

Kaninchen ein: Geschichten vielleicht von damals, als ich ein kleiner Junge war.

Einmal wurde das Vater doch zuviel und er sagte: »Hör auf damit! Schließlich sind das Kaninchen und keine Menschen.«

In Schalen und Töpfen, in sämtlichem Geschirr standen Suppenreste, Fischhäute oder abgegossene Teeblätter herum. Vater, der die Nährwertanalysen der einzelnen Lebensmittel auswendig kannte, wollte nicht, daß die Vitamin- und Kalorienwerte, die er im Kopfe hatte, zusammen mit dem Wasser in den Ausguß gerieten; also durfte das Geschirr nicht gespült werden. Schlimmer noch, bei Tisch ließ er seine Augen beständig über unsere Teller gehen, um festzustellen, was wir übrigließen.

Das förderte natürlich Mutters Faulheit; ohnehin war ihr mit zunehmendem Alter die Küchenarbeit lästig geworden, und einen besseren Vorwand als diesen konnte sie sich nicht wünschen. Denn so durfte sie Reisschalen und Schüsseln schmutzig stehenlassen, und je miserabler die Zuspeisen schmeckten, die sie uns vorsetzte, desto mehr blieb für das Kaninchenfutter übrig, und desto größer folglich war Vaters Freude... Wir bekamen daher eine Masse von Ungeziefer ins Haus, Schnecken, Regenwürmer und dergleichen. Überall krochen sie, mit Fleischsoße oder Sojabrühe beschmiert, auf den Tatami-Matten umher. Und Mutter, die jetzt plötzlich viel Zeit hatte, von den Nachbarinnen aber zu keinem Schwätzchen mehr eingeladen wurde, hielt sich dafür fast ständig an meinem Krankenlager auf, streckte sich lang hin und hätschelte die jungen Kaninchen, und wurde ihr das zu langweilig, schwelgte sie in Erinnerungen an allerlei Süßigkeiten wie Bohnenmusklöße oder Geleebonbons, wobei sie dann und wann in den verzweifelten Seufzer ausbrach: »Ach, so was möcht' ich mal wieder essen...« Dessen ungeachtet wurde sie, im Gegensatz zu Vater und mir, mit jedem Tag dicker, runder am Bauch und im Gesicht, und ihre Beine, wenn sie unter dem hochgerutschten Kimono hervorsahen, waren wie die eines Kindes. Ein solcher Lebensstil war offenbar dazu angetan, ihre Phantasie auf bemerkenswerte Weise zu steigern, und mit einer Plötzlichkeit, als hätte sie in einem Roman auf gut Glück irgendeine Seite aufgeschlagen, begann sie mir auszumalen, wie das wäre, wenn ich mal heiraten würde. Daß dabei meine »Braut« mehr und mehr Mutters eigene Züge annahm, fand ich abscheulich.

Während wir beide so am hellen Tag nebeneinander dalagen, brummten um uns die Fliegen, die sich, aus der ganzen Nachbarschaft kommend, in unserem Haus zu versammeln pflegten. Ich war an solches Getier gewöhnt, fühlte mich davon keineswegs belästigt. Einmal jedoch, als ich mir wie unbewußt über den Kopf strich, flogen aus meinem Haar zwei sich paarende Schmeißfliegen auf, und da überkam mich allerdings der Ekel.

Vater war jetzt mit einem ehrgeizigen Projekt befaßt. Woher er, der doch nie einen Schritt vors Tor ging, das Zeug hatte, weiß ich nicht; aber es war wohl die in einem langen Soldatenleben ausgebildete, ungewöhnliche Spürnase, die ihn Glaskolben, Drahtsiebe, Kupferkabel und anderes hatte finden lassen, um daraus im Handumdrehen eine chemische Versuchsapparatur zu basteln. Nach seinem Plan würde er gewisse, im menschlichen Haar vorhandene Nährstoffe extrahieren und sie dem Futter für die Kaninchen beimischen, um so deren Wolle zu einem verstärkten Wachstum anzuregen. Dieses Vorhaben schien ihn schon seit einer ganzen Weile zu beschäftigen; denn immer, wenn er sich mit dem Handapparat die Haare geschnitten hatte, pflegte er danach die Haarschnipsel sorgfältig in Zeitungspapier einzuwickeln und das Päckchen zu seinen bewußten Kleinodien zu legen. Nur wuchs der Vorrat offenbar nicht so schnell, wie er sich das erhofft hatte; weshalb er von Zeit zu Zeit wie im Selbstgespräch vor sich hinmurmelte: »Zum Friseur sollte man gehen, der hat ja Haare genug.« Natürlich sagte er das, damit einer von uns zum Friseur ginge und sie für ihn holte. Aber Mutter und ich hatten keine Lust, auf seine Anspielung hereinzufallen, und taten, als hätten wir nichts gehört, so daß Vater schließlich hilflos den Kopf hängen ließ. Dabei glich sein Gesichtsausdruck immer mehr dem eines Kaninchens.

Eines Tages log ich ihm absichtlich etwas vor: »Ich hab' heute vom Friseur gehört, daß er nach einer Verordnung der Gesundheitsabteilung bei der Präfektur Haarabfälle gar nicht verkaufen darf... Wer dagegen verstößt, sagt er, muß seinen Laden dichtmachen.«

Das hatte gewaltige Wirkung. Vater schüttelte stumm den Kopf (seine übliche Art, den Zorn zu unterdrücken), und danach wiederholte er solche gemurmelten Andeutungen nicht mehr.

Schon hoffte ich, er hätte es ganz aufgegeben; doch dem war nicht so. Manchmal starrte er mich an und stieß einen gespielten Seufzer aus. Und lag ich nachts im Bett, pflegte er sich mit einer versteckt hinterhältigen Miene an mich heranzuschleichen. Eines Abends schließlich, er konnte es wohl nicht länger aushalten, kratzte er sich heftig am Kopf und sagte: »Na, du hast ja einen tüchtigen Haarschopf, nicht wahr?«

Unwillkürlich preßte ich beide Hände auf meinen Kopf. Mich hatte eine irre Furcht gepackt... Im Gegensatz zu mir war Vater ein Frühaufsteher. Morgens um vier herum war er bereits wieder wach. Wenn er also wollte, bildete ich mir ein, konnte er mich kahlschneiden, solange ich schlief. Zum Beispiel mit der verchromten Sezierschere aus seinem Schatz. Und ich hatte ja tatsächlich so dickes und üppig langes Haar, daß es mich selber ärgerte.

Kaum hatte ich, weil ich schlafen wollte, das Licht ausgedreht, sah ich im Geist das Gesicht meines Vaters vor mir; er wirkte wie der Vorarbeiter im Schlachthaus, der das Schermesser schwingt... Sollte ich mich etwa in eines jener dummen und feigen und dabei doch so dreisten Tiere verwandelt haben?

Es kam der Augenblick, in dem sich Vaters ehrgeizige Hoffnungen mit einem Schlage verflüchtigten. Die Sache war trivialer, als wenn auf einem mühsam bepflanzten Acker von zwei, drei Regentagen die Süßkartoffeln verfault wären. Gleichsam als hätte der Umstand, daß wir in die Kaninchenzucht eingestiegen waren, den Grund dafür geliefert, ging die Angorawolle plötzlich nicht mehr. So überraschend war das freilich nicht; grundsätzlich sind diese Kaninchen leicht aufzuziehen, und dann produzieren sie auch ohne Verabreichung der von Vater erst noch zu erfindenden Medizin eine erstaunliche Menge an Wolle.

Zu denken, wir könnten durch den Verkauf von Wolle und Jungkaninchen monatlich achttausend Yen verdienen oder wir könnten auf Zuchtausstellungen erste Preise gewinnen – leere Träume das alles, die nun in sich zusammengefallen waren. Aber die Kaninchen, indem sie ihren weißen Flaum wie die Asche verblichener Illusionen verstreuten, tobten weiter durch das Haus wie bisher. Nein, das Getobe war noch schlimmer geworden; denn inzwischen waren die Jungen ausgewachsen, und zudem kümmerte sich Vater, der die Lust dazu verloren hatte, überhaupt nicht mehr um sie. Sie stürmten die Tokonoma-Nische, warfen die dort wie zur Zierde aufgestellte, nun sinnlos gewordene Versuchsapparatur um und richteten ein wüstes Durcheinander von Drähten und Glaskolben an. Dann zerbissen sie das Zeitungspapier, in das die wertvollen Haarabfälle eingewickelt waren, und bald war alles ringsum mit Haaren – zumeist mit weißen – bedeckt.

Mutter begann ein um das andere Mal darüber zu klagen, daß sie, um die täglichen nötigen Sojatrester zu kaufen, ihre eigenen Kleider verhökere. Sie sah offenbar in den über die Tatami-Matten hoppelnden Kaninchen nur noch die Biester, die ihre schönen Kimonos zermümmelten, und dabei hatte ihr ehedem so deutlich vor Augen gestanden, wie dieselben Tiere Massen von Schals und Handschuhen abwerfen würden... Auf ein leises »Tschu-tschu« antwortete immer öfter eine hysterische Altfrauenstimme: »Was denn, hast du wieder hierhergeklackert?!«

Eines Tages brachte Mutter einen »Gast« mit nach Hause. Es war für uns der erste Fremde seit dreizehn Monaten. Während wir zusahen, wie er, ein Mann in hohen Stiefeln, sein Fahrrad mit dem aufgeschnallten Bambuskorb wichtigtuerisch durch das Tor hereinbugsierte, empfanden Vater und ich wohl das gleiche Gefühl der Spannung. Ähnlich den Soldaten in einer belagerten Festung beobachteten wir eine heranrückende Truppe, von der wir nicht wußten: Ist es Freund oder Feind? Mutter eilte auf mich zu und flüsterte mir ins Ohr: »Er hat, weißt du, mit einer Wurstfabrik zu tun. Laß aber Vater nichts davon merken!« Demnach war der Mann ein Fleischaufkäufer. Na, meinetwegen. Worauf es jetzt ankam, war, daß wir das nutzlose Kroppzeug loswurden, und zwar einerlei wie. Hätte uns der Mann ein gutes Kaninchengericht daraus zubereitet, nichts würde mich abgehalten haben, davon zu essen.

Als der Fleischaufkäufer auf den Umgang geführt wurde, wo sich die Kaninchen befanden, sagte er anstandshalber: »Oho, das sind ja prächtige Kerle!« Woraufhin mein Vater, noch immer ahnungslos, vor Freude puterrot wurde im Gesicht.

Den Mann wiederum mochte das verwirrt haben. Unvermittelt wechselte er den Tonfall, und mit einer Stimme, daß die Tür wackelte, schrie er: »Die Laien, die fliegen nun mal auf so was!« Wobei er seinen nackten Arm ausstreckte und sich das Kaninchen griff, das ihm am nächsten war.

Das Tier, er hatte es am Rückenfell gepackt, schwebte in der Luft, die Beine angezogen, am Bauch die Härchen zitterten im Wind. Ohne es loszulassen, erklärte der Fleischaufkäufer: »Alle wollen sie zunächst ein Pferd oder eine Kuh; weil sie sich die aber nicht leisten können, beschließen sie, sich mit Schweinen zufriedenzugeben. So weit, so gut. Können sie sich auch die nicht kaufen, sind die Kaninchen an der Reihe. Und damit sitzen sie auf dem Leim. Mit Hauskarnickeln fangen sie an, dann geht's an die Angoras, an die Chinchillas, an die Rexkaninchen und so weiter, daß kein Ende ist. Und kommen sie erst von den Nutrias, diesen Monstern, auf die Murmeltiere, so ist ihnen nicht mehr zu helfen . . .« Wir hatten den Eindruck, dieser Mann redet in einer fremden Sprache. Ohne daß wir auch nur ein Wort von dem, was er sagte, verstanden hätten, dröhnte uns sein überlautes Gebrüll in den Ohren.

»Von der Kuh aufs Murmeltier – eine verrückte Geschichte, was?« schrie er und lachte, lachte allein, um dann fortzufahren: »Jedenfalls, lieber Herr, seien Sie vorsichtig! Kaninchen kann man noch essen, Murmeltiere nicht . . . Diese Angoras übrigens, nun ja, essen kann man sie wohl, bloß schmecken sie nicht besonders gut.«

In demselben Augenblick geschah es. Das Kaninchen – vom langen Schweben in der Luft war zwischen dem Fell hervor die aschfarbene Haut sichtbar geworden – streckte plötzlich seine Beine aus und biß den Fleischaufkäufer in den Arm. Mir schoß das Blut in den Kopf. Aus irgendeinem Grund sah ich nichts außer dem Kaninchen und der Hand, die es am Rücken gepackt hielt. »Beiß fester zu!« murmelte ich innerlich. Aber gleichzeitig schrie der Fleischaufkäufer: »Du verdammtes Biest!« Und schleuderte das Kaninchen mit dem Kopf gegen einen der Pfeiler auf dem Umgang. Ein grausiges Knacken wie von zerbrechenden

Knochen war zu hören. Doch das Kaninchen war noch nicht tot. Die roten Augen, als könnten sie nichts mehr sehen, weit aufgerissen, so starrte es uns an. Der Fleischaufkäufer warf es in seinen Bambuskorb, nahm hierauf, nun endgültig verstummt, auch die anderen der Reihe nach bei den Ohren und stopfte sie alle mit in den Korb. Dann schloß er den Deckel und knotete einen Strick darüber. Dennoch bauschte sich hier und da ein weißer Wollflaum zwischen dem Bambusgeflecht hervor und bewegte sich wie ein Lebewesen.

Der Fleischaufkäufer holte aus einer dicken Brieftasche einige schmutzige Geldscheine hervor; er sah meinen Vater an, gleich darauf aber, als hätte er etwas »Kaninchenmäßiges« an ihm bemerkt, wandte er sich wieder ab und drückte die Scheine Mutter in die Hand.

Auf dem Ackerstück im Garten vor unserem Haus, wo alles sonst verfault war, reckten seltsamerweise nur Zehntugendkraut und Drachenzunge, diese Kaninchenfutterpflanzen, noch immer tapfer ihre Ranken, ihre Blätter, und über sie hinweg sahen wir drei, Vater, Mutter und ich, dem Fahrrad des Fleischaufkäufers nach, wie es aufs Tor zu verschwand. Dabei redete keiner von uns ein Wort.

Morio KITA

Geflügelte Ameisen am Hang

Geruch der schwarzen Erde, Geruch des frisch aufgeschossenen Grases, und es war da, mit beiden vermengt, der Geruch der gleißenden Sonne darauf. Sie schienen diese Gerüche zu spüren, so bewegten die Ameisen ihre dünnen Fühler. Ameisen, denen auffällig große Flügel gewachsen waren, Ameisen mit etwas kleineren Flügeln, und zahllose Ameisen außerdem, die keine Flügel hatten.

Das kleine Kind, ein Mädchen, beide Hände auf Rasen und Erde gestützt, als wollte es das Gesicht an den Abhang des Hügels legen, starrte unverwandt auf den unübersehbaren Ameisenschwarm. So viele Ameisen, in Haufen und Trupps sich drängende Ameisen und geflügelte Ameisen noch dazu hatte die Kleine bis dahin nie gesehen. Sie hatte eben ihren dritten Geburtstag hinter sich. Doch den Namen Ameise immerhin wußte sie, und seit einer Weile sagte sie ihn in einem fort vor sich hin: »Ameise . . . Ameise . . . Ameise . . . Ameise . . .«

Ringsum war es still, nur aus der Richtung, in der jenseits des Hügels der Spielpark lag, drang schwach das Gelärm der Kinder herüber. Ein Geräusch, das seltsamerweise, obwohl es in der trägen Luft hätte verlöschen müssen, klar und deutlich wahrzunehmen war, als ein Rauschen, das sich vom Rascheln des Grases doch wieder unterschied. Warum nur durfte sie nicht dort hinüber? Die ganze Zeit schon war die Kleine sich selbst überlassen; auch begann es sie zu langweilen, die ihre Fühler hin und her wendenden Ameisen zu zählen. »Ameise . . . Ameise . . . Ameise . . .«

Auf einmal – hatte etwa ihr Atem sie getroffen? – drehte die Ameise mit den größten Flügeln den Kopf zu ihr herum. Dieses eisig starre, ausdruckslose Ameisengesicht machte ihr ein wenig bange. Wie hilfesuchend, den Kopf leicht zurückgebogen, rief die Kleine mit kindlich monotoner Stimme zu ihrer Mutter hinüber: »Mama, sind die Ameisen böse?«

Da keine Antwort kam, sah sie sich, die eine Hand auf die in ihr Haar gebundene große rosa Schleife gepreßt, nach hinten um. Einige Meter entfernt hätte Mutter sitzen sollen, und tatsächlich saß sie auch dort. Die Kleine richtete sich auf und blickte noch einmal genauer hin. Eine ihr vom Gesicht her zwar bekannte, sonst aber fremde, wortlos dasitzende Frau, und doch, so ähnlich sah Mutter aus. Machte eine ungerührte Miene und starrte reglos auf einen bestimmten Punkt. Auch neben ihr der Mann, auf gleiche Weise die Beine von sich gestreckt, machte ein Gesicht wie sie. Die Kleine mochte diesen Mann nicht. Seinen finsteren Blick, seine große Stirn, die Art, wie ihm das Haar struppig herabhing – sie konnte das nicht leiden; am meisten aber ärgerte es sie, daß er nicht nett zu ihr war. Und wirklich, noch nie hatte das Kind einen solchen Mann erlebt. Verwöhnt erzogen, glaubte die Kleine fest, alle Erwachsenen dieser Welt müßten ihr zulächeln, müßten ihr schmeichelnd über den Kopf streichen. Dieser Mann jedoch hatte schon vorhin, als sie ihn zum erstenmal sah, nur die große Stirn gerunzelt und kein Wort zu ihr gesagt. Ihr war das unbegreiflich. Und ihre Mutter sogar – natürlich war es Mama, die dort saß. Aber so klein sah sie aus, schien ganz wie eine fremde Frau, die sie zufällig irgendwoher kannte.

Und die Kleine rief. Um die Aufmerksamkeit der Erwachsenen auf sich zu lenken, mit einer absichtlich harmlosen Stimme. »Mama«, rief sie, »sind die Ameisen böse?«

»Du brauchst keine Angst zu haben«, erwiderte die Frau und lächelte gleich darauf verlegen.

»Es sind so viele, ganz viele...«

»Vielleicht ziehen sie um.«

»Ziehen sie sich um?« fragte die Kleine mit schwerfälliger Zunge. Sie hatte den Sinn nicht verstanden. Und wieder das Gesicht dicht über dem Ameisenschwarm, der den Abhang des Hügels entlangkroch, sagte sie ein um das andere Mal: »... ziehen sie herum... ziehen sie herum...«

»Hübsch, die Kleine – wie?« Dabei wandte die Frau den Blick von dem Kind und sah in die Wiesen hinunter.

Der Mann nickte. In Wahrheit hatte er dem Mädchen noch nicht einmal richtig ins Gesicht geschaut. Trotzdem setzte er ein gebrummtes »ja schon –« hinzu.

»Sie ist doch hübsch, oder?« wiederholte die Frau ihre Frage. Es war wie halb nachdenklich, halb sich selbst überredend gesagt. Der Mann sah, als er sie so offen ihr eigen Fleisch und Blut loben hörte, für einen Augenblick verblüfft zu der Frau hinüber. Doch sobald er erkannte, daß sich in ihrem weder von Kummer noch von Freude betroffenen Gesicht Fältchen bildeten um die zusammengekniffenen Augen, wandte er den Blick wieder ab. Er beneidete diese Frauen.

»Eigentlich«, sagte die Frau, »wollte ich dir das Kind nie zeigen. Aber schließlich, finde ich, ist es doch besser, du kennst es.«

»Mag sein«, erwiderte der Mann. Er hatte mit der einen Hand einen zu seinen Füßen hoch aufgeschossenen Halm zu sich herangezogen, ohne daß er ihn jedoch abzureißen versuchte.

Eine Weile schwiegen sie. Die Sonne brannte, der Geruch von Erde und Gras stieg auf. Jeder für sich hingen sie ihren Gedanken nach.

»Hör mal«, sagte die Frau.

»Was denn?« sagte der Mann.

»Ich weiß nicht«, murmelte die Frau.

»Ich weiß es ja auch nicht«, sagte der Mann.

»Ich kann mir euch nicht nebeneinander vorstellen. Dich und das Kind.«

»Vielleicht hast du recht.«

»Ja, nicht wahr? Wie soll ich sagen ...«

»Ich verstehe schon«, sagte der Mann. »Jetzt sind die Ameisen auch hier.«

»Wirklich, Ameisen ...« Dabei tat die Frau ihre Beine ein wenig zur Seite und betrachtete die Scharen von Ameisen, die über den ausgedörrten Erdboden zogen. »Komisch das, wie? Was haben sie bloß für einen Grund dazu?«

»Ja, was wohl für einen? Ich weiß es nicht. Vielleicht ziehen sie tatsächlich um.«

»Das ist die Königin, nicht wahr?«

»Sicher, die große da, das dürfte sie sein.«

»Sie zieht also um, sie will einen neuen Bau aufrichten. An einer anderen Stelle.«

Der Mann, er schien nicht zugehört zu haben, nickte zur Antwort nur.

»Vorgestern habe ich einen Film über Ameisen gesehen«, sagte unbekümmert die Frau. Sie sprach das Wort »vorgestern« mit breitem Akzent. »Einen Film, weißt du, da wurden die Ameisen durch radioaktive Strahlung riesig groß.«

»Ah, den – ja, richtig, ich kenne die Geschichte«, sagte der Mann, während ihm bewußt wurde, daß die Frau immer dann in einen kindlichen Tonfall verfiel, wenn es um Dinge ging, die von den Problemen zwischen ihnen beiden weit ablagen. »Dir wird er wahrscheinlich nicht gefallen haben, der Film, aber ich weiß von einem Mann, der sich an so was vergnügt.«

»Merkwürdiger Mensch, oder?« Völlig unbefangen legte die Frau ihre Hand auf die Hand des Mannes.

Und der Mann beugte sich, während er die kleine, ein wenig verschwitzte Hand mit seiner anderen Hand bedeckte, vor und fragte: »Wie war das doch – mit den Ameisen?«

»Mittendrin tauchten sie plötzlich auf. Riesige, ja ungeheuerlich große Ameisen. Und gräßliche Schreie stießen sie aus: ›Kiii . . . kiii . . .‹«

Der Mann betrachtete die aus ihrem bootförmig ausgeschnittenen Kleid hervorschauenden Schlüsselbeinwölbungen und den schlanken Halsansatz. Und dann die feine, so kindliche Veränderung ihres Gesichtsausdrucks, die bei dem »Kiii-kiii«-Geschrei bemerkbar wurde. Dabei begriff er von neuem, wie wenig doch diese Frau, jung und hilflos, wie sie war, ganz allein mit sich zurechtkommen mußte. Es war nicht richtig gewesen, dachte der Mann, daß eine so kleine, eine so gebrechlich wirkende, eine so junge Frau ein Kind zur Welt gebracht hatte. Und rücksichtslos zudem, daß dieser Leib hinfort kein Kind mehr haben konnte. Ohne selbst Anlaß zu haben, haßte er ihren Mann, aber es war, auch das begriff er, im Grunde ein unangebrachter Haß.

»Manchmal denke ich, kämen doch solche großen Ameisen«, fuhr die Frau fort. »Und denke, fräßen sie doch alle auf und mich und das Kind auch . . . Dabei fürchte ich mich wirklich!«

»Das wäre wohl zum Fürchten«, sagte der Mann.

»Oder sollte ich davonlaufen?«

»Weiß ich's?« sagte wenig liebenswürdig der Mann.

Wieder schwiegen sie für eine Weile. Die Sonne brannte, sekundenlang rauschte ein Wind durchs Gras, der Zug der Ameisen wanderte zu ihren Füßen fort.

»Ist es nicht zu heiß?« fragte der Mann.

»Schon gut.« Die Frau beschattete ihre Augen und sah hinauf in den heiter ausgespannten Himmel. Zwei, drei weiße Wolken waren mitten hineingestreut, aber die konnten kaum für Wolken gelten.

»... dem Kind, meine ich.«

»Ach so?« Die Frau sah den Mann an, dann ließ sie ihre Augen zu dem Kind hinübergehen. »Da drüben ist ja Schatten... Du bist sehr aufmerksam.«

»Findest du?«

»Gelegentlich schon.«

Der Mann sah die Frau an, lachte kurz auf und suchte dann nach der Ameisenkolonne, die irgendwohin fortgezogen war.

»Ich begreife es nicht«, murmelte die Frau.

»Es gibt nichts Unbegreifliches«, sagte der Mann und schaute auf die Kleine, die da drüben kauerte. Betrachtete den rundlichen Kinderkörper und die große Schleife, die sie in ein Spielzeug zu verwandeln schien. Dabei war es natürlich ein Mensch und sah mit angespannt ernstem Gesicht auf den Erdboden, alles andere als ein Spielzeug.

»Du meinst dieses Kind?« Die Frau war den Blicken des Mannes gefolgt. Und als sie das sagte, geschah es in einem Tonfall, als spräche sie von einem, das in keinerlei Verbindung zu ihr stünde, worüber sie selbst erschrak. Da fragte neben ihr die seltsam träge Stimme des Mannes: »Ob du mich wohl vor diesem Kind umarmen würdest?«

Es lag ihm nichts daran zu beobachten, was für einen Gesichtsausdruck die Frau jetzt wohl hatte. So sagte er mit noch trägerer Stimme: »Auch wenn man es nicht begreift, es ist nicht zu ändern.«

»Mag sein«, sagte die Frau überaus hastig. »Dann bin ich damit am Ende.«

Der Mann blieb stumm. Sie fand es grausam von ihm, daß er

ihr kein Wort erwiderte; aber noch mehr zu reden, hätte nicht weitergeführt. Wie oft auch wiederholt – es war umsonst. Ihr Mann gab das Kind nun einmal nicht frei, und sie selber brachte es nicht über sich, auf das Kind zu verzichten. Die Frau schloß die Augen. Auf einmal spürte sie wieder die Schmerzen, die sie, verursacht von jenem kleinen Klumpen Fleisch, ausgebrannt hatten vor drei Jahren. Benommen sagte sie: »Schließlich bin ich aber doch die Mutter.«

»Bist du die Mutter«, sagte der Mann, und es klang wie ein Echo.

»Freilich die Mutter. Nur, muß ich denn nun immer Mutter sein? Ich bin ja selber noch ein Kind.«

»Und ob du noch ein Kind bist.«

»Natürlich nicht wirklich ein Kind. Aber vielleicht ist es nicht richtig, mir einzubilden, ich wäre eine Frau, oder?«

»Du bist eine Frau«, sagte der Mann, »hast die schönsten zwanzig Jahre vor dir.«

Die Frau beugte sich zur Seite und öffnete den Mund, hielt dann aber an sich, legte ihre Hand auf seine Hand und streichelte sanft seine Gelenke. Hart waren seine Knochen, so daß sie spürte, wie weich ihre eigenen Finger waren.

»Schöne Beine hast du«, sagte leise der Mann, während er mit ihren Fingern spielte.

»Ach, Unsinn!«

Die Frau seufzte. Ihr schien, sie müßte den Mann beneiden.

»Du hast eine Zukunft«, sagte sie in einem fast mütterlichen Tonfall.

Eine Zukunft? Der Mann versuchte, dieses Wort, das durchaus nicht seiner wirklichen Empfindung entsprach, in seinem Kopf kreisen zu lassen. Natürlich hatte sie recht, und doch hatte sie auch wieder nicht recht. Wenn er ihr jetzt allerdings sagte, sie habe nicht recht, würde sie darauf bestehen, recht zu haben; und allein schon im Gedanken daran fand er es ein sinnloses Gespräch.

Da kam die Kleine herbeigerannt. Sie hatte eine große Ameise an den Flügeln gepackt. Halb von Neugier, halb von Furcht erfüllt, streckte sie die Hand so weit wie möglich von sich ab, und nachdem sie dem Mann einen kurzen Blick zugeworfen hatte, hielt sie ihrer Mutter die Ameise hin. Da diese sich jedoch ängstlich zurückbog, ließ das Mädchen die Ameise sofort fallen.

»Stechen denn Ameisen?«

»Ja, wie eigentlich?« Die Frau, noch immer mit einem unbehaglichen Gefühl, sah der auf den Boden gefallenen großen Ameise nach, wie sie mit schleppenden Beinen davonlief. »Du, sag, ob Ameisen stechen?« Unbewußt benutzte sie bald den einen, bald den anderen Tonfall.

»Na, höchstens pieken sie ein bißchen.«

Der Mann sagte es eher unbeteiligt und betrachtete dabei die vor ihm stehende Kleine. Betrachtete die vollen Backen dieses durchaus nicht arglosen Kindes, das sich, da es seine Blicke spürte, an Mutters Schoß drängte. Und es schien ihm, daß es so gar nicht der Mutter ähnelte.

»Mama, ich will heim.«

»Ach, und bist nicht auf die Schaukel gestiegen . . .«

Die Kleine, ihr fiel wieder ein, worauf sie sich so gefreut hatte, legte nickend den Arm um Mutters Schulter. Sie hatte gemeint, heute gehe es in den Spielpark, und es selber herrlich gefunden, daß man ihr das neue Kleid anzog und die Schleife ins Haar band. Aber als sie auf dem Vorortbahnhof durch die Sperre getreten waren, hatte dieser Mann auf sie gewartet und war dann immer neben Mutter hergegangen. So hatte er ihr schließlich alles verdorben.

»Hab doch noch ein Weilchen Geduld. Dann sollst du schon zu deiner Schaukel kommen«, sagte die Mutter. Und die Kleine begann, die geflügelte Ameise zu suchen, die sie zuvor weggeworfen hatte. Dabei hatte sie das Tierchen nicht einmal besonders gemocht.

»Vielleicht sind auch solche großen Ameisen zu bedauern«, sagte die Frau.

»Was, meinst du, ist zu bedauern?«

»Die Ameisen. Die Riesenameisen in dem Film. Du brauchst es nur von den Ameisen aus zu betrachten: sie schaffen sich mit vieler Mühe einen Bau, sie legen ihre Eier ab; natürlich haben sie gelegentlich einen Menschen umgebracht, aber ja doch nicht aus Bosheit. Sie deshalb gleich mit dem Flammenwerfer auszuräuchern . . .«

Der Mann starrte die Frau verblüfft an, dann sagte er: »Allerdings bedauernswert.«

»Und dennoch beneidenswert!«

»Was sagst du da?«

»Ich sage: Ich beneide sie darum. Der Mensch – denn er ist der Mächtigste – wird von keinem vernichtet. Und weil das so ist, wird der Mensch, wenn er es nicht fertigbringt, solche Dinge von sich aus zu zerschlagen, bis zum Ende immer in derselben Haltung dastehen . . .«

»Du gäbst einen tüchtigen Redner ab«, sagte der Mann ohne jeden Hintergedanken. »Und das Kind wird sich langweilen.«

»Ich rede ja bloß so drauflos, mehr nicht.«

Bei diesen Worten starrte die Frau auf ihre Schuhspitzen; doch auf ihrem Gesicht die Anspannung blieb.

»Das Schlimme ist, daß du schweigst. Mir immerhin ist klar, daß wir irgendwas reden müssen. So erwachsen bin ich ja wohl doch, oder?«

Der Mann lachte. »Großartig bist du.«

»Ach, schau mal – hast du etwa eben gelacht? Soviel also verstehe ich wenigstens . . ., daß ich dich zum Lachen kriege.«

Der Frau stiegen plötzlich Tränen auf. Wenn ihr sonst die Tränen kamen, war es mit ihrer Kraft vorbei, und dann konnte sie nicht anders, als sich dem Mann gegenüber besiegt zu geben. Jetzt aber, da das Kind dabei war, durfte er darauf nicht rechnen. Mit ihren Fäusten rieb sich die Frau die Augen trocken. Seltsam feste Fäuste waren das, wunderte sie sich selber. Bin ich etwa abgemagert? Wenn ich zuschlüge damit – ob es weh täte?

»Ach, ich könnte zuschlagen«, sagte sie laut, »und es wäre doch umsonst. Ich habe ja keine Kraft.«

»Was denn schlagen?«

»So ein Dummkopf, wie?«

»Dabei ist er schlauer als du.«

»Du bist schlau und dickfellig dazu.«

»Vielleicht hast du recht. Sicher hast du recht.«

»Hör auf!« sagte die Frau. »Wir sollten wirklich anders miteinander reden.«

»Allerdings. Schließlich, wie die Dinge liegen, haben wir wenigstens das eine Vorrecht, daß wir nach Belieben reden können.«

»In welchem Sinne meinst du das?«

»In gar keinem besonderen Sinne.«

»Ja aber, wie immer man etwas sagt, was man empfindet, das bleibt sich doch gleich, oder?«

»Ich weiß nicht, eigentlich sind wir auch in unseren Empfindungen überraschend unsicher.«

»Unsicher oder nicht, ich zum Beispiel vertrage keine Kälte. Und dabei träume ich davon. Einen Traum, der mich selbst bei solchem Wetter verfolgt. Daß ich nackt dastehe in einem düsteren, kalten Raum, alles eisbedeckt ringsum, und mit den Zähnen klappere. Dir macht das wohl nichts?«

»Ich muß ja nicht unbedingt erst davon träumen.«

»Willst du mich quälen?«

»Aber nein.«

»Du darfst mich ruhig quälen«, sagte die Frau, »wenn es mir dadurch ein bißchen wärmer würde...«

»Was denn?« sagte der Mann, »wo jetzt die Sonne geradezu unerträglich brennt?«

»Wenn es aber kalt ist, dann wirst du mich quälen, wie? Bestimmt macht dir ja die Kälte nichts aus.«

»Wieso?«

»Weil du soviel Haare hast.«

»Du bist ganz schön schlagfertig.«

»Ich hoffe es, so einigermaßen wenigstens.«

Beide bemühten sie sich, einander zuzulächeln. Dann faßten sie sich bei den Händen, und einer tastete nach den empfindlichsten Fingerpartien des anderen.

»Ist dir nicht doch heiß?« fragte der Mann.

»Nein, gar nicht. Nur der Kopf brummt mir ein bißchen. Das ist bei mir angeboren«, sagte die Frau. »Magst du eigentlich Lachsrogen?«

»Lachsrogen? Warum fragst du ausgerechnet das?«

»Weil es mir gerade einfiel. Am besten, man redet, was einem gerade einfällt. Oder meinst du nicht? Aber vielleicht soll man das nicht, wie?«

»Davon kann keine Rede sein.«

»Nun, also magst du Lachsrogen?«

»Freilich mag ich Lachsrogen.«

»Du bist wirklich recht umständlich. Aber dir ist eben die Umständlichkeit angeboren; ist ja auch in Ordnung so. Und daß du Lachsrogen magst, finde ich jedenfalls prächtig.«

»Was daran so prächtig ist?«

»›Prächtig‹ drückt es nicht aus – ich freue mich darüber. Neuerdings mag ich Lachsrogen am liebsten. Komisch, wie?«

»Gar nicht komisch. Was dich freut, freut mich auch.«

»Denkst du ehrlich so?«

»Aber ja doch.«

Die Sonne brannte, es stieg der träge Erdgeruch auf; sie sahen, wie in ihm scheinbar winzige Insekten flogen.

»Ich glaube«, sagte die Frau, »in Wahrheit könnten wir diesen Tag viel glücklicher verleben – wir drei. Nun, es ist mein Fehler, nicht wahr? Daß ich so habsüchtig bin. Ich weiß das schon.«

»Was heißt da Fehler! Typisch für dich, es so auszudrücken«, sagte der Mann. »Ich bin nun mal nicht sehr gewandt.«

»Mama, ich will heim«, sagte die Kleine, während sie, zu Tode gelangweilt und schlechter Laune, auf ihre Mutter zugelaufen kam.

»Heim willst du? Und nicht auf die Schaukel?«

Fast hätte die Kleine gesagt: Ja will ich schaukeln, aber bald. Da sie sich jedoch unsicher fühlte (vielleicht auch tat sie nur so), nickte sie lediglich und warf dem Mann einen kurzen verstohlenen Blick zu.

»Natürlich wirst du schaukeln.«

»Jetzt will ich auf die Schaukel, jetzt gleich.« Und diesmal sagte es die Kleine laut heraus. Sagte es mit ihrer hübschen Gewitztheit wie sonst, wenn Erwachsene sie bewunderten, und um sich auch ja des Erfolgs zu vergewissern, beobachtete sie den Mann aus den Augenwinkeln. Auf einmal streckte der Mann seine dicken Arme aus, und sie fühlte sich hochgehoben.

Oft genug hatte sie das von Erwachsenen erlebt, doch niemals zuvor war sie in solche Höhe hinaufgehoben worden. Der ganze Hügel, an dessen Abhang zuvor die vielen Ameisen gelaufen waren, wurde plötzlich flach und eben, die Welt bis weit in die Ferne lag offen da: ein Anblick, der sich ihr tief einprägte, während sie ihre kurzen Beine über dem Gesicht des Mannes zappeln ließ. Zwar war ihr ein wenig bange, aber es freute sie, daß dieser

Mann, der sie bis dahin übersehen hatte, schließlich doch auf sie aufmerksam geworden war. Und sie lachte hinunter in sein Gesicht genau unter sich, in dem die Stirn jetzt noch größer erschien.

Der Mann allerdings lachte nicht. Finster und ausdruckslos, glich sein Gesicht irgendwie jenem Ameisengesicht von vorhin. Zudem sagte er, während er sie weiter so hochgestreckt hielt: »Ach, umbringen könnte ich dich!«

Sie fürchtete sich, sie erschrak, und als sie sah, wie der Mann drunten im Gegenteil jetzt ein sehr freundliches Gesicht machte, erschrak sie nur um so mehr und wollte zu heulen anfangen. Schlaff ließ sie ihre Beine hängen und fragte entsetzt: »Umbringen? Mich umbringen?«

»Aber ich bring' dich doch nicht um!« sagte der Mann, stellte die Kleine wieder auf die Erde und strich ihr mit der Hand über die große Schleife und das weiche Haar. »Wie auch immer, du bist ja in dieser Welt ein Mensch für mich wie sonst keiner.«

Und wieder strich ihr der Mann übers Haar. Nicht, daß es ihr besonders angenehm gewesen wäre; doch dachte die Kleine: Angst brauche ich jedenfalls keine zu haben. Außerdem lachte nun der Mann, und da sah er nicht mehr wie eine Ameise aus.

»Ich werde gehen«, sagte der Mann, während er mit der Schleife der Kleinen spielte.

Ein wenig war die Kleine enttäuscht; andererseits konnte sie nun, da der Mann gehen würde, erst richtig beruhigt sein.

»Gehst du jetzt?« fragte sie, ohne es zu meinen. Sie fand es einfach lustig, mit den Erwachsenen zu reden, und so wollte sie nur irgend etwas daherplappern.

»Ich werde jetzt heimgehen«, wiederholte lachend der Mann, machte allerdings keine Anstalten, sich vom Fleck zu rühren.

»Wo gehst du denn hin? Zu Papa?«

»Ich glaube, ich kann nicht mehr«, sagte auf einmal die Frau. Sie war sitzen geblieben wie zuvor und sah bald den Mann, bald das Kind mit abwesenden Blicken an.

»Kannst nicht mehr? Kannst nicht mehr?« fragte die Kleine ein um das andere Mal und hatte doch den Sinn nicht begriffen.

»So darfst du nicht reden«, sagte der Mann und bewegte dabei in seinen Schuhen die Zehenspitzen. Dort hatten sich Bläschen gebildet, die juckten ein wenig. Wie heiß es heute ist, dachte der Mann. Wirklich schien ihm, als bebte dieser ganze Hügel unter der unaufhörlich herabströmenden Helle der Sonne. Als stiege die träge, erhitzte Luft aus der Erde auf, so wie jener Ameisenschwarm aus der Erde hervorgekommen und irgendwohin davongeflogen war.

Er streckte der Frau, die noch immer dasaß, beide Hände hin, und halb als ob er sich selbst zurechtwiese, sagte er: »Nein, so darf man nicht reden.«

Mit ihrem ganzen Gewicht an seinen Händen hängend, ließ die Frau sich hochziehen, wobei sie rasch und ohne jede Überlegung sagte: »Ja, ja, natürlich nicht. Es war ja auch nur so dahergeredet. Bloß sich einmal fallen lassen. Ist es denn nicht besser, wenn man sich einmal wenigstens fallen läßt?«

Es war nicht richtig gewesen, dachte der Mann, daß so eine Frau ein Kind zur Welt gebracht hatte. Und wieder stieg dabei jener unangebrachte Haß in ihm auf.

»Aber ja doch«, sagte der Mann.

Kenzaburō Ōe

Der Fang

Mein jüngerer Bruder und ich wühlten mit Holzstücken in der lockeren Erde auf dem behelfsmäßigen Feuerbestattungsplatz herum, der nach Fett und Asche roch. Für diese einfache Verbrennungsanlage hatte man bloß das Gebüsch ein wenig abgeholzt und die Erde oberflächlich aufgegraben. Der Talgrund versank bereits in der Dämmerung, und der Nebel dort war so kühl wie das im Wald hervorquellende Wasser. Aber noch ergoß sich das weinbeerfarbene Licht auf unser Dorf, das entlang der gepflasterten Straße lag. Ich streckte meinen gebeugten Rücken und gähnte träge. Auch mein Bruder richtete sich auf, gähnte ein wenig und lächelte mir zu.

Wir ließen das »Sammeln« sein, warfen die Holzstücke in das wuchernde Sommergras und gingen, die Arme einander um die Schultern gelegt, den schmalen Weg zum Dorf bergan. Wir hatten auf der Einäscherungsstätte nach schöngeformten Knochen gesucht, die wir dann als Abzeichen auf unserer Brust getragen hätten, doch die Dorfkinder hatten schon alle geholt, so daß wir nichts mehr fanden. Nun blieb mir nichts anderes übrig, als einen meiner Klassenkameraden durch Prügel dazu zu bringen, mir seinen abzutreten. Vor zwei Tagen hatte ich zwischen den schwarzen Beinen der dicht an dicht stehenden Erwachsenen der Verbrennung einer Frau aus dem Dorf zugesehen. Die Leiche hatte im Schein der Flammen mit traurigem Gesichtsausdruck auf dem Rücken gelegen, ihren aufgeschwollenen nackten Bauch gen Himmel gerichtet. Plötzlich überfiel mich Angst. Ich packte meinen Bruder an seinem mageren Arm und beschleunigte meine Schritte. Mir war, als schlüge mir wieder der Gestank der Leiche entgegen. Es roch wie das Sekret eines Käfers, das er absondert, wenn man ihn mit den Fingern zerquetscht.

Die lange Regenzeit vor Beginn des Sommers hatte unser Dorf zur Leichenverbrennung im Freien gezwungen. Von dem unaufhörlichen Regen kam es fast täglich zu Hochwasser. Ein Bergrutsch hatte die Hängebrücke zerstört, über die der kürzeste Weg von unserem Dorf in die Stadt führte. So wurde unsere Dorfschule geschlossen, die Post konnte nicht mehr zugestellt werden, und die erwachsenen Dorfbewohner waren gezwungen, wenn sie in die Stadt mußten, einen engen, unsicheren Gebirgspfad zu benutzen, der über die Bergrücken führte. Es wäre unmöglich gewesen, die Toten zum Krematorium in die Stadt zu schaffen.

Für unser Dorf, das entstanden war, um das unbebaute Land dieser Gegend urbar zu machen, und das alt war, ohne richtig gewachsen zu sein, bedeutete es keine ernsthaften Entbehrungen, völlig von der Stadt abgeschnitten zu sein. Die Städter verachteten uns, als seien wir schmutzige Tiere. Alles, was wir für unseren täglichen Bedarf benötigten, war in unserem Weiler vorhanden, in dem Nest am Berghang des schmalen Tales. Es war Sommeranfang, und wir Kinder freuten uns, daß die Schule geschlossen war.

Am Eingang zum Dorf, wo die mit Steinen gepflasterte Straße begann, stand Hasenscharte, einen kleinen Hund im Arm. Ich zog meinen Bruder mit in den tiefen Schatten eines alten Aprikosenbaumes, um den Hund zu betrachten.

»Sieh dir das an!« rief Hasenscharte. Er beutelte den kleinen Hund, bis er knurrte. Hasenschartes Arme, die er mir entgegenstreckte, waren mit Bißwunden bedeckt, an denen Blut und Hundehaare klebten. Auf seiner Brust und seinem Stiernacken schwollen Bißwunden wie Knospen.

»Hast du's gesehen?« fragte er ernst.

»Du hast dein Wort gebrochen, daß wir nur zusammen auf Wildhundjagd gehen werden«, sagte ich mit vor Wut und Ärger belegter Stimme.

»Ich bin bei dir gewesen«, unterbrach er mich schnell, »aber du warst nicht zu Hause.«

»O weh, welche Bisse! Bist du ihnen in den Schlupfwinkel nachgekrochen?« fragte ich und betastete mit den Fingern vorsichtig den kleinen Hund, der mich aus wütenden Wolfsaugen ansah und zu fauchen begann.

»Ich hatte mir einen Ledergürtel um den Hals gewunden, damit sie mich nicht in die Kehle beißen können«, sagte er mit Stolz in der Stimme.

Nun sah ich die Szene vor Augen, wie Hasenscharte, den Ledergürtel um den Hals, aus dem aus verwelktem Gras und Zweigen gebauten Unterschlupf der wilden Hunde herauskroch, den kleinen Hund im Arm, und von den anderen Hunden verfolgt und gebissen wurde. Deutlich sah ich vor mir, wie er im violetten Dämmerlicht mit seiner Beute den Berghang herab auf die gepflasterte Straße kam.

»Wenn man den Hals schützt, kann nichts passieren«, sagte er selbstbewußt. »Ich habe so lange gewartet, bis nur noch die Jungen in der Höhle waren.«

»Ich habe sie im Tal herumlaufen sehen«, sagte mein Bruder eifrig. »Es waren fünf – zusammen mit der Alten.«

»Ha!« rief Hasenscharte. »Wann denn?«

»Kurz nach Mittag.«

»Ich bin erst danach losgegangen.«

»Prächtig, das weiße Fell, das er hat!« murmelte ich, bemüht, meinen Neid zu verbergen.

Hasenscharte beschrieb nun in seiner obszön-saloppen, aber realistischen Sprechweise, wie die Mutter dieses jungen Wildhundes von einem Wolf besprungen worden war.

»Einfach phantastisch!« rief mein Bruder wie im Traum.

»Er hat sich schon ganz an mich gewöhnt«, übertrieb Hasenscharte. »Jetzt will er nicht mehr zu den wilden Hunden zurück.«

Mein Bruder und ich schwiegen.

»Paßt mal auf!« Damit setzte er den Hund auf den Boden und nahm seine Hände von ihm. »Schaut!«

In diesem Augenblick sahen wir aber statt auf den Hund zum Himmel hinauf, der sich über dem schmalen Tal wölbte. Ein Flugzeug von unglaublicher Größe raste über uns hin. Für einen kurzen Augenblick versanken wir in dem Dröhnen, das die Luft erfüllte und erschütterte. Wie in Öl gefangene geflügelte Insekten waren wir unfähig, uns zu bewegen.

»Eine feindliche Maschine!« schrie Hasenscharte. »Der Feind kommt!«

Wir starrten zum Himmel hinauf und schrien uns heiser: »Ein feindliches Flugzeug!«

Doch schon war am Himmel nichts mehr zu sehen als die braunen Wolken, die in der untergehenden Sonne schimmerten. Da bemerkten wir, daß Hasenschartes kleiner Hund bellend die Dorfstraße entlangrannte. Gleich darauf war er auch schon im Gebüsch verschwunden. Hasenscharte machte Anstalten, ihn zu verfolgen, blieb dann aber bestürzt stehen, als ich und mein jüngerer Bruder wie betrunken in lautes Lachen ausbrachen. Selbst er konnte trotz seines Ärgers ein Lächeln nicht unterdrükken.

Wir ließen ihn stehen und rannten auf unsere Scheune zu, die wie ein riesiges Tier in der dämmernden Abendluft hockte. Auf dem dunklen, gestampften Fußboden bereitete Vater das Abendessen vor.

»Ich habe das Flugzeug gesehen!« rief mein Bruder. »Das riesengroße Flugzeug des Feindes!«

Vater stieß eine Art Gebrumm aus, aber er wandte sich nicht um. Ich holte seine schwere Jagdflinte vom Gestell an der Wand, hing sie mir über und stieg Arm in Arm mit meinem Bruder die dunkle Treppe hoch.

»Schade, daß der Hund fort ist!« seufzte ich.

»Und das Flugzeug auch ...«, sagte mein Bruder.

Wir bewohnten einen kleinen Raum in der Gemeindescheune, die in der Mitte des Dorfes stand. Die enge Dachkammer hatte man früher für die Seidenraupenzucht benutzt. Vater pflegte seine Strohmatte und die Pferdedecke auf den dicken, angefaulten Dielenbrettern auszubreiten und sich darauf schlafen zu legen, und wenn ich und mein Bruder dann noch auf unserem Bett lagen, für das er eine Holztür auf die alten Seidenraupenrahmen gehoben hatte, so war diese ehemalige Raupenkammer, aus der das Gewürm unter Hinterlassung noch immer stinkender Kotflecken auf den Wandtapeten und vergammelter Maulbeerblätter am nackten Deckengebälk längst auf und davon gezogen war, voll und ganz mit Menschen ausgefüllt.

Wir besaßen fast gar keine Möbel. Der einzige Besitz, die Flinte unseres Vaters, gab der ärmlichen Behausung eine besondere Note. Nicht nur ihr Lauf, sondern auch ihr ölglatter Kolben glänzte, als hätte er sich in harten Stahl verwandelt. Die Flinte trug zu unserem Unterhalt bei. Durch Fallenstellen, durch verschiedenartigste Jagdbeute wie Hasen, wilde Vögel und Wildschweine, die er in schneereichen Wintern schoß, und dadurch, daß er die Felle der in Fallen gefangenen Wiesel trocknete und sie in der Stadt im Amt ablieferte, gelang es Vater, uns am Leben zu erhalten.

Während wir das Gewehr mit einem in Öl getränkten Lappen abrieben, blickten mein Bruder und ich durch die Ritzen in den Türbrettern zum dunklen Himmel, weil wir hofften, das Flugzeug noch einmal zu erspähen. Es kam sehr selten vor, daß ein Flugzeug über unser Dorf flog. Nachdem wir die Flinte wieder auf das Gestell an der Wand gelegt hatten, gingen wir ins Bett, preßten uns aneinander und warteten, von wachsendem Hunger gepeinigt, daß Vater uns den Topf mit der Reis- und Gemüsesuppe heraufbrächte. Wir waren wie zwei kleine Kerne, umschlossen von dickem Fruchtfleisch und einer harten Schale, waren, jung und schmiegsam, wie zwei dünnhäutige grüne Samen, die allein schon vom Licht der Welt draußen in Furcht erzitternd hätten zerspringen und welken müssen. Draußen, jenseits der harten Schale, hinter den Wellen der Berge am Meer, von dem wir, wenn wir aufs Dach kletterten, einen schmalen, leuchtenden Streifen sehen konnten – dort in der Stadt war der bereits zu lange währende Krieg zu einer lästigen Legende geworden, die das ganze Leben lähmte. Für uns aber war der Krieg nichts anderes als die Abwesenheit der jungen Männer aus dem Dorf und die gelegentliche Nachricht vom Tod auf dem Schlachtfeld, die der Briefträger brachte. Sogar die feindlichen Flugzeuge, die in letzter Zeit manchmal unser Dorf überflogen, waren für uns kaum mehr als eine Art von seltenen Vögeln.

Kurz vor der Morgendämmerung wurden wir durch ein schreckliches Dröhnen und einen furchtbaren Einschlag geweckt. Ich sah, wie Vater aus der über den Kopf gezogenen Wolldecke auffuhr und mit scharfen, gierigen Augen wie ein wildes Tier, das nachts im Wald auf der Lauer liegt und im Begriff ist, sich auf die Beute zu werfen, im Bett kauerte. Doch statt aufzuspringen, ließ er sich wieder niedersinken und schlief weiter.

Lange lauschte ich mit angespannten Ohren, aber das Dröhnen wiederholte sich nicht. Ich wartete und atmete die feuchte Luft ein, die nach Schimmel und winzigen Lebewesen roch und vom matten Mondlicht erhellt war, das sich durch das hohe, kleine Dachfenster hereinstahl. Die Zeit verging. Plötzlich begann mein Bruder, die verschwitzte Stirn gegen meinen Bauch gepreßt, zu schluchzen. Wahrscheinlich hatte auch er auf die Wiederholung des Dröhnens gewartet und es nun nicht mehr aushalten können. Ich legte zärtlich meine Hand auf seinen mageren Nacken, der dünn wie der Stengel einer Blume war, und wiegte ihn sanft, um ihn zu beruhigen. Ich selbst wurde durch die behutsamen Bewegungen meines Armes gleichfalls besänftigt und schlief ein.

Als ich erwachte, ergoß sich das üppige Morgenlicht durch alle Lücken der Wandbretter in der Scheune, es war bereits ziemlich heiß. Mein Vater war schon fort, und auch die Flinte lag nicht mehr an der Wand. Ich rüttelte meinen Bruder wach, und dann traten wir mit nacktem Oberkörper auf die holprige Dorfstraße vor der Scheune. Das grelle Morgenlicht knallte auf Pflaster und Steintreppe und blendete die Kinder draußen, von denen einige bloß müßig dastanden, während andere ihre Hunde auf den Rücken gedreht hatten, um sie zu flöhen, und wieder andere schreiend umherrannten. Aber es waren keine Erwachsenen da. Mein Bruder und ich liefen zur Hütte des Schmiedes unter dem weitästigen Kampferbaum. Doch das Holzkohlenfeuer, das sonst seine dunkle Werkstatt erleuchtete, brannte diesmal nicht. Auch die Blasebälge fauchten nicht. Und der Schmied, der, den unteren Teil seines Körpers fast in der Erde vergraben, mit seinen ungewöhnlich gebräunten, ausgedörrten Armen das glühende Eisen zu packen pflegte, war gleichfalls nicht zu finden. Noch nie war es vorgekommen, daß wir den Schmied nicht zu Hause angetroffen hatten. So gingen wir denn, unsere nackten Arme ineinander verschränkt, die holprige Straße weiter. Im ganzen Dorf befand sich kein einziger Mann. Die Frauen allerdings mochten im Dunkel hinter den Türen lauern. Nur wir Kinder ertranken in der Flut des Sonnenlichts. Angst befiel mich.

Hasenscharte, der auf der Steinstufe vor dem Gemeindebrunnen lümmelte, sah uns und rannte winkend auf uns zu. Er tat sehr wichtig, vor seine gespaltene Lippe trat in kleinen, weißlichen Bläschen der klebrige Speichel. »Wißt ihr schon?« rief er und packte mich an der Schulter. »Hast du schon gehört?«

»Hm«, entgegnete ich ausweichend.

»Gestern abend ist ein feindliches Flugzeug auf dem Berg abgestürzt«, sagte er. »Jetzt suchen sie die Flieger, die an Bord der Maschine waren. Alle Erwachsenen machen mit Flinten Jagd auf sie.«

»Werden sie sie niederschießen?« fragte mein Bruder mit erregter Stimme.

»Nein, das glaube ich nicht, die Munition ist jetzt knapp bei uns«, antwortete Hasenscharte sehr freundlich. »Sie werden sie wohl eher lebend fangen.«

»Und was ist mit dem Flugzeug?« erkundigte ich mich.

»Das ist über dem Tannenwald abgestürzt und zerschellt«, antwortete Hasenscharte. Er sprach rasch, und seine Augen glänzten. »Der Briefträger hat es gesehen. Du kennst doch die Stelle, nicht wahr?«

Ich kannte sie; die Tannen mußten jetzt blühen wie die Grasrispen. Gegen Ende des Sommers würden sie dann die den Vogeleiern ähnlichen kleinen Zapfen haben, die darauf warteten, von uns als Munition für unsere Kriegsspiele geholt zu werden. Und in der Morgen- und Abenddämmerung würden die braunen Geschosse mit plötzlichem harten Krachen durch die Scheune fliegen.

»Was denn?« fragte Hasenscharte und verzog seine Lippen, daß man das rosa Zahnfleisch sehen konnte. »Du kennst sie nicht?«

»Doch, natürlich«, antwortete ich. »Gehst du hin?«

Er starrte mich mit einem verschlagenen Lächeln an, bei dem sich die Haut um seine Augen in zahllose Falten legte.

Ich begann ungeduldig zu werden. »Wenn du hinwillst, dann gehe ich und hole mir mein Hemd«, sagte ich und feixte ihn an. »Geh nur voraus, ich hole dich schon ein.«

Hasenschartes Gesicht verzerrte sich vor Freude. »Nein, das kannst du nicht«, sagte er mit unverhohlener Befriedigung. »Kinder dürfen nicht auf den Berg hinauf. Die Männer haben Angst, daß man sie für Feinde hält und auf sie schießen könnte.«

Ich ließ den Kopf hängen und sah auf meine nackten Füße, die mit ihren kurzen, kräftigen Zehen auf dem im Morgenlicht glühenden Pflaster standen. Enttäuschung durchflutete mich, wie der Saft einen Baum durchdringt; meine Haut wurde rot und heiß wie die Eingeweide eines eben geschlachteten Huhnes.

»Wie sehen die feindlichen Soldaten denn aus?« fragte mein Bruder.

Wir ließen Hasenscharte stehen und gingen die Straße zurück, ich legte meinen Arm um die Schulter meines Bruders. Ja, überlegte ich, wie mochten die feindlichen Soldaten wohl aussehen? Und wie eigentlich versteckten sie sich auf den Wiesen oder im Wald? Ich hatte das Gefühl, als wimmelte es in den Wäldern und Wiesen um das Dorf nur so von Feinden, die in ihren Verstecken den Atem anhielten, als würde das leise Geräusch ihres verhaltenen Atems jeden Augenblick in ein heftiges Rauschen ausbrechen. Und es kämen ihre verschwitzte Haut und ihr penetranter Körpergeruch über das Tal wie eine andere Jahreszeit.

»Ich hoffe, daß sie nicht tot sind«, sagte mein Bruder wie im Traum vor sich hin, »ich hoffe, daß sie sie lebend fangen.«

In dem alles durchdringenden Sonnenlicht klebte der Speichel in unsren Kehlen, und Hunger nagte in unseren Mägen. Unser Vater aber würde wahrscheinlich erst abends nach Hause kommen. Wir mußten uns also unser Essen selbst suchen. Wir gingen zum Brunnen hinter der Scheune, dessen Eimer bereits seit langem zerbrochen war, und tranken von dem Wasser, indem wir uns hinunterbeugten, die Arme gegen die kalten, schwitzenden Steine der inneren Brunnenwand gestemmt, die sich wie der Bauch einer Lampe nach außen wölbte.

Nachdem wir mit einem flachen Eisentopf Wasser geschöpft hatten, machten wir Feuer. Dann gingen wir in die Scheune und klauten einige Kartoffeln. Als wir sie im kalten Wasser wuschen, fühlten sie sich in unseren Händen hart wie Steine an.

Das Mahl, zu dem wir uns nach kurzer Mühe setzten, war einfach, doch reichlich. Mein Bruder, der zufrieden wie ein glückliches Tier die Kartoffeln aß, versank in Gedanken.

»Ob die feindlichen Soldaten wohl auf den Tannen sitzen?« fragte er. »Ich habe einmal ein Eichhörnchen auf einer Tanne sitzen sehen.«

»Hm. Auf so einer Tanne kann man sich leicht verstecken; jetzt, wo sie blühen«, meinte ich.

»Das Eichhörnchen hat sich auch gleich versteckt, als es mich sah«, sagte mein Bruder und lächelte.

Ich stellte mir vor, wie die fremden Flieger hoch oben in den mit rispenförmigen Blüten besteckten Tannenästen saßen und durch das Gewirr der dünnen Nadeln auf Vater und seine Gefährten hinabspähten. Vielleicht würden die Kiefernbüten überall an den dickgefütterten Fliegeruniformen klebenbleiben, bis die Soldaten wie dicke Eichhörnchen vor dem Winterschlaf aussahen.

»Auch wenn sie sich in den Tannen verstecken, bestimmt werden die Jagdhunde sie wittern und verbellen«, sagte mein Bruder überzeugt.

Als unser Hunger gestillt war, ließen wir die Reste der Kartoffeln, den Topf und ein Häufchen Salz einfach liegen und setzten uns auf die Steintreppe am Eingang der Scheune, wo wir eine Weile schliefen. Am Nachmittag gingen wir dann zur Quelle, um zu baden. Dort lag Hasenscharte völlig nackt auf dem breitesten der glatten Steine und ließ sich von kleinen Mädchen sein rötliches Glied liebkosen, als wäre es eine Puppe. Von Zeit zu Zeit versetzte er den Mädchen, die gleichfalls nackt waren, mit der flachen Hand einen Schlag auf den Hintern. Mein Bruder saß neben ihm und war in die Betrachtung dieses heiteren Vorganges vertieft. Eine Weile bespritzte ich die häßlichen Gören, die am Rande der Quelle saßen, dann zog ich, ohne mich abzutrocknen, wieder mein Hemd an. Im Weggehen hinterließen meine nackten Füße Spuren auf dem Pflaster. Abermals setzte ich mich auf die Steinstufe im Eingang der Scheune. Ich umschlang meine Knie mit den Armen und blieb lange so hocken. Ein verwirrtes Gefühl von Erwartung, von Trunkenheit brannte mir unter der Haut. Ich träumte davon, daß auch ich das seltsame Spiel genösse, dem sich Hasenscharte so leidenschaftlich hinzugeben pflegte. In Wirklichkeit tat ich immer das Gegenteil. Wenn unter der Schar nackter Kinder, die vom Baden zurückkamen, kleine Mädchen sich beim Gehen in den Hüften wiegten und ihren ärmlichen, krausen Geschlechtsteil herzeigten, dessen Farbe ebenso abstoßend war wie die eines verfaulten Pfirsichs, und mich zögernd anlächelten, dann vertrieb ich sie jedesmal mit bösen Worten und Steinwürfen.

Ich saß da, bis der leidenschaftliche Abendsonnenschein unser

Tal ganz erfüllte und die rot wie von einem Grasbrand leuchtenden Wolken über den Himmel zogen. Allein die Erwachsenen kamen immer noch nicht zurück. Ich wurde vor Erwartung fast wahnsinnig.

Erst als das Abendrot verblaßte und ein kühler Wind im Tal aufsprang, der meiner neuerdings von der Sonne verbrannten Haut wohltat, und schon die erste Abenddüsternis hereingekrochen war, kamen die bellenden Jagdhunde und die Männer in das jetzt totenstille, vor Unruhe wie benommene Dorf zurück. In Scharen rannten wir Kinder den Männern entgegen. Da erblickten wir, umringt von den Erwachsenen, einen schwarzen Riesen, und in einem plötzlichen Anfall von Angst spürte ich, wie sich alles um mich drehte.

Mit todernsten Mienen und feierlich zusammengepreßten Lippen führten die Männer den »Fang« in ihrer Mitte, als kämen sie im Winter von der Wildschweinjagd, sie gingen fast traurig und mit gebeugten Rücken. Der »Fang« selbst trug statt der braunen Fliegerstiefel nur eine dunkelgrüne Jacke und Hose, und an den Füßen hatte er schwere, unförmige Schuhe. Sein schwarzes, großes, glänzendes Gesicht war hinauf zu dem dämmernden Himmel gerichtet. Er hinkte und schleppte ein Bein nach. Seine Fußknöchel waren mit der eisernen Kette einer Wildschweinfalle gefesselt, die beim Gehen rasselte.

Wir Kinder, gleichfalls schweigend, folgten dem Zug. Dieser marschierte langsam bis zu dem Platz vor der Dorfschule und machte halt. Ich drängte mich an anderen Kindern vorbei und trat vor, doch der alte Dorfschulze jagte uns alle laut schimpfend davon. Wir gingen bis zu einer Gruppe von Aprikosenbäumen, die am Rand des Platzes stand. Dort aber blieben wir hartnäckig stehen und folgten im Dunkel der Beratung der Männer.

In den offenen Türen der Häuser, die auf den Platz mündeten, standen mit verschränkten Armen die in weiße Kittel gekleideten Frauen; auch sie lauschten voll Ungeduld dem leisen Gespräch der Männer, die endlich mit ihrem Fang von dem gefährlichen Jagdzug zurückgekommen waren.

Hasenscharte gab mir einen Stoß in die Rippen und zog mich von den anderen Kindern fort in den tiefen Schatten unter dem Kampferbaum.

»Das ist doch ein Neger, nicht wahr? Das habe ich mir gleich gedacht!« sagte er mit vor Aufregung bebender Stimme. »Ein echter Neger! Einfach toll!«

»Was sie wohl mit ihm tun werden? Vielleicht werden sie ihn hier auf dem Platz erschießen«, sagte ich.

»Erschießen?« schrie Hasenscharte, seine Stimme atemlos vor Erstaunen. »Warum sollten sie einen echten, lebendigen Neger erschießen?«

»Er ist ein Feind«, beharrte ich ohne rechte Überzeugung.

»Ein Feind?« Hasenscharte packte mich am Kragen und schrie mit heiserer Stimme, wobei eine Menge Speichel zwischen seiner gespaltenen Lippe hervorspritzte: »Er ist ein Neger, kein Feind!«

Plötzlich hörte ich die aufgeregte Stimme meines Bruders aus der Schar der Kinder: »Seht euch das an!«

Hasenscharte und ich wandten uns um und sahen, wie der Neger in einiger Entfernung von den verwirrt reagierenden Bewachern mit hängenden Schultern dastand und urinierte. Seine Gestalt verschmolz mit dem zunehmenden Dunkel, und nur seine kittelartige Jacke und Hose, die Arbeitskleidern ähnelten, waren noch zu erkennen. Mit gesenktem Kopf verrichtete der Neger umständlich seine Notdurft; dann, während aus der Kinderschar so etwas wie eine Wolke von Seufzern aufstieg, schüttelte er müde seine Hüften und war fertig.

Die Erwachsenen umringten den Neger wieder und zogen mit ihm langsam die Straße zurück, und wir folgten dem schweigenden Zug in einigem Abstand. Vor der Kellertür neben der Scheune, sie war schwarz wie der Eingang zu einer Raubtierhöhle, blieben sie stehen. Jedes Jahr wurden dort die besten ausgereiften Herbstkastanien ausgeklaubt, die Insektenlarven unter der Schale mit Schwefelkohlenstoff getötet und die Früchte für den Winter im Keller aufbewahrt.

Den Neger in der Mitte, stieg die Männerschar mit feierlichem Ernst, als sei dies der Anfang eines Ritus, hinab unter die Erde. Dann schlossen die im Dunkel weißflatternden Hände die Falltür über dem Keller von innen zu.

Ganz Ohr, starrten wir auf das orangefarbene Licht, das jetzt hinter dem schmalen Kellerfenster aufleuchtete. Das Fenster befand sich zwischen dem Bogen der Scheune und der Erde. Wir brachten nicht den Mut auf, durch das Kellerfenster hineinzusehen. Das kurze Warten voller Angst ermüdete uns entsetzlich. Allein es knallte kein Schuß. Schließlich öffnete sich die Falltür halb, und das dunkle Gesicht des Dorfschulzen zeigte sich. Er scheuchte uns mit Geschrei fort und untersagte uns, das Kellerfenster auch nur von weitem zu beobachten. Keines der Kinder beklagte sich. Sie liefen über die gepflasterte Straße nach Hause. Die Furcht, die ihre hallenden Schritte in ihnen weckte, verfolgte sie, während sie liefen.

Mein jüngerer Bruder und ich ließen Hasenscharte in seinem Versteck im Schatten der Aprikosenbäume bei der Scheune zurück, denn er war immer noch entschlossen zu beobachten, was die Erwachsenen und der »Fang« weiter tun würden. Wir gingen zum Vordereingang der Scheune und stiegen zu unserer Wohnung im Dachboden hinauf, wobei wir uns auf das ewig feuchte Geländer stützten.

Wir lebten also mit dem »Fang« unter demselben Dach. Aber selbst wenn wir noch so angestrengt lauschten, würden wir hier auf dem Dachboden kein Geschrei im Keller hören können. Immerhin war es eine abenteuerliche, großartige, ja fast unglaubliche Geschichte, daß wir hier auf dem Bett saßen, hier über dem Keller, in den der Negersoldat geschleppt worden war. Vor Aufregung, Freude und Furcht bekam ich das Zähneklappern, während mein Bruder, der sich die Wolldecke halb über den Kopf gelegt und die Beine angezogen hatte, wie bei einer bösartigen Grippe zu zittern begann. Und während wir warteten, daß Vater mit seiner Flinte todmüde nach Hause käme, lächelten wir einander über diesen Glücksfall zu, der uns widerfahren war.

Dann aßen wir den Rest der kalten glasigen Kartoffeln, nicht so sehr, um unseren Hunger zu stillen, als vielmehr, um das Brodeln in unseren Herzen durch die monotonen Armbewegungen und das intensive Kauen abzulenken. Gerade in diesem Augenblick kam Vater die Treppe herauf. Vor Erwartung zitternd, sahen wir zu, wie er seine Flinte auf das Gestell legte und sich auf die Wolldecke auf dem Boden setzte; doch er schwieg und würdigte nur den Topf mit unseren Kartoffeln eines Blickes. Wir dachten, er werde gewiß hundemüde und gereizt sein, aber weil wir Kinder waren, wußten wir nicht, was wir dagegen tun sollten.

»Ist der Reis schon alle?« fragte mich Vater.

»Ja«, antwortete ich leise.

»Auch die Gerste?« Er stöhnte beinahe vor Wut.

»Nichts mehr da«, sagte ich und begann nun selbst ärgerlich zu werden.

»Was ist mit dem Flugzeug geschehen«, erkundigte sich mein Bruder schüchtern.

»Es ist verbrannt. Beinahe hätte es einen Waldbrand gegeben.«

»Ausgebrannt? Ganz und gar?« seufzte mein Bruder.

»Nur der Schwanz ist übriggeblieben.«

»Und was ist mit den anderen Fliegern?« wollte ich wissen. »Oder war er der einzige?«

»Zwei andere Soldaten wurden tot aufgefunden. Der da ist mit einem Fallschirm abgesprungen.«

»Mit einem Fallschirm . . .«, flüsterte mein Bruder verzückt.

Ich fragte: »Was werdet ihr mit ihm machen?«

»Wir werden ihn hier halten, bis wir Befehle aus der Stadt bekommen.«

»Halten?« fragte ich erstaunt. »Wie ein Stück Vieh?«

»Der ist nicht mehr als ein Vieh«, antwortete Vater ernst. »Er stinkt wie ein Ochse.«

»Ich möchte ihn sehen«, sagte mein Bruder und blickte Vater forschend ins Gesicht. Aber Vater schwieg bloß unmutig und stieg wieder die Treppe hinunter.

Mein Bruder und ich saßen auf dem Holzrahmen unseres Bettes und warteten, bis Vater sich von überallher Reis und Gemüse geliehen und uns eine warme, ergiebige Suppe gekocht hatte. Wir waren aber so müde, daß wir keinen Hunger mehr verspürten. Unsere Haut zuckte und krampfte sich zusammen wie die Rute eines brünstigen Hundes. Ich preßte mir die Arme um den Leib. Wir »hielten« einen Negersoldaten! Am liebsten hätte ich mir die Kleider vom Leib gerissen und laut geschrien: Wir halten einen Negersoldaten wie ein Stück Vieh!

Am nächsten Morgen rüttelte mich Vater wortlos wach. Es war kurz nach Morgengrauen. Aus all den vielen Fugen in den Bretterwänden drang eine Mischung von grellem Sonnenlicht und grauem Nebel. Während ich das kalte Frühstück hinunterschlang, wurde ich allmählich wach. Vater, die Flinte über der Schulter und ein Bündel mit dem Mittagessen an der Hüfte, sah mir mit vor Schlaflosigkeit roten Augen zu, bis ich fertig war. Jetzt erst bemerkte ich, daß er einen zerfetzten Jutesack auf den Knien hielt, in den er Wieselpelze gewickelt hatte. Ich hielt den Atem an. Vater ging also in die Stadt hinunter! Er würde den Behörden über den Negersoldaten berichten.

Ein Wirbel von Fragen stieg mir in der Kehle hoch, so daß ich kaum schlucken konnte. Andererseits spürte ich, daß Vater, weil er nicht geschlafen hatte, gereizt und ungeduldig war, denn heute nacht hatte er nach dem Abendessen die Flinte neu geladen und war wieder auf Wache gegangen.

Mein Bruder schlief noch tief unter der nach dumpfem Gras riechenden Wolldecke, die er sich über den Kopf gezogen hatte. Um ihn nicht zu wecken, bewegte ich mich nach dem Frühstück nur auf Zehenspitzen; rasch zog ich mir ein dickeres grünes Hemd über den nackten Oberkörper und schlüpfte in die Leinenschuhe, die ich sonst nicht zu tragen pflegte. Dann nahm ich das Bündel von Vaters Knien und huschte die Treppe hinab.

Nebel kroch die feuchte Straße entlang, das Dorf schlief eingehüllt in Dunst. Die Hähne hatten bereits ausgekräht, und keiner der Hunde bellte. Ich blickte zu dem Mann hinüber, der – eine Flinte in der Hand – mit gesenktem Kopf am Aprikosenbaum neben der Scheune lehnte. Vater wechselte ein paar leise Worte mit dem Wachtposten. Ich warf einen angsterfüllten Blick auf die Kellerluke, die ihren schwarzen Rachen wie eine Wunde entblößte, und mich überkam das bängliche Gefühl, die Hand des Negersoldaten könnte sich herausstrecken und mich packen. Ich wollte so rasch wie möglich heraus aus dem Dorf. Als wir uns auf den Weg machten, schweigend und mit großer Vorsicht, um nicht auf dem glitschigen Pflaster auszurutschen, drang die Sonne durch die dicke Nebelschicht und wärmte uns mit ihren beständig heißer werdenden Strahlen.

»Wirst du in der Stadt über den Negersoldaten berichten?« fragte ich, während ich hinter dem kräftigen Rücken meines Vaters herging.

»Hm«, grunzte er. »Das werde ich.«

»Vielleicht kommt ein Gendarm aus der Stadt?«

»Ich weiß nicht«, knurrte Vater. »Man muß warten, bis der Bericht in der Präfektur vorliegt.«

»Könnte man ihn nicht für immer im Dorf halten?« fragte ich. »Oder ist er zu gefährlich?«

Vater aber blieb stumm und unnahbar. Ich fühlte wieder die Furcht und den Schrecken in mir wie am vergangenen Abend, als sie den Neger ins Dorf gebracht hatten. Was mochte er jetzt im Keller tun? Vielleicht brach er aus dem Keller aus, brachte im Dorf die Menschen und die Hunde um und setzte die Häuser in Brand. Ich zitterte vor Angst und wollte nicht mehr daran denken. Ich überholte Vater und rannte keuchend den langen Abhang hinunter.

Als wir die ebene Straße erreichten, stand die Sonne bereits hoch. Wo an den Hängen zu beiden Seiten kleine Erdrutsche niedergegangen waren, leuchtete der bloßliegende Lehm hellrot wie von der Sonne beschienenes Blut. Aus meiner Kopfhaut perlte der Schweiß, er sickerte durch das kurzgeschorene Haar nach vorn und troff mir von Stirn und Wangen.

In der Stadt dann lief ich, die Schulter an seine hohe Hüfte gepreßt, dicht neben meinem Vater her, ohne auf die Herausforderung der Stadtkinder auch nur mit einem Blick zu reagieren. Wäre ich ohne Vater gewesen, hätten sie mich beschimpft und mit Steinen beworfen. Ich verabscheute sie wie irgendwelche Würmer, an deren Aussehen ich mich nicht gewöhnen konnte, ja, ich verabscheute sie. Diese mageren, listig dreinblickenden Kinder in der die Stadt durchflutenden Mittagssonne. Wären nicht die Augen der Erwachsenen gewesen, die aus der Tiefe der düsteren Läden über sie wachten, ich hätte gewiß den Mut gehabt, sie alle windelweich zu schlagen.

Im Amt war Mittagspause. Nachdem wir vom Brunnen auf dem Rathausplatz Wasser gepumpt und getrunken hatten, setzten wir uns auf eine Holzbank nahe an einem Fenster, durch das die heißen Sonnenstrahlen drangen, und machten uns auf eine lange Wartezeit gefaßt. Nachdem er sein Mittagessen beendet hatte, trat endlich ein alter Beamter heraus. Vater sprach leise mit ihm, und dann verschwanden beide ohne Aufhebens im Zimmer des Bürgermeisters. Indessen brachte ich die Wieselpelze zu dem Schalter, wo eine Anzahl von Waagen und Meßgeräten stand.

Hier wurden die Pelze gezählt und auf den Namen meines Vaters in ein Buch eingetragen. Ich sah aufmerksam zu, wie die kurzsichtige Beamtin mit ihren dicken Brillengläsern die Zahl der Pelze notierte.

Als ich das erledigt hatte, wußte ich nicht, was ich tun sollte. Vater kam immer noch nicht heraus, und so nahm ich meine Schuhe in die Hand und lief unter Klatschen meiner bloßen Füße durch die Gänge auf der Suche nach meinem einzigen Bekannten in der Stadt, dem Mann, der manchmal zu uns ins Dorf kam und die Anordnungen aus der Stadt brachte. Er hatte ein künstliches Bein, und alle Leute im Dorf, die alten wie die jungen, nannten den Einbeinigen einfach den »Schreiber«. Bei den periodischen Untersuchungen in der Dorfschule spielte er indessen auch den Arztgehilfen.

»Nanu, Frosch, du bist hier?« rief er laut und erhob sich von seinem Stuhl hinter der Barriere. Ich war ein wenig ärgerlich, ging aber doch auf seinen Tisch zu. Wenn wir Dorfkinder ihn »Schreiber« nannten, durften wir uns auch nicht beschweren, wenn er uns die »Frösche« hieß. Immerhin freute ich mich, daß ich ihn gefunden hatte.

»Ihr habt also einen Neger gefangen, Frosch?« Seine Prothese knarrte und klapperte unter dem Schreibtisch.

»Ja«, sagte ich und stützte mich mit beiden Händen auf seinen Tisch. Darauf lag sein Frühstückspaket, in gelbes, fleckiges Zeitungspapier gehüllt.

»Eine Leistung, was?«

Ich schaute auf die blassen Lippen des Schreibers und nickte würdevoll wie ein Erwachsener; ich wollte ihm die Geschichte vom Neger erzählen, fand aber keine Worte, mit denen ich den großen schwarzen Mann hätte schildern können, den sie in der Abenddämmerung wie eine Jagdbeute ins Dorf geschleppt hatten.

»Wird man den Neger umbringen?« fragte ich ihn.

»Keine Ahnung!« Er deutete mit dem Kinn auf das Zimmer des Bürgermeisters. »Ich nehme an, daß sie darüber entscheiden werden.«

»Ob man ihn wohl in die Stadt schaffen wird?« meinte ich.

Der Schreiber versuchte, mich von meiner wichtigen Frage abzulenken. »Du scheinst dich darüber zu freuen, daß du Schulferien hast, was? Die Lehrerin ist faul. Sie meckert in einem fort und will nicht ins Dorf hinauf und unterrichten. Sie sagt, die Dorfkinder seien schmutzig und stinken.«

Ich schämte mich, weil mein Hals mit einer Schmutzkrause bedeckt war, doch ich schüttelte herausfordernd den Kopf und lachte. Unter dem Schreibtisch ragte seine unförmige Prothese plump und verdreht hervor. Bisher hatte es mir Freude gemacht, zu sehen, wie der Schreiber mit Prothese und Krücke auf seinem gesunden rechten Bein den Bergpfad heraufgehüpft kam. Aber wie er jetzt auf dem Stuhl saß, wirkte seine Prothese genauso häßlich und heimtückisch wie die Stadtkinder.

»Jedenfalls ist es für euch ja viel schöner, wenn ihr Ferien habt«, sagte der Schreiber und lachte, daß seine Prothese klapperte. »Ihr spielt lieber draußen, als daß euch die Lehrerinnen schmutzig finden, nicht wahr?«

»Die sind doch genauso schmutzig.«

Wirklich waren alle Lehrerinnen häßlich und schmutzig.

Endlich kam mein Vater aus dem Zimmer des Bürgermeisters und rief mich leise. Der Schreiber klopfte mir auf die Schulter, ich tätschelte ihm den Arm und lief davon.

»Laß den Gefangenen nicht entkommen, Frosch!« rief er mir nach.

»Was haben sie beschlossen, das sie mit ihm machen?« fragte ich Vater, als wir im strahlenden Sonnenschein durch die Straßen der Stadt zurückgingen.

»Diese Feiglinge! Keiner will die Verantwortung übernehmen!« rief er, als schimpfe er mit mir. Niedergeschlagen, weil Vater schlechter Laune war, hielt ich den Mund. Wir gingen möglichst im Schatten der unförmig verkrüppelten Bäume, die die Straßen der Stadt säumten. Auch sie waren häßlich und heimtückisch wie die Stadtkinder.

Als wir zur Brücke in der Vorstadt kamen, setzte Vater sich auf das niedrige Geländer und öffnete schweigend das Päckchen mit dem Mittagessen. Nur mit Mühe unterdrückte ich meine Frage und griff mit wenig sauberen Fingern in das Päckchen. Ohne ein Wort zu wechseln, aßen wir die Reisklöße. Wir waren fast fertig damit, da kam ein Mädchen über die Brücke mit einem Hals, schlank wie der eines Vogels. Rasch überprüfte ich meine Kleidung und mein Aussehen und fand, ich sei stattlicher und hübscher als irgendein Junge aus der Stadt. Ich streckte meine Füße, die in den Leinenschuhen steckten, vor und wartete, daß das Mädchen an mir vorüberginge. Das Blut kreiste heiß in meinen Ohren. Das Mädchen sah mich flüchtig an, runzelte die Augenbrauen und lief weg. Plötzlich war mir der Hunger vergangen. Ich stieg am Brückenaufgang die schmale Treppe zum Fluß hinab, um Wasser zu trinken. Dort wucherten hohe Beifußpflanzen. Ich trat die Stengel nieder und lief zum Ufer. Doch das Wasser war trübe und schmutzig. Ich kam mir schrecklich arm und lumpig vor.

Mit steifen Waden und von Dreck und Schweiß und Fett starrenden Gesichtern waren wir von dem Pfad auf dem Bergrükken abgebogen und quer durch den Zedernwald hinab zum Eingang des Dorfes gelaufen. Die Dämmerung hatte sich bereits ins Tal gesenkt, doch unsere Körper speicherten noch die Glut der Sonne, und der aufsteigende Nebel brachte willkommene Abkühlung.

Vater ging zum Dorfschulzen, um zu berichten, und ich stieg auf den Scheunenboden hinauf. Mein Bruder war im Sitzen auf dem Bett eingeschlafen. Ich streckte meine Hand aus und schüttelte ihn. Ach, wie zerbrechlich sich die Knochen seiner nackten Schulter anfühlten. Unter meiner heißen Hand zuckte seine Haut leicht zusammen, aus seinen plötzlich geöffneten Augen verschwanden Müdigkeit und Furcht.

»Was ist mit ihm?«

»Er schläft bloß unten im Keller.«

»Hast du Angst gehabt, weil du allein warst?« fragte ich.

Mein Bruder schüttelte ernst den Kopf.

Ich schob die Luke ein wenig auf, um Wasser zu lassen. Der Nebel fiel mich an wie etwas Lebendiges, er drang mir in die Nasenlöcher. Mein Wasserstrahl bildete einen großen Bogen, klatschte auf das Pflaster und auf die vorstehenden Fenster der unteren Stockwerke, von wo er warm zurückspritzte auf meine von einer Gänsehaut bedeckten Beine und Füße. Mein Bruder drückte seinen Kopf an mich und sah mir eifrig zu.

So blieben wir noch eine Weile stehen. Dann gähnten wir, und kleine Tränen traten in unsere Augen.

»Hat Hasenscharte ihn gesehen?« fragte ich, während mein Bruder sich mit seinen mageren Muskeln mühte, mir beim Schließen der Luke zu helfen.

»Man jagt uns Kinder fort, wenn wir uns dem Keller nähern«, sagte mein Bruder voll Bedauern und Zorn. »Werden sie aus der Stadt kommen und ihn holen?«

»Weiß ich nicht«, antwortete ich.

In diesem Moment kamen Vater und die Frau des Kolonialwarenhändlers laut redend die Straße heruntergegangen. Die Frau beharrte darauf, daß es ihr unmöglich sei, dem Neger das Essen in den Keller zu bringen. Sie könne es nicht, sie sei eine Frau; warum lasse Vater dies nicht von seinem Sohn besorgen? Ich hatte mich eben gebückt, um meine Schuhe anzuziehen, jetzt richtete ich mich auf. Die weiche Handfläche meines Bruders preßte sich kräftig an meine Hüfte. Während ich darauf wartete, was Vater antwortete, nagte ich an meiner Lippe. Kaum hatte ich Vaters »Komm herunter!« gehört, da warf ich auch schon meine Schuhe unter das Bett und rannte die Treppe hinab.

Vater deutete mit dem Kolben seiner Flinte, die er im Arm hielt, auf den Korb mit dem Essen, den die Frau des Kolonialwarenhändlers im Hausflur stehengelassen hatte. Ich nickte Vater zu und hob den Korb mit festem Griff auf. Schweigend gingen wir aus der Scheune und traten in die kalte Nebelluft. Das Pflaster unter unseren Sohlen hatte noch etwas von der Wärme des Tages. Niemand stand jetzt neben der Scheune Wache. Ein trübes Licht sickerte durch das Kellerfenster; als ich es sah, fühlte ich, daß die Müdigkeit plötzlich wie Gift meinen Körper durchdrang. Dabei war ich über die erste Gelegenheit, den Neger ganz aus der Nähe sehen zu können, so aufgeregt, daß ich mit den Zähnen klapperte.

Vater öffnete an der Falltür das mächtige Vorhängeschloß, von dem Tautropfen herabfielen, blickte nach unten und begann dann mit größter Vorsicht, die Flinte schußbereit in der Hand, hinabzusteigen. Während ich niedergehockt wartete, spürte ich, wie die von winzigen Nebeltropfen erfüllte Luft mir um den Nacken strich. Meine kräftigen Beine zitterten, und ich schämte mich vor den unzähligen Augen, die mich, wie ich fühlte, von hinten beobachteten.

»Komm!« sagte Vater mit verhaltener Stimme.

Ich hielt den Korb mit dem Essen an meine Brust gepreßt und stieg die kurze Treppe hinunter. Dort, im Licht einer schwachen, nackten elektrischen Birne, hockte der »Fang«. Mein Blick wurde unwiderstehlich von der Kette der Wildschweinfalle angezogen, mit der die Füße des Negers an einen Pfeiler gefesselt waren. Er hatte sein Kinn auf seine langen Beine gestützt, und in dieser Stellung blickte er mich aus blutunterlaufenen Augen mit einem beharrlich herausfordernden Ausdruck an. Alles Blut schien mir in die Ohren zu dringen, ich wurde puterrot. Ich wandte den Blick ab und sah meinen Vater an, der an der Wand lehnte und mit seiner Flinte auf den Negersoldaten zielte. Er winkte mir mit dem Kinn. Mit zusammengekniffenen Augen trat ich vor und stellte den Korb mit dem Essen vor den Neger. Während ich mich wieder zurückzog, drehten sich mir die Eingeweide um, und ich mußte eine plötzlich aufsteigende Übelkeit unterdrücken. Nun starrten wir, der Neger, mein Vater und ich, den Korb mit dem Essen an. In der Ferne bellte ein Hund. Auf dem dunklen Dorfplatz draußen vorm Kellerfenster war alles still.

Plötzlich begann mich der Korb mit dem Essen, den der Neger unverwandt anstarrte, zu interessieren. Ich betrachtete den Korb mit den Augen eines Hungrigen. Ein paar große Klöße aus gekochtem Reis waren darin, getrockneter Fisch, dem alles Fett herausgebraten worden war, gekochtes Gemüse und Ziegenmilch in einer Glaskaraffe mit einer großen Öffnung. Gewiß würde der Neger diese armselige Mahlzeit, die wir ihm da anboten, dachte ich, verachten und uns dazu. Er würde sich weigern, das Essen anzunehmen. Ein Gefühl von Beschämung überkam mich. Wenn der Neger keine Lust zeigte, mit dem Essen zu beginnen, dann würde die Beschämung auf meinen Vater übergehen. Vater aber würde, von der Scham der Erwachsenen überwältigt, wütend werden. Und wenn Vater tobte, würde das Dorf bald gleichfalls in Aufruhr geraten. Wer hatte überhaupt die verrückte Idee gehabt, dem Neger etwas zu essen zu geben?

Plötzlich streckte der »Fang« einen unglaublich langen Arm aus; mit seinen dicken Fingern, auf denen borstige Haare wuchsen, zog er die Karaffe an sich und roch daran. Dann neigte er sie. Seine dicken, wie gummiartigen Lippen öffneten sich und ließen die großen weißen Zähne sehen, die wohlgeordnet wie die Einzelteile im Innern einer Maschine nebeneinanderstanden. Ich beobachtete, wie er die Milch in seinen riesigen, rosaschimmernden Mund goß. Aus seiner Kehle drang ein Glucksen, wie wenn das mit Luftblasen vermischte Wasser durch den Abguß fließt, und beiderseits der Lippen, die – geradezu schmerzlich anzusehen – wie eingeschnürtes überreifes Fruchtfleisch wirkten, troff ein wenig von der dicken Milch herab auf die bloße Kehle und rann in die offene Hemdbrust, wo sie auf der schwarz glänzenden zähen Haut zitternde Perlen bildete. Und ich machte mit vor Rührung trockenen Lippen die Entdeckung, daß Ziegenmilch eine außerordentlich edle Flüssigkeit sei.

Der Negersoldat stellte die Karaffe mit lautem Klirren in den Korb zurück. Danach war in seinen Bewegungen nichts mehr von dem ursprünglichen Zögern. In seinen großen Händen sahen die Reisklöße wie winzige Kekse aus; der getrocknete Fisch wurde samt Schädelknochen und Gräten von seinen weißen Zähnen zermalmt. Neben Vater an die Wand gelehnt, beobachtete ich voll Erstaunen, wie die mächtigen Kiefer des Negersoldaten arbeiteten. Er war so ins Essen vertieft, daß er sich um uns überhaupt nicht kümmerte, so daß ich Muße, eine wenn auch sehr verängstigte Muße hatte, und mein Verlangen, den »Fang« genau zu betrachten, endlich stillen konnte.

Das kurze krause Haar, das den schöngeformten Kopf des Negers bedeckte, bildete da und dort kleine enge Locken, die sich wie rußende Flammen über den wolfsmäßig spitzen Ohren erhoben. Die Haut zwischen Hals und Brust besaß ein dunkles, traubenfarbenes Leuchten. Sein dicker, speckiger Nacken fesselte mich bei jeder Wendung, wenn die dort besonders ausgeprägten Hautfalten sichtbar wurden. Sein intensiver und durchdringender Körpergeruch, der wie Übelkeit die Kehle hochstieg und wie ein zersetzendes Gift alles durchdrang, ließ mein Gesicht erröten und in mir Empfindungen entstehen, die dem Wahnsinn nahekamen.

Als ich mit trüben, brennenden Augen beobachtete, wie er gierig über das Essen herfiel, schienen sich die primitiv zubereiteten Speisen in ein köstliches, üppiges und exotisches Festmahl zu verwandeln. Hätte ich beim Zurückholen des Korbes darin Speisereste gefunden, würde ich sie mit meinen vor geheimer Lust zitternden Fingern genommen und verschlungen haben. Doch der Neger hatte alles aufgegessen und die Schale mit dem Gemüse- und Hirsebrei sogar noch mit den Fingern blankgeputzt.

Vater stieß mich in die Seite. In einer Mischung aus Scham und Zorn, so als hätte ich mich leichtfertigen Tagträumen hingegeben, ging ich zu dem Neger und nahm den Korb. Geschützt von Vaters Flinte, wandte ich mich um und wollte gerade die Treppe hinaufgehen, als ich hinter mir plötzlich das tiefe, leise Husten des Negers hörte. Ich verfehlte eine Stufe, und wie in Panik überzog eine Gänsehaut meinen ganzen Körper.

Am oberen Ende der Treppe zum Dachboden hing in einer Nische am Pfeiler ein dunkler, das Bild verzerrender Spiegel. Als ich im Zwielicht die letzten Stufen hinaufstieg, tauchte dort im Spiegel das Gesicht eines japanischen Knaben auf, der an seinen blutleeren Lippen nagte: ein Nichts von einem Knaben. Ich ließ die Arme matt und schwer herunterhängen, und was ich empfand, brachte mich an den Rand des Heulens. Dann öffnete ich die Brettertür zu unserer Kammer, die unerwarteterweise geschlossen war.

Mein jüngerer Bruder saß auf dem Bett. Seine Augen blitzten vor Aufregung.

»Hast du die Tür zugemacht?« fragte ich und setzte eine überlegene Miene auf, um seine Aufmerksamkeit von meinen zitternden Lippen abzulenken.

»Ja.« Mein Bruder senkte, beschämt über seine Feigheit, den Blick. »Wie ist der Neger?«

Wachsende Müdigkeit überkam mich. »Ach, er stank furchtbar«, entgegnete ich, »sonst nichts.«

Spät am folgenden Morgen wurde ich von einem Stimmengemurmel geweckt, das von dem Platz vor der Scheune kam. Weder mein Vater noch mein Bruder waren im Zimmer. Ich öffnete meine brennenden Augen und blickte auf die Wand. Wie ich vermutet hatte, befand sich die Flinte nicht an ihrem Platz. Während ich dem Gemurmel lauschte und den leeren Flintenständer betrachtete, begann mein Herz heftig zu pochen. Ich sprang aus dem Bett, packte mein Hemd und rannte die Treppe hinunter.

Die Erwachsenen standen in einer Gruppe beisammen, es befanden sich auch Kinder unter ihnen, die aus ihren kleinen, schmutzigen Gesichtern, von Angst erstarrt, zu ihnen aufschauten. Etwas entfernt von ihnen hockten mein Bruder und Hasenscharte neben dem Kellerfenster. Sie haben hineingeschaut, dachte ich voll Zorn und war im Begriff, zu ihnen zu laufen, als ich sah, wie der Schreiber mit gesenktem Kopf, leicht auf seine Krücke gestützt, aus dem Kellereingang auftauchte. Ein dunkles Gefühl überwältigender Niedergeschlagenheit und eine Welle von Verzweiflung durchdrangen mich. Was dem Schreiber aber folgte, war nicht ein Zug mit der Leiche des Negersoldaten, sondern mein Vater, der mit der oben noch eingehüllten Flinte auf der Schulter leise mit dem Dorfschulzen sprach. Ich seufzte tief. Schweiß rann mir aus den Achselhöhlen und über die Schenkel hinab wie dampfendes Wasser.

»Komm und schau einmal hinein!« rief mir Hasenscharte zu. »Schau!«

Ich legte mich auf das heiße Pflaster und spähte durch das enge Fenster knapp über der Erde. Auf dem Boden in dunkler Tiefe lag der Negersoldat, krumm und erschlafft wie ein geprügeltes Tier.

»Haben sie ihn geschlagen?« fragte ich Hasenscharte und bebte vor Zorn. »Hat man ihn geschlagen, wo er sich mit gefesselten Beinen nicht bewegen kann?«

»Die doch nicht«, entgegnete Hasenscharte voll Bedauern. »Sie sind bloß hineingegangen und haben ihn angeschaut, und das hat bei dem Neger genügt.«

Mein Zorn verrauchte. Ich schüttelte vielsagend den Kopf. Mein jüngerer Bruder starrte mich besorgt an. »Ist schon gut«, beruhigte ich ihn.

Eines der Dorfkinder, das sich neben mir durchgedrängt hatte, um einen Blick durch das Kellerfenster zu erhaschen, bekam von Hasenscharte einen Tritt in die Seite, daß es zu heulen begann. Hasenscharte nahm für sich das Recht in Anspruch, den Neger durch das Fenster zu betrachten, und er dachte nicht daran, sich von irgend jemandem dieses Recht streitig machen zu lassen.

Ich ließ Hasenscharte und die anderen stehen und ging zum Schreiber, der mit den Erwachsenen redete. Doch er übersah mich ebenso wie die anderen Dorfkinder, denen noch der eingetrocknete Rotz auf der Oberlippe klebte, was mein Selbstbewußtsein sowie meine Zuneigung zu ihm erheblich erschütterte. Es gibt aber Zeiten, in denen man auf Stolz und Selbstachtung nichts geben darf. Ich steckte meinen Kopf zwischen die Beine der Männer und lauschte dem Gespräch des Schreibers mit dem Dorfschulzen.

Der Dorfschulze protestierte und erklärte immer wieder, das Dorf sei nicht in der Lage, den Negersoldaten als Gefangenen zu behalten. Aber es ginge auch über die Kraft des Dorfes, den gefährlichen Negersoldaten über den weiten Bergpfad zu eskortieren. Die lange Regenzeit und das Hochwasser hätten alles so schwierig gemacht.

Dennoch brauchte der Schreiber bloß den entschiedenen, anmaßenden Ton subalterner Bürokraten anzuschlagen, um den Dorfschulzen zum Nachgeben zu bewegen.

Sobald es klar war, daß der Negersoldat im Dorf bleiben würde, bis die Präfektur sich für eine Maßnahme entschieden hätte, verließ ich die Gruppe der mit unzufriedenen und verlegenen Gesichtern dastehenden Erwachsenen und lief zu meinem Bruder und Hasenscharte, die ihre Plätze vor dem Kellerfenster nun wieder allein in Besitz hatten. Ich war erfüllt von Erleichterung, Erwartung und einer schleichenden Unsicherheit, mit der mich die Erwachsenen angesteckt hatten.

»Man wird ihn also doch nicht töten, nicht wahr?« schrie Hasenscharte triumphierend. »Ein Schwarzer kann kein Feind sein.«

»Es wäre schade um ihn«, sagte mein Bruder strahlend.

»Wir drei, Hasenscharte, mein Bruder und ich, spähten wieder mit aneinandergepreßten Köpfen durch das Kellerfenster und seufzten vor Zufriedenheit, wenn wir sahen, wie der Neger, noch immer schlaff am Boden liegend, beim Atmen seine Brust hob. Die anderen Kinder versammelten sich hinter uns, wo unsere ausgestreckten Beine mit nach oben gerichteten Fußsohlen in der Sonne trockneten, und gaben ein Gemurmel von Unzufriedenheit von sich. Daraufhin sprang Hasenscharte auf und brüllte sie an, so daß sie mit einem Verzweiflungsgeschrei wieder davonliefen.

Allmählich hatten wir freilich genug davon, den Neger zu

beobachten, der nur immer an derselben Stelle dalag; da wir jedoch unseren privilegierten Platz nicht aufgeben wollten, gestattete Hasenscharte den anderen Kindern einen kurzen Blick ins Kellerfenster in der Form, daß er dafür von jedem eine kleine Gabe, Brustbeeren, Aprikosen, Feigen oder Dattelpflaumen, erpreßte. Wenn sie dann durchs Kellerfenster lugten, wurden sie vor Aufregung und Überraschung rot bis zum Nacken und standen auf und wischten mit dem Handrücken den Staub aus ihren Gesichtern.

Ich lehnte mich an die Wand der Scheune und sah zu, wie sie sich, die kleinen Hintern in der Sonne wärmend und trotz Hasenscharte, der sie zur Eile antrieb, so ganz in das erste große Erlebnis ihres Daseins vertieften, und mich überkam ein seltsames Gefühl der Befriedigung und Fülle, ja einer heiteren Verzükkung.

Einer der Jagdhunde kam von der Gruppe der Erwachsenen zu uns herübergetrottet. Hasenscharte legte ihn über seine Knie und begann, ihn nach Flöhen abzusuchen, die er dann zwischen seinen gelblichen Nägeln zerknackte, während er mit herablassenden Flüchen den Kindern Befehle erteilte.

Nachdem die Dorfleute den Schreiber zum Abschied bis zum Bergpfad begleitet hatten, setzten wir unser seltsames Spiel fort. Dann und wann spähten wir selbst eine Weile durch das Kellerfenster, ohne uns um das Murren der anderen Kinder hinter uns zu kümmern. Der Neger lag da, unbeweglich wie zuvor, als hätten wirklich die Blicke der Erwachsenen genügt, ihn zu verwunden.

Am Abend stieg ich wieder in Begleitung meines mit seiner Flinte bewaffneten Vaters in den Keller hinab. Ich trug einen schweren Eisentopf, der mit einem Gericht aus Reis und Gemüsen gefüllt war. Der Neger blickte uns an. Seine Augenränder waren von einem gelblichen Ausfluß dick verklebt. Hierauf schob er ohne Zögern seine dicken behaarten Finger in das heiße Essen und fing an, es mit Lust zu verzehren. Ich konnte in Ruhe zusehen. Vater lehnte gelangweilt an der Wand, er hatte es aufgegeben, die Flinte in Anschlag zu halten. Während ich von oben her beobachtete, wie die Sehnen am Stiernacken des Negers leise zitterten und die Muskeln sich bald spannten, bald wieder lockerten, fing ich an zu glauben, er müsse fügsam und ruhig sein wie ein freundliches Tier. Ich blickte hinauf zu meinem Bruder und Hasenscharte, die mit angehaltenem Atem durch das Kellerfenster spähten, und gönnte ihren schwarzglänzenden Augen ein kurzes, schlaues Lächeln. Ich begann mich bereits an den Neger zu gewöhnen, und dies nährte in mir den Keim eines durchaus freudigen Stolzes. Doch sobald der Neger sich bewegte und die Ketten der Wildschweinfalle an seinen Knöcheln mit metallischem Klirren rasselten, erwachte das ursprüngliche Angstgefühl wieder in mir, und ich spürte, wie mir der Schrecken durch die Adern floß, bis mein Körper überall mit einer Gänsehaut überzogen war.

Vom nächsten Tag an ging das Privileg, dem Neger morgens und abends das Essen zu bringen, ganz an mich über. Mein Vater begleitete mich zwar jedesmal, er sah aber davon ab, die Flinte von der Schulter zu nehmen und auf den Neger zu zielen. Wenn Vater und ich früh am Morgen neben der Scheune erschienen, stießen die Kinder, die auf dem Platz bereits ungeduldig auf uns gewartet hatten, neidische Seufzer aus, die wie Wolken zum Himmel stiegen. Einem Fachmann vergleichbar, der jegliches Interesse an seiner Pflicht längst verloren, die Genauigkeit bei der Ausführung aber beibehalten hat, schritt ich mit gerunzelten Brauen über den Platz und würdigte die Kinder keines Blickes. Mein Bruder und Hasenscharte mußten sich damit zufriedengeben, daß sie mich bis zur Kellertür begleiten durften. Kaum waren jedoch Vater und ich in den Keller gestiegen, da rannten sie zurück und spähten durch das Kellerfenster. Selbst wenn ich es überdrüssig geworden wäre, dem Neger das Essen zu bringen, ich hätte diese Arbeit trotzdem nie aufgegeben, schon weil ich auf das Vergnügen nicht verzichten wollte, die hinter meinem Rükken von den Kindern, auch von Hasenscharte, ausgestoßenen inbrünstigen Seufzer des Neides, ja des Grolls zu vernehmen.

Dennoch setzte ich bei meinem Vater durch, daß Hasenscharte einmal nachmittags mit mir in den Keller hinuntergehen durfte, um mir bei einer Arbeit zu helfen, die für mich allein zu schwer gewesen wäre. Im Keller, hinter einem Pfeiler, war für den Neger ein kleines altes Faß aufgestellt. Jeden Nachmittag packten Hasenscharte und ich das Faß bei den dicken Stricken, die an beiden Seiten als Griffe befestigt waren, und trugen es vorsichtig die Treppe hinauf. Dann schleppten wir die dicke, stinkende, hin und her schlabbernde Flüssigkeit zur allgemeinen Dunggrube, um sie dort auszugießen. Hasenscharte legte bei dieser Arbeit einen allzu großen Eifer an den Tag. Oft rührte er den Inhalt des Fasses mit einem Holzstück um, ehe wir ihn in die Grube schütteten, oder er war bestrebt, Erklärungen für die Verdauung des Negers, insbesondere für dessen Durchfall, zu finden, und behauptete, dieser sei auf die Maiskörner in der Suppe zurückzuführen.

Bisweilen, wenn wir in Vaters Begleitung in den Keller hinabstiegen, um das Faß zu holen, hockte der Neger mit herabgelassenen Hosen und nach hinten herausgestreckten Gesäßbacken wie ein kopulierender Hund auf dem kleinen Faß. In solchen Fällen mußten wir eine Weile hinter ihm warten, und Hasenscharte war davon so fasziniert, daß er mit verklärten Augen meinen Arm packte und dem leisen Rasseln der Wildschweinfalle lauschte, mit der die Füße des Negers zu beiden Seiten des Fasses zusammengehalten wurden.

Wir Kinder beschäftigten uns mit nichts anderem als mit dem Neger, er füllte unser ganzes Dasein aus. Wie eine Seuche ergriff er von allen Kindern Besitz. Die Erwachsenen hingegen hatten ihre Arbeit, sie wurden nicht von solchen Kinderkrankheiten befallen. Sie warteten lediglich voller Spannung auf den Befehl des Amtes in der Stadt. Selbst mein Vater, der die Bewachung des Negersoldaten übernommen hatte, begann jetzt wieder, auf die Jagd zu gehen. Man ließ den Neger weiterhin im Keller leben, und das entsprach den Wünschen der Kinder.

Wir drei, ich, mein Bruder und Hasenscharte, gewöhnten uns an, uns im Keller, in dem der Neger saß, einzuschließen. Anfangs taten wir es mit dem beklemmenden Herzklopfen, das stets mit der Übertretung von Vorschriften einhergeht, aber bald fanden wir nichts mehr dabei und fühlten uns sehr behaglich, als ob es eine uns auferlegte heilige Pflicht gewesen wäre, den Neger zu bewachen, während die Erwachsenen fort auf den Bergen oder im Tal waren. Der Platz vor dem Kellerfenster, den mein Bruder und

Hasenscharte aufgegeben hatten, blieb jetzt den Dorfkindern überlassen. Sie lagen bäuchlings auf der heißen, staubigen Erde und schauten abwechselnd und neiderfüllt hinein, wie wir drei mit dem Negersoldaten in der Mitte unten saßen. Wenn sich einmal eines der Kinder nicht mehr beherrschen konnte und versuchte, hinter uns in den Keller zu steigen, so hatte es für solche Widersetzlichkeit zu gewärtigen, daß es von Hasenscharte Prügel bezog, bis es mit blutender Nase auf dem Boden liegen blieb.

Wir brauchten jetzt das Faß des Negers nur noch bis zur Kellertür hinaufzuschaffen. Die widerliche Arbeit, das Faß in der heißen Sonne bis zur Dunggrube zu tragen, überließen wir Kindern, die wir bestimmten. Die Ausgewählten hielten das Faß aufrecht und bemühten sich, von der trübgelben Flüssigkeit, die ihnen so wertvoll vorkam, nicht einen Tropfen zu verschütten. Und alle Kinder, auch wir selber, sahen Tag für Tag zu dem Pfad hinüber, der von der Straße auf der Höhe her durch den Wald herabführte, und beteten, daß dort nicht der Schreiber mit dem befürchteten Befehl auftauchen möge.

Die Fußknöchel des Negers waren dort, wo die Wildschweinfalle sie umschloß, aufgerieben und entzündet. Das geronnene Blut klebte wie dürres Gras auf seinen Füßen. Diese rosafarbenen Schrammen bereiteten uns ständige Sorge. Wenn er auf dem Faß saß, fletschte er, um den Schmerz zu verbergen, die Zähne wie ein grinsendes Kind. Nachdem wir drei uns durch lange Blicke miteinander verständigt hatten, beschlossen wir, seine Knöchel von der Falle zu befreien. Er tat doch schließlich nichts anderes, als stumm im Keller zu sitzen, die Arme um die Knie geschlungen, die Augen erfüllt von einer dicken Flüssigkeit, von der man nicht wußte, ob es sich um Tränen handelte oder um Augenschmalz –: ein Wesen wie ein schwarzes, dumpfträges Tier. Was konnte er uns schon antun? Er war doch bloß ein Neger.

Hasenscharte nahm den Schlüssel, den ich aus Vaters Arbeitskiste geholt hatte, beugte sich nieder, wobei er mit seiner Schulter beinahe die Knie des Negers berührte, und entfernte die Falle. Sogleich sprang der Neger auf, stieß einen Seufzer aus und bewegte seine Beine. Hasenscharte warf die Falle gegen die Wand und flüchtete die Stiege hinauf, wobei er vor Angst heulte. Mein

Bruder und ich waren nicht einmal fähig aufzustehen; wie gelähmt von der wiedererwachten Furcht vor dem Neger hielten wir uns umklammert. Er aber stürzte sich keineswegs wie ein Habicht auf uns. Vielmehr setzte er sich wieder nieder, legte die Arme um seine Knie und richtete seine trüben, von Tränen und Ausfluß feuchten Augen auf die Falle, die nun vor der Wand lag. Als Hasenscharte mit gesenktem Kopf und beschämt über seine Feigheit in den Keller zurückkam, nickten mein Bruder und ich ihm lächelnd zu. Der Neger war zahm wie ein Haustier...

Spät am Abend, als Vater kam, um das große Vorlegeschloß auf der Falltür zuzuschließen, bemerkte er, daß der Neger nicht mehr mit der Falle gefesselt war. Ich meinte vor Angst ersticken zu müssen, doch Vater tadelte mich nicht. Der Glaube, daß der Negersoldat harmlos wie ein Haustier sei, hatte sich aller Dorfbewohner, der alten wie der jungen, bemächtigt.

Als wir am folgenden Morgen dem Neger das Frühstück brachten, fanden wir ihn dabei, wie er an der Wildschweinfalle herumprobierte. Jener Teil der Falle, der zuschnappen sollte, war gebrochen, als Hasenscharte die Falle an die Wand geworfen hatte, und der Neger untersuchte nun den gebrochenen Teil mit der gleichen fachmännischen Sicherheit wie der Fallenschlosser, der in jedem Frühjahr ins Dorf kam.

Plötzlich hob der Neger seine schwarzglänzende Stirn und sah mich an. Mit Gebärden machte er mir klar, was er brauchte. Ich und Hasenscharte sahen einander an und konnten unsere Freude nicht unterdrücken. Der Neger sprach mit uns – er sprach mit uns, als ob das Vieh im Stall mit uns redete...

Ich rannte zum Dorfschulzen und holte den Werkzeugkasten, der Gemeinschaftsbesitz des Dorfes ist, und brachte ihn in den Keller. Obwohl einige Werkzeuge darin waren, die man als Waffe hätte verwenden können, fanden wir nichts dabei, sie dem Neger zu überlassen. Wir konnten uns einfach nicht vorstellen, daß er, der so sehr einem Haustier glich, einst ein richtiger Soldat gewesen war.

Der Neger starrte zuerst auf den Werkzeugkasten und dann in unsere Augen. Wir beobachteten ihn voll freudiger Erwartung. Hasenscharte sagte leise: »Schau, er ist ganz wie ein Mensch!« Da schlug ich meinem Bruder auf den Hintern und lachte mich fast krank, so glücklich und stolz fühlte ich mich. Vom Kellerfenster drang das bewundernde Seufzen der anderen Kinder wie ein Nebelschwaden herein.

Nachdem wir den Korb mit dem Essen für den Neger zurückgebracht hatten, machten wir uns an unser eigenes Frühstück. Als wir wieder in den Keller zurückkamen, hatte der Neger einen Schraubenschlüssel und einen kleinen Hammer aus dem Werkzeugkasten hervorgeholt und sie ordentlich auf einen auf dem Boden liegenden Sack gelegt. Wir setzten uns neben ihn, da blickte er uns an und bleckte plötzlich seine gelbverschmutzten Zähne, und seine Wangen legten sich in Falten. Mit einem Schlag erfaßten wir: Der Negersoldat lachte. Und wir hatten das Gefühl, daß uns eine tiefe und leidenschaftliche, eine menschliche Freundschaft mit ihm verband.

So wurde es später Nachmittag. Die Frau des Schmiedes holte Hasenscharte unter unflätigem Geschrei heim, und unsere Hinterbacken begannen uns weh zu tun, weil wir so lange auf dem nackten Boden gesessen hatten. Aber der Neger versuchte noch immer, den Teil der Falle, wo sie zuschnappte, wieder ordentlich zusammenzusetzen. Seine Finger waren mit altem, staubvermischtem Schmierfett aus der Falle verschmutzt, und von seiner Arbeit stiegen leise metallische Geräusche auf. Ohne daß es mir langweilig geworden wäre, schaute ich zu, wie das weiche, rosarote Fleisch seiner Handteller unter dem Druck der Fangklammern nachgab oder wie sich der fettige Schmutz auf seinem Nacken zu einer dunklen Linie zusammenzog, wenn er sich bewegte. Das erweckte in mir ein keineswegs unangenehmes Ekelgefühl, eine Art schwachen Widerwillens, dem gleichzeitig ein wenig Begierde beigemischt war.

Der Neger war ganz in seine Arbeit vertieft, blies seine dicken Backen auf, als ob er in seinem geräumigen Mund leise sänge. Mein Bruder lehnte sich an meine Knie und beobachtete die Handbewegungen des Negers mit erstaunt glänzenden Augen. Ein Fliegenschwarm umkreiste uns, und das Gesumm setzte sich, mit der Hitze vermengt, als Echo tief in meinen Ohren fest.

Mit einem Geräusch, das von Mal zu Mal lauter, kürzer und schneidender wurde, biß jetzt die Falle in ein grobes Strohseil, das der Neger dazwischenhielt, bis er das Gerät schließlich vorsichtig auf den Boden legte und mich und meinen Bruder aus dumpf lächelnden Augen anblickte. Der Schweiß floß ihm in zitternden Perlen die schwarzglänzenden Wangen hinab. Wir lächelten zurück. Und weiter lächelnd, sahen wir ihm lange und fest in die braven Augen, wie man das bei einer Ziege oder einem Hund zu tun pflegt. Es war heiß. Er lächelte, und wir lächelten, völlig durchschwitzt, als wäre die Hitze eine Art gemeinsames Vergnügen, das wir mit dem Neger teilten, das uns mit ihm verband...

Eines Morgens brachte man den Schreiber ins Dorf. Er war mit Schlamm beschmutzt und blutete am Kinn. Er war im Wald gestürzt, einen Abhang hinabgefallen und dort hilflos liegengeblieben, bis ihn die Erwachsenen auf dem Weg zur Arbeit gefunden hatten. Jener Teil seiner Prothese, wo das harte, dicke Leder durch einen Metallring festgehalten wurde, war verbogen und paßte nicht mehr. Verlegen ließ es der Schreiber geschehen, daß sich der Dorfschulze um ihn bemühte. Er machte auch keine Anstalten, die Befehle aus der Stadt bekanntzugeben. Die Männer begannen daher ungeduldig zu werden, und wir Kinder dachten, daß es besser gewesen wäre, er wäre in der Schlucht verhungert, falls er gekommen sein sollte, um den Neger zu holen. Doch er war bloß gekommen, um zu erklären, daß von der Präfektur noch immer kein Bescheid eingetroffen sei. Sogleich kehrten bei uns Freude und Fröhlichkeit zurück, damit auch unser Wohlwollen für den Schreiber, und wir brachten seine Prothese und die Werkzeugkiste hinab in den Keller.

Der Neger lag auf dem feuchtkalten Boden des Kellers und sang mit seiner tiefen, vollen Stimme ein merkwürdig rauhes Lied, das uns fesselte. Ein Lied, in dem sowohl Trauer als auch Jubel lauerten, bereit, uns jeden Augenblick anzuspringen.

Wir zeigten ihm die gebrochene Prothese. Er erhob sich und sah sie sich eine Weile an, dann begann er ohne Besinnen zu arbeiten. Durch das Kellerfenster ertönte das freudige Geschrei der Kinder, die hereingeschaut hatten. Ich, mein Bruder und Hasenscharte lachten, bis uns der Atem ausging.

Als man den Schreiber gegen Abend in den Keller brachte, war seine Prothese so gut wie neu. Er befestigte sie an dem kurzen Stumpf seines Oberschenkels und erhob sich, begleitet vom

Triumphgeschrei der Kinder. Dann humpelte er die Treppe empor und ging auf dem Marktplatz hin und her, um die Prothese auszuprobieren. Wir aber packten den Neger an den Armen, zogen ihn hoch und führten ihn hinauf, als wäre das seit langem der Brauch.

Die breiten Nasenflügel gebläht, um die frische Luft des Sommerabends tief einzuatmen, die erste Luft über der Erde, die er atmete, seit er ein Kriegsgefangener geworden war, stand er da und beobachtete aufmerksam die Probeschritte des Schreibers.

Alles war in Ordnung. Der Schreiber kam zurückgeeilt, griff in seine Tasche und holte eine seiner unförmigen Zigaretten heraus. Er zündete sie an und reichte sie dem Neger, der weitaus größer war als er. Die Zigarette war selbstgedreht aus Blättern des Knöterich. Wenn man diesen Rauch in die Augen bekommt, schmerzt das entsetzlich, und der Geruch erinnert an einen Waldbrand. Der Neger sog den Rauch tief ein, dann krümmte er sich, verzweifelt hustend, und faßte sich an den Hals. Der Schreiber geriet in Verlegenheit, er lächelte sanft und traurig, während wir Kinder in ein Riesengelächter ausbrachen. Schließlich richtete sich der Neger wieder auf, wischte mit seinen großen Händen die Tränen fort und holte aus der Tasche seiner Baumwollhose eine schwarzglänzende Pfeife, die er dem Schreiber hinstreckte.

Der nahm das Geschenk entgegen, und der Neger nickte zufrieden. Ein Strahl der Abendsonne fiel auf beide und warf da und dort violette Schatten. Wir Kinder drängten uns um sie und schrien, bis uns die Kehlen weh taten, und lachten wie verrückt.

Von da an holten wir den Neger öfter aus dem Keller, um mit ihm auf der gepflasterten Straße Spaziergänge zu machen. Die Erwachsenen erhoben keine Einwände. So wie sie zur Seite traten, um dem im Stall des Dorfschulzen untergebrachten Gemeindestier aus dem Weg zu gehen, wichen sie dem Neger, der, umgeben von uns Kindern, die Straße entlangspazierte, mit abgewandten Gesichtern aus.

Und wenn die Kinder daheim zur Arbeit angehalten wurden und keine Zeit hatten, den Neger in seinem Keller zu besuchen, erschien er von sich aus auf dem Platz vor der Scheune, schlummerte im Schatten der Bäume oder erging sich langsamen Schrittes mit krummen Rücken auf der Dorfstraße. Die Kinder wie die Erwachsenen nahmen ihn ohne jedes Erstaunen zur Kenntnis. Er war im Begriff, ein Bestandteil des Dorfes zu werden, so wie die Jagdhunde, die Kinder oder die Bäume.

Manchmal kam Vater in der Frühe mit einer aus rohen Brettern zusammengenagelten langen, schmalen Falle heim, in der ein Wiesel mit einem plumpen, unglaublich langen Körper umhertobte. An solchen Tagen mußten mein Bruder und ich den ganzen Morgen beim Abhäuten helfen, und wir wünschten, der Neger würde kommen und uns zusehen. Kam er dann, so knieten wir zu beiden Seiten unseres Vaters mit angehaltenem Atem nieder, wenn er das blutbefleckte Messer am fettigen Griff packte, und um unseres Zuschauers, des Negers, willen hofften wir, daß die Tötung des widerspenstigen, blitzschnellen Wiesels zufriedenstellend verlaufen und die Abhäutung kunstgerecht erfolgen würde. Wenn man ein Wiesel erdrosselt, verspritzt es – ein letztes Zucken seiner Bösartigkeit im Todeskampf – einen fürchterlichen Gestank.

Hiernach riß Vaters stumpfglänzende Messerspitze das Fell des Wiesels mit einem leise berstenden Geräusch auf, und schließlich lag sein Körper vor uns, in Muskeln gehüllt, die wie Perlen glänzten, klein und obszön in seiner Nacktheit. Dann trugen wir die Eingeweide zur Dunggrube, bestrebt, nichts davon fallen zu lassen, und wenn wir zurückkamen und uns die Hände an großen Baumblättern abgewischt hatten, war das Wieselfell bereits mit der Innenseite nach außen an die Wand genagelt, und die Fettschicht mit den dünnen Adern glänzte in der Sonne.

Der Neger spitzte den Mund und stieß einen pfeifenden Ton aus, während er die Falten betrachtete, die sich in der Haut des Wiesels bildeten, sobald Vater, damit die Haut rascher trocknete, das Fett mit seinen dicken Fingernägeln abkratzte. Schließlich betrachtete der Neger die zum Trocknen an die Bretterwand genagelten Pelze, die hart waren wie Fingernägel und durchzogen von blutfarbenen Zeichen wie eine Landkarte mit dem Eisenbahnnetz, und da konnten wir uns vor Stolz über die Künste unseres Vaters nicht genug tun. Sogar mein Vater legte manchmal, während er den Pelz mit Wasser besprengte, eine Pause ein, um dem Neger einen freundschaftlichen Blick zuzuwerfen. Dann schien es mir, als gehörten wir, mein Bruder, mein Vater, ich und der Neger, zusammen, als wären wir alle eine Familie, vereint durch Vaters Festigkeit und Wissen.

Der Neger schaute sich auch gern in der Werkstatt des Schmiedes um. Wir Kinder nahmen ihn daher häufig in unsere Mitte und gingen mit ihm zur Schmiedehütte, besonders dann, wenn Hasenscharte beim Hämmern der Hackenblätter mithalf. Dabei leuchtete sein nackter Oberkörper im Schein des Feuers. Schließlich packte der Schmied mit seiner von Holzkohle verdreckten Hand das rotglühende Werkstück und tauchte es ins Wasser, worüber der Neger in einen Bewunderungsruf ausbrach, und auch wir Kinder klatschten Beifall. Bald war der Schmied richtig stolz darauf und zeigte mit diesem gefährlichen Kunststückchen immer wieder, was er alles konnte.

Selbst die Frauen verloren allmählich ihre Angst vor dem Neger und reichten ihm mit eigener Hand das Essen.

So wurde es Hochsommer, und die Befehle von der Präfektur waren noch immer nicht eingetroffen. Es hieß, die Kreisstadt, in der sich die Präfekturbehörde befand, sei durch Luftangriffe zerstört worden. Aber diese Gerüchte hatten keine Wirkung auf unser Dorf. Heißer als jedes Feuer, das die Stadt niedergebrannt haben mochte, war die Luft, die tagaus, tagein das Dorf umhüllte. Der Körper des Negers gab, wenn wir bei ihm in dem stickigen, ungelüfteten Keller saßen, einen widerlich traurigen Gestank von sich, der an das verwesende Wieselfleisch auf dem Dunghaufen des Dorfes erinnerte. Wir witzelten zwar und lachten Tränen darüber, doch wenn er zu schwitzen begann, stank er derart, daß wir es neben ihm nicht mehr aushalten konnten.

An einem besonders heißen Nachmittag schlug Hasenscharte vor, den Neger zur Badequelle mitzunehmen. Wir ärgerten uns, daß wir nicht früher auf diesen Gedanken gekommen waren, packten ihn bei seinen dreckigen, klebrigen Händen und zogen ihn die Treppe hinauf. Die Kinder auf dem Platz umgaben uns jauchzend, und wir alle rannten die in der prallen Sonne daliegende Straße entlang.

An der Quelle entkleideten wir uns, bis wir nackt wie gerupfte Vögel waren, und zogen auch den Neger aus. Dann hüpften wir zusammen ins Becken, bespritzten einander tobend und schreiend. Wir waren begeistert. Der Neger war so groß, daß das Wasser ihm selbst an den tiefsten Stellen bloß bis zur Hüfte reichte. Sobald wir ihn bespritzten, schrie er wie ein erwürgtes Huhn auf und steckte seinen Kopf unter das Wasser. Nach einer Weile tauchte er schnaubend und spuckend wieder auf. Seine nackte nasse Haut spiegelte die wilden Strahlen der Sonne wider, glänzte wie das Fell eines Rappen. Er war schön und vollkommen. Wir trieben Unfug, schrien und bespritzten einander. Inzwischen hatten sich im Schatten der Eichen an der Quelle auch ein paar Mädchen eingefunden. Sie wollten gleichfalls ihre kleinen nackten Leiber baden. Hasenscharte erwischte eines von ihnen und fing mit ihm sein obszönes Spiel an. Wir führten den Neger hin und ließen ihn von einer günstigen Stelle die Szene betrachten. Die Sonne strahlte heiß auf unsere kräftigen Körper, das Wasser schäumte und funkelte. Hasenscharte wurde rot und lachte, schlug mit der flachen Hand dem Mädchen auf das nasse Gesäß, daß es laut aufschrie. Wir lachten, und das Mädchen begann zu weinen.

Der Neger war für uns bisher nichts als ein Haustier, allerdings ein begabtes, gewesen; womit die Liebe beschreiben, die wir jetzt für ihn empfanden, oder den Reichtum und Rhythmus des Sonnenlichtes, das an diesem lang zurückliegenden hellen Sommernachmittag auf seiner dicken, nassen Haut funkelte, die tiefen Schatten auf den Pflastersteinen, die Körpergerüche des Negers und der Kinder, die vor Entzücken heiseren Stimmen?

Es schien uns, als ob dieser Sommer der entblößten, glänzenden Muskeln, dieser Sommer, der uns wie eine hervorbrechende Ölquelle mit dem dicken schwarzen Gold der Freude beschenkte, daß dieser Sommer so ohne Ende weiterginge, daß er nicht enden könne.

Am Abend nach dieser archaischen Reinigung hüllte ein Gewitterregen das Tal ein, und der Regen währte die ganze Nacht. Am anderen Morgen, als wir, mein Bruder, Hasenscharte und ich, dem Neger das Essen brachten, mußten wir uns die Scheunenwand entlangdrücken, um uns vor dem anhaltenden Regen zu schützen. Nachdem er gegessen hatte, saß der Neger, die Arme um die Knie geschlungen, und sang mit leiser Stimme in dem dunklen Keller. Wir standen da und fingen mit gespreizten Fingern die Regenspritzer auf, die durch das Kellerfenster tropften, und lauschten den Liedern des Negers, die gewaltig und feierlich waren wie das Meer. Als der Neger zu Ende gesungen hatte, sprühte kein Wasser mehr herein. Wir zupften den lächelnden Neger am Arm und führten ihn auf den Marktplatz. Der Nebel war aus dem Tal verschwunden, die Bäume mit ihrem dichten Laub hatten die Regentropfen aufgesogen und waren jetzt dick und aufgeschwollen wie junge Kapaune. Wenn der Wind sich regte, erschauerten sie und versprengten nasse Blätter und Wassertropfen, so daß sich für kurze Augenblicke kleine Regenbogen bildeten, durch die die Zikaden flogen.

Lange Zeit saßen wir auf der Steinschwelle zur Kellertür und atmeten den Duft der nassen Blätter ein, während die Hitze zurückkehrte und der Chor der Zikaden anhob.

Wir saßen noch immer da, als am frühen Nachmittag der Schreiber mit einem Regenschirm unter dem Arm den Weg durch den Wald herabkam und sich in das Haus des Dorfschulzen begab. Wir standen auf und lehnten uns an einen alten Aprikosenbaum, von dem noch die Wassertropfen rieselten, um auf den Schreiber zu warten und ihm zuzuwinken, wenn er aus dem dunklen Loch der Haustür träte. Aber so lange wir auch warteten, er kam nicht heraus. Statt dessen begann plötzlich der Gong zu erklingen, der beim Dorfschulzen auf dem Dach des Vorhauses hing, um die im Tal und auf den Bergen arbeitenden Erwachsenen herbeizurufen. Auch die Frauen und Kinder tauchten jetzt aus den regennassen Häusern auf.

Ich wandte mich zu dem Neger um und merkte, daß das Lächeln aus seinem braunglänzenden Gesicht verschwunden war. Plötzlich zog sich mein Herz, von Befürchtungen erfüllt, zusammen. Wir ließen den Neger zurück und liefen zum Haus des Dorfschulzen.

Der Schreiber stand schweigend im Hausflur und würdigte uns keines Blickes. Der Dorfschulze saß mit gekreuzten Beinen auf einer Wandbank in der Diele und überlegte. Ungeduldig und bemüht, die Hoffnungen nicht allzu hoch zu spannen aus Furcht, daß sie enttäuscht würden, warteten wir, daß die Erwachsenen sich versammelten. Allmählich erschienen sie in ihren Arbeitskleidern von den Feldern im Tal und aus dem Wald; die meisten von ihnen waren schlechter Laune und zogen ein schiefes Maul. Auch mein Vater kam; an seinem Flintenlauf hingen einige kleine Vögel.

Gleich zu Beginn der Beratung zerstörte der Schreiber unsere Hoffnungen, indem er in der Mundart der Gegend erklärte, daß Befehl ergangen sei, den Negersoldaten der Präfektur zu übergeben. Eigentlich müßte die Truppe kommen, ihn abzuholen, aber in der Armee herrschten anscheinend Mißverständnisse und innere Streitigkeiten, und daher werde verlangt, daß die Dorfbewohner ihn bis zur Stadt brächten. Was die Erwachsenen plagte, war lediglich das Problem, wie sie den Neger in die Stadt schaffen sollten. Bei uns Kindern aber löste der Befehl Entsetzen und Verzweiflung aus. Wenn sie den Neger auslieferten, was bliebe dann im Dorf übrig? Nichts als das leere Gehäuse des Sommers . . .

Ich mußte den Neger warnen. Ich drängte mich zwischen den Beinen der Erwachsenen durch und rannte zu ihm zurück; er saß noch an der gleichen Stelle vor der Scheune. Als ich keuchend vor ihm stehenblieb, wandte er seine großen, wie von Lack glänzenden Augen langsam zu mir empor. Und ich, der ihm nichts mitzuteilen vermochte, konnte ihn nur voll Traurigkeit und Verzweiflung anstarren. Seine Lippen, die rund waren wie der Bauch eines schwangeren Flußfisches, standen ein wenig offen, und weißschimmernder Speichel drang zwischen seinen Zähnen hervor. Ich wandte mich um und sah, wie die Erwachsenen mit dem Schreiber an der Spitze aus dem Haus traten und auf die Scheune zukamen.

Ich packte den Neger, der immer noch dasaß, bei der Schulter, schüttelte ihn und schrie ihn in unserer Mundart an. Ich war vor Verzweiflung fast ohnmächtig. Was konnte ich tun? Der Neger ließ sich wortlos von mir schütteln, sein großer Kopf schwankte hin und her. Ich ließ den meinen sinken und nahm die Hand von seiner Schulter.

Plötzlich sprang er jedoch auf. Er ragte wie ein Baum vor mir empor. Dann packte er mich am Oberarm, riß mich an sich und rannte, mich fest an sich pressend, die Kellertreppe hinab. Zunächst war ich wie vom Donner gerührt und beobachtete nur benommen, wie sich das Fleisch an seinen straffen Schenkeln und an seinen Gesäßbacken bewegte, während er im Keller flink umherlief.

Er schloß die Falltür zum Keller, ergriff die Wildschweinfalle, die noch dort hing, seit er sie repariert hatte, und kettete den Ring, der für den Riegel an der Innenseite der Falltür bestimmt war, mit der Stütze der Falltür an der Wand zusammen. Dann kam er mit verschränkten Armen und gesenktem Kopf wieder die Treppe herab. Als ich in seine ausdruckslosen Augen blickte, überkam mich plötzlich die Erkenntnis, daß der Neger sich wieder in das schwarze, wilde Tier zurückverwandelt hatte, das man nicht verstehen konnte, in diese gefährliche, von Gift erfüllte Masse, die er gewesen war, als man ihn gefangengenommen hatte.

Ich blickte auf seine riesige Gestalt, auf die Wildschweinfalle, mit der er die Falltür verschlossen hatte, und dann hinab auf meine kleinen nackten Füße. Schrecken und Furcht überkamen mich wie heranbrausendes Hochwasser. Sie durchfluteten meine Eingeweide. Ich sprang von ihm fort und preßte meinen Rücken an die Kellerwand. Doch der Neger blieb mit gesenktem Kopf in der Mitte des Kellers stehen. Ich mußte die Zähne zusammenbeißen, um das Zittern meiner Beine zu unterdrücken.

Inzwischen waren die Erwachsenen bei der Falltür angelangt und begannen an den Ketten der Wildschweinfalle zu rütteln, anfangs bloß schwach, dann mit der Wut von unvermittelt angegriffenen Kampfhähnen. Allein, die dicke Eichenbohlen-Falltür, die einst den Erwachsenen das beruhigende Gefühl gegeben hatte, daß unter ihr der Neger sicher im Keller eingesperrt wäre, schloß jetzt alles andere aus, die Erwachsenen und die Kinder des Dorfes, die Bäume und das Tal.

Am Kellerfenster erschienen die schreckerfüllten Gesichter der Erwachsenen, immer wieder von anderen verdrängt und indem sie mit den Köpfen ungeschickt aneinanderstießen.

Plötzlich wurde es offensichtlich, daß sich die Haltung der Erwachsenen draußen verändert hatte. Anfangs hatten sie alle durcheinandergeschrien. Jetzt war Stille eingetreten. Und gleich darauf schob sich der Lauf einer Flinte drohend durch das Kellerfenster herein. Da sprang der Neger, behende wie ein Tier, auf mich zu, preßte mich fest an sich, um sich vor der Gewehrmündung in Sicherheit zu bringen. Ich stöhnte vor Schmerz und zappelte in seinen Armen und begriff auf einmal die grausame Wahrheit: Ich war Gefangener und Geisel.

Der Neger hatte sich, während jenseits der Falltür die Erwachsenen tobten, in meinen »Feind« verwandelt. Zorn, Demütigung und Verzweiflung über den Verrat, all das loderte in mir wie ein sengendes Feuer, aber am ärgsten war, daß die Furcht nun wie ein Geysir in mir hochstieg und mich zu ersticken drohte. Festgehalten von den harten Pranken des Negers, brannte ich vor Wut und weinte. Ich war der Gefangene des Negersoldaten.

Der Gewehrlauf wurde zurückgezogen. Der Lärm der Erwachsenen nahm wieder zu; es schien, als werde draußen vor dem Kellerfenster eine lange Beratung abgehalten. Der Neger, er hatte mich noch immer so fest gepackt, daß mein Arm vor Schmerzen wie gelähmt war, zog sich in eine Ecke zurück, wo er sich vor Schüssen sicher fühlte. Er schleifte mich mit, bis ich, wie ich es getan hatte, als wir Freunde gewesen, auf nackten Knien neben ihm kauerte, umhüllt von seiner abstoßenden Ausdünstung.

Die Erwachsenen berieten lange. Von Zeit zu Zeit spähte mein Vater durch das Kellerfenster herein, und jedesmal, wenn er seinem Sohn, jetzt der Geisel, zunickte, weinte ich.

Inzwischen kam die Dämmerung; zuerst im Keller, dann auf dem Marktplatz draußen vor dem Fenster. Als es dunkel wurde, begaben sich die Erwachsenen gruppenweise nach Hause und riefen mir ermutigende Worte zu. Danach hörte ich noch ziemlich lange die Schritte meines Vater vor dem Kellerfenster. Plötzlich waren oben auf der Erde die letzten Zeichen menschlicher Anwesenheit verschwunden, und nur das Dunkel der Nacht erfüllte den Keller.

Nun ließ der Neger mich los und schaute mich an, als ob ihn plötzlich wieder das zwischen uns üblich gewesene freundschaftliche Gefühl, wie es bis heute vormittag bestanden, erfaßt hätte. Aber bebend vor Zorn wich ich seinen Blicken aus und blieb mit gesenktem Kopf und vorgewölbten Schultern sitzen, bis er sich von mir abwandte und, den Kopf zwischen seinen beiden Knien, niederhockte. Ich war allein. Wie ein Wiesel, das in der Falle gefangen war, verloren, einsam und verzweifelt. Der Neger verharrte völlig reglos in der Düsternis.

Ich erhob mich, stieg die Treppe hinauf und betastete die Wildschweinfalle; sie war kalt und hart und stieß meine Finger und die noch kaum ausgebildeten Knospen meiner Hoffnung zurück. Ich wußte nicht, was ich tun sollte. Ich kam mir vor wie ein junger Hase, der schwächer und schwächer wird und schließlich stirbt, dabei noch immer auf die Eisenklammern starrend, die seinen verwundeten Lauf festhalten, unfähig zu erfassen, in welche Tiefe er gestürzt und in welche Falle er geraten ist.

Es fröstelte mich, und ich klapperte mit den Zähnen. Der Bauch begann mir zu schmerzen. Ich hockte mich nieder und preßte meinen Unterleib zusammen und geriet plötzlich in größte Verlegenheit. Ich bekam einen Durchfall. Der Zustand von Aufregung, in dem ich mich befand, machte es nur noch schlimmer. Aber in Anwesenheit des Negers brachte ich es nicht fertig, mir Erleichterung zu verschaffen. Mit zusammengebissenen Zähnen kämpfte ich dagegen an, und bitterer Schweiß troff mir von der Stirn. Ich wehrte mich und litt, bis meine Anstrengungen, den Anfall zu unterdrücken, sogar meine Angst überwanden.

Schließlich mußte ich nachgeben. Ich ging zu dem Faß – zu jenem Faß, das uns so belustigt hatte – und zog die Hose herunter. Meine weißen, entblößten Gesäßbacken kamen mir entsetzlich schwach und hilflos vor; ich bildete mir ein, die Scham hätte all mein Inneres, von der Kehle bis zum Magen, schwarz gefärbt.

Endlich erhob ich mich wieder und kehrte in die Ecke zurück. Völlig gebrochen, befand ich mich auf dem tiefsten Punkt der Erniedrigung. Ich preßte meine beschmutzte Stirn gegen die Wand und konnte die Wärme der Erde hindurchfühlen; ich weinte in einem fort leise vor mich hin. Die Nacht war unendlich lang. In der Ferne im Wald bellte ein Rudel wilder Hunde. Die Luft war kalt geworden. Bald darauf übermannte mich Müdigkeit, ich glitt zu Boden und schlief ein.

Als ich erwachte, hatte der Neger meinen fast gefühllosen Arm wieder fest im Griff. Durch das Kellerfenster drangen mit der Morgenbrise Nebelfetzen und die Stimmen der Erwachsenen herein. Ich konnte hören, wie die Prothese des Schreibers quietschte, wenn er umherging. Bald kamen zu den übrigen

Geräuschen die Schläge eines schweren Hammers auf die Falltür. Das laute, machtvolle Geräusch erschütterte meinen hungrigen Bauch, durchfuhr ihn mit einem stechenden Schmerz.

Plötzlich brüllte der Neger auf, packte mich an den Schultern und riß mich hoch. Er schleppte mich bis in die Mitte des Kellers und streckte mich so in die Höhe, daß mich die Erwachsenen hinter dem Kellerfenster sehen konnten. Ich hatte keine Ahnung, weshalb er das tat. Durch das Kellerfenster starrten zahllose Augen auf meine Schande, daß ich da wie ein Kaninchen zappelte. Wären die dunklen, feuchtglänzenden Augen meines Bruders darunter gewesen, hätte ich mir wahrscheinlich vor Scham die Zunge abgebissen. Aber alle Augen, die das Kellerfenster füllten und mich anstarrten, gehörten Erwachsenen.

Die Schläge des Hammers wurden immer lauter. Da schrie der Neger wieder auf und packte mich mit seinen riesigen Händen von hinten am Hals. Seine Nägel drangen schmerzhaft in die weiche Haut meiner Kehle ein, und der Druck auf den Adamsapfel macht es mir schwer, zu atmen. Ich zappelte mit Händen und Füßen und stöhnte mit zurückgeworfenem Kopf. Welch bittere Erniedrigung! Erfüllt von brennender Scham darüber, daß die Erwachsenen hinter dem Kellerfenster mich in dieser Lage sahen, versuchte ich dem Griff des Negers zu entkommen. Er preßte meinen Rücken dicht an seinen Körper, ich trat mit meinen Fersen gegen sein Schienbein. Doch die starken, behaarten Arme des Negers waren hart und gaben nicht nach, und er brüllte lauter als ich schrie.

Nun zogen sich die Gesichter hinter dem Fenster zurück. Wahrscheinlich, dachte ich, hat die Drohung des Negers sie besiegt, und nun werden sie wohl die anderen davon abhalten, die Falltür zu zertrümmern. Auch der Neger hatte aufgehört zu schreien, und der Druck auf meine Kehle, der wie von einem Stein gewesen war, lockerte sich. Da erwachte in mir den Erwachsenen gegenüber wieder ein Gefühl von Liebe und Zugehörigkeit.

Indessen wurden die Schläge auf die Falltür nur um so heftiger. Wieder zeigten sich die Gesichter hinter dem Kellerfenster, und der Neger verstärkte seinen Druck auf meine Kehle. Ob ich wollte oder nicht – meine verzerrten Lippen öffneten sich, und ein schwacher Schrei, wie der eines kleinen Tieres in Todesangst, entrang sich mir. Also hatten mich die Erwachsenen im Stich gelassen. Sie fuhren fort, die Falltür zu zertrümmern, und ließen es zu, daß der Neger mich erwürgte. Wenn sie schließlich die Falltür zerschlagen hätten, würden sie mich mit erstarrten Gliedern, erdrosselt wie eines der Wiesel meines Vaters, vorfinden.

Ich brannte vor Haß. Verzweifelt und aus Scham warf ich meinen Kopf nach hinten, und während ich mich wand und mir die Tränen flossen, lauschte ich den schweren Hammerschlägen.

In meinem Kopf dröhnte es wie von tausend sich drehenden Rädern und das Geräusch hallte in meinen Ohren wider, und über meine Wangen rann das Blut, das mir aus der Nase strömte.

Schließlich war die Falltür zertrümmert, und im nächsten Augenblick kam eine Horde schmutziger nackter Füße, behaart bis auf die Zehenspitzen, herabgestürzt. Der Keller füllte sich mit häßlichen, vor Wut fast wahnsinnigen Erwachsenen. Der Neger schrie laut auf, zog mich noch fester an sich und wich Schritt für Schritt gegen die Wand zurück. Sein schwitzender, klebriger Körper preßte sich an meinen Rücken und mein Gesäß, und ein glühender Strom wie ein zornerfülltes Zucken sprang zwischen uns über. Ich war wie eine bei der Paarung überraschte Katze erfüllt von Scham und nackter Feindseligkeit: Feindseligkeit gegen die Erwachsenen, die zusammengedrängt und bewegungslos oben auf der Treppe standen und meine Erniedrigung sahen; Feindseligkeit gegen den Neger, dessen dicke Hände meine Kehle zusammenpreßten, dessen Nägel in meine weiche Haut bissen und sie mit Blut befleckten. War erfüllt von einer verwirrten, erregten Feindseligkeit gegen all und jeden.

Der Neger heulte wie ein Hund. Was meine Ohren derart betäubte, daß ich das Gefühl hatte, ich versänke dort in dem Keller, mitten im Sommer allmählich in ein tiefe, befriedigende Bewußtlosigkeit, die schon fast Lust bedeutete. Der heiße Atem des Negers blies auf meinen Nacken.

Da trat aus der Gruppe der Erwachsenen mein Vater vor, ein Beil in der Hand. Seine Augen glühten vor Zorn heiß wie die eines Hundes. Die Nägel des Negers drangen tiefer in die Haut über meiner Kehle ein, und ich stöhnte. Plötzlich sprang Vater auf uns zu, und hoch über seinem Kopf schwang er das Beil. Ich schloß die Augen. Der Neger packte mich am linken Handgelenk, riß mir den Arm hoch, um seinen Kopf zu schützen. Die im Keller versammelte Menge stieß einen Schrei aus, und ich hörte, wie meine linke Hand und der Schädel des Negers zerschmettert wurden. Das Blut quoll in dicken Strömen auf die fettglänzende Haut des Negers unter meinem Kinn. Die Erwachsenen rannten auf uns zu. Ich fühlte einen stechenden Schmerz in meinem Körper und dann, wie die Arme des Negers sich entspannten.

Ich befand mich wie in einem klebrigen Sack, und allmählich begannen meine heißen Augenlider, meine ausgedörrte Kehle und meine brennende Hand miteinander zu verwachsen, begann ich Gestalt anzunehmen. Aber ich war nicht imstande, die klebrige Membran zu durchstoßen und aus dem Sack zu entfliehen. Wie bei einem zu früh geborenen Lamm waren meine Finger in eine klebrige Hülle gepackt. Ich konnte mich nicht rühren. Es war Nacht, und um mich herum redeten die Erwachsenen. Dann war es Morgen. Ich spürte das Licht hinter meinen noch geschlossenen Lidern. Von Zeit zu Zeit legte sich eine schwere Hand auf meine Stirn. Dann stöhnte ich und wollte mich freischütteln, doch ich konnte auch meinen Kopf nicht bewegen.

Und wieder war es Morgen, als es mir zum erstenmal gelang, die Augen zu öffnen. Ich lag in meinem Bett in der Scheune. Auf der Türschwelle standen mein jüngerer Bruder und Hasenscharte und starrten mich an. Ich machte die Augen ganz auf und bewegte die Lippen. Die beiden rasten schreiend die Treppe hinab, und dann kamen Vater und die Frau des Kolonialwarenhändlers herauf. Ich war halb verhungert, aber als Vater mir eine Schale mit Ziegenmilch an den Mund hielt, wurde ich von Übelkeit gepackt. Ich schrie und preßte meine Lippen zusammen, so daß mir die Milch auf Kehle und Brust rann. Die Erwachsenen, mein Vater eingeschlossen, waren mir unerträglich. Die Erwachsenen, die sich mit gefletschten Zähnen und geschwungenem Beil auf mich gestürzt hatten, erschienen mir nun sonderbar unbegreiflich und ekelerregend. Ich schrie weiter, bis mein Vater und die anderen das Zimmer verließen.

Eine Weile verging, und dann fühlte ich, wie die weiche Hand meines Bruders mich sanft berührte. Ohne zu sprechen oder die Augen zu öffnen, hörte ich zu, wie er leise erzählte. Er hatte mitgeholfen, Holz für die Einäscherung des Negers zu sammeln. Er erzählte, wie der Schreiber mit dem Befehl zurückgekommen sei, die Leiche weiter draußen zu verbrennen. Wie die Erwachsenen die Leiche in das aufgelassene Bergwerk im Tal gebracht, um die Verwesung zu verhindern, und wie sie Schutzwälle errichtet hätten, um die wilden Hunde von der Leiche fernzuhalten.

Mein Bruder hatte gemeint, ich sei tot, und er wiederholte dies mit Bewunderung in der Stimme. Zwei Tage hätte ich nur so dagelegen, ohne das geringste zu essen; da habe er gedacht, ich sei gestorben. Unter den Händen meines Bruders sank ich wieder in tiefen Schlaf, der mich mächtig lockte und hinabriß wie in den Tod.

Am Nachmittag erwachte ich erneut und bemerkte zum erstenmal, daß meine verletzte Hand mit einem Tuch verbunden war. Lange Zeit verhielt ich mich völlig unbeweglich und starrte auf den bis zur Unkenntlichkeit angeschwollenen Arm, der auf meiner Brust lag. Niemand befand sich im Zimmer. Ein ekelerregender Geruch drang durch das Fenster herein. Ich wußte, woher er stammte, aber das erfüllte mich mit keinerlei Trauer.

Im Zimmer dunkelte es, draußen wurde es kalt. Ich richtete mich im Bett auf, und nach langem Überlegen knüpfte ich die Enden des Tuches zusammen, das um meine verwundete Hand gewickelt war, und schob es mir über den Kopf. Dann lehnte ich mich zum Fenster hinaus und schaute hinab ins Dorf. Die Luft über der gepflasterten Straße, über den Häusern und dem Tal war erfüllt von dem Gestank, der dem schweren Körper des toten Negers entströmte, dazu von dem stimmlosen Schrei des Leichnams – dieses Leichnams, der mehr und mehr aufquoll und unsere Körper umhüllte und sich über unsere Köpfe ausbreitete wie ein Alptraum. Es dämmerte. Der Himmel zeigte eine weinerliche graue Farbe, von innen her mit Orange vermischt, und hing schmal und tief über dem Tal.

Von Zeit zu Zeit eilten ein paar Erwachsene schweigend und in aufrechter Haltung ins Tal hinab. Dann zog ich, weil mich vor den Erwachsenen der Ekel überkam, meinen Kopf vom Fenster zurück. Während ich geschlafen hatte, schienen sich die Erwachsenen in noch schlimmere Ungeheuer verwandelt zu haben. Ich fühlte mich so schwer und matt, als wäre mein ganzer Körper mit nassem Sand angefüllt.

Mich überfiel ein Schüttelfrost. Ich preßte meine ausgetrockneten und aufgesprungenen Lippen zusammen und sah, wie von den Pflastersteinen auf der Straße einer um den anderen im gedämpften goldenen Schatten zu wachsen schien, dann allmählich seine Umrisse verlor, wie die gepflasterte Straße allenthalben ein trauriges Violett annahm und in dieser undurchsichtigen schwachen Farbe unterging. Meine aufgesprungenen Lippen wurden von meinen Tränen benetzt und schmerzten.

Plötzlich trieb durch den Leichengeruch des Negers von der Rückseite der Scheune herüber das Geschrei von Kinderstimmen. Mit vorsichtigen Schritten stieg ich, die Beine zitterten mir wie nach einer langen Krankheit, die dunkle Treppe hinab und ging durch die verlassene Straße dorthin, wo die Kinder schrien.

Die Kinder waren auf der grasbewachsenen Berglehne versammelt, die zum Bach unten im Tal abfiel. Sie schrien, und ihre Hunde liefen umher und bellten. Ganz unten im Tal, wo das Gebüsch wuchs, bauten die Erwachsenen noch immer den Schutzwall vor dem aufgelassenen Bergwerk aus, um die Hunde von der Leiche des Negers fernzuhalten. Das dumpfe Geräusch, mit dem die Pfähle in den Boden gerammt wurden, drang zu uns herauf. Die Erwachsenen verrichteten schweigend ihre Arbeit, die Kinder rannten fröhlich und jauchzend umher.

Ich lehnte mich an den Stamm eines Paulownia-Baumes und sah zu, wie die Kinder spielten. Sie hatten aus dem Schwanz des abgestürzten Flugzeuges, in dem der Neger gewesen war, einen Schlitten gemacht und rutschten damit die steile Wiese hinunter. Rittlings auf dem spitz zulaufenden, herrlich geschwungenen Schwanzende sitzend, glitten sie wie junge Tiere über das Gras. Wenn der Schlitten Gefahr lief, gegen einen der schwarzen Felsblöcke zu stoßen, die da und dort aus der Wiese hervorragten, dann lenkte ihn der daraufsitzende Knabe geschickt daran vorbei, indem er einen seiner nackten Füße in den Boden stieß und auf diese Weise die Richtung des Schlittens änderte. Die Kinder und der Schlitten waren so leicht, daß sich das niedergefahrene Gras wieder aufrichtete, während der Schlitten hinaufgezogen wurde. Daher waren die verwegenen Abfahrtsspuren für den Nachkommenden nur mehr undeutlich zu erkennen.

So rodelten die Kinder jauchzend den Abhang hinunter, verfolgt von ihren bellenden Hunden, und schleppten dann den Schlitten wieder hinauf. In ihren Leibern schien eine unwiderstehliche Heiterkeit knisternd umherzuschießen.

Hasenscharte löste sich aus der Gruppe der Kinder und rannte auf mich zu. Er kaute an einem Grasstengel, der zwischen seinen Zähnen steckte. Er lehnte sich an den Stamm einer Eiche, die wie der Lauf eines Hirsches aussah, und blickte mir forschend ins Gesicht. Ich wandte mich ab und tat, als hätte ich nur für das Schlittenfahren Interesse. Hasenscharte starrte unentwegt auf meinen Arm, der in einer Schlinge um meinen Hals hing, und schnüffelte vernehmlich.

»Sie stinkt. Sie stinkt furchtbar, deine zerquetschte Hand.«

Ich starrte zurück in Hasenschartes Augen. Sie funkelten vor Rauflust, und er nahm eine Kampfstellung ein, gespreizte Beine, bereit, falls ich ihn angreifen würde. Doch ich beachtete es nicht, und statt ihm an die Gurgel zu springen, sagte ich mit heiserer, kraftloser Stimme: »Nicht ich stinke. Es ist der Geruch des Negers.«

Entsetzt sah er mich an. Ich preßte meine Lippen zusammen, wandte meinen Blick von ihm ab und betrachtete die winzigen, schmalen Grashalme, die seine Knöchel wie Wellen umspielten. Voll Verachtung zuckte er die Achseln, spuckte aus und rannte schreiend wieder zu seinen Spielgefährten mit dem Schlitten zurück.

Ich war kein Kind mehr . . . Dieser Gedanke erfüllte mich wie eine Offenbarung. Die blutigen Raufereien mit Hasenscharte, das Vogelfangen in mondhellen Nächten, das Rodeln, das Fangen junger Wildhunde – all das war etwas für Kinder. Diese Art Beziehungen zur Welt waren mir fremd geworden.

Erschöpft und vor Kälte zitternd, setzte ich mich auf den Boden, in dem noch etwas von der Wärme des Tages war. Als ich mich niederließ, verschwanden die schweigend arbeitenden Erwachsenen hinter dem wilden, üppigen Sommergras, während die Kinder plötzlich wie Faune schwarz gegen den Himmel emporwuchsen.

»Na, bist du wieder frisch und munter, Frosch?«

Eine trockene, heiße Hand faßte mich hinten am Nacken, doch ich machte keine Anstalten, mich umzudrehen oder aufzustehen.

Den Kopf noch immer zum Abhang gerichtet, wo die Kinder spielten, schielte ich mit einem Auge auf die schwarze Prothese des Schreibers, die sich neben meinen nackten Knien aufgepflanzt hatte. Die bloße Anwesenheit des Schreibers machte mir eine trockene Kehle.

»Was ist, Frosch, willst du nicht auch Schlitten fahren?« erkundigte er sich. »Ich dachte, du hättest dieses Spiel erfunden.«

Ich schwieg hartnäckig. Mit seiner Prothese knarrend, setzte er sich neben mich, entnahm seiner Jackentasche die Pfeife, die der Neger ihm geschenkt hatte, und stopfte sie mit eigenem Tabak. Der Pfeife entquoll ein starker Geruch, der die zarten Schleimhäute in der Nase zum Niesen reizte, ein Geruch wie von einem Waldbrand, wenn viele verschiedenartige Sträucher brennen, und dieser hellblaue Qualm umgab mich und den Schreiber.

»Der Krieg ist etwas Schreckliches«, sagte er. »Die Finger eines Buben zu zerschmettern . . .«

Ich holte tief Atem, schwieg dann aber. Der Krieg, dieser ungeheure blutige Kampf, er mußte irgendwo noch immer toben . . . Dieser Krieg, der wie eine Überschwemmung ganze Schafherden und abgemähte Wiesen in ferne Landstriche mitreißt – er hätte niemals in unser Dorf kommen dürfen. Und war doch gekommen und hatte meine Finger und meine Hand zu Brei zermalmt, hatte dazu geführt, daß mein Vater, trunken vom Blutrausch des Krieges, sein Beil geschwungen hatte. Plötzlich hatte der Krieg von dem Dorf Besitz ergriffen und mir mit seinem wahnwitzigen Überfall die Luft zum Atmen geraubt.

»Und das bittere Ende scheint nicht mehr weit zu sein«, sagte der Schreiber ernst, als ob er mit einem Erwachsenen spräche. »Wir haben versucht, uns mit den Militärbehörden in der Stadt in Verbindung zu setzen. Aber dort geht alles drunter und drüber. Wir wissen uns keinen Rat mehr.«

Vom Tal her hallten noch immer die Hammerschläge. Der Geruch des toten fremden Soldaten schien sich an den Boden zu heften wie die untersten Zweige der riesigen Bäume, die das Tal bedeckten.

Den Schlägen lauschend, sagte der Schreiber: »Sie arbeiten wie die Wilden. Aber dein Vater und die anderen wissen bloß nicht, was sie tun sollen. Deswegen verschwenden sie ihre Zeit mit diesen Pfählen.«

Wir schwiegen. Zwischen dem Geschrei und dem Gelächter der Kinder drangen die schweren Hammerschläge an unsere Ohren. Bald darauf schnallte der Schreiber mit geschickten Fingern die Prothese ab. Ich starrte ihn an.

»He!« rief der Schreiber den Kindern zu. »Bringt mir mal den Schlitten!«

Die Kinder schleppten mit viel Geschrei den Schlitten herauf. Der Schreiber hüpfte auf einem Bein hin, drängte sich durch die Kinderschar, die den Schlitten umstand. Ich hob die Prothese, die der Schreiber abgenommen hatte, und lief damit die Wiese hinunter. Sie hatte ein erhebliches Gewicht, und es fiel mir schwer, sie mit einem Arm zu tragen.

Auf dem üppigen Gras lag bereits der erste Tau und benetzte meine nackten Füße. Welke Grashalme, die an meinen Füßen klebenblieben, kitzelten mich.

Mit der Prothese im Arm wartete ich unten am Fuße des Abhanges. Es war schon Nacht. Nur das laute Geschrei der Kinder oben auf dem Berghang durchdrang die Schicht der immer dichter werdenden, fast undurchsichtigen dunklen Luft.

Das Geschrei und Gelächter wurde lauter. Dann hörte ich ein Zischen durch das Gras. Doch kein Schlitten kam aus der klebrigen Luft auf mich zugeglitten. Ich glaubte, einen dumpfen Aufprall zu hören, doch ich blieb bewegungslos stehen und spähte durch das Zwielicht. Nach einer kurzen Stille sah ich, wie der Schwanz des Flugzeuges ohne seinen Fahrer, sich wieder und wieder überschlagend, zu mir heruntertaumelte. Ich warf die Prothese fort und rannte die nasse Wiese hinauf.

Neben einem kahlen Felsblock, der, feucht und dunkel vom Tau, inmitten des Grases aus der Erde ragte, lag der Schreiber und starrte in den Himmel hinauf. Seine Arme waren schlapp neben seinem Körper ausgestreckt. Ich beugte mich über ihn und sah das Blut, das dick und trübe aus Nase und Ohren seines noch immer lächelnden Gesichtes rann. Das Gemurmel der Kinder, die über die dunkle Wiese herabliefen, übertönte den Windhauch, der vom Tal heraufblies.

Ich wollte nicht von den Kindern umringt werden, und so ließ ich die Leiche des Schreibers liegen und erhob mich aus dem Gras. Zu rasch hatte ich den plötzlichen Tod kennengelernt und die Gesichter des Todes – einmal traurig, einmal lächelnd. Ganz so, wie die Erwachsenen im Dorf damit vertraut waren...

Sie würden den Schreiber mit dem Holz einäschern, das sie gesammelt hatten, um den Neger zu verbrennen. Mit Tränen in den Augen blickte ich hinauf zu dem letzten weißen Streifen Zwielicht am Himmel. Dann ging ich langsam die Wiese hinab, um meinen Bruder zu suchen.

Yukio MISHIMA

Die Brückenprobe

Nachdem in der fünfzehnten Nacht des alten achten Monats, der Nacht des Herbstvollmonds, die letzte Gesellschaft gegen halb zwölf zu Ende gegangen war, kehrten Koyumi und Kanako ins *Wakekatsuraya* in der Itajin-Gasse im Ginzaviertel zurück, um ihre Kimonos gegen leichte, baumwollene Yukatas zu vertauschen. Eigentlich hätten sie noch ins Bad gehen wollen, doch in dieser Nacht war dafür keine Zeit.

Die zweiundvierzigjährige Koyumi kleidete sich in einen schwarz auf weiß mit Herbstgräsern gemusterten Krepp-Yukata, und zwar so, daß er den ein wenig rundlichen Körper des nur knapp fünf Fuß großen Persönchens eng umschloß. Kanako hingegen – sie war zweiundzwanzig, und obwohl eine gute Tänzerin, hatte sie weder einen festen Liebhaber noch bekam sie bei den Tanzfesten im Frühling und Herbst einen ordentlichen Part – zog einen Yukata an, ebenfalls aus Krepp, aber mit einem indigoblauen Wirbelmuster im Kanze-Stil auf dem weißen Grund.

»Möchte wissen, was Masako heute nacht für ein Muster nehmen wird.«

»Süßklee natürlich. Sie will ja so schnell wie möglich ein Kind haben.«

»Meinst du, sie ist schon soweit?«

»Nein, nein. Damit hat es noch gute Weile. Und um bei solch einseitiger Liebe ein Kind zu kriegen, müßte sie schon eine zweite Jungfrau Maria sein«, erwiderte Koyumi.

Nach dem Aberglauben der Geishas wird man schwanger, wenn man im Sommer ein Süßklee-Muster und im Winter »Ferne Berge« trägt.

Als sie endlich aufbrechen wollten, überkam Koyumi wieder der Hunger. Es war jedesmal dasselbe, dennoch hatte sie das

Gefühl, der Hunger stürze sich wie ein Unheil aus heiterem Himmel auf sie. Bis dahin war sie nicht eigentlich hungrig gewesen. Noch in der langweiligsten Gesellschaft machte ihr – und das war recht praktisch – der leere Magen nie Probleme. Nur vor und nach ihren Auftritten fiel der Hunger sie an wie ein plötzlicher Krampf. Und dem vorzubeugen und zu rechter Zeit ein wenig zu essen, das brachte Koyumi einfach nicht fertig. Wenn sie zum Beispiel zum abendlichen Frisieren ging, sah sie zwar mit an, wie sich die anderen Geishas aus der Nachbarschaft, bis sie an der Reihe waren, Schüsseln voll Reis mit Bratfleisch kommen ließen und mit offensichtlichem Appetit drauflosaßen. Dennoch empfand Koyumi rein gar nichts dabei. Sie dachte noch nicht einmal: Das scheint zu schmecken. Kaum war indessen eine Stunde vergangen, machte sich plötzlich das Hungergefühl bemerkbar, und schon schoß ihr wie aus einer heißen Quelle der Speichel an den Wurzeln der kleinen, festen Zähne hoch.

Koyumi und Kanako zahlten im *Wakekatsuraya* tageweise für Vermittlung und Essen. Koyumis Verpflegungskosten waren immer besonders hoch gewesen. Das rührte daher, daß sie reichlich und zudem mit verwöhnter Zunge aß; tatsächlich aber waren, seit sie die seltsame Angewohnheit entwickelt hatte, vor und nach den Gesellschaften Hunger zu verspüren, ihre Ausgaben dafür allmählich zurückgegangen und lagen jetzt unter denen Kanakos. Wann sich diese seltsame Angewohnheit zuerst bemerkbar gemacht hatte, war nicht klar. Auch nicht, seit wann eigentlich Koyumi in den Häusern, in die man sie rief, zunächst einmal die Leute in der Küche inständig zu bitten pflegte: »Ach, hätten Sie wohl für mich eine Kleinigkeit zu essen?« Jedenfalls war es inzwischen die Regel, daß sie in der Küche des ersten Hauses, in das sie bestellt wurde, zu Abend aß und in der Küche des letzten Hauses ihr Nachtmahl erhielt. So hatte sich ihr Magen daran gewöhnt, und die Verpflegungskosten, die sie im *Wakekatsuraya* entrichtete, waren geringer geworden.

Als Koyumi und Kanako in ihren Yukatas durch das schon nachtschlafene Ginzaviertel nach Shimbashi zum Restaurant *Yonei* liefen, wies Kanako über die mit geschlossenen Jalousien dastehenden Bankgebäude hinauf in den Himmel. »Zum Glück hat es aufgeklart«, sagte sie, »da wird bestimmt der Mondhase zu sehen sein.« Koyumi freilich dachte an nichts als an den Zustand ihres Magens.

Die erste Gesellschaft an diesem Abend war im *Yonei* gewesen, die letzte im *Fuminoya*, wo sie auch hätte essen sollen; da aber die Zeit knapp gewesen war, hatte sie sich sogleich auf den Rückweg gemacht, um sich umzuziehen, und nun, wiederum unterwegs zum *Yonei*, bedrückte sie der Gedanke, daß sie diesmal in derselben Küche um das Nachtmahl würde bitten müssen, in der sie zu Abend gegessen hatte.

Doch als sie am *Yonei* den Kücheneingang erreichten, war Koyumis Seelenpein augenblicklich verflogen. Denn dort stand bereits Masako, die wohlgehütete Tochter des Hauses, und wartete auf sie, übrigens wirklich, wie vermutet, in einem Süßklee-Yukata, und sobald sie Koyumi erkannte, sagte sie taktvoll: »Oh, haben Sie sich geeilt! Da bleibt uns noch Zeit. Bitte, kommen Sie doch herein und essen Sie etwas!«

Die weiträumige Küche sah wüst aus vom Abräumen. Unter den Lampen glänzten Teller und Schalen in riesigen Mengen. Masako hatte sich an den Türpfeiler gestützt; auf diese Weise hielt ihr Körper das Licht ab, und ihr Gesicht lag im Dunkeln. Auch auf das Gesicht der angesprochenen Koyumi fiel kein Licht, und Koyumi war froh darüber, denn so blieb die Erleichterung, die jetzt über ihre Miene huschen mochte, von der anderen unentdeckt.

Während Koyumi ihr Nachtmahl verzehrte, ging Masako mit Kanako auf ihr Zimmer. Unter den vielen Geishas, die ins Haus kamen, war ihr Kanako die liebste. Tatsächlich waren sie beide gleichaltrig. Hatten sie in der Grundschule in derselben Klasse gesessen. Paßten sie in ihrem hübschen Äußeren genau zusammen. Doch über all diese Gründe hinaus: Sie waren einander einfach sympathisch.

Kanako wirkte zudem sehr sanft, wie unfähig, auch nur einem Windhauch zu widerstehen, doch hatte sie eine Menge Erfahrungen gesammelt, und notfalls würde sie, darauf konnte man sich verlassen, Masako mit einem ruhigen Wort zur Seite stehen. Die sonst so ehrgeizige Masako war nämlich im Vergleich dazu in Liebesdingen von einer kindlichen Naivität, was Anlaß gab zu gewissen Gerüchten; nur daß ihre Mutter dergleichen keinerlei Wert beimaß und sich auch nichts dabei dachte, als sich die Tochter einen Süßklee-Yukata anfertigen ließ.

Masako studierte Kunst an der Waseda-Universität. Nun hatte sie den Filmschauspieler R. schon immer verehrt, seit er aber einmal ins *Yonei* gekommen war, nahm ihre Begeisterung noch zu, und sie schmückte ihr Zimmer mit lauter Fotos von ihm. Eines davon, ein Foto von ihr und R., das damals bei der Gesellschaft aufgenommen worden war, hatte sie auf eine weiße Porzellanvase aufbrennen lassen, und diese stand mit Blumen gefüllt auf ihrem Schreibtisch.

»Heute hat man die Besetzungsliste ausgehängt«, sagte Kanako mit leicht verzogenem Mund und nahm Platz.

»Ja, und?« Masako stellte sich aus Mitleid ahnungslos.

»Wieder nur eine Pagenrolle. Immer in der Statisterie – es ist zum Verzweifeln. Wenn's um eine Revue ginge, ich wäre ewig eine in der Reihe.«

»Bestimmt kriegst du nächstes Jahr eine richtige Rolle.«

»Inzwischen werde ich älter, und am Ende bin ich so alt wie Koyumi.«

»Unsinn! Das ist noch zwanzig Jahre hin.«

Während ihrer Gespräche durften sie mit keinem Wort erwähnen, was sie sich in dieser Vollmondnacht wünschen wollten, doch die beiden kannten sich gut genug, um voneinander zu wissen, daß Masako am liebsten R. geheiratet hätte und Kanako sich nach einem festen Liebhaber sehnte. Und was sie genau wußten: Koyumi wünschte sich Geld, viel Geld.

Für einen Außenstehenden erschienen die Wünsche der drei, jeder auf seine Weise, durchaus vernünftig. Es waren, mußte man sagen, offene und aufrichtige Wünsche. Sollte der Mond sie nicht erfüllen, wäre er es, der sich ins Unrecht setzte. Aber da den dreien ihre Sehnsüchte klar und deutlich auf die Gesichter geschrieben waren und es sich in der Tat um sehr menschliche Hoffnungen handelte, war eigentlich nicht daran zu zweifeln, daß der Mond, sähe er die drei erst durch die von seinem Licht erfüllten Straßen gehen, sie erkennen und erfüllen würde.

Masako sagte: »Es kommt heute nacht noch jemand mit.«

»Ja, wer denn?«

»Unser Hausmädchen. Sie stammt vom Land, aus dem Tōhoku, ist seit einem Monat bei uns und heißt Mina. ›Du nimmst Mina mit‹, hat Mutter gemeint, und als ich mich dagegen wehrte, das sei doch nicht nötig, erklärte sie mir, sie machte sich Sorgen, wenn sie mich ganz ohne Begleitung gehen ließe.«

»Und wie ist sie, die Kleine?«

»Schau sie dir an. Gut gewachsen ist sie jedenfalls.«

In diesem Augenblick ging die Schiebetür aus Schilfgeflecht auf, und es erschien, stehend, besagte Mina.

»Ich habe dir aber doch erklärt: Wenn du eine Schiebetür öffnest, sollst du das auf den Knien sitzend tun«, rief Masako mit befehlsgewohnter Stimme.

»Ja.«

Die Antwort, heiser und tief, klang völlig unbeeindruckt. Kanako betrachtete die Kleine, und fast hätte sie laut aufgelacht. Mina trug ein seltsames, aus irgendwelchem zufällig vorrätigen Yukata-Stoff geschneidertes Kleid, hatte ein wie aufgewühltes dauergewelltes Haar, und die aus den Ärmeln hervorschauenden Arme waren von einer unbeschreiblichen Dicke, dazu ebenso braunschwarz, wie es ihr Gesicht war. Die Augen in diesem Gesicht, eingequetscht in die dickfleischigen, ausgebauchten Wangen, glichen zwei Strichen, und wie auch immer sie den Mund zu schließen versuchte, stets ragte der eine oder andere ihrer verquer stehenden, pfahlartigen Zähne daraus hervor. In einem solchen Gesicht Empfindungen zu entdecken, damit hielt es schwer.

»Da hast du ja eine famose Leibwache, nicht wahr?« flüsterte Kanako, den Mund dicht an Masakos Ohr.

Masako setzte eine bemüht ernste Miene auf.

»Du weißt also Bescheid? Ich habe es dir vorhin bereits gesagt, und ich sage es dir noch einmal. Wenn wir das Haus verlassen haben, darfst du so lange kein Wort mehr reden, bis wir die letzte der sieben Brücken überquert haben. Sonst ist dein Wunsch vergebens gewesen... Und sollte dich jemand ansprechen, der dich kennt, auch dann ist alles umsonst; freilich hast du das wohl kaum zu befürchten... Und noch eines: Du darfst denselben Weg nicht zweimal gehen. Da uns Fräulein Koyumi führen wird, gehst du einfach stracks hinter ihr her; so kannst du nichts falsch machen.«

An der Universität hatte Masako schon über die Romane von Proust referiert; bei solchen Dingen wie hier aber war die auf den Schulen erworbene Bildung reinweg wie fortgeblasen.

»Ja«, erwiderte Mina, wobei unklar blieb, ob sie wirklich verstanden hatte.

»Jedenfalls solltest du dir, nachdem du schon mal mit uns kommst, auch irgendwas wünschen. Hast du eine Idee?«

»Ja.« Fast brachte Mina so etwas wie die Andeutung von einem Lächeln zustande.

»Sieh an, sie reagiert wie ein ganz normaler Mensch!« warf Kanako ein.

Da zeigte sich, indem sie mit der flachen Hand auf ihre seidene Obi-Schärpe klopfte, Koyumi an der Tür: »So, jetzt ist keine Gefahr mehr. Wir könnten losgehen.«

»Haben Sie schöne Brücken ausgesucht, Fräulein Koyumi?«

»Wir fangen mit der Miyoshi-Brücke an. Die dürfen wir, weil sie über zwei Flußläufe führt, doppelt rechnen. Na, bin ich nicht schlau?«

Da sie danach den Mund nicht mehr auftun sollten, begannen die drei jetzt lauthals und alle gleichzeitig drauflosschwatzen. Und das setzten sie fort bis zum Küchenausgang. Dort auf dem Lehmboden an der Tür standen nun auch Masakos Geta-Sandalen, schwarzlackierte Ise-Getas. Als Masako ihre Füße daraufsetzte, spiegelten sich trotz des nächtlichen Dunkels mit mattem Glanz ihre rotlackierten Zehnägel im schwarzen Lack, und Koyumi, die dies zuerst bemerkte, meinte: »Ja, das nenne ich elegant, junges Fräulein: rote Nagelpolitur und schwarze Getas ... Das wird auch den Mond bezaubern.«

»Nagelpolitur! Sind Sie aber altmodisch, Fräulein Koyumi!«

»Ich weiß, ich weiß, heute heißt das ja wohl Nagelfarbe oder so.«

Masako und Kanako sahen einander an und prusteten los.

Mit Koyumi an der Spitze erreichten die vier die mondbeschienene Shōwa-Avenue. Auf dem Parkplatz an einer Garage glänzten im Mondlicht die schwarzen Taxen, nachdem sie einen langen Tag umhergefahren waren. Unter ihnen hervor schrillten die Zikaden.

Auf der Shōwa-Avenue herrschte noch emsiger Verkehr. Das dahinterliegende Viertel indessen war bereits in tiefen Schlaf versunken, so daß sich das heftige Geknatter etwa eines Dreiradwagens ohne den sonstigen Lärm ringsum seltsam traurig und verloren anhörte.

Am Mond vorbei trieben Wolkenfetzen dahin; sie schlossen sich den Wolkenbänken an, die den Horizont verhüllten. Der Mond stand hell und klar. Wenn der Autoverkehr einmal für eine Weile aussetzte, schien das Klappern der vier Geta-Paare wie ein Echo an dem vom Mondlicht harten, fahlen Himmel abzuprallen.

Koyumi, den anderen vorausgehend, fühlte sich so richtig wohl; hatte sie doch nichts als den breiten, menschenleeren Bürgersteig vor sich. Sie war stolz darauf, ihr Leben stets ohne fremde Hilfe gemeistert zu haben. Und auch der volle Bauch machte sie zufrieden. Ich weiß wirklich nicht, dachte sie, während sie so dahinschritt, wieso ich daraufkam, daß ich mehr Geld haben wollte. Ja, auf einmal hatte sie den Eindruck, ihre Wünsche wären sanft und wie bedeutungslos in das Mondlicht auf dem Pflaster von ihr davongeschmolzen. Glassplitter glitzerten zwischen den Steinen. Wenn der Mondschein selbst Glassplittern solch ein Glitzern entlockt, da werden wohl, schoß es ihr durch den Kopf, auch meine langgehegten Wünsche nichts anderes sein als sie.

Masako und Kanako, ihre kleinen Finger ineinandergehakt, gingen in dem Schatten, den Koyumi hinter sich herzog. Die Nachtluft war kühl, beide spürten sie, wie die zu den Ärmeln hereinwehende Brise ihre vor Aufregung verschwitzten Brüste allmählich beruhigte und fester werden ließ. Über die eingehakten Finger teilten sie einander ihre Wünsche mit, wortlos, doch um so deutlicher.

Masako dachte an R., sie erinnerte sich an seine weiche Stimme, sie stellte sich seine schmalen Augen vor und den langen Haaransatz an seinen Schläfen. Anders als die Fans sonst war sie, die Tochter aus einem erstklassigen Shimbashi-Restaurant, fest davon überzeugt, daß das, wonach es sie verlangte, natürlich in Erfüllung gehen mußte. Sie bildete sich ein, R.s Atem habe bei jedem Wort nahe an ihrem Ohr nicht etwa nach Reiswein gerochen, sondern einen angenehmen Duft verbreitet. Ein Atem, bildete sie sich ein, wie der Dunst des Sommergrases, frisch und jung. War sie allein und beschwor diese Erinnerung herauf, so meinte sie zu spüren, wie von den Knien bis zu den Hüften ein Wellengeriesel ihre Haut überlief. Daß R. auch jetzt irgendwo in dieser Welt körperlich existierte, dessen war sie sich ebenso sicher und unsicher zugleich wie ihrer eigenen, reproduzierenden Erinnerung, und das quälte sie.

Kanako wiederum erträumte sich einen wohlbeleibten, reichen Mann in mittleren Jahren oder schon etwas angegraut. Dick müßte er sein, sonst würde er nicht wie ein Reicher wirken. Dann brauchte ich, dachte sie, nur die Augen zu schließen und mich darein zu ergeben, daß sich seine Fürsorge verschwenderisch über mich ergösse. So hatte sie sich daran gewöhnt, die Augen zuzumachen. Bis jetzt aber war, wenn sie die Augen wieder öffnete, der in Frage stehende Mann noch immer längst auf und davon gewesen.

Wie auf Verabredung drehten sich die beiden um. Mina lief schweigend hinter ihnen her, die Hände an die Wangen gepreßt, und schleuderte bei jedem Schritt den Saum ihres Kleides in die Höhe, wobei sie nachlässig mit ihren rotriemigen Geta-Sandalen klapperte. Ihr Blick war ins Unbestimmte gerichtet, ohne irgendeinen wirklichen Ausdruck. Masako und Kanako hatten das Gefühl, Minas Gebaren bedeute eine Verhöhnung ihrer beider Wünsche.

Wo der erste und der zweite Bezirk Ginza-Ost aneinandergrenzen, bogen die vier von der Shōwa-Avenue nach rechts ab. Zwischen die Bürogebäude fiel wie versprühtes Wasser nur das Licht der Straßenlaternen mit strenger Regelmäßigkeit herein. Der Mond war in den engen Gassen von den Hochhäusern verdeckt.

Bald darauf erhob sich geradeaus vor ihren Blicken die Miyoshi-Brücke, die erste, die die vier zu überqueren hatten. Es war eine ungewöhnliche, in der Mitte sich gabelnde Brücke, die einen ebenfalls gegabelten Fluß überspannte; auf der Ecke am gegenüberliegenden Ufer hockte düster das mächtige Gebäude der Verwaltung Stadt-Mitte, das Zifferblatt am Uhrturm war von innen erleuchtet, es zeigte eine völlig unsinnige Zeit an. Wo das niedrige Geländer an der Gabelung stumpfwinklig abbog, stand an jeder der so gebildeten drei Spitzen eine antike Laterne in Maiglöckchenform. Und an jeder Laterne hingen vier Lampen, doch es brannten nicht alle. Vom Mondlicht beschienen, wirkten die Milchglasschirme an den erloschenen Lampen blendend weiß. Um die brennenden Lampen schwärmten dichte Wolken geflügelter Insekten.

Das Flußwasser drunten flackerte verwirrt vom Licht des Mondes.

Wie ihre Anführerin Koyumi legten, noch am diesseitigen Brückenaufgang, auch die anderen die Hände aneinander, um für ihre Wünsche zu bitten.

Hinter dem einzelnen Fenster eines kleineren Bürogebäudes in der Nähe erlosch das trübe Licht, und ein Mann, nun nach Erledigung eines Rests an Arbeit offensichtlich auf dem Heimweg, wollte, aus dem Haus tretend, den Schlüssel in der Tür umdrehen, als er die seltsame Szene bemerkte und wie angewurzelt stehenblieb.

Eine nach der anderen betraten die vier die Brücke. Das Pflaster, über das ihre Geta-Sandalen klapperten, war das gleiche wie bisher, dennoch hatten sie jetzt, da sie die erste Brücke überquerten, ein Gefühl, als bewegten sie sich mit feierlich dröhnenden Schritten auf dem zypressenhölzernen Tanzpodest einer Bühne. Es war nicht weit bis zur Mitte der gegabelten Brücke. Weit genug aber, daß sie, einmal dort angekommen, eine Erleichterung verspürten, als hätten sie wer weiß was Bedeutendes vollbracht.

Unter den Maiglöckchenlaternen wandte sich Koyumi um, und abermals legte sie die Hände aneinander und taten es die drei anderen ihr nach.

Nach Koyumis Rechnung bedeutete das Überschreiten zweier Teile einer gegabelten Brücke ebensoviel, wie wenn sie zwei einzelne Brücken hinter sich brächten; dazu mußten sie, weil vor und nach jeder zu überquerenden Brücke zu beten war, auf der Miyoshi-Brücke viermal die Hände aneinanderlegen.

In einem zufällig vorüberfahrenden Taxi drängten sich, wie Masako bemerkte, erstaunte Gesichter an den Scheiben; Koyumi jedoch war gegen solche Dinge gleichgültig.

Als sie vor dem Bezirksamt ankamen und mit dem Rücken zum

Gebäude zum vierten Male die Hände aneinanderlegten, empfanden Kanako und Masako nicht nur Erleichterung, nämlich darüber, daß sie die Brücken Nummer eins und zwei ohne Zwischenfall hinter sich gebracht hatten; es begannen ihnen auch ihre Wünsche noch wichtiger zu erscheinen als bisher, und sie waren überzeugt, nirgends in dieser Welt gäbe es Ersatz dafür.

Masako zum Beispiel meinte sterben zu müssen, wenn sie ihren R. nicht bekäme. Allein das Überschreiten zweier Brücken hatte ihr Verlangen um ein Vielfaches verstärkt. Und Kanako gelangte endgültig zu dem Schluß, ohne einen festen Liebhaber habe das ganze Leben keinen Sinn. Es wurde ihnen, als sie so beteten, richtig eng um die Brust, und gleich darauf schossen Masako die Tränen in die Augen.

Wie von ungefähr sah sie zur Seite. Da stand Mina, brav mit geschlossenen Augen und die Hände aneinandergelegt. Im Gegensatz zu mir, dachte Masako, hat sie gewiß keinen eigentlichen Wunsch; und es erschien ihr die von allem entblößte, fühllose Leere in Minas Herzen zwar verachtenswert, andererseits aber beneidete sie sie auch darum.

Die vier gingen südwärts den Fluß entlang und stießen auf die große Straße, auf der die Trambahn von Tsukiji nach der Sakura-Brücke verkehrte. Um diese Zeit war die letzte Bahn natürlich schon längst gefahren, und die Schienen, die tagsüber in der Frühherbstsonne blitzten, zogen jetzt zwei kalte weiße Streifen.

Kurz bevor sie diese Straße erreichten, hatte Kanako die seltsamen Schmerzen im Leib zum erstenmal gespürt. Ob ihr irgendwas nicht bekommen war? Ganz offensichtlich. Anfangs kniff es nur ein wenig, und nach zwei, drei Schritten hatte sie es schon wieder vergessen; gleich darauf aber wurde ihr bewußt, daß sie viel zu sicher war, es vergessen zu haben, weshalb die Angestrengtheit solchen Bewußtseins Risse bekam und die Schmerzen ebenso schnell wieder da waren wie Kanako gehofft, sie aus ihrem Gedächtnis verbannt zu haben.

Die dritte war die Tsukiji-Brücke. Im Näherkommen bemerkten sie: Selbst an dieser ganz und gar nicht romantischen Brücke in der Stadtmitte hatte man liebevoll einen Weidenbaum gepflanzt. Für gewöhnlich, wenn man im Wagen vorbeifuhr, fiel sie nicht auf, die einsame Weide; sie stand auf einem winzigen Stück Erde zwischen all dem Beton und ließ getreulich ihre Blätter im Flußwind flattern. Nachts jedoch lagen die sonst so lauten Gebäude ringsum da wie tot, und nur die Weide lebte.

Bevor sie die Tsukiji-Brücke betrat, hielt Koyumi unter der Weide inne und legte mit Blick in Richtung Sakura-Brücke die Hände aneinander. Und vielleicht weil sie die anderen zu führen hatte, straffte sie dabei ihren ein wenig rundlichen Rücken stärker als je zuvor. Tatsächlich hatte sie ihre eigenen Wünsche irgendwann beiseite geschoben und betrachtete es als das im Augenblick Wichtigste, daß sie gemeinsam und ohne jeden Fehler die sieben Brücken überquerten. Zu denken, daß sie es schaffen mußten, war, so hatte sie den Eindruck, ihr eigentlicher Wunsch. Eine recht merkwürdige Vorstellung, aber war es mit ihrem plötzlichen Hungergefühl denn nicht das gleiche? Immer bin ich, überlegte sie, so durch mein Leben gegangen, und erfüllt von einer wunderbaren Zuversicht, lief sie im hellen Mondlicht dahin, den Rücken nur immer noch straffer aufgerichtet, das Gesicht stracks nach vorn gewandt.

Die Tsukiji-Brücke ist ein unansehnlicher Bau. Auch die vier Steinsäulen an den Brückenaufgängen haben nichts Elegantes. Beim Überqueren nahmen die Frauen jedoch zum erstenmal so etwas wie den Geruch des Meeres wahr; es wehte ein Wind, der der Meeresbrise glich, und selbst das rote Neon-Zeichen, das flußabwärts nach Süden zu am Gebäude einer Lebensversicherung flackerte, wirkte wie eine Leuchtbake, die das schon nicht mehr ferne Meer ankündigte.

Als sie drüben waren und dort die Hände zum Gebet aneinanderlegten, wurden Kanakos Schmerzen immer heftiger; sie hatte das Gefühl, als wollte sich ihr der Magen umdrehen. Und nachdem sie die Trambahnschienen gekreuzt hatten und schon die Straße zwischen dem Fluß und dem alten gelben Gebäude der Firma S. entlanggingen, bewegte sich Kanako nur noch mit schleppenden Schritten voran, und auch Masako, als sie es bemerkte, lief langsamer; aber sie durfte ja nicht fragen, was denn los sei. Schließlich preßte Kanako beide Hände auf ihren Leib und zog die Augenbrauen zusammen, und da begriff Masako.

Inzwischen war Koyumi, die in einer Art Rauschzustand vornwegging, im gleichen Tempo wie triumphierend und ohne etwas zu bemerken weitergezogen, so daß der Abstand zu den dreien hinter ihr immer größer wurde.

Kanako hatte das Gefühl, er stünde vor ihr, der Mann, den sie ersehnte, und sie brauchte nur die Hand auszustrecken; doch sie erreichte ihn nicht. Alle Farbe war aus ihrem Gesicht gewichen, auf ihrer Stirn perlte der Schweiß. Zum Glück weiß sich das menschliche Gemüt zu helfen, und je heftiger die Schmerzen wurden, desto deutlicher spürte sie, wie der bis eben noch der Erfüllung nahe geglaubte und also realistisch erschienene Wunsch mit einem Male alle Realität verlor, und zwar ganz so, als hätte es sich von Anfang an um ein höchst unrealistisches, traumhaft kindliches Verlangen gehandelt. Während sie sich mühsam dahinschleppte und gegen die sie pausenlos bedrängenden Schmerzen ankämpfte, bildete sie sich ein, sie brauchte nur auf einen solchen, wenig altruistischen Wunsch zu verzichten und wäre die Qualen los.

Als die vierte Brücke bereits vor ihnen auftauchte, legte Kanako ihre Hand leicht auf Masakos Schulter, wies dann mit den Fingern dieser Hand wie in einer tänzerischen Geste auf ihren eigenen Leib und schüttelte das von verschwitzten, auf den Wangen klebenden Haarsträhnen umrahmte Gesicht, wie um ihr zu bedeuten: Ich kann nicht mehr. Und augenblicklich drehte sie sich um und rannte Richtung Trambahnstraße zurück.

Beinahe wäre Masako ihr nachgelaufen, doch fiel ihr ein, daß sie selber damit ihre Wünsche verderben würde; also bremste sie sich lediglich mit den Spitzen ihrer Geta-Sandalen und sah sich nach hinten um. Erst am Aufgang zur vierten Brücke bekam auch Koyumi mit, daß etwas geschehen sein mußte, und schaute zurück. Sie sah die Frauengestalt im weißen, blaugemusterten Yukata im Mondlicht aufgelöst und in völliger Verwirrung davonrennen, daß das Klappern der Getas von den Bürogebäuden ringsum vielfach widerhallte, sah dann, wie an einer Ecke gerade zur rechten Zeit geräuschlos ein Taxi stoppte.

Die vierte war die Irifune-Brücke. Sie war in umgekehrter Richtung wie vorhin die Tsukiji-Brücke zu überqueren.

Die drei versammelten sich am Brückenaufgang. Sie beteten

wie sonst. Masako fühlte zwar durchaus Mitleid mit Kanako, aber dieses Mitleid stellte sich nicht so willig ein, wie es bei ihr gewöhnlich der Fall war. Ja, tief in ihrem Inneren empfand sie gegenüber der Zurückgebliebenen kaltherzig genug, um sich zu sagen: Es ist nun einmal nicht anders, von jetzt an trennen sich unsere Wege. Wünsche gehen niemanden etwas an als einen selber, also hat hier erst recht ein jeder sein Teil zu tragen. Anders als beim Bergsteigen, wo man bei schwerem Gepäck einander beisteht, war in diesem Falle wirklich keinem zu helfen.

An einem niedrigen Steinpfeiler am Brückenaufgang stand auf einer querformatigen eisernen Tafel, von der sich im Dunkeln nicht erkennen ließ, ob sie grün war oder schwarz, in weißen Schriftzeichen der Name Irifune- oder Schiffslände-Brücke. Die gleichmäßig grellen Lichter der Caltex-Tankstelle am jenseitigen Ufer mit ihrem voll auf die breite Betonfahrbahn fallenden Widerschein sorgten dafür, daß sich die Brücke deutlich abhob.

In der Flußmitte war, noch im Schatten der Brücke, ein matter Schimmer auszumachen. Er kam von einer alten, verwinkelten Hütte auf dem Landesteg, vor der mehrere Topfpflanzen aufgestellt waren und ein Schild: »HAUSBOOTE – HARPUNENBOOTE – ANGELBOOTE – NETZBOOTE«. Der Mann, der hier wohnte, saß wohl noch bei seiner Lampe auf.

Von dieser Stelle aus hatte man den Eindruck, die eng aneinandergedrängten Bürohäuser würden allmählich niedriger und der Nachthimmel um so höher. Jetzt fiel den dreien auch auf, daß der bis dahin klare Mond als verschwommene Scheibe hinter einen Wolkenschleier geglitten war. Überhaupt hatte die Bewölkung zugenommen.

Ohne Zwischenfall überquerten die drei die Irifune-Brücke.

Hinter der Irifune-Brücke machte der Fluß eine fast rechtwinklige Krümmung nach rechts. Bis zur fünften, der Akatsuki-Brücke war es ein weiter Weg, und sie mußten die breite, verlassen daliegende Straße am Fluß entlanggehen.

Rechter Hand reihten sich zahllose Restaurants. Links, also am Flußufer, waren hier und da Steine, Kies und Sand für irgendwelche Bauarbeiten aufgehäuft. An manchen Stellen reichten die dunklen Hügel bis in die Straßenmitte. Schließlich tauchte links der grandiose Komplex des St.-Lukas-Krankenhauses auf.

Vom halb verschwommenen Mond beschienen, hatte der Bau etwas Schwermütiges. Oben auf der Spitze das riesige goldene Kreuz leuchtete hell, und wie zur Assistenz flackerten rote Flugwarnlichter an der Grenzlinie zwischen Dächern und Himmel. In der Kirche auf der Rückseite des Krankenhauses waren die Lichter gelöscht, doch die Konturen der gotischen Fensterrosette waren klar zu erkennen. An den Fenstern in der Krankenabteilung flammte hier und da ein schwacher Schein.

Die drei liefen schweigend weiter. Solange sie sich vor allem auf das Gehen konzentrierte, überlegte Masako nicht viel. Auch die beiden anderen hatten ihre Schritte so beschleunigt, daß sie in Schweiß gerieten. Und nachdem Masako zunächst geglaubt, sie bilde sich das nur ein, hatte sich der Himmel tatsächlich verdächtig bezogen, obwohl die Stelle, an der sich der Mond befand, noch zu sehen war, und jetzt verspürte Masako einen ersten Regentropfen an ihrer Schläfe. Nach einem heftigen Regen sah es zum Glück nicht aus.

Vor ihnen kamen die grellweißen Säulen vor der fünften, der Akatsuki-Brücke in Sicht. Die aus Beton gegossenen, wunderlich geformten Säulen am Brückenaufgang waren mit weißer Farbe bemalt. Als sie hier die Hände aneinanderlegen und beten wollten, wäre Masako um ein Haar über die an dieser Stelle aus der Straße hervortretenden Eisenrohre gestolpert, die von da aus offen über die Brücke geführt wurden. Drüben würden sich die drei genau vor dem Eingangsrondell zum St.-Lukas-Krankenhaus befinden.

Die Brücke war nicht lang. Zudem liefen sie jetzt noch schneller. Schon hatten sie die Brücke fast hinter sich, da wurde Koyumi vom Schicksal ereilt.

Von der anderen Seite her kam den dreien mit raschen Schritten eine Frau entgegen, den Kragen des schlampigen Yukatas weit offen, einen Blechnapf in der Hand, die Haare frisch gewaschen. Masako, die einen kurzen Blick auf die Frau geworfen hatte, erschauderte vor dem fahlweißen Gesicht unter dem nassen Haar.

»Ja, Koyumi – natürlich, du bist es! Wie lange ist das her, daß wir uns zuletzt gesehen haben ... Nun tu mal nicht so, als ob du nicht wüßtest, wer ich bin ... He, Koyumi ...!«

Die Frau, sie war auf der Brücke stehengeblieben, reckte auf eine seltsame Weise den Hals zur Seite, dann vertrat sie Koyumi den Weg. Koyumi gab keine Antwort.

Die Stimme dieser Frau war schrill wie der Wind, wenn er durch die Ritzen pfeift, aber von einer schwankenden Lautstärke. Und wie sie ihren Gruß vorgebracht, so redete sie weiter: ungeachtet des Schweigens Koyumis, war es, als ob sie zu einem Niemand spräche.

»Ich komme gerade aus dem Badehaus im Odawara-Viertel. Wirklich, es ist jedenfalls viel Zeit vergangen. Und da treffen wir uns ausgerechnet hier und jetzt. Na, wie findest du das, Koyumi?«

Endlich, als eine Hand ihre Schulter berührte, schaute Koyumi doch auf. Was sie empfand in diesem Augenblick: daß ihr Wunsch so oder so längst zerbrochen war, nachdem eine alte Bekannte sie einmal angesprochen hatte, mochte sie selber auch mit der Antwort zögern, wie sie wollte.

Masako ihrerseits betrachtete forschend das Gesicht dieser Frau, überlegte kurz, und dann ließ sie Koyumi stehen und lief weiter geradeaus. Sie hatte das Gesicht wiedererkannt. Ohne Zweifel, es war die einstige Geisha Ko'en, die in den Tagen nach Kriegsschluß in Shimbashi aufgetaucht, dann aber, weil sie im Kopf etwas wunderlich geworden, aus dem Geisha-Register wieder ausgeschieden war. Man erzählte sich, sie habe dadurch Mißfallen erregt, daß sie sich, wenn sie zu Gesellschaften gerufen wurde, auf eine sehr sonderbare Weise jugendlich gegeben; später sollte sie sich im Haus von Verwandten in dieser Gegend gesund gepflegt haben und einigermaßen wieder in Ordnung gekommen sein.

Natürlich erinnerte sich Ko'en an Koyumi, mit der sie damals sehr vertraut gewesen war. Ein Glück, daß sie Masakos Gesicht vergessen hatte.

Die sechste Brücke war ganz in der Nähe. Es war die kleine, aus lauter grüngestrichenen Stahlplatten zusammengesetzte Sakai-

Brücke. Kaum hatte Masako die übliche Bittzeremonie am Brükkenaufgang erledigt, rannte sie fast im Laufschritt über die Brücke, um dann erleichtert aufzuatmen. Erst jetzt, beim Umdrehen konnte sie völlig sicher sein: Koyumi war nicht mehr zu sehen, nur Mina folgte ihr mit mürrischer Miene auf dem Fuße.

Nachdem nun die Anführerin fehlte, wußte Masako nicht, welches die siebente und letzte Brücke sein sollte. Soviel jedoch wußte sie: Wenn sie diese Straße immer weiter geradeaus ginge, müßte da, parallel zur Akatsuki-Brücke, eine andere Brücke kommen. Hatte sie diese erst überquert, würde ihr Wunsch gewiß in Erfüllung gehen.

Wieder fielen vereinzelte Regentropfen auf Masakos Wangen. Die Straße führte am Rande des Odawara-Viertels entlang, wo sich die Lagerschuppen der Großhändler reihten; Baubaracken verstellten den Blick auf den Fluß. Es war entsetzlich dunkel. Und das Dunkel erschien um so tiefer, als das Licht der nächsten, fernen Straßenlaterne deutlich zu erkennen war.

Nicht daß sich Masako, die Ehrgeizige, wirklich gefürchtet hätte, so um die Erfüllung ihrer Wünsche betend durch die spätnächtlichen Straßen zu laufen. Aber das Geta-Geklapper, mit dem Mina ihr unmittelbar auf dem Fuße folgte, begann ihr doch erheblich auf die Nerven zu fallen. Es hörte sich geradezu unbekümmert und nachlässig an, jedenfalls waren das im Vergleich zu ihrem eigenen Trippeln außerordentlich ruhige Schritte, die ihr den Eindruck machten, als wollten sie sie verspotten.

Bis zu dem Augenblick, in dem Kanako aufgegeben hatte, war es kaum mehr als Verachtung gewesen, was Minas Gegenwart in Masako ausgelöst; seitdem freilich hatte sie eine gewisse Beunruhigung empfunden und jetzt, da sie beide allein waren, konnte sie, wiewohl sie damit fertig zu werden hoffte, doch nicht umhin, sich besorgt zu fragen, welche Wünsche wohl dieses Mädchen aus den Bergen in ihrem Herzen verbarg. Ja, es schuf ihr Unbehagen, daß ein so robustes junges Ding hinter ihr hermarschierte und Wünsche besaß, von denen sie nicht die geringste Vorstellung hatte. Und nicht nur Unbehagen – immer heftiger war ihre Unruhe geworden und hatte sich schließlich zur Furcht ausgewachsen.

Masako hatte nicht gewußt, daß einem die Wünsche anderer so

unheimlich sein konnten. Der gleichsam schwarze Klumpen, der jetzt hinter ihr herkam, war einfach nicht zu vergleichen mit jenen durchsichtigen Wünschen, die in Kanakos und Koyumis Innerem ablesbar gewesen waren.

Und während sie dies dachte, bemühte sich Masako verzweifelt, ihre eigenen Wünsche wachzuhalten, sich an sie zu klammern. Sie stellte sich R.s Gesicht vor. Seine Stimme. Seinen jugendlich frischen Atem. Doch sofort verschwamm sein Bild wieder; sie war unfähig, ein so beständiges Bild wie zuvor zusammenzubringen.

Unbedingt mußte sie, und zwar schnell, die siebente Brücke hinter sich bringen. Bis dahin durfte sie keinen Gedanken an irgend etwas anderes verschwenden.

Wirklich war sie allmählich überzeugt, bei der Straßenlaterne, die sie in der Ferne sah, müsse es sich um die Lampe am Brückenaufgang handeln, und als eine breite Kreuzung auftauchte, war ihr dies ein Anzeichen dafür, daß sie sich der Brücke näherte.

Die Sandfläche in dem kleinen Park am Brückenaufgang – die Regentropfen hatten sie mit dunklen Punkten gesprenkelt – wurde von ebenjenem Licht beschienen, das Masako von weitem gesehen. Es war also die Brücke gewesen.

An einer wie ein Shamisen-Kasten geformten Betonsäule stand »Bizen-Brücke« zu lesen, und oben darauf brannte eine armselige Lampe. Drüben über dem Fluß erkannte sie auf der linken Seite den in Tsukiji gelegenen Honganji-Tempel; seine blaugrüne Kuppel ragte in den Nachthimmel auf. Um nicht denselben Weg zurückzugehen, könnte sie, sobald sie diese letzte Brücke hinter sich hatte, durch Tsukiji und dann am Tōgeki-Kino und am Shimbashi-Theater vorbei heimkehren.

Erleichtert legte Masako am Brückenaufgang die Hände aneinander, und wie zum Ausgleich für die bisherige Übereile vertiefte sie sich nun ausführlich in ihr Gebet. Sowie sie jedoch mit einem Blick zur Seite bemerkte, daß Mina wie noch jedesmal ihre dicken Hände mit einer Bravheit zusammenpreßte, als wollte sie sie nachäffen, wurde Masako wütend. Da hatten sich ihre eigenen Wünsche auch schon davongestohlen, und es stiegen statt dessen in ihrem Herzen wieder und wieder die Worte auf: »Besser wäre es gewesen, ich hätte dich nicht mitgenommen. Ach, zu ärgerlich ist das. Hätte ich dich bloß nicht mitgenommen.«

In diesem Augenblick wurde Masako von einer Männerstimme angerufen; ihr war, als müßte sie erstarren. Ein Polizist von der Streife stand vor ihr. Ein junger Beamter mit straffem Gesicht und scharfer Stimme: »Ja, was tun Sie denn hier? Um diese Zeit?«

Masako überlegte: Wenn sie jetzt den Mund aufmachte, wäre alles aus; sie durfte nicht antworten. Daß indessen der Polizist mit so raschen Fragen und in so scharfem Tonfall eine Erklärung verlangte, mochte seine Ursache darin haben, daß er die in tiefer Nacht an der Brücke Betende mit einer Selbstmörderin verwechselte, die sich ins Wasser stürzen wollte.

Nein, Masako konnte unmöglich antworten. Also mußte sie Mina zu verstehen geben, daß sie an ihrer Stelle antworten solle. Soviel brächte doch wohl die Dümmste zustande. Wieder und wieder zupfte sie Mina am Ärmel, um sie dazu zu drängen. Und wirklich hätte Mina trotz all ihrer Dickfelligkeit doch schließlich irgendwie begreifen müssen. Als sie indessen noch immer nichts sagte, erkannte Masako mit Bestürzung: Mina wollte entweder die ursprüngliche Anweisung strikt befolgen oder aber ihre eigenen Wünsche dadurch schützen, daß sie die Lippen nur um so fester aufeinanderpreßte.

»Auf der Stelle antworten Sie! Ich sage, Sie sollen antworten!« Der Polizist wurde heftig.

Plötzlich und indem sie seine Hand abschüttelte, rannte Masako los, entschlossen, erst die Brücke zu überqueren und dann zu reden. Die von einem grünen Geländer eingefaßte Bizen-Brücke und auch das Geländer als solches waren in einem flachen, parabolischen Bogen aufgekrümmt wie das Stück einer Trommelleibung. Noch im Loslaufen bemerkte Masako, daß Mina gleichzeitig mit ihr hinauf auf die Brücke hastete.

In der Mitte der Brücke hatte der Polizist sie eingeholt, er packte sie am Arm. »Nun auch noch ausreißen, wie?«

»Wer sagt denn, daß ich davonlaufen will? Au! Fassen Sie mich nicht so hart an, das tut ja weh!«

Unwillkürlich hatte Masako losgeschrien. Und als sie begriff, daß damit ihre Wünsche zerbrochen waren, und sie mit einem Ausdruck tiefen Schmerzes auf die andere Brückenseite hinüberblickte, sah sie dort Mina stehen, versunken in das vierzehnte und letzte Gebet.

Da Masako, nachdem sie heimgekehrt war, in einem fort jammerte und weinte, stellte ihre Mutter, die das alles nicht verstand, Mina zur Rede. »Was eigentlich hattest du dir denn gewünscht?«

Aber Mina zeigte nur lachend ihre Zähne und schwieg.

Zwei, drei Tage später paßte die wieder gutgelaunte Masako eine Gelegenheit ab und fragte, wie um sie zu hänseln, Mina zum wievielten Male: »Was hast du dir, möchte ich wissen, bloß gewünscht? Jetzt kannst du es ja sagen, oder?«

Mina, ohne ein Wort zu erwidern, ließ ein leichtes, unbestimmtes Lächeln über ihr Gesicht gleiten.

»Du bist abscheulich. Richtig abscheulich bist du, Mina!« Lachend grub Masako ihre rotlackierten, spitzen Fingernägel in Minas runde Schultern. Doch an dem festen, elastischen Fleisch prallten die Nägel auf eine Weise ab, daß Masako in ihren Fingerspitzen ein dumpfes, trauriges Gefühl zurückbehielt, so als gäbe es nun keinen Platz mehr, wo sie ihre Hände hinlegen könnte.

Harumi SETOUCHI

Einmal hat Makiko gestohlen

Einmal hat Makiko gestohlen.

Ein einziges Mal zwar nur, da sie sich jedoch mit Vorsatz in jenes Haus eingeschlichen hatte, um bestimmte Dinge mitgehen zu lassen, war es jedenfalls vollendeter Diebstahl gewesen.

Als es Jahre später dazu kam, daß Makiko für lange Zeit und in aller Öffentlichkeit einer anderen den Mann wegnahm, meinten viele, nun ja, in ihrem Hang zum Diebstahl sei sie eben von der dreistesten Schamlosigkeit; tatsächlich aber war sie vor lauter Scheu noch nicht einmal imstande, auch nur die Streichhölzer aus einem Café ohne Erlaubnis mitzunehmen.

Woher dann ausgerechnet in jenem einen Falle der Mut? Makiko selber war überzeugt, sie wäre zu einer solchen Schandtat nie fähig gewesen, hätte nicht, als sie sich da eingeschlichen, hinter ihr Ōnuma mit seinen Blicken ihre ängstlich gekrümmte Gestalt verfolgt. Was natürlich nicht heißen soll, daß sie die Gemeinheit besessen hätte zu glauben, sie könnte einen Teil der eigenen Schuld Ōnuma in die Schuhe schieben.

Es muß im Spätherbst achtundvierzig gewesen sein, ungefähr ein halbes Jahr nachdem Makiko ihrem Mann davongelaufen war. Nach fast sechs Ehejahren mit Kusumoto und obwohl sie eine inzwischen vierjährige Tochter besaßen. Doch hatte sie sich in einen anderen Mann verliebt, und so war sie, aufgeregt wie ein kleines Mädchen, Hals über Kopf davongelaufen und hatte Haus und Tochter im Stich gelassen.

Ōnuma, ein Freund von Kusumoto, schrieb ihr danach einen von Aufrichtigkeit erfüllten Brief, in dem er sie warnend beschwor: »Ein böser Geist hat sich Ihrer bemächtigt. Rasch, wachen Sie auf aus dem üblen Traum, daß Sie zurückfinden zu Ihrer wahren Gestalt! Zerstören Sie nicht, ich bitte Sie, meine heimliche Wunschvorstellung, einmal – wenn überhaupt – eine Frau zu heiraten wie Sie! Ach, seien Sie wieder Sie selbst!«

Wirklich hatte es sich um einen Vorfall gehandelt, der nur dann erklärbar schien, wenn man annahm, da habe ein Dämon seine Hand im Spiel gehabt. Beachtet man andererseits beim Blick auf Makikos seitheriges Leben, wie sie allen Erfahrungen zum Trotz angesichts der Attacken ähnlicher Dämonen jedesmal völlig ihr Denk- und Urteilsvermögen verlor, um nur immer tiefer ins Unglück zu geraten, so wird man jenes erste Fiasko, als Vorausdeutung ihres ferneren Schicksals, geradezu als symbolisch bezeichnen können. Das Groteske dabei war gewesen, daß der so sehr in sie verliebte junge Mann, sobald er die nun in der Tat von zu Hause davongelaufene Makiko vor sich gesehen, unter innerlichem Zittern und seine Verwirrung mühsam verbergend erklärt hatte: »Zunächst ist es Ihre Pflicht, auf eigenen Füßen durchs Leben zu gehen.« Mit todernster Miene und in den philosophischsten Wendungen hatte er ihr dergleichen unsinniges Zeug vorgeredet, hingegen nicht den Mut gehabt, einen einzigen Tag mit Makiko zusammenzuleben; ja, bald darauf hatte er sich ganz aus dem Staube gemacht. Er war gerade eben zweiundzwanzig gewesen und Makiko ihrerseits vier Jahre älter.

Um der Tochter willen, so hatte Kusumoto ihr mitgeteilt, werde er alle die ihm zugefügten Demütigungen, werde er das Schwererträgliche ertragen und Makiko verzeihen; deshalb und da es auch jetzt noch nicht zu spät sei, möge sie nur bald zu ihm zurückkehren. Selbst auf diesen gutgemeinten Vorschlag ihres Mannes ging Makiko indessen nicht ein. Ein Krug, der einem aus der Hand gefallen und zerbrochen ist, wird, wenn man ihn danach wieder zusammenkittet, die häßlichen Sprünge doch behalten, dachte sie und verzichtete darauf. Auch war sie allerdings von dem Verlangen besessen, einmal mit eigenen Füßen fest auf der Erde zu stehen und über sie zu gehen – ganz wie es ihr jener Kaltherzige vor seinem Verschwinden geraten hatte. Dem Anschein nach wirkten also die Worte des Ungetreuen stärker auf Makiko ein als diejenigen ihres großherzigen Ehemannes.

Der Ort, an dem Makiko jetzt lebte, war nicht ihre Heimat, sondern die alte westliche Kaiserstadt. Rein zufällig hatte sie sich dort niedergelassen.

Als sie von Kusumoto weggegangen war, hatte dieser von ihr verlangt, sie solle den Mantel wieder ausziehen, solle auch keine Geldbörse oder sonst etwas mitnehmen. Daher machte sie sich mit buchstäblich nichts als den Kleidern, die sie anhatte, auf den Weg. Sechs Stationen weit lief sie an der Bahnstrecke entlang; nach über fünf Stunden traf sie bei ihrer Freundin Hisako ein.

Hisako, sie war erst seit vier Monaten verheiratet, hatte das gemietete Viereinhalbmattenzimmer bis zum Überquellen mit ihrer Mitgift vollgestopft; beim Hinsetzen mußte man sich gleichsam zusammenfalten. Er für sein Teil, meinte Haraguchi, Hisakos Mann, sei in ärmlichen Verhältnissen aufgewachsen, so daß er sich mit einem Leben in Schwierigkeiten abgefunden habe. Obwohl er erheblich jünger sein mußte als Kusumoto, kam er Makiko viel reifer und erwachsener vor. Er sah sie an und fragte: »Haben Sie es also doch gewagt?« In jenen Tagen war Makikos Gesichtsausdruck von einer derart sonderbaren, vergrübelten Häßlichkeit, daß jeder sie durchschaute und sogleich wußte: Hier hat eine gegen die Ordnung gehandelt. »Von mir aus machen Sie es sich zwei, drei Tage bequem, und wenn Sie dann noch immer dazu entschlossen sind, gehen Sie eben endgültig weg. Wissen Sie, meine Mutter, ich war damals drei, hat mich auch im Stich gelassen und ist davon.«

Makiko blickte sich um: Aber da war ja kein Platz, es sich bequem zu machen; und während sie so zauderte, verpaßte sie die Chance, die Rede darauf zu bringen, daß sie eigentlich etwas Geld hatte borgen wollen.

Für diesen Tag mußte sie wohl oder übel das Angebot annehmen und bei ihnen übernachten. Der kleine Eßtisch wurde zusammengeklappt, Spiegelkommödchen und Abfallkorb kamen hinaus auf den Gang; als schließlich, auf- und übereinander, das Bettzeug ausgelegt war, konnte man in dem Zimmer keinen Schritt mehr tun, ohne auf Decken zu treten.

Dann ging Hisako sich draußen das Gesicht waschen, und in der kurzen Zeit ihrer Abwesenheit sagte Haraguchi mit gedämpfter Stimme: »Wie war das eigentlich, wenn Sie es mit Ihrem Mann hatten? Ich meine, ich mache es nämlich heute nacht mit meiner Frau. Da tun Sie einfach, als wüßten Sie von nichts, und beobachten uns. Natürlich so, daß es meine Frau nicht erfährt.

Und sollte Ihnen davon irgendwie ein Licht aufgehen, ist es auf alle Fälle das beste, Sie verlassen Ihren Mann. Ob es dann mit dem Neuen wirklich richtig hinhaut, das weiß ich freilich nicht.«

An dieser Stelle, weil Hisako zurückkam, brach er ab. Makiko hatte das Gefühl, Hisako könnte ihren verwirrten Gesichtsausdruck bemerkt haben, und rasch ging sie als nächste hinaus zum Waschplatz.

Während sie sich an dem Becken in einem Winkel des düsteren Ganges das Gesicht wusch, versuchte sie herauszufinden, was Haraguchi mit seinen Worten gemeint haben mochte. Daß er für ihre Flucht die sexuelle Problematik, und zwar im Verhältnis zu ihrem Mann wie zu ihrem neuen Geliebten, für das Wesentliche hielt, das begriff sie sehr wohl. Andererseits sah sie nun nach alledem keinerlei Notwendigkeit, ihm einzugestehen, daß es in Wahrheit mit dem jungen Mann bisher noch nicht einmal zu einer ordentlichen Berührung der Lippen gekommen war. Es widerte sie an dazubleiben. Doch sich einfach davonzustehlen, ging auch nicht an. Gefaßt kehrte Makiko in das Zimmer zurück.

Die beiden lagen bereits in den Decken. An der Wand Haraguchi, Hisako in der Mitte, so daß neben ihr Platz blieb für Makiko. Kaum war Makiko hineingekrochen, rief Hisako mit übermütiger Stimme: »Jetzt wird ausgemacht!« Womit sie die kleine Stehlampe abdrehte. Makiko, von Natur aus eine gute Einschläferin, zudem war sie an diesem Tage ja einige Stunden gelaufen, brauchte sich nur auszustrecken, und schon spürte sie, wie die Müdigkeit sie überfiel. Selbst nach einem solchen Tage auf der Stelle einzuschlafen erschien zwar entsetzlich abgebrüht, und wirklich überkam sie deswegen ein geradezu beschämendes Gefühl; dennoch ließ sie es zu, daß sie von den schwer abzuweisenden Schlafgeistern sogleich hinabgezogen wurde.

Wieviel Zeit mochte vergangen sein? Makiko erwachte wie von einer Art näherkommender Geräusche. Das Zimmer, irgendwann hatte man die Lampe wieder angedreht, war in ein helles Rot getaucht.

Im gleichen Augenblick begriff Makiko die Geräusche und was die schlingernden Bewegungen, die sie hinter ihrem Rücken wahrnahm, bedeuteten. Ihre Müdigkeit war mit einem Schlage verflogen, ihr Körper straffte sich. Nichts vom Atmen des Mannes, die Frauenstimme allein füllte das enge Zimmer. Aus schwerem Stöhnen heraus die heisere Stimme: »Sie wird uns hören ... Bestimmt wacht sie auf davon!«

»Nur keine Sorge! Die schläft fest. Und selbst wenn sie uns hört, was ist schon dabei?«

Die Männerstimme klang gelassen. Makiko begriff aus ihr, daß Haraguchi wußte, wie wach sie war. Er hielt auch währenddessen in seinem Vorhaben nicht inne. Hisako hatte längst alles Zaudern und alle Mäßigung vergessen, und allmählich begann sie in den in ihr aufgewühlten Strudel der Begierden zu versinken.

Bis dahin hatte Makiko keine Ahnung davon gehabt, daß es Mann und Frau unter solch wahnsinnigem Toben miteinander treiben können. Ihre Ehe war durch Vermittlung zustande gekommen. Sie hatte ihren um fast zehn Jahre älteren Mann geachtet, ja sie hatte ihn für so schön gehalten, daß sie sich selber geradezu häßlich vorgekommen war. Daher war es ihr anfangs durchaus nicht unangenehm gewesen, von ihrem Mann umarmt zu werden. Er war zwar schon über die Dreißig, doch hatte Kusumoto vor Makiko keine andere Frau gehabt, und um die Wahrheit zu sagen, hatten sie in der ersten Nacht rechte Schwierigkeiten. Erschöpft, beließen sie es beim Versuch.

Bald darauf war das Baby gekommen, und Makiko, indem sie glaubte, die Nächte mit ihrem Mann entsprächen dem, was allgemein üblich sei, war zufrieden. Auch Kusumoto schien mit seiner Frau zufrieden. Von ausschweifenden Empfindungen, von denen gelegentlich zu hören oder zu lesen war, wurde Makiko nie heimgesucht, und allerdings konnten diese Makiko auch nicht bekümmern; hielt sie doch alles, was andere erzählten oder niederschrieben für eitle Übertreibungen. Zudem hatte Kusumoto sie beruhigt und erklärt: »Es ist damit, wie wenn du dir die Zähne putzt oder wenn du weißen Reis kaust – von Geschmack ziemlich fade, aber gesund.«

Selbst die Tatsache, daß die neue Liebe Makiko verwirrte, bezog sich ausschließlich auf den seelischen Bereich. Im nachhinein betrachtet, hatte es den Anschein, als wäre für sie, nachdem sie im Krieg eine wirkliche Jugend nicht gehabt, mit dem Ende des Krieges die Jugend plötzlich wieder lebendig geworden; als hätte sie sich, obwohl inzwischen sechsundzwanzig und sogar

Mutter eines Kindes, aus dem Gemütszustand einer Siebzehn-, Achtzehnjährigen heraus nach Liebe gesehnt.

Das Erlebnis dieser Nacht war daher nicht im geringsten dazu angetan, ihr die Augen zu öffnen oder aber sie in Erregung zu versetzen. Lediglich daß sie sich, während hinter ihrem Rücken wieder und wieder ein Geräusch wie ein verstohlenes Klatschen zu vernehmen war, vorzustellen versuchte, wie der Mann mit der flachen Hand auf den nackten Frauenkörper schlüge, was sie für den Ausdruck einer gewissen sadistischen Neigung hielt. Erst viele Jahre später sollte sie begreifen, wodurch jenes dumpfe Geräusch gegeneinanderschlagenden Fleisches in Wahrheit zustande gekommen war.

Am anderen Morgen saß Makiko den beiden beim Frühstück gegenüber. Hisako hatte feuchtglänzende Augen, ihre Wangenlinien wirkten sanft und ebenmäßig. Wie schön sie heute ist! dachte Makiko. Als Hisako einmal kurz aufstand, um etwas zu holen, fragte Haraguchi: »Na – und?«

»Auf jeden Fall . . . ich tu es.«

»Aha! Wenn Sie also meinen – bitte!« Er ließ die Eßstäbchen sinken und starrte wie ausforschend auf Makikos Gesicht, um dann, offensichtlich befriedigt und indem er den Mund ein wenig öffnete, nachdrücklich zu nicken.

Haraguchi mußte sie mißverstanden haben. Makiko spürte es wohl, aber ihr wurde nur, ohne daß es aufgefallen wäre, heiß am ganzen Körper, und sie erwiderte nichts. Einfach weil sie so schnell nicht die Worte fand.

Nachdem Haraguchi zum Dienst gegangen war, sprach sie endlich Hisako darauf an, ob sie ihr nicht etwas Geld borgen könne. Die arglose, als verwöhnte Tochter aufgewachsene Hisako errötete mehr als Makiko selber; rasch nahm sie die als Apfel geformte, irdene Sparbüchse vom Schrank und warf sie mit aller Heftigkeit gegen die Schwelle, daß sie zerbrach.

»Verzeih nur, aber wenn man nicht zur Bank geht, ist kein Geld da, und unseren Siegelstift, den hat, mußt du wissen, mein Mann.«

»Nein, nein, laß gut sein! Ist ja meine Schuld!«

Mit hastigen Bewegungen suchten sie beide die hierhin und dorthin über die Tatami-Matten verstreuten Scheine, die Silber-

und Kupferstücke zusammen und begannen gemeinsam laut zu zählen.

Die Summe reichte, bei Benutzung des Bummelzugs, gerade aus, um bis nach Kyōto zu gelangen, wo Makiko blieb. Zu ihrem Glück lebte in dieser Stadt Yōko, eine Freundin noch aus der Schulzeit. Kurzerhand quartierte sich Makiko bei ihr im Logierhaus ein, und so geschah es, daß sie in der alten Kaiserstadt seßhaft wurde.

Von der Unterwäsche bis zu den Schuhen, alles stellte ihr die gutmütige Yōko zur Verfügung, ja sie kümmerte sich sogar auch um Arbeit für sie. Irgendwie schien Makikos Leben in ruhigeren Bahnen dahinzugleiten, als plötzlich die Tatsache, daß sie keine Lebensmittelkarte besaß, für Aufregung sorgte.

Bei Arbeitsantritt hatte sie bereits wieder ihren Mädchennamen genannt, doch stand sie noch immer im Familienregister ihres Mannes. Und da sie keine Ummeldung vorweisen konnte, war sie von ordentlichen Firmen, die den Registereintrag zur Bedingung machten, gar nicht erst genommen worden. Yōko im übrigen, weil sie in einem Logierhaus für Studenten wohnte, hatte sich daran gewöhnt, auswärts essen zu gehen. Jetzt machte Makiko nun die Erfahrung, daß man ohne Lebensmittelkarte in den Speiselokalen nichts zu essen bekam. Die Ernährungslage war zu der Zeit noch miserabel und der Reis auf dem Schwarzmarkt viel zu teuer, als daß Makiko da hätte mithalten können. Auch Brot und Nudeln gab es in der Stadt nirgends genug zu kaufen. Sämtliche Hauptnahrungsmittel wurden grundsätzlich nur auf Zuteilung ausgeliefert. Für Makiko bestand der einzige Ausweg darin, daß sie Studenten die Essensmarken abkaufte und darauf in der Mensa essen ging. Doch nicht immer wurden solche Marken angeboten, oder aber Makiko hatte das Geld dafür nicht mehr. In den Firmen, die einen ohne Registernachweis arbeiten ließen, waren die Löhne entsprechend niedrig.

Manchmal, wenn sie die Bedienung in der Mensa auf ihrer Seite hatte, schaffte sie es, daß ihr auf eine Essensmarke hin die Schale mit der doppelten Reisportion gefüllt wurde; indessen geriet sie nun insofern in ein Dilemma, als ihr geschrumpfter Magen eine solche Menge auf einmal gar nicht aufzunehmen vermochte.

Mit der Zeit begannen Makikos Glieder anzuschwellen, und als es erkannt wurde, handelte es sich um eine schwere Ernährungsstörung.

In dieser Situation war es Ōnuma, der ihr zuredete, sie solle zu Kusumoto fahren und sich die Lebensmittelkarte geben lassen. Dieser nüchterne Universitätsdozent, der zunächst, als Freund Kusumotos, die These vertreten hatte, Makiko sei von einem Dämon besessen, kam gelegentlich zu wissenschaftlichen Tagungen nach Kyōto, wobei er sich unauffällig nach Makikos Lage zu erkundigen beziehungsweise das Ausmaß ihres Scheiterns zu untersuchen pflegte. Anfänglich war es seine feste Absicht gewesen, sie dahinzubringen, daß sie den Gedanken an Scheidung so rasch wie möglich aufgäbe, woraufhin er sie ihrem Mann zurückgeschickt hätte. Irgendwann jedoch war er dazu übergegangen, Kusumoto dafür zu kritisieren, daß er ihre Kleider und ihre Lebensmittelkarte zurückhielt. Nicht leicht zu sagen, aus welchem Grunde er sich so verändert hatte; nur waren seine Menschlichkeit und seine Empfindsamkeit gleichsam zu Rächern der Unterdrückten geworden und hatte sich sein Mitgefühl, das damals bei Makikos Flucht Kusumoto gegolten, danach und mit ihrem zunehmenden Elend allmählich Makiko zugewandt.

Und als er schließlich, da er nicht länger zuzuschauen vermochte, mit Kusumoto darüber verhandelte, ob dieser, von den Kleidern abgesehen, nicht wenigstens die Lebensmittelkarte herausrücken wolle, beschimpfte ihn Kusumoto doch tatsächlich als einen Verräter, was nicht nur seine freundschaftlichen Gefühle, sondern Ōnumas innerste Überzeugung verletzte.

»Eine Einrichtung wie die Lebensmittelkarte zählt nämlich zu den fundamentalen Menschenrechten des einzelnen. Und natürlich ist ein Ehemann nicht befugt, seine Frau in ihren fundamentalen Menschenrechten zu beschränken. Was zaudern Sie also noch? Zwischen Ihrem Verzicht auf die Rolle als seine Gattin und Ihren Menschenrechten besteht keinerlei Zusammenhang. Selbstverständlich haben Sie einen Anspruch darauf, dasjenige zu erhalten, was Ihnen persönlich gehört.«

Ōnuma redete mit einem Eifer auf Makiko ein, als habe er einen schwachköpfigen Studenten zu belehren; es fehlte nicht viel und er hätte, während ihm der Speichel von den Lippen flog, noch auf den Tisch geschlagen. Die Schwierigkeit war die, daß

Makiko – da konnte er reden, was er wollte – die bei ihrem Mann gebliebenen Kleider wie die Lebensmittelkarte nicht wirklich als ihren persönlichen Besitz zu empfinden vermochte.

Genau besehen handelte es sich bei den Kleidern, die dort zurückgehalten wurden, und übrigens auch bei dem in Kusumotos Haus befindlichen Bettzeug sowie bei den Anzügen, die Kusumoto trug, um Sachen, die nach ihrer Repatriierung in Makikos Heimatort ihr Vater für sie besorgt hatte. Mit nichts als was sie auf dem Leib trugen, nur das Kind im Arm, waren Makiko und ihr Mann, vom Festland kommend, unter Aufbietung der letzten Kräfte zu Hause angelangt. Jene Sachen indessen hatten es nie geschafft, sich ganz mit Makiko zu verbünden, weder im Sinne einer besonderen Vertrautheit noch gar als Gegenstände etwa ihrer fundamentalen Menschenrechte. In der Tiefe ihres Herzens war Makiko von dem Gefühl beherrscht, sie habe ihrem Mann unrecht getan; jedenfalls verspürte sie den Wunsch, es möge, wenn er sie denn freigäbe, dabei wenigstens die Tatsache keine Rolle spielen, daß er sie verabscheute. Ihr Davonlaufen hatte zwar bei den Leuten ringsum die verschiedensten Deutungsversuche ausgelöst, soviel aber Makiko selbst begriff, war ein so recht überzeugender, achtenswerter Grund oder Anlaß gar nicht vorhanden gewesen. Auch war es bei ihr nicht darum gegangen, daß ihr wie Nora, von der sie in einem Buch gelesen, das Erwachen ihres eigenen Ichs bewußt geworden wäre. Sie war nur einfach in einem geradezu unglaublichen Maße trunken gewesen von einer für sie völlig neuen, reinen Liebe. Ja, mit diesem Vorfall sollten die solchermaßen fast kindliche Naivität und Tollheit zum hervorstechendsten Merkmal in Makikos Wesen werden und ihrem Leben fortan eine ganz neue Färbung verleihen. Sie befand sich in einem Gemütszustand, in dem es ihr nicht schwergefallen wäre, um ihrer Liebe willen den Hungertod zu sterben. Und noch nachdem der Liebhaber verschwunden war, glaubte Makiko, sie lebe allein durch diese ihre überströmenden Gefühle. Als Gegenstand hierfür war ihr bald jeder beliebige recht; zumindest entdeckte sie, daß es genügte, wenn der Mann nur ihre Leidenschaften zum Glühen brächte.

Ōnuma davon zu berichten, fühlte sie sich zwar nicht verpflichtet; tatsächlich aber hatte sie, kaum daß ihre mit dem Geflohenen verknüpften Träume zerstoben waren, durch Zufall einen Mann gefunden, der sie um ihre Liebe anging. Makikos »Seele« und dergleichen kümmerte den Mann freilich nicht; brutal packte er sie und warf sie zu Boden. Das war nachts in einem Park. Zwischen den Grasbüscheln lagen Steine; sie bohrten sich schmerzhaft in Makikos Rücken. Eben hatten sie sich wieder erhoben, als Makiko plötzlich von einem blendend hellen Lichtkegel übergossen wurde; verwirrt preßte sie ihr Gesicht an die Schulter des Mannes. Ein junger Polizist stellte mit ihnen ein kurzes Verhör an.

»Sie ist meine Verlobte«, erwiderte der Mann gelassen.

»Um ehrlich zu sein, auch ich bin verlobt. Im Herbst wollen wir heiraten. Ich habe also durchaus Verständnis für Sie«, erklärte der Polizist. »Andererseits, es ist schon spät, und Sie sollten sich an einem Ort wie diesem nicht mehr aufhalten. Der nächtliche Tau ist für eine Frau das reinste Gift.«

Nachdem der Polizist weitergegangen war, meinte der Mann: »Er hatte ein so hübsches Gesicht, fast noch wie ein Kind.«

Makiko ihrerseits bemerkte mit Erstaunen, daß sie sich, trotz dieses Vorfalls, durchaus nicht besonders gedemütigt fühlte. Ja, angesichts der ihr hier widerfahrenen Schande erschien ihr das nach außen hin so wohlanständige Leben mit ihrem Ehemann als ein nur immer fernerer Traum. Tatsächlich fragte sie sich – und das war es, wofür sie sich insgeheim schämte –, ob nicht ihr Ich, das sich im Gegenteil bei einem solch barbarisch wilden Akt erst wahrhaftig lebendig empfunden hatte, von Natur aus mit einer doch recht verworfenen Sinnlichkeit ausgestattet sei. Als sie nun eben diese Art von Scham Ōnuma gegenüber spürte, begann ihr bewußt zu werden, daß sie ihn liebte.

Inzwischen hatte sich Ōnuma angewöhnt, bei jedem seiner Kyōto-Besuche für Makiko in neue Armeesocken verpackten polierten Reis sowie, was schwer erhältlich war, Butter und Käse mitzubringen. Gleichzeitig legte er ihr Einführungsschriften über fortschrittliches Denken dazu, und zwar in einer Quantität, die deutlich über diejenige der Lebensmittel hinausging. Nach alledem konnte für sie kein Zweifel darüber bestehen, daß Ōnuma mit dieser doppelten, leiblichen wie geistigen Verproviantierung den Wunsch verfolgte, ihr, Makiko, aufzuhelfen. Wenn sie einander begegneten, blitzten seine Augen von unbedingter Aufrichtigkeit, offen blickte er Makiko an und redete von den fundamentalen Menschenrechten und von der Revolution. Einmal, während sie ihm lauschte, geriet sie gefühlsmäßig in eine solche Anspannung, als wäre die Revolution bereits bis auf ein, zwei Monate in unmittelbare Nähe gerückt.

»Wie verhalte ich mich aber am besten, wenn die Revolution ausbricht?« fragte sie ernsthaft, wiewohl die Frage töricht war.

»Nun, da kaufen Sie für zwei Tage Brot, schließen an den Fenstern die Regenläden und verhalten sich mucksmäuschenstill. Leicht nervöse Leute wie Sie sind dabei nicht zu gebrauchen.«

Ōnuma – und Makiko erlebte ihn so zum erstenmal – sagte dies mit der heitersten Miene und lachte dazu aus vollem Halse. Makiko verstand zwar nicht im geringsten, warum Ōnuma eigentlich lachte; dennoch stimmte sie in sein Gelächter mit ein. Die Bücher, die er ihr gebracht, hatte sie stets Seite für Seite durchgelesen, nur keine einzige Zeile davon wirklich begriffen.

Schließlich war, seit sie ihrem Mann davongelaufen, ein halbes Jahr vergangen. Statt der vom Hunger zuvor verursachten Schwellungen am ganzen Körper hatte sich Makikos rundliches Gesicht jetzt in ein auf die Spitze gestelltes Dreieck verwandelt, waren ihre Arme und Beine wie zu Vogelfüßen eingetrocknet. Ihre Haut blieb trotz eifrigen Waschens dunkel und grau, und sie wurde den Eindruck nicht los, als sei eine Membran darübergespannt.

Ōnuma, der sie nach längerer Zeit wieder einmal besuchte, betrachtete Makiko aufs gründlichste und meinte dann, sichtlich wütend: »So ein Unfug! Sie sollten sich Ihre Lebensmittelkarte holen.«

»Jawohl. Ich gehe ja schon«, erwiderte Makiko mit der Selbstverständlichkeit eines Echos. »Bitte, nehmen Sie mich mit!«

Der Zug war entsetzlich überfüllt. Für Makiko fand Ōnuma einen Platz, er selbst blieb die ganze Nacht über bis Tōkyō stehen.

An diesem Tag hatte Ōnuma in seiner Universität zu tun, und Makiko, mit Rücksicht auf ihren Abteilungschef, der dieser Tōkyō-Fahrt mit solchem Auftrag den offiziellen Anstrich zu geben gewußt, mußte zunächst einmal einige Gelder für die Firma kassieren. Also trennten sich die beiden fürs erste im Bahnhof Tōkyō, indem sie verabredeten, nachmittags um drei Uhr an der Haltestelle im Stadtviertel O. aufeinander zu warten.

In O. hatte, bevor sie davonlief, Makiko mit Kusumoto und ihrer Tochter gewohnt. Seit ihrer Heirat waren sie, aufgrund welchen Karmas auch immer, nie in den Genuß eines richtigen Hauses gekommen, sondern hatten stets mit anderen unter einem Dach gelebt und so sich auch hier gleichsam als Dauergäste in einem der beiden Zimmer eines Hauses einquartiert, das einem seit der Zeit auf dem Festland mit Kusumoto befreundeten Ehepaar gehörte. Die schon zum Stadtrand Tōkyōs rechnende Gegend von O. war von der Art, daß sie in den trauriggdüsteren Geschichten in den Skandalspalten häufig erwähnt wurde, und noch an heiteren Tagen machte sie, wie unter aschgrauen Schleiern liegend, einen desolaten Eindruck. Der Boden war ständig von einer dumpfen Feuchtigkeit überzogen.

Das Haus, an dem Makiko und die Ihren schmarotzten, war eines jener flachen Reihenhäuser billigster Sorte, wie sie die Stadt Tōkyō relativ rasch nach Kriegsende auf dieses sumpfige Gelände hingesetzt hatte. Sie waren derart leicht gebaut, daß man sie, sobald ein kräftiger Wind aufkam, eiligst mit Stützpfosten sichern mußte. Und da die Wände kaum den Namen verdienten, hörte man sogar, wenn einer im Nachbarhaus seinen Tee schlürfte.

Die Eheleute Kurumiya, die Makiko und den Ihren Unterschlupf gewährt hatten, waren die Intelligenzler in der Siedlung und wurden von den Reihenhausbewohnern ehrfurchtsvoll mit »Sensei« gerufen. Zunächst hatte die Einquartierung als schicksalhafte Folge daraus gegolten, daß Kusumoto damals in China Kurumiyas Frau Miki kennengelernt; doch Kurumiya, der von sich selbst behauptete, auf dem Festland der Kopf einer Räuberbande gewesen zu sein, und tatsächlich hatte er etwas von einem väterlichen Boß an sich, nahm die Vertriebenen aus reinem Edelmut bei sich auf. Kusumoto und Makiko fühlten sich daher von Anfang an als aufdringliche Schmarotzer, wollten nur für kurze Zeit zur Last fallen und hatten jedenfalls beschlossen, so bald wie irgend möglich das schützende Dach der Kurumiyas wieder zu verlassen. Daß ausgerechnet in diesem Haus ihre kleine Familie auseinanderbrechen sollte, hatte keiner vorausgesehen.

Wie einen im Leben Unglück und Mißgeschick zumeist unangekündigt ereilen, hatte auch Makikos Flucht aus der Ehe plötzlich eines Morgens mit einem durchaus nicht seltenen, mehr oder weniger zufälligen Streit mit Kusumoto begonnen und war dann nicht mehr aufzuhalten gewesen. Als hätten sie einen zwar schon gesprungenen, aber bei pfleglicher Behandlung noch recht gut brauchbaren Krug unabsichtlich aus den Händen gleiten lassen, so daß er in Stücke zerfiel, überkam sie beide, Kusumoto wie Makiko, gleichzeitig ein Gefühl der Reue, von dem es ihnen eiskalt über den Rücken lief. Dennoch spürten sie beide, daß es diesmal allerdings unabänderliche Folgen haben würde. Makiko hielt sich getreulich an solche Vorahnung und fand sich auf der Stelle damit ab, während sich Kusumoto dagegen wehrte und alles daransetzte, die Ordnung und Würde der Familie wiederaufzurichten.

Als Makiko in O. ankam, fehlten bis zu der mit Ōnuma verabredeten Zeit noch vierzig Minuten. Mit dem Kassieren war alles glattgegangen; das befriedigende Gefühl, ihre erste größere Aufgabe für die Firma problemlos erledigt zu haben, versetzte Makiko in eine fröhliche Stimmung. Unglücklicherweise jedoch verschlechterte sich das Wetter, und schließlich begann aus einem Himmel, der die Farbe alter Watte angenommen hatte, der Regen zu fallen.

Makiko öffnete den Faltschirm, den sie sich von Yōko geliehen hatte, und machte sich in den Regen hinein auf den Weg.

Nachdem sie es ein halbes Jahr nicht gesehen hatte, machte O. einen noch weit schmutzigeren, stickigeren Eindruck, als sie es in Erinnerung behalten hatte. Die mitten zwischen Fußwegen verlaufenden bleifarbenen Bahngeleise glänzten, naß vom Regen, wie Fischbäuche. Und indem sie sich vorzustellen versuchte, wie sie selber ein halbes Jahr zuvor an diesen Gleisen entlang davongegangen war, blieb Makiko im Regen stehen.

Daß dies gerade erst sechs Monate her sein sollte, kam ihr irgendwie unglaubhaft vor. Ein halbes Jahr nur, aber wie hatte Makiko sich seither verändert! In seiner letzten Stunde, heißt es, werde der Mensch noch einmal sein ganzes Leben in einem einzigen Augenblick vor sich aufsteigen sehen; und wirklich, mit einer Plötzlichkeit und Klarheit, daß sie es wie einen Vorgriff darauf empfand, wurde in Makikos Kopf blitzartig all und jedes wieder lebendig, was in diesem halben Jahr geschehen war.

»Nein, da ist nichts mehr zu machen!«

Erschrocken darüber, daß sie unwillkürlich mit lauter Stimme gesprochen hatte, sah sich Makiko um. Aber es war keine Menschenseele in ihrer Nähe. Ihr schien, das Viertel sei immer so menschenleer gewesen. Bald darauf kamen weiter vorn in dem leicht vertieften Sumpfgelände die wie zusammengequetschten Häuserzeilen der städtischen Siedlung in Sicht. Sogleich verspürte Makiko so etwas wie einen Zwang, auf der Stelle umzukehren und wieder davonzulaufen.

Es war nur eine kurze Zeit gewesen, daß sie hier gewohnt hatte; dennoch, und daran erinnerte sie sich jetzt, waren sie oft genug, das Kind an der Hand, zu dritt durch diese Gegend spaziert. Eine Erinnerung, die sie unerwartet überfiel. Denn in diesem halben Jahr hatte sie versucht, an das Leben mit Kusumoto möglichst nicht zurückzudenken. Alle Erinnerungen, zumal seit in der Ehe Risse aufgetreten, waren für sie unweigerlich erfüllt von einer düsteren, melancholischen Atmosphäre; daß es, zu der und der Zeit, unter den und den Umständen, wie aufklarende Zwischenpausen im Regen Szenen zärtlichsten Familienglücks gegeben, an die zu erinnern sich lohnte, vermochte sie sich einfach nicht vorzustellen.

Und von neuem wurde ihr klar, mit welch schwierigem Vorsatz sie heute hierhergekommen war. Nach Ōnumas Plan sollte sie, da Kusumoto kein Gesprächspartner mehr sei, dessen Abwesenheit ausnutzen, um währenddessen an die Hochherzigkeit der Kurumiyas zu appellieren und sich von ihnen die Lebensmittelkarte herausgeben zu lassen. Auch hatte Ōnuma gemeint, diese Verhandlungen sollte sie ohnehin besser mit den Kurumiyas führen.

Erst jetzt bemerkte Makiko, daß sie nach ihrer Art, sich von Bedrohlichem erst recht angezogen zu fühlen, unbewußt in Richtung auf das Haus der Kurumiyas zu gegangen war.

Ihre Tochter, so hatte sie gehört, lebte seit damals, als sie, Makiko, davongelaufen war, in Kusumotos Heimat in der Obhut seiner Mutter. Und Kusumoto selbst, obwohl sich seine Sachen nach wie vor bei Kurumiyas befanden, pflegte, jedenfalls Ōnumas Nachforschungen zufolge, zumeist in seiner Dienststelle zu übernachten. Indem sie sich also wieder und wieder sagte, weder Mann noch Tochter werde dasein, näherte sie sich Schritt um Schritt dem Haus der Kurumiyas. Den Schirm tief vor sich haltend, war sie unwillkürlich darauf bedacht, nur ja von keinem der ihr begegnen könnte, erkannt und ausgefragt zu werden.

Das Haus der Kurumiyas war verschlossen, es schien überhaupt niemand dazusein. Nun wußte Makiko aber, an welcher Stelle sie die Holztür wie behandeln mußte, damit sie aufging. Als sie sich vergewissert hatte, daß tatsächlich niemand zu Hause war, atmete Makiko erleichtert auf. Das werde sie, dachte sie, sofort Ōnuma melden, werde ihm darlegen, daß der für diesen Tag vorgesehene Plan undurchführbar sei. Eher fröhlich jedoch ging sie den Weg, den sie gekommen war, wieder zurück.

An der Haltestelle, er mußte eben eingetroffen sein, wartete Ōnuma mit aufgespanntem Schirm.

Makiko eilte auf ihn zu, und mit geradezu strahlender Miene erklärte sie: »Es ist gar niemand da. Auch von den Kurumiyas nicht. Für heute, so leid mir's tut, war's also umsonst.«

Ōnuma freilich ließ sich nicht beirren. »Im Gegenteil, das ist doch geradezu ein Glück, nicht wahr? Sie kennen sich dort ja aus. Wenigstens Ihre Kleider sollten Sie herausholen.«

»Meinen Sie?«

»Sie sind Ihr Eigentum. Sie dürfen sie an sich nehmen. Für alles weitere stehe ich ein.«

Hierauf vermochte Makiko nichts zu erwidern. Inzwischen war Ōnuma, ihr voraus und mit raschen Schritten, in den Regen hinein losgegangen. Aus der Art, wie er dahineilte, begriff Makiko, daß er ihrer Lebensmittelkarte und ihrer Kleider wegen diese Strecke zu Kusumotos Wohnung schon mehrmals zurückgelegt haben mußte. Nein, nach alledem durfte sie sich Ōnumas Anordnungen nicht widersetzen. Und damit Ōnuma nicht sähe, daß sich ihr Gesicht, sie wußte selber nicht warum, so ins Erbärmliche verzog, als würde sie jeden Augenblick zu heulen anfangen, hielt sie den Schirm nun noch schräger als zuvor.

Gerade als sie vor dem Haus der Kurumiyas ankamen, ging am Haus gegenüber die Tür auf, und eine alte Frau, Makiko kannte sie vom Sehen, streckte den Kopf heraus. Zeit, sich zu verstecken, blieb nicht mehr, so daß Makiko der Alten offen das Gesicht zuwandte. In jenem Haus wohnte ein Ehepaar, das, obwohl Genaueres nicht bekannt war, jedenfalls hoch in den Jahren stand; er, so hieß es, sei ein Meister der Gravierkunst. Nach Kurumiyas Worten befaßte sich der alte Mann damit, in gewisse kunstgewerbliche Stücke delikate Szenen erotischer Art zu gravieren; Aufträge hierfür gebe es bei der Besatzungsarmee in Fülle, und es finde sich in dieser Siedlung wohl keiner, der soviel verdiene wie eben der Alte. Ohne jeden Verkehr mit anderen, lebte das greise Paar still für sich. Makiko war nur der Alten mit dem weißen Haar und dem an die Nō-Maske gleichen Namens erinnernden Gesicht gelegentlich begegnet; den alten Mann, über seine Arbeit gebeugt, hatte sie nie anders als vom Rücken her gesehen.

Als jetzt Ōnuma die Alte bemerkte, sprach er sie wie aus heiterem Himmel in seinem überfallartig wirkenden Tonfall an und erklärte ihr: daß Makiko sich von ihrem Mann getrennt habe, daß sie, weil der Mann ihre Kleider zurückhalte, nicht wisse, was sie anziehen solle, und deshalb nun gedenke, dieses Haus zu betreten und sich ihre Sachen zu holen; ob sie als die Nachbarn da nicht beide Augen zudrücken könnten. Und tatsächlich hatte seine Rede eine innere Logik, wie sie wirkungsvoller nicht zu denken war. Die Alte, ohne daß sich dabei ihre maskenartige Miene verändert hätte, zog sich schweigend hinter ihre Tür zurück. Nach etwa drei Minuten erschien sie wieder, und noch immer mit demselben Gesichtsausdruck bestätigte sie: »Es ist gut. Mein Alter sagt, wir haben Sie nicht getroffen.«

Das war alles. Rasch verschwand sie in ihrem Haus und schloß von innen die Tür.

»Nun aber los!« meinte Ōnuma, indem er Makiko zur Eile drängte. Makiko ihrerseits wußte schon nicht mehr, was sie eigentlich tat. Aufgeregt, doch wie seit je gewohnt, stieß sie die Regenläden zurück und betrat das düstere Haus. Im Oberteil des Wandschranks, unverändert wie vor einem halben Jahr, steckte das vertraute Bettzeug, daneben der Reisekorb mit den Kleidern. Makikos Herz schlug so wild und laut, daß sie fürchtete, es könnte durch die Wand bis ins Nachbarhaus zu hören sein. Dort drüben bei den Nachbarn quengelte das Kind, zankte die Mutter mit ihm, hüstelte dann und wann der seit langem bettlägerige, halbseitig gelähmte Großvater. Es waren dieselben Stimmen und Geräusche wie vor einem halben Jahr. Der Regen war heftiger geworden; möglich, daß er die von Makiko ausgehenden Geräusche verwischte.

Kostüm, Mantel, Jacken, Stück für Stück packte Makiko die einst so gern getragenen Sachen in einen Koffer, und dabei zitterten noch immer ihre Hände und ihre Knie. Alles war klamm, war feucht von der Seeluft und sah im Grunde recht erbärmlich aus, anders jedenfalls und so, als wären es gar nicht die Sachen, nach denen es Makiko verlangt, die sie sich die ganze Zeit über vorgestellt hatte.

»Schauen Sie bitte auch nach der Lebensmittelkarte. Vielleicht ist sie doch da«, rief Ōnuma, der draußen Posten gestanden hatte.

Makiko fuhr zusammen; sie schloß den Kofferdeckel, hastete zum Schreibtisch und sah dort nach. In der obersten Schublade lag die Lebensmittelkarte. Beim ersten Blick darauf überfiel Makiko ein seltsames Gefühl der Hoffnungslosigkeit.

»Ja, ich hab' sie.«

»Da hatten Sie wahrhaftig Glück!«

». . . . .«

Sogleich versuchte Ōnuma, die Dinge zu beschleunigen. »Noch könnten wir im Bezirksamt sein, bevor es schließt. Machen wir uns auf den Weg!«

»Zum Bezirksamt?«

»Damit man dort Ihren Anteil an den Rationen herausnimmt.«

»Ach, so geht das?« meinte Makiko nach einigem Zögern, um dann wie ein Heuschreck loszuhüpfen.

Indem Ōnuma den Koffer trug, eilten die beiden durch den Regen zu dem zwei Blöcke entfernten Bezirksamt.

Die Angestellte im Amt zeigte keinerlei Bedenken; auf der Stelle strich sie Makikos Rationsanrechte aus dem Register und erledigte die Ummeldeformalitäten. Das Ganze dauerte keine zehn Minuten.

Jetzt zum erstenmal erfuhr Makiko auch, daß ihre Tochter längst in die Heimatgemeinde umgemeldet worden war.

Schließlich stand allein noch Kusumotos Name auf der einst für die ganze Familie ausgestellten Lebensmittelkarte.

Makiko hatte das Gefühl, als würden ihr Leib und Seele von einer unsäglichen Trauer zusammengepreßt. Sie hätte, aus schlechtem Gewissen gegenüber Kusumoto, auf alles verzichten und davonlaufen mögen.

Ōnuma war ebenfalls in eine weiche Stimmung geraten, die er sich jedoch nicht anmerken lassen wollte. »Also ist alles gutgegangen!« erklärte er mit Erleichterung in der Stimme.

»Haben Sie vielen Dank!« erwiderte Makiko und verbeugte sich verwirrt vor Ōnuma.

Während Makiko an der Trambahnstraße mit dem Koffer wartete, brachte Ōnuma die nunmehr allein auf Kusumoto lautende Lebensmittelkarte zum Haus der Kurumiyas zurück.

Sobald Ōnuma verschwunden war, überfiel Makiko eine solche Müdigkeit, daß sie sich am liebsten da gesetzt hätte und für immer sitzen geblieben wäre.

Am selben Abend saß Makiko vor der Sperre am Südeingang des Bahnhofs Tōkyō auf ihrem Koffer. Bis zur Abfahrt des Zuges nach Kyōto war noch eine knappe Stunde Zeit, und solange mußte man sich dort anstellen. Vor und hinter, rechts und links von Makiko saßen dichtgedrängt und in einer langen Schlange die Leute, die wie Makiko auf Einlaß warteten.

Seit einer Weile hatte Makiko wieder und wieder auf die elektrische Uhr an der Wand der Halle gesehen, um dann mit unruhigen Augen und wie geistesabwesend vor sich hinzustarren. Endlich erhob sie sich halb von ihrem Koffer, verbeugte sich zu dem nach ihr folgenden jüngeres Ehepaar und sagte: »Ach, entschuldigen Sie, würden Sie bitte auf meinen Koffer aufpassen? Ich gehe nur einmal kurz telefonieren.«

Die jungen Leute übernahmen das gern, und Makiko, nachdem sie sich aus dem Gedränge herausgewühlt hatte, lief hinüber zu dem öffentlichen Fernsprecher am Kiosk. Ihr Finger, mit dem sie die Scheibe drehte, zitterte heftig.

Die Nummer von Kusumotos Dienststelle stand in ihrem Notizbüchlein. Kusumoto war überraschend schnell am Apparat.

»Ich bin's... Makiko... Verzeih mir, aber ich war heute draußen und habe mir die Lebensmittelkarte und meine Kleider geholt.«

Aus der Hörmuschel war zu spüren, wie es Kusumoto die Sprache verschlug. Seine Gestalt, die sonst so elegante, die allerdings, wenn er wütend wurde, furchterregende Züge bekam, stieg vor Makikos innerem Auge auf. Sie hatte die Vorstellung, seine harten Fäuste, an die sie sich gut erinnerte, schlügen wahllos auf ihren Nacken, ihren Rücken ein. Für einen Augenblick vermeinte sie, die Flammen des Schmerzes züngelten tatsächlich über ihren geprügelten Körper hin.

»Und . . . abzufahren ohne ein Wort, das schien mir doch allzu feige . . . wollte dir wenigstens guten Tag gesagt haben . . .«

»Wo bist du jetzt?« kam schließlich, geradezu unnatürlich ruhig, Kusumotos Stimme herüber.

»Im Bahnhof Tōkyō. Stehe hier an. Heute nacht schon fahre ich zurück.«

Am anderen Ende wurde krachend der Hörer auf die Gabel geworfen.

Makiko ihrerseits ging rasch zu ihrem Koffer zurück. Sie fühlte sich sehr erleichtert. Sacht preßte sie die Hand auf ihre Jacke. In der Innentasche über der linken Brust spürte sie die Steife von Papier. Es waren die heute für die Firma kassierten Gelder und ihre Lebensmittelkarte, die sie dort verwahrt hatte.

»Die fundamentalen Menschenrechte . . ., oder?« murmelte Makiko für sich, und zum erstenmal trat so etwas wie ein glückliches Lächeln auf ihr Gesicht. Sie holte ein kleines broschiertes Buch aus ihrer Handtasche, setzte sich wieder auf den Koffer und begann gemächlich zu lesen.

»He, du –!«

Von einer leisen Stimme angerufen, gleichzeitig so an der Schulter gepackt, daß es weh tat, sprang Makiko auf. Vor ihr stand mit fahlem Gesicht Kusumoto, die Augen blutunterlaufen, die Wangen zuckend von einem wilden Keuchen.

»Komm hier raus!« Schon hatte Kusumoto den Koffer von der Stelle weggerissen, an der Makiko aufgesprungen war.

»Aber sie werden gleich die Sperre aufmachen. Ich versäume den Zug.«

»Komm, sag' ich!« schrie Kusumoto jetzt mit schriller Kommandostimme. Schlagartig drehten sich die Leute in der Nähe nach den beiden um.

Kusumoto hatte Makiko beim Arm ergriffen; so zerrte er sie aus der Menschenschlange heraus.

Die auf das Öffnen der Sperre Wartenden füllten dicht bei dicht die weite Halle. Bei dem Gedanken, wie es Kusumoto wohl angestellt haben mußte, daß er sie in diesem Gedränge überhaupt gefunden hatte, durchzuckte Makiko noch jetzt das blanke Entsetzen bis in die letzte Zelle ihres Körpers.

Als sie den Bahnhofsvorplatz erreichten, zog Kusumoto Makiko in einen verdeckten, dämmrigen Winkel und versetzte ihr einen derben Stoß gegen die Schulter.

»Diebin! Du bist eine Diebin! Schamloses Stück!«

Ohne den Koffer loszulassen, schlug er sie ins Gesicht.

»Na, hol sie dir doch auf offene und ehrliche Weise, deine Kleider! So einfach kriegst du sie jedenfalls nicht!«

Er warf ihr einen Blick zu, als wollte er sie anspucken, und wie um auszudrücken, daß er nicht wußte, wohin mit seinem Haß, stampfte er ärgerlich mit den Füßen und schnalzte mit der Zunge. Hierauf wandte er sich um und begann, den Bahnhof nun im Rücken, auf den großen, vor dem Marunouchi-Building liegenden Platz zu, davonzugehen.

»Gib sie mir bitte wieder!« schrie Makiko verzweifelt und lief hinter Kusumoto her. »Es sind meine Kleider! Gib sie mir zurück! Ich bitte dich!«

Das Gefühl der Beschämung, das sie bis eben noch gegenüber Kusumoto empfunden hatte, es war plötzlich wie davongeblasen. Der von Kusumoto herausgeschleuderte Haß breitete seine Brände nun auch in Makiko aus.

»Du Diebin! Die Frechste unter allem Diebsgesindel bist du!«

»Das gehört zu meinen fundamentalen Menschenrechten!«

Allmählich wußte Makiko nicht mehr, was sie schrie.

Kusumoto gab keine weitere Antwort. Dafür beschleunigte er plötzlich seine Schritte, er rannte los. Makiko war weit sportlicher als er und zudem ein körperliches Leichtgewicht. So hatte sie jetzt, ungeniert und wie besessen, die Verfolgung aufgenommen, und Kusumoto rannte, um ihr zu entkommen, er sah nicht wohin.

»Gib sie mir zurück!«

»Du Diebin!«

»... meine fundamentalen Menschenrechte!«

»Diebisches Weib!«

Immer erregter wurden sie unter wechselseitigem Gebrüll, hier die Verfolgerin, dort der Verfolger. Kusumoto hastete um die Baumreihen, um die Polizeibox auf dem Platz.

Beide waren sie außer Atem, sie keuchten. Auf einmal hatte Makiko begriffen und stürmte in die Polizeibox, deren Lampe in die Dunkelheit hinein ihren Schein verbreitete.

»Bitte, helfen sie mir! Man hat mir meinen Koffer entrissen. Holen Sie ihn mir zurück, ich flehe Sie an!«

Erschrocken sprangen die zwei von der Nachtpatrouille auf.

»Wo, sagten Sie?«

»Der Mann da drüben, er war's. Schnell!«

Sogleich setzte einer der Polizisten Kusumoto nach.

»Wo eigentlich ist das passiert! Und wer ist er?« fragte der andere.

»Er? Er ist mein Mann.«

»He –?« Auf dem Gesicht des Polizisten erschien ein seltsam verständnisinniger Ausdruck. Inzwischen kam der erste, der Kusumoto nachgelaufen war, zurück und berichtete: »Er ist mit einem Taxi davon. Fast hätte ich ihn noch erwischt.«

»Ach, wozu?! Offenbar war's ihr Ehemann«, meinte der andere augenzwinkernd, um seinen vergeblich losgerannten Kollegen von der Abgeschmacktheit des Falles zu überzeugen.

»Aber ... es ist nämlich so, daß wir uns getrennt haben. Und das waren meine Sachen. Auf die habe ich ein fundamentales Menschenrecht.«

Wirklich wußte Makiko nicht mehr, was sie redete. Daß sie sagen konnte, was sie wollte, und dennoch alles umsonst war, das freilich war ihr klar. Trotzdem brachte sie es nicht fertig, den Mund zu halten.

Die Polizisten, wie um einander zu bestätigen, daß die Frau eben doch nicht ganz richtig im Kopfe sei, nickten sich schweigend zu und warteten, bis sich Makikos Erregung legte.

Spät an diesem Abend erschien Makiko draußen in einem Vorort an Ōnumas Haus.

Auf das nächtliche Klingeln hin – alles hatte schon in tiefem

Schlaf gelegen –, öffnete Ōnumas alte Mutter erschrocken die Tür. »Was ist passiert? Haben Sie den Zug nicht erreicht?«

In einer Haltung wie ein Wächterkönig stand Ōnuma auf der inneren Eingangsstufe, starrte streng und unbeweglich auf Makikos tränennasses Gesicht und drängte sie zu einer Antwort.

»...«

Wieder flossen ihre Tränen; mit einem weinenden Gesicht wie ein Kind sah sie Ōnuma an, brachte aber kein Wort heraus.

»Sie haben Kusumoto getroffen, nicht wahr?«

»... angerufen habe ich ihn...«

»Angerufen?! Ja, warum denn das?«

»Ich dachte... wenn ich einfach so – ... Dann hätte ich ja gestohlen... Deshalb wollte ich ihm wenigstens guten Tag sagen.«

»Habe ich Ihnen nicht erklärt, daß ich die volle Verantwortung übernehme?«

»Entschuldigen Sie...«

»Sie brauchen sich nicht zu entschuldigen.«

»...«

»Hat er Ihnen auch die Lebensmittelkarte wieder abgenommen?«

Umständlich tastete Makiko nach der Innentasche ihrer Jacke und holte zusammen mit einem Bündel Geldscheine die Lebensmittelkarte hervor.

Als wollte er sie ausplündern, riß Ōnuma ihr beides aus der Hand und nahm es an sich.

»Kommen Sie jetzt herein; und morgen reisen Sie bitte ab. Dieses hier werde ich Ihnen mit Einschreiben nachschicken. Es ist zu gefährlich, wenn Sie es bei sich tragen.«

Noch nie hatte Makiko an Ōnuma eine so eisige Miene bemerkt.

Indem er ihr den Rücken zukehrte, verschwand er rasch in einem der hinteren Zimmer. Es war ein Rücken, der den Eindruck einer großen Hilflosigkeit machte.

Makiko wollte dieser eine Tag unendlich lang erscheinen. Irgendwo in dem Haus erklangen die rasch aufeinanderfolgenden, dumpfen Schläge einer altmodischen Standuhr.

Takeshi Kaikō

Das Duell

Mit angezogenen Beinen saßen die beiden Männer draußen bei den Korallenriffen. Neben sich, auf dem auseinandergefalteten Tuch, ihre Picknickschachteln. Der Jüngere kaute an seinem Hühnchen und spülte die Bissen mit dem aus Rohrzucker gebrannten Schnaps hinunter. Der Ältere, die Arme um seine langen Schenkel gelegt, starrte hinaus aufs Wasser, schob dann und wann eines von den Reisröllchen in den Mund und nahm dazu einen Schluck Tee aus der Thermosflasche. Die für die Subtropen typische Helle, klar und doch irgendwie unbestimmt, erfüllte den Himmel, über die nirgends begrenzte See zogen sich blaue, grüne, violette Streifen. Jetzt zur Zeit der Ebbe träge und von keinem Wind gekräuselt, dieses Ostchinesische Meer, ringsum lastend diese Atmosphäre wie von einer, ja man könnte sagen, luziden Laszivität, war als einziges das undeutliche Schmatzen des Wassers in den unzähligen winzigen Grotten unter den Schenkeln der beiden Männer zu hören. Auf den ganzen weiten Klippen sonst kein Mensch, auch von den Häusern nichts zu sehen. Kein Abfall, keine Büchsen, Flaschen, Plastiktüten. Weder Fußspuren noch Fingerabdrücke. Seit sie hier an den Strand gekommen waren, geschah im Körper des Jüngeren nichts, als daß sich unaufhörlich dieses schmatzende Geräusch wiederholte.

Auf den Klippen hatten sich an manchen Stellen Salzwassertümpel gebildet. Vorsichtig schaute er in einen hinein, und da schwärmten, erschreckt von seinem Schatten, die vielen Tropenfische durcheinander. Einige waren darunter, die glitzerten über Ebenen aus kalkig weißen Kerbtierskeletten oder schwänzelten eitel hin und her oder verschwanden, indem sie kleine Sandwolken aufwirbelten. Als der Mann behutsam einen Brocken Hühnerfleisch fallen ließ, kam es unter Wasser sofort zum Aufruhr. Noch während dieser weiße Brocken durch das stille, klare, blaßgrüne Wasser abwärtsschaukelte, blitzten gelb und feuerrot und purpurn die Fische auf, hängten sich ringsum an ihn, und einen Augenblick später war er nicht mehr da. Ein kleiner Drachenkopf, die Stachelflossen gespreizt wie der Pfau sein Rad, kam unter einem Felsen hervor näher geschwebt, und enttäuscht schwebte er wieder zurück. Unter bald leisem, bald lautem Lachen ließ der Mann Stück um Stück von dem Hühnchen fallen und stürzte plötzlich wieder zwei, drei Becher von dem Schnaps hinunter.

Der Ältere – seine Brauen waren buschig, sein Kinn kräftig, seine Augen groß – zog, als hätte er sich eben jetzt daran erinnert, einen Brief aus der Tasche, und wie er ihn schweigend las, trieb ein Lächeln über sein blasses, ausgemergeltes Gesicht. Ein Liebesgedicht im Manyō-Stil, das seine Frau geschrieben hatte. Morgens beim Aufbruch, während sie den beiden die Picknickschachteln hinreichte, hatte sie erklärt, sie habe, jedem für sich, ein Gedicht in seine Schachtel gelegt. Die sollt ihr unterwegs lesen, ihr müßt sie jedenfalls lesen, sobald ihr auf den Klippen seid. Offenbar hatte sie bei der Küchenarbeit, dem einen das Hühnchen, dem anderen Reisröllchen bereitend, diese Gedichte verfaßt. Und als der Jüngere, unmittelbar nachdem sie auf den Klippen angekommen waren, seine Schachtel aufgemacht und nachgesehen hatte, lag oben auf dem gebratenen Hühnchen tatsächlich ein Bogen Briefpapier, der – in einer wie herausfordernden Handschrift und unter Verwendung einer klassisch gefärbten Sprache – mit einem Gedicht beschrieben war, in dem dem Wanderer im Namen der Fischwelt des Südmeeres ein herzliches Willkommen entboten wurde. Auch in der Reisröllchen-Schachtel des Älteren hatte ein solcher Bogen gelegen; allem Anschein nach mit einem die eheliche Liebe bezeugenden Gedicht. Die müßt ihr, versprecht es mir, unbedingt unterwegs lesen. Jedenfalls sobald ihr auf den Klippen seid. Denn habt ihr sie gelesen, werdet ihr am Abend gewiß ohne irgendwelche Umwege zu mir nach Hause kommen wollen. So hatte sie gesagt und dabei ihr frisches, gesundes Lachen gelacht, während sie am Tor stand und ihnen nachwinkte.

Unbemerkt hatte die zuvor so wilde, üppige Sonne ihre stechende Schärfe verloren, und ein welker Dunst begann den spätnachmittäglichen Himmel zu überziehen. Etwas wie ein undeutliches Gemurmel, Vorbote vielleicht des Zwielichts, perlte aus den dahintreibenden Wolken, breitete sich aus. Auf dem Wasser war das Grün lichter, das Blau und das Violett dafür um so tiefer geworden, wodurch das Meer, obgleich es nach wie vor mit demselben schmatzenden Geräusch gegen die Klippen schlug, ein irgendwie unheimliches Aussehen bekam. Der Jüngere gab es auf, mit den Tropenfischen zu spielen, und ließ seine Blicke hinausgehen auf die See und trank Schnaps. Jetzt plötzlich, da das Licht des Tages erschlaffte, wurde er sich bewußt, wie der Alkohol ihn bedrückte, wie er auf ihn einstach, wie er ihn verwirrte. Besser, ich mache Schluß damit. Auf diesen urzeitlichen Klippen hier draußen ist das Heute verwandelt in ewig junge Dauer. Aber ich, wenn ich weitertrinke und darüber wird es Nacht – oh, ich bange vor jedem Wort und werde am Ende mich doch besudelt haben. Und dabei ließ er, wie man bittere Medizintropfen von einer Seite auf die andere schiebt, einige Tropfen Schnaps hierhin und dorthin auf der dick und rissig gewordenen Zunge rollen.

Der Ältere blickte auf die Uhr und murmelte: »Ich glaube, es wird Zeit. Wir sollten losgehen. Der Mann mit den Schlangen wird auf uns warten. Es wäre schon gut, wenn Sie das mal gesehen hätten. Er hat, wie er sagt, die besten Kämpfer unter den Habu-Schlangen und unter den Mungos ausgesucht. Ein Spiel, nicht gerade großartig, aber mit Verbissenheit gekämpft. Denn, wissen Sie, es geht da zu wie beim Stierkampf.«

»Und Sieger bleibt immer der Mungo?«

»Oh, nein. In sieben oder acht von zehn Fällen schafft er das zwar; doch es kommt auch vor, daß er unterliegt. Es ist wie beim Schwertkampf mit dem Blankziehen. Die Schwertspitze, heißt es, entscheidet. Der, bei dem sie zuerst klirrend aus der Scheide fliegt, ist da schon der Sieger. Also springt der Mungo blitzschnell, um der Habu zuvorzukommen, auf den Oberkiefer. Verstehen Sie: er weiß genau, daß dort ihre Zähne sitzen. Ohne etwa darauf abgerichtet zu sein: er weiß das einfach und zielt nur auf diese Stelle. Springt die an, um sofort mit tödlicher Gründlichkeit zuzubeißen. Um sie zu zerbeißen, bis alles ein schwammiger Brei ist. Verfehlt er aber im Augenblick dieses Sprungs den Oberkiefer, bedeutet das die Niederlage des Mungos. Würde er die Schlange zum Beispiel am Leib oder am Schwanz zu fassen kriegen, sofort hätte sie ihn mit ihren Zähnen durchbohrt, und da wäre er auch schon tot.«

»Also wie beim Duell. Wie auf jener Insel damals, als es den Schwertmeister Ganryū erwischte.«

»Andererseits, selbst wenn der Mungo siegreich überlebt: sollte er sich beim Zerbeißen des Habu-Kopfes im Maul verletzt haben, dringt das Gift durch die Wunde in ihn ein, und binnen vierundzwanzig Stunden ist er krepiert. Man muß daher einen Tag lang zusehen, bis der eigentliche Ausgang des Duells klar wird. Sagen die Fachleute.«

Der ältere der beiden Männer deckte seine Picknickschachtel zu, und während er sie in das Tuch einschlug, berichtete er weiter. Es heiße, die Habu-Schlange sei außerordentlich kurzsichtig und astigmatisch. Dafür lasse sie ihre Zunge zischelnd spielen, und sobald sie damit jenes Beben, jene Erschütterung der Luft ausmache, wie es diejenigen verursachen, die in ihre unmittelbare Nähe kommen, sobald sie außerdem – und zwar mit Hilfe eines besonderen Organs – Wärmeabstrahlungen registriere, fahre sie in die Höhe. S-förmig gekrümmt, gestrafft, ein Drittel ihres Körpers auf den Boden gepreßt und dies als Hebel benutzend, schnelle sie mit ihren übrigen zwei Dritteln nach oben. Reiße jetzt das Maul auf, zeige die sichelförmigen Zähne, und dann, wie eine Peitsche die Luft durchschneidend, werfe sie sich vorwärts, ausgerichtet auf einen für sie, die Halbblinde, verschwommenen Nebelfleck, wobei ihr Angriff dennoch mit unfehlbarer Sicherheit sein Ziel erreiche. Sie beiße zu, spritze aus ihren Zähnen ein Gramm Gift, um sich im Augenblick darauf wieder zurückzuziehen. Und ein Gramm ihres Gifts – so werde behauptet – könne an die tausend Kaninchen töten. Sie sei imstande, Menschen und Hunde zu erledigen; sie verschlinge Aale und Smaragddohlen, verschlinge Brüllfrösche und Erdhasen, verschlinge Borstenratten und Steine; gelegentlich verschlinge sie sogar ihre Artgenossen. Das Schlangenjunge, von den Alten sofort nach dem Schlüpfen sich selbst überlassen, krieche vom ersten Tag an allein auf Beutesuche umher, bereits mit genügend Gift ausgestattet, um einen Menschen zu töten.

Überhaupt niste Habu niemals in Gruppen, gehe stets einzeln vor und könne an allen möglichen Plätzen auftauchen. Nachts umherwandernd, komme sie lautlos über die Sümpfe, durchquere die Täler und dringe bis in die Städte vor, wo sie sich in Aborten, in Gummistiefeln, an Hausbrunnen oder unter Holzkohlesäcken verberge, manchmal auch in den Kleiderkörben in den Frauenbädern. Dunkle, warme und feuchte Orte seien ihr die liebsten. Aber einmal eingefangen und in eine Kiste gesperrt, ertrage sie, den blinden Blick starr geradeaus gerichtet, diesen Zustand, ohne zu fressen und zu saufen. Ein halbes, ein volles Jahr verbringe sie so mit fest zugeklapptem Maul und wende sich auch dann nicht um, wenn sie eine Ratte zugesteckt bekommt. Die Augen, die draußen im Licht des Tages golden gefunkelt, nun im Dämmerschatten stumpf und von einem schmutzigen Kupferbraun, den Hals zu einer Sichel aufgestellt, gehe sie in den Hungertod.

Der jüngere der beiden Männer lächelte. »Also ein sehr selbstbewußtes Tier.«

Der Ältere nickte. »Und eben deshalb eine rücksichtslose Kanaille, die weder Roß noch Reiter schont. Kommt ihr der Weise, wird er gebissen; hält der Greis sie auf, so ist es sein Tod. Der Mungo wiederum ist jedoch ebenfalls ein übler Bursche; er erlegt zwar Schlange und Ratte, erlegt aber auch Hinkel und Henne. Auf Okinawa soll es einmal vorgekommen sein, daß einer einem kleinen Kind im Schlaf die Augen ausgekratzt hat. In der Regel beißt der Mungo, ob er hungrig ist oder satt, seinem Opfer die Kehle durch. Mit anderen Worten: wir haben es hier mit einem ausgeglichenen Kampf zu tun. Zudem verwenden sie nur eine einzige Waffe gegeneinander. Der Mungo zielt auf nichts als den Kopf der Schlange, und die Habu könnte ihn zwar, wenn sie wollte, dadurch töten, daß sie sich um ihn ringelte und ihm die Brust zusammenpreßte, doch tut sie das nicht. Nur die Zähne werden eingesetzt. Sie krümmt und windet sich vor Qualen, sobald sich der Mungo an ihr festgebissen hat, und das ist alles.«

Ihre Picknickschachteln in der Hand, brachen die beiden Männer auf; quer über die weiten Klippen hinweg kehrten sie zum

Sandstrand zurück. Da wurden Meer und Himmel immer stiller; lediglich das schmatzende Geräusch blieb zu hören, und in die leichte Brise waren jetzt kühlere Bänder eingemischt. Schwer und stechend stand der Geruch von verrottetem Tang, von frischem Tang über den Felsen. Als die beiden den Strand hinaufgestiegen waren, zwängten sie sich durch die lange, aber niedrige Hecke aus Polypensträuchern, die aussahen, als hätten sich unzählige Schlangen ineinander verstrickt, und betraten dann das von riesigen, gründämmrigen Feigenbäumen umgebene Dorf. Am Eingang des Dorfes wandten sie sich noch einmal zu den Klippen um: die felsige Fläche schimmerte grün und weiß in dem schon schwachen Licht, keine Fußspuren, keine Fingerabdrücke, nirgends auch nur ein Anzeichen dafür, daß sie, diese beiden Männer, einen ganzen Nachmittag lang dort gegessen, geredet, gelacht hatten. Himmel und Meer und Felsen: alles war, wie es vor zweitausend Jahren gewesen.

Während sie durch das Dorf gingen, rief der Ältere: »Huuh-hu! ... huuh-hu!« Und eine Weile darauf antwortete es von irgendwoher: »Huuh-hu! ... huuh-hu!« Wieder und wieder, und ohne innezuhalten, lockte der Mann mit seinem Ruf, und die Stimme kam ihnen nach, verfolgte die beiden, umherirrend im Gehölz, als wäre sie eingesperrt in die hohen Feigenbäume und könnte nicht heraus.

Der Jüngere blieb stehen. »Eine Eule. Da schreit eine Eule«, stieß er verwirrt hervor.

Der Ältere lächelte und meinte mit einem drohenden Unterton: »Ja, ich habe nun einmal ein Talent für Dinge, die sich eben nicht in Geld auszahlen.« Sagte dies und begann weiterzugehen, weiterzulocken mit seinem »Huuh-hu! ... huuh-hu!« Und die Eule in den Bäumen zog hinter ihnen her mit ihrem Antwortschrei; doch am Dorfausgang gab sie es auf, erhob noch einmal, zweimal wie bedauernd ihre Stimme und flog zurück.

In der kleinen Stadt, im Gewirr von Häusern wie Schuppen oder Streichholzschachteln, befand sich ein unbebautes Grundstück, und mitten auf diesem Platz erwartete sie, in der einen Hand einen Stock, ein Mann, der ein weißes Gewand trug und eine mit Maschendraht bespannte Kiste zurechtgestellt hatte. Als die beiden, der Ältere und der Jüngere, hinzutraten, begann der

Weißgekleidete unverzüglich mit seinen Erläuterungen. Ein Mann, mittelgroß, aber von gesundem Aussehen und mit unerschrockenen Augen, der über eine reiche Erfahrung und eine gewandte Art zu reden verfügte. Zunächst zeigte er neben anderem die in Reagenzgläsern in Alkohol angesetzten männlichen und weiblichen Fortpflanzungsorgane der Habu-Schlange. Fischte sich dann aus einer anderen Kiste mit dem Ende eines Drahts eine Habu, die er rasch und geschickt mit bloßer Hand an ihrem schmalen Genick packte. Schon hatte die Schlange ihr Maul weit aufgerissen. Weiße, durchscheinende Zähne, spitz wie Injektionsnadeln, ragten aus Fleischpolstern hervor. Und als ihr der Mann den Deckel der Kiste hinhielt, biß die Habu knirschend ins Holz. Im selben Augenblick trat triefend das Sekret aus und floß in den Kistendeckel. Das Maul der Habu war nach innen zu von einer dünnen, hellpfirsichfarben schimmernden Haut überspannt, ein Geäder aus winzigen roten und blauen Kapillaren lief darüber hin, weißes Fleisch schichtete sich in geradezu schmerzlich anrührenden Fältchen. Unter diesem wie von Staub bedeckten, häßlichen Dreieck des riesigen Kopfes, unter diesen gierigen, goldbraunen Augen hervor hatte sich hier ein Organ dem Licht des Tages geöffnet, wie man es, so jählings benetzt, zwischen den Schenkeln eines jungen Mädchens erwarten würde. War naß und rein und weiß, geschmeidig zart und leicht verletzbar. Den jüngeren der beiden Männer überkam eine Erregung. Ah, das berühren zu können! Das zu streicheln mit meiner Hand! Mit dem Finger über diese hellen Fleischpolster, über diese Feuchte, diese fortsaugende Glätte, dieses Gefältel, dieses sanft Geschmeidige, über diesen Weg vorzudringen bis ins tiefste Innere! Und auch diese durchscheinenden, weißen und kräftigen Klingen da möchte ich streicheln mit den Ballen meiner Finger. Möchte ich betasten, befühlen. Nein, ich vergreise doch nicht etwa. Bin doch nicht schon so weit heruntergekommen, oder?

Die mit Maschendraht bespannte Kiste war innen durch ein Zwischengitter abgeteilt; rechts befand sich eine Habu, links ein Mungo. Die Schlange kroch umher mit einem schleifenden Geräusch, und während sie sich bald S-förmig zusammenringelte, bald streckte, hob sie den Kopf und wiegte ihn unter dem Gezischel ihrer schwarzen Zunge jetzt nach dieser, dann nach der anderen Seite. Drängte sich an dem Zwischengitter aufwärts und forschte unablässig mit ihrer Zunge durch die Drahtmaschen. Und ihre schwachen Augen starr geradeaus gerichtet, überlegte sie, was denn das vor ihr in dem schimmernden Nebel wäre, dieses seltsame Beben, diese Wärmewogen, die ihren Körper so in Erregung versetzten. Zitternd dehnte sich und verkürzte sich ihr peitschenartiger Vorderleib, schwankte sie, alle Kräfte in der gekrümmten hinteren Leibeshälfte versammelt, unentschlossen hin und her. Drüben in dem schimmernden Nebel rannte der kleine Vierbeiner mit dem Körper eines Wiesels und dem Gesicht einer Ratte unter trockenem Pfotengetrommel auf und ab. Seine kleinen roten Augen glitzerten, und plötzlich, mit einem Zucken durch den geschmeidigen, von hellbraunem kurzhaarigem Fell bedeckten Rücken und den dicken Schwanz als Hebel benutzend, richtete er sich auf den Hinterläufen auf, zog die beiden Vorderpfoten zu einer lockenden Gebärde an die Brust und schrie mit einer Schärfe, als knirschte er es mit den Zähnen hervor: »Tschii-kii! . . . tschii-kii!« Als sich der jüngere der beiden Männer unabsichtlich darüberbeugte, hob das Tier wie erschrocken die kleine Schnauze empor: da stand in seinen roten Augen, unbeweglich und doch blitzend, eine mit unbeugsamer Kampfbegier, mit unerschütterlichem Selbstvertrauen untermischte düstere Brutalität, wie sie aus seiner armseligen Gestalt nicht zu erahnen gewesen war. Ein strenger und nur auf Strenge gerichteter, rücksichtslos grausamer Wille gab diesem Kopf etwas Gemeines. Der jüngere Mann, nun auf einmal angeekelt, wandte sich ab. Und seine Stimme vibrierte wie von einer Drohung: »Na, was ist? Das genügt doch wohl.«

»Ja, fangen wir also an.«

Im selben Augenblick, in dem der Weißgekleidete das Trenngitter hochzog, blitzte eine hellbraune Rute durch das Innere der Kiste. Geräuschlos war der Mungo losgesprungen, hatte seine kleinen, weißen Zähne in den oberen Teil des Schlangenkopfes geschlagen und begonnen, knackend darauf einzubeißen. Die Habu wand und krümmte sich; sie wälzte sich, immer den Mungo an ihrem Kopf, nach rechts, nach links, verdrehte ihren langen Körper zu einem Korkenzieher, doch machte sie keinen

Versuch, dem Mungo die Brust zuzuschnüren. Wie der ältere der beiden Männer zuvor gesagt hatte: Darauf eingerichtet, nur mit ihren Zähnen zu kämpfen, war sie bereits im ersten Augenblick besiegt gewesen. Sich hin und her wälzend, bemühte sie sich, den Mungo abzuschütteln, und das war alles. Die roten Augen des Mungos flackerten, seine kleine, spitze Schnauze war blutverschmiert, und wie sehr er auch herumgeschleudert wurde, mit seinen schwarzen Krallen preßte er den glitschigen Leib der Habu nieder, preßte ihn nieder auf Leben oder Tod und biß weiter darauf ein. Schlag zu als erster! Setz alles auf eine Sekunde, und dann auf die schwache Stelle des Gegners gezielt! Und hast du ihn überrumpelt, gib kein Pardon! Friß dich fest, aber gründlich! Beiß zu! Beiß ihn kaputt!

Eine Weile noch dauerte das leise, aber scharfe Geräusch an, mit dem die Knochen der Schlange zerbrachen. Ihre Augen wurden stumpf, das Dreieck verlor seine Form, das Blut troff; dann war der Oberkiefer umgestülpt und die langen Zähne ragten hervor. Mit seitwärts gewandter Schnauze biß der Mungo das weiße Fleisch von den Wurzeln fort. Schließlich brachen die Zähne heraus und fielen auf den Boden. Schimmerten matt in einer von der Abendsonne beschienenen Blutlache. Wie eine tiefrote und düstere Höhle nahm sich der zermalmte Habu-Kopf jetzt aus. Die Schlange taumelte; einige Male noch zuckte sie, dann streckte sie sich lang hin ins Blut. Nun, ohne Kopf, glich sie einem Schmuckseil, von dem man die Quaste abgeschnitten hatte. Und aus der Öffnung, der zerfetzten – vordem so üppig zartes und weißes weibliches Geschlecht –, floß langsam das Blut. Der Mungo bohrte seine spitze Schnauze hinein; zitternd am ganzen Leib, biß er schmatzend in dieses Geschlecht, riß es auseinander, stopfte sich die Backen voll, schlürfte das Blut, schleckte sich die Pfoten, begann das Fleisch hinunterzuschlingen.

Die beiden Männer verließen den unbebauten Platz, Schulter an Schulter und schweigend, und gingen davon. Ein Abendrot, als dröhnten die Subtropen, stürzte über die wie eine Kolonie von Entenmuscheln an- und übereinander gehäuften, armseligen Dächer; der Augenblick der Vollendung dieses einen Tages flammte am Himmel und in den Straßen. Der jüngere der beiden

Männer blieb stehen und steckte sich eine Zigarette an; er bemerkte, daß, obwohl er doch den ganzen Nachmittag hindurch getrunken hatte, kein einziger Tropfen all des Alkohols sich blau entzündete, und da wußte er: Die heisere Begierde breitete sich aus durch seine Glieder.

»Boden-Tricks kommen also nicht in Frage.«

Der Ältere lächelte nachdenklich, während eine wilde Schwermütigkeit in seine großen, sich leicht verschleiernden Augen stieg. »Nein«, sagte er, »da kann kein Pardon gegeben werden.« Sie gingen durch ärmliche Straßen, lang fielen vor ihnen die Schatten, und der Ältere sagte mit gesenktem Kopf noch einmal: »Natürlich kann da kein Pardon gegeben werden.«

Der Jüngere dachte: nur einen Schritt noch. Dachte: wie damals der Schwertmeister Ganryū, als er auf der Insel landete ...

Kenji NAKAGAMI

Der Bergasket

Wenn tagsüber unablässig die Zikaden schrillen, klingt dies schon denen, die dem Lotos-Sutra nicht anhängen, wie das »Namu-myōhō-renge-kyō, Namu-myōhō-renge-kyō«. Holzfäller und Dörfler bilden sich gar ein, es müßte ein Büßer sein bei seinen Übungen. Also suchen die Leute aus dem Dorf nach irgendwelchen Pilgern. Aber nirgends eine Spur davon. Was sind das nur für Zikaden? Ihr so vielstimmiges Geschrill strudelt durch das Zederndickicht; es dehnt sich einem bis tief in die Gehörgänge hinein. Vielleicht – was durchaus möglich wäre – ist einer der Bergasketen nach langen Exerzitien schließlich in seinem Fleisch verfault, ist zum kahlen Gerippe, zum Knochenschädel geworden; dessenungeachtet aber seine Zunge, die sich des segenbringenden Sutra-Textes erinnert, lebt und regt sich und singt ihr »Namu-myōhō-renge-kyō! Namu-myōhō-renge-kyō!« Ja, dergleichen sei, heißt es in einem Buch, im Dorf Kumano im Distrikt Muro der Provinz Kii vorgefallen.

Es fuhr einer im Bus die Straße am Kumano-Fluß hinauf; vom Dorf Toro aus ging er zu Fuß, indem er den nach Nachi führenden Weg nahm. Er war einsdreiundsiebzig groß und wog fünfundneunzig Kilo, zählte also zu dem selbst heute in der Nachkriegszeit noch von der Norm abweichenden Schlag der Großwüchsigen. Auf der Oberschule hatte er Sumō und Jūdō betrieben. Gut gewesen war er beim Sumō-Ringkampf in den Hazu-, Nodowa- und Tsuppari-Methoden und beim Jūdō im rüden Ōsotogari sowie im unweigerlich niederzwingenden Osaekomi-Griff, in reinen Krafteinsätzen mithin, die als Techniken zu bezeichnen man durchaus Vorbehalte haben kann. Bei einem Riesen, heißt es, reicht der Verstand nun mal nicht für den ganzen Körper; und wirklich war mancher in seiner Umgebung davon überzeugt, diese Redensart träfe genau auf ihn zu. Jedenfalls hatte er etwas an sich, daß auf die Bemerkung, er sei eben ein Mann aus Kumano, ein jeder beifällig zustimmte, ohne zu wissen, was denn Kumano eigentlich bedeute oder um was für eine Gegend es sich dabei handele. Über ihn waren unzählige, zumeist freilich recht alberne Geschichten im Umlauf. Einmal hatte er in der Wohnung eines Bekannten zwei Flaschen Whisky hintereinander weg wie Cola ausgetrunken, wovon er dann so besoffen war, daß er den Wandschrank in dem Zimmer aufschob und lang und ausgiebig hineinpißte. Oder ein andermal auf dem Heimweg von einer Party, als sie in Gruppen zu dritt, zu viert auf den Bahnsteigen der Station Shinjuku standen, um in die verschiedenen Richtungen davonzufahren, und das Mädchen, auf das er versessen war, hatte ihren Zug bestiegen, hängte er sich plötzlich – was mochte ihm nur eingefallen sein? – an das Fenster des bereits anfahrenden Zuges, mit dem Resultat, daß er diesen zum Stehen brachte.

Wenn es heißt, bei einem Riesen reicht der Verstand nicht für den ganzen Körper, so ist damit keineswegs gesagt, daß der Großwüchsige schwachsinnig sei; vielmehr meint das, es falle ihm schwer, mit seinem riesigen Körper umzugehen, ihn unter Kontrolle zu halten. Er ist, anders ausgedrückt, ein Mensch, der einen Überschuß an physischer Kraft und Vitalität besitzt. Nun, hier hätte man besser nicht von einem Riesen, sondern von einem dicken, einem massigen Mann gesprochen. Die Körpergröße von einsdreiundsiebzig allein macht heutzutage noch keinen zum Riesen. Dazu ist sie doch zu häufig. Jetzt muß einer schon die einsachtzig überschreiten, um von sich selbst wie auch von anderen als Riese eingeschätzt zu werden. Was indessen den Riesen wirklich von dem Normalwüchsigen oder Normalgewichtigen unterscheidet, ist die Tatsache, daß von ihm, einfach wie er so dasitzt, ein Geruch von roher Gewalt ausgeht. Wahrscheinlich waren die Asketenpriester, die durch die Kumano-Berge gezogen, ebensolche Riesen gewesen wie er. Wahrscheinlich hatten sie ihre überschüssige Kraft und Vitalität loswerden wollen und waren deshalb umhergewandert, hatten deshalb Hanfstricke um ihre Fußknöchel gebunden und sich so kopfüber in den Abgrund hängen lassen, dabei das Lotos-Sutra rezitierend.

Nachdem er sich an das Abteilfenster gehängt und damit den Zug zum Stehen gebracht hatte, heiratete er das Mädchen. Sie hatten zusammen zwei Töchter, und indem sie sich mit den Eltern seiner Frau darauf einigten, daß diese die Hälfte des Darlehens auf sich nähmen, gaben sie die zu eng gewordene Mietswohnung auf und zogen in ein Fertighaus am Rande Tōkyōs, das sie nun, die Schwiegereltern eingeschlossen, zu sechst bewohnten.

Zu richtigen Ehekrächen kam es bei ihnen nicht. Dafür tobte er allein. Einmal hieb er im Wohnzimmer auf den Kronleuchter ein, den die ausführende Firma dort aufgehängt hatte, ein Ding, so recht im Stil moderner Eigenheimausstattung, und schlug ihn kurz und klein; dann warf er den Kühlschrank um und demolierte die Sitzgarnitur. Nur weil er betrunken war. Seine Frau, die er dabei verprügelt hatte, hockte wie ein Lumpenbündel zusammengekauert in einer Ecke, unfähig noch zu weinen. Ähnliches hatte sich schon früher gelegentlich zugetragen. Damals in der Mietswohnung war er, wenn er zuviel getrunken hatte, von der kleinsten Kleinigkeit hochgefahren. Woraufhin sie, das liederliche Weib, nachdem sie von ihm Schläge bezogen, zu ihren in der Nähe wohnenden Eltern geflohen war. Jetzt im neuen Fertighaus hatte sie eine solche Fluchtmöglichkeit nicht mehr. Er besaß eine Statur und eine Kraft in den Armen, daß ihn, wenn er erst zu toben anfing, selbst drei starke Männer nicht zu bändigen vermochten. »Ich möchte sterben! Bringt mich doch um!« brüllte er mit gewaltiger Stimme, und unbekümmert um die Umstehenden, machte er gleichwohl nicht die geringste Miene zu sterben, kippte den Tisch um und zertrümmerte ihn. Seine Frau indessen wartete nur, bis der in seinem Inneren tobende Sturm, bis die Explosionen aufhörten. Manchmal wieder, auch wenn er getrunken hatte, konnte er außerordentlich zärtlich zu ihr sein, und überflutet von den Gefühlen, als wäre ein Damm gebrochen, schloß er sie, die neben ihm lag, in die Arme; dann wünschte er sich, gemeinsam mit ihr bis ans äußerste Ende zu gehen. Sie schien zum bloßen Spielball seiner Kräfte, seines Körpers, seiner Leidenschaften geworden. Ja, sie war allmählich erschöpft; obwohl noch nicht bis zu dem Punkt, daß sie sein Gesicht nicht mehr hätte sehen, seine Stimme nicht mehr hätte hören mögen, war sie es doch leid und sprach von Scheidung. Daraufhin schaltete sich jenes Ehepaar ein, das einst ihre Heirat vermittelt hatte, und auf dessen Vorschlag begannen sie fürs erste damit, daß sie getrennt lebten; er kam bei seiner Firma um Urlaub nach und kehrte hierher nach Kumano, seine Heimat, zurück.

Wie ein Bergasket streifte er durch die Kumano-Wälder. Die Augen starr auf das Wurzelgeflecht unterm Zederndickicht gerichtet und so den kaum noch andeutungsweise vorhandenen Weg suchend, lief und lief er, und überall nichts als das vielschichtig gemischte Geschrill der Zikaden. Von den dichten Zedernwipfeln droben behindert, fiel das Sonnenlicht nur hier und da in spärlichen Strahlen bis zu ihm herein. Woran er dabei eigentlich dachte? Ach, es gab nichts zu denken. Das einzige war, daß er, um endlich in seinem Inneren leer und frei zu werden, dem Rauschen seines eigenen Atems und dem auf- und abbrandenden Geschrill der Zikaden lauschte. Zwei, drei Stunden lang lief er ununterbrochen so; dann mußte selbst einer wie er die Müdigkeit spüren. Er setzte sich unter einen Baum, an eine feuchte, moosbewachsene Stelle, und da er den Zigaretten wie dem Alkohol abgeschworen hatte, gab er sich wohl oder übel mit dem Wasser aus der Feldflasche zufrieden. Davon begann er zu schwitzen. Er zog das an seinem Gürtel hängende Handtuch hervor, wischte sich den Schweiß. Und er stand wieder auf, atmete kräftig durch, um weiterzugehen, abermals das tiefste Innere seines Herzens entleerend und indem er die Stimmen der Zikaden wahrnahm, deren Lärm ihn rings umschloß. Sie schienen ihm menschlicher als die Stimmen von Menschen.

Das alles wiederholte sich zu unzähligen Malen. Er lief, er rastete, lief weiter und rastete erneut. Doch endlich erreichte die Erschöpfung ihren äußersten Punkt. Ermüdungserscheinungen beim Sport, in seinem Falle aber bei Sumō und Jūdō, hatte er durch seine körperliche Energie und Vitalität stets problemlos zu unterdrücken, zu kontrollieren gewußt; diesmal jedoch war es anders. Die Balance zwischen Leib und Seele war völlig zerbrochen, und die Erschöpfung hatte eine Art, daß sie sich beim kleinsten Fehlgriff nur mehr in seinem Inneren ausbreiten mußte. Taumelnd zwar, ging er trotzdem weiter. Und er sah: durch das Zederndickicht kam ihm ein verstorbener Blutsverwandter entgegen, kräftigen Schrittes und während er, als weißgewandeter Bergasket mit Hanfstrick und Muschelhorn, das Sutra rezitierte.

Er wollte ihn ansprechen. Doch die Stimme versagte ihm. Den taumelnden Körper an den dicken Stamm einer Zeder gelehnt, die Augen geblendet vom eigenen Schweiß, innerlich erfüllt von nichts als dem ohrenbetäubenden Zikadengeschrill, blickte er stumm auf das Gesicht des Verwandten, auf dessen Gestalt. Jünger noch als er und mit unablässigem »Namu-myōhō-renge-kyō! Namu-myōhō-renge-kyō!« schritt dieser Mann, ohne irgend zu keuchen, durch das unter den Bäumen wuchernde, niedrige Gras, stieg über die von Quellwassern nassen Steinbrocken und ging davon in Richtung Ise, den Weg, auf dem er selber zuvor gekommen. Er versuchte zu rufen, den Mann aufzuhalten. Aber statt der Stimme strömte ihm nur das Atmen aus dem Mund mit einem Geräusch, das sich sogleich dem Auf und Ab einer besonders schrillen Zikadenstimme vermischte. Im übrigen bildete er sich ein, es habe ihm dieser Mann im Vorübergehen einen kurzen Blick zugeworfen, was, wie er meinte, irgendwie eine Ermutigung für ihn hatte bedeuten sollen. Lange sah er dem sich entfernenden toten Verwandten nach. Erst als dieser Mann hinter dem offenliegenden Felsen verschwand, gewahrte er, daß die vorhin in seiner Kehle zusammengeklumpten Worte wie der aus der Schnittfläche an einem Pflanzenstengel dringende milchige Saft schließlich doch Stimme zu werden begannen. Bist du wirklich gestorben? Was heißt das, daß ich dir, einem Toten, hier in diesen Bergen begegne? Warum gehst du und gehst, ohne innezuhalten?

Und wieder lief er selber taumelnd weiter. An einer Stelle, auf die durch die Wipfel ein Sonnenstrahl hereinfiel, sah er, wie dicht an dicht und hingeduckt zwei Frauen, die einen Säugling dabeihatten, miteinander flüstern. Das muß ich, dachte er, vor Erschöpfung halluzinieren; oder aber es ist das böse Gaukelspiel eines Fuchs- oder Dachsgeistes. Und indem er so tat, als hätte er es nicht bemerkt, lief er mit leisen Schritten und sich ein um das andere Mal verbergend von Stamm zu Stamm. Die Frauen hielten das Kind zu zweit im Arm; sie redeten leise, sie schluchzten. Die eine war eine junge Frau mit einer erstaunlich hellen Haut, die andere eine zahnlose Alte, offensichtlich die Mutter von ihr.

»Was für ein Schicksal!« hörte er die Stimme der Alten zwischen jedem Schluchzen sagen. Die junge breitete eine blaue Frotteedecke auf das vom durchsickernden Licht nur spärlich gewachsene, niedrige Gras, und während sie mit heißem Wasser aus einer geblümten Thermosflasche Milch anrührte für das Kleine, weinte sie. Nein, während sie weinte, rührte sie die Milch an. Ein seltsamer Anblick. Der Säugling schrie; davon betroffen und indem sie das Kleine, das in eine weiße Decke gewickelt war, wieder in ihrer beider Arme nahmen, brachen die Frauen abermals in Tränen aus. »Was für ein Schicksal!«

Er, in der Absicht, den Grund dafür herauszufinden, daß die Frauen weinten, trat auf sie zu. Auch wollte er erkunden, warum sie sich so tief in den Bergen befänden. Alles glich haarklein dem, wie es im Wohnzimmer einer normalen Familie abzulaufen pflegte. Nach dem Verhalten der Frauen zu urteilen, wäre am natürlichsten die Vermutung gewesen, sie hätten mit dem Kind einen Picknickausflug unternommen. Dumpf und wie abgesunken klang ihm jetzt das Zikadengeschrill. Er stand seitlich neben den Frauen. Die jüngere hob das Kind auf und hielt ihm die Brüste hin, zwischen die sie die milchgefüllte Flasche geschoben hatte; dann wandte sie sich zu ihrer Mutter um und weinte. »Was für ein Schicksal!« wiederholte die Alte, wie um mit diesen Worten sowohl die Tochter als auch sich selber zu trösten, und schluchzend preßte sie die Finger auf ihre Augen. Das Kind glich von Gesicht weder der jungen Frau noch ihrer Mutter. Eher müsse es jenem ähneln, der sein Vater, der Mann also der jungen Frau wäre; jedenfalls meinte er das, obwohl er diesen Vater, diesen Ehemann ja nicht kannte. Und plötzlich: es ist mein Kind! schoß es ihm durch den Kopf, wobei er das Gefühl hatte, daß auf einmal seine Hüftgegend nicht mehr recht funktionierte, so sehr schmerzte ihn das Stehen, vielmehr wußte er nicht, ob er überhaupt stand oder saß.

Er lief weiter. Die Zikadenstimmen hallten in seinem völlig leeren Inneren wider. Das alles sind, dachte er, Halluzinationen, sind alles böse Träume. Aber wahrscheinlich war es so, daß er, um diese Halluzinationen, diese bösen Träume zu haben, lebte Tag für Tag und hierher in die Kumano-Berge gegangen war. Die von Feuchtigkeit geschwängerte, kalte Luft bergauf, bergab unter den keinen Lichtstrahl einlassenden Zedern und wieder Zedern träfe – hatte er die angenehme Empfindung – unmittelbar auf sein blankes Fleisch an einer Stelle, an der man ihm die behaarte, harte Haut abgerissen. Ja, allein daß so Erschöpfung auf Erschöpfung folgte, bedeutete ihm, anders als das bei Jūdō oder Sumō künstlich ins System gebrachte, eine angenehme Empfindung. Er trank Wasser, das aus einer Felsritze quoll. Gleich darauf kam er in einen niedrigen Zedernwald, der einen Gipfel zu bedecken schien. Von hier aus waren bis weithin Rükken an Rücken Berge zu sehen. Am Fuß einer besonders großen Zeder lagen kleine Steine aufgehäuft und stand ein wohl für Blumenschmuck gedachtes Bambusrohr. Er setzte sich davor hin; und während er diesen Platz betrachtete, an dem wer weiß wann irgendein auf demselben Weg Wandernder vor den aufgehäuften Steinen und vor dazugestellten Blumen heilige Texte rezitiert haben mochte, schlummerte er ein. Noch stand die Sonne am Himmel und leuchteten die Bergketten hell und klar.

Davon, daß ein ungewöhnliches Geräusch an seine Ohren schlug, erwachte er aus dem Schlaf. Drei Männer, die Gesichter so von Tüchern verhüllt, daß nur die Augen freiblieben, waren vor ihm dabei, Stein auf Stein zu setzen. Er vergaß sich zu rühren und sah die drei an. Der erste hatte Strohsandalen um seine Handgelenke gebunden; Handteller besaß er offenbar, aber Finger weder an der Rechten noch an der Linken. Indem er einen Steinbrocken zwischen die mit abgewetzten Strohsandalen umwickelten Handgelenke klemmte, versuchte er, diesen auf zwei bereits aufeinanderliegende zu setzen. Doch das mißlang. Der Steinhaufen fiel in sich zusammen. Er sagte etwas mit einer Stimme, die freilich, da sein Mund von diesem Tuch verdeckt war, fast unverständlich blieb, und wieder fing er von vorne an, klemmte die Steine zwischen beide Handgelenke und setzte Stein auf Stein. Der zweite saß auf einer Holzpritsche, beugte sich vor und häufte seine Steine geschickt aufeinander. Er hatte offenbar beide Beine verloren. An der Unterseite der Holzpritsche waren vier Räder angebracht, seitlich ein Banner aufgepflanzt. Die Schriftzeichen auf dem Banner waren von Wind und Wetter verblichen, dazu das Tuch zerfetzt, so daß es schwer hielt, das Geschriebene zu entziffern. An dem dritten und letzten schien konkret nichts befremdlich zu sein. Er war nach der Art eines Pilgers oder eines Toten gekleidet. Unser großwüchsiger Mann tat, als ob er schliefe, und hoffte, er könnte verstehen, worüber sich diese drei beim Aufsetzen der Steine unterhielten. Flirrend stahl sich ein angenehmes Sonnenlicht von droben durch die Zedernwipfel.

»Ach, der Arme!« ließ sich die Stimme dessen mit den Strohsandalen vernehmen; ein kraftloses Gemurmel, während er die fingerlosen Hände, also die um die beiden Handgelenke gebundenen Strohsandalen andächtig aneinanderlegte, um das Sutra zu rezitieren. Danach sagte er wieder: »Ach, der Arme!« Und dabei warf er sich hin und her. Es war wie ein stummes Weinen. Mit Mühe verhinderten die Kleider, die er trug, daß sein Fleisch von innen her zerfiel. »Kann es ein größeres Unglück geben?« meinte der mit dem Banner. »Amida-Buddha hat es gewollt«, bekräftigte der im Pilgergewand; und nach der Art zu urteilen, in der er es sagte, mußte es sich um einen Fall aus dem Dorf handeln. Vielleicht um einen, der im Krieg umgekommen war, vielleicht um die Eltern eines solchen Gefallenen. Ganz klar war das nicht. Man hätte aber auch heraushören können, daß die Rede von einem anderen gewesen wäre, von einem Gefährten, der gemeinsam mit den dreien unter Qualen durch die Berge gewandert. Drei Tage zuvor war er gestorben. Nein, in Wahrheit hatte er, als sie hier angekommen waren, weder mehr laufen noch kriechen können, und damit er von den über den tiefen Wäldern kreisenden Vögeln wie den Krähen und den Weihen um so leichter entdeckt würde, hatten ihn die drei unter Anrufung Amida-Buddhas der Zukunft auf einen Felsen außerhalb des Dickichts geschleppt. Da lebte er noch. »So gehe also hin ins Paradies, nun kannst du es erreichen!« hatten die drei ihren Gefährten aufgemuntert, sich hierauf aber von dem Felsen entfernt und versteckt, um stumm zuzuschauen, wie erst eine, dann eine zweite Krähe herniederschwebte.

Er schlummerte ein, er erwachte, und wieder schlummerte er ein. Die drei Männer waren nicht mehr da, neu zurückgeblieben aber drei aus Steinen aufgehäufte Säulen. Befangen in der Halluzination, daß Tag und Nacht und Tag mehrmals miteinander abgewechselt hätten, glaubte er, sein Körperinneres wäre nun völlig leer. Er stand auf, und weiter ging er durch das Zederndikkicht. Wozu eigentlich, fragte er sich, laufe ich in diesen Bergen herum, ohne genügend Proviant, ohne mich ordentlich vorbereitet zu haben? Die Stimmen der Zikaden, durchdringender und stärker als sonst, umspülten ihn, so klang es, wie in riesigen Wogen. Am Ende habe ich mich verlaufen, dachte er. Ehe er in die Berge aufgebrochen, hatte er sich noch einmal bei einem älteren Jūdō-Kameraden aus der Oberschulzeit wegen des nach Nachi führenden Weges erkundigt, war dann aber nie auf das Merkzeichen jener Kreuzung gestoßen, an der sich dieser Weg mit einem anderen, nach Koya führenden schneiden sollte. Das Zeichen sei ein kleiner Shintō-Schrein; wenn man sich dort nach rechts wende, komme man nach Koya, nach links zu gehe es in Richtung Nachi. Tatsächlich war er mehr nur vor sich hingetaumelt; unsicher, wo er sich befand, während es ohne Unterbrechung bei dem gleichen Anblick von nichts als Zedern blieb. Sein Gehen als solches war ihm wie ein im Halbschlaf geträumter Traum. »Namu-myōhō-renge-kyō! Namu-myōhō-renge-kyō!« Irgendwann, als wäre er einer der Bergasketen, die sich ihren Weg durch diese Wälder bahnten, und im Herumwandern ihre Exerzitien betreiben, hatte er, wie er bemerkte, damit angefangen, das Lotos-Sutra zu rezitieren.

Und er lief. Jetzt, dachte er, möchte ich dem verstorbenen Blutsverwandten noch einmal begegnen. In Wahrheit handelte es sich bei dem verstorbenen Blutsverwandten um einen seiner älteren Brüder. Als er selber zwölf gewesen, hatte dieser sich, im Alter von vierundzwanzig Jahren und ohne Gründe genannt zu haben, erhängt. Obwohl ein Vorfall, der lange zurücklag, hatte sich der Anblick des in den Sarg gebetteten, von Blumen überschütteten Blutsverwandten im weißen Totenkleid für immer so in seine Hirnrinde eingeprägt, als wäre es gestern gewesen. Gern hätte er sich vergewissert, daß dieser Blutsverwandte rüstig hier durch die Berge wanderte, hätte ihn, sofern das möglich, danach gefragt, warum er sich erhängt habe. Seine Mutter war inzwischen recht alt. Eine Mutter, die nur lebte, um die Jahre ihres toten Kindes zu zählen.

Bevor er nach Kumano zurückgekehrt war, hatte er manchmal das Gefühl gehabt, dieser verstorbene Blutsverwandte stünde neben ihm und starrte ihn stumm an; so wenn er in Tōkyō mit dem Firmenwagen Material zu den Kunden brachte, oder wenn er mit seiner Frau und deren Eltern im Wohnzimmer saß und darüber lachte, wie sich seine beiden Töchter aufführten. Einmal bei einer Feier zum dritten Todestag eines Mannes, dem er viel zu verdanken gehabt, hatte er heftig getrunken und mit zunehmender Trunkenheit bald mit jedem Streit angefangen. Auch dabei meinte er die Anwesenheit des Blutsverwandten gespürt zu haben. Die Gesellschaft endete, und er und seine Frau fuhren mit den anderen los. Weil er es jedoch unbefriedigend fand, daß er sich von jenen, mit denen er sich gestritten hatte, trennen sollte, legte er sich, darüber betrübt, in einer Privatbahnstation vor der Sperre rücklings auf den Boden. Erst nachdem seine Frau ihn beruhigt hatte, erhob er sich, und sie stiegen in eine andere Privatbahn um. In Shinjuku merkte er, daß er Monatskarte und Führerschein verloren hatte. Plötzlich machte er seiner Frau die heftigsten Vorwürfe: »Du bist schuld daran!« Und er zwang sie, die bleich war und entkräftet, mit ihm zu dem Haus zurückzukehren, in dem die Trauerfeier stattgefunden hatte. Dort angekommen, ging seine Frau sogleich auf die Toilette. »Warum sind Sie nur so zu ihr?!« hielt ihm die Witwe weinend eine Strafpredigt. »Wenn ein so groß geratener Mann wie Sie sie verprügelt, wird das ihr Tod sein.« Seine Frau kam nicht wieder von der Toilette. Als sie auch nach über einer halben Stunde noch immer in der Toilette verschwunden blieb, schrie er: »Was soll das heißen?« Erst da gab die Witwe zu, daß sie ihr zur Flucht verholfen habe. Er raste vor Wut. Er fuhr nach Hause und zog seine Frau hervor, schlug auf sie ein; er machte Trümmer aus dem Bücherregal und Trümmer aus den Stühlen. Leben – was eigentlich ist das? Er hatte über das vierundzwanzigste Jahr, in dem sein Bruder Selbstmord begangen, hinweggelebt; obendrein hatte er Frau und Kinder. Er hätte so gern gefragt: Was bedeutet zu leben? Was bedeutet zu sterben?

In sein entleertes Körperinnere ergoß sich ein Schwall fahl rauschender Trauer. Der großwüchsige Mann setzte sich, völlig erschöpft, an den Fuß einer Zeder, und wie sonst dem vielfältig ineinander verschränkten Geschrill der Zikaden lauschend, das weithin die tiefen Wälder erfüllte, erhob er unter Tränen seine Stimme. »Erkläre es mir, ich bitte dich! Mach, daß ich dir noch einmal begegne! Ach, hilf mir doch!« erklang sein lautes Weinen. Niemand hätte glauben mögen, daß dieser Mann einst beim Sumō-Ringen in den Hazu-, Nodowa- und Tsuppari-Methoden und beim Jūdō im rüden Ōsotogari- sowie im unweigerlich niederzwingenden Osaekomi-Griff der Überlegene gewesen war, so bitterlich weinte er, während sein Gesicht am Stamm der Zeder rieb: »Ich möchte dich treffen, möchte dich sehen! Ach, hilf mir doch!« Nein, das war mit verzerrtem Gesicht und weitaufgerissenem Mund ein wildes Geheul.

Müde vom Weinen schlummerte er ein, und erwachte er, weinte er von neuem. Endlich fiel er in einen richtigen Schlaf. Lautlos kam die Nacht in die Kumano-Berge, in die er vom Dorf Toro aus nach Nachi zu gezogen war. Alles übermalte sie mit schwarzer Düsternis. Aber dann war da ein Geklingel chirin-chirin! zu hören. Chirin-chirin! Und davon wurde er wach. Chirin-chirin! ertönte es in regelmäßigen Abständen, wobei er den Eindruck hatte, es käme langsam durch das Dunkel auf ihn zu. Völlig verstummt die Zikaden. Die feuchte Finsternis nur, die nach Erde roch, nach Gras und Zedern. Ein Geklingel wie von einem Glöckchen, so winzig, als schlüge an den Gräsern Blatt an Blatt. Nicht ein Windhauch wehte. Es war kalt. Den Rücken an den Zedernstamm gelehnt, beugte er sich vor und lauschte. Und das Geklingel, langsam, wie fast ersterbend leise – jetzt verstummte es, jetzt klang es wieder. Er wartete. War es eine Yamauba, oder war es eine blinde Gottheit, die hier in den Bergen hauste, oder war es . . .? Chirin-chirin! näherte sich das Geklingel und erlosch. Abermals schlummerte er ein. Er träumte. Nein, offenbar war das kein Traum, sondern Wirklichkeit. Ein Bergasket, übermäßig groß wie er selber, nicht klug genug, um ein gelehrter Mönch zu werden, und unfähig auch, sich an das Leben im Dorf zu gewöhnen, hatte ein heiliges Feuer entzündet und sprang über die lodernden Flammen, kletterte dann auf einen Felsen und ließ sich vom Rand der Klippe in den Abgrund hängen. Da band sich der dicke und massige, der große Mann Hanfstricke an seine Fußgelenke, und vom Wipfel einer Zeder baumelnd, rezitierte er das segenbringende Lotos-Sutra.

Makoto ODA

Der Kommandeur

Die Stimme hatte Namba im Ohr behalten. Mehr noch als die Stimme deren Härte. Bis vor die schwere, dicke Holztür der Kleiderkammer heraus hatte sie mit dieser Härte die Worte an sein Ohr geschleudert. Nicht daß er eigens vor der Kleiderkammer stehengeblieben wäre, um zu lauschen. Zufällig war er vorbeigegangen, als drinnen die Stimme erklang, als sie laut wurde. Und so hatte er die Worte mitbekommen.

Gesagt hatte sie nur das: »Ihre Führung war fehlerhaft! Sie tragen die Verantwortung!« Namba war damals noch ein Kind gewesen, und ganz genau erinnerte er sich nicht; aber etwas in diesem Sinne hatte die Stimme seinem Vater an den Kopf geworfen. Dazu in einer derben Ausdrucksweise. Von seinem Vater hatte Namba eine solche Ausdrucksweise nie gehört, deshalb seine Angst, sein Erschrecken. Ja, vielleicht war der Tonfall eine Spur höflicher gewesen. Nur mußte dann die Härte, mit der die Stimme erklungen war, alles überflüssige Beiwerk weggeschlagen und die Worte so kahl und nackt gemacht haben, wie er sie im Ohr behalten hatte.

Wem konnte diese Stimme gehört haben? Die Kleiderkammer war nicht der Ort, um sich mit einem Gast zu unterhalten. Hatte sein Vater den Besucher, den Mann mit dieser Stimme aus Furcht, die anderen im Haus würden zuhören, in die Kleiderkammer geführt? Oder sollten die beiden dort irgend etwas gesucht haben, und es wäre dabei passiert? Sein Vater hatte geschwiegen. Das mochte den ungebetenen Gast gereizt, mochte ihn zu dem wütenden Ton veranlaßt haben. »Sie tragen die Verantwortung!« Ein über das andere Mal hatte er das drohend wiederholt. O nein, Nambas Ohr erinnerte sich noch an einen weiteren Satz: »Sie waren schließlich der Kommandeur, und der Kommandeur hat als solcher die Verantwortung.« Und was hätte die Stimme danach gesagt, was sagen wollen? Hier indessen brachen die von Namba im Ohr behaltenen Worte, brach überhaupt seine ganze Erinnerung an den Vorfall ab.

Erst in der Nacht der Totenwache für seinen Vater füllte sich die Erinnerung auf und wurde zu einem natürlichen Strom.

Zwischen der Stimme aus der Kleiderkammer und der Nachtwache war eine Zeit von mehr als zehn Jahren vergangen, Namba war jetzt Student. Stand bereits kurz vor dem Examen. Auch die Firma war endlich auf den richtigen Geleisen, da erlitt sein Vater einen Gehirnschlag. Einen Tag lang noch lag er bewußtlos, dann starb er.

Aus einem Jahrzehnt Vergangenheit pflegt das Gedächtnis mancherlei zu behalten. Sooft sich Namba jedoch später an jene Stimme aus der Kleiderkammer erinnerte, ging das für ihn unmittelbar in die Nachtwache über; was wohl daher kam, daß dazu auch einige von den früheren Untergebenen seines Vaters erschienen waren. Im übrigen, abgesehen von Verwandten und Betriebsangehörigen und da, wie gesagt, das Unternehmen seines Vaters endlich zu florieren begonnen hatte, handelte es sich bei den Nachtwachebesuchern zumeist um irgendwelche Geschäftsfreunde. Vielleicht weil angesichts des plötzlichen Todes vor aller Trauer zunächst das Erschrecken stand, herrschte bei dieser Nachtwache eine gewisse Unruhe, um es nicht mit dem freilich unpassenden Begriff Lebhaftigkeit zu bezeichnen. In raschem Wechsel stellten sich die Geschäftsfreunde oder auch Vertreter des Bezirksvereins ein und bewirkten so, daß man sich – wie Nambas Mutter es ihm nach jedem Besucher wiederholte – von dem traurigen Anlaß eher abgelenkt fühlte.

Die einstigen Untergebenen des Vaters saßen inmitten des Getriebes wie nicht zugehörig beisammen. Nicht etwa schweigend, in Trübsinn versunken. Auch sie aßen und tranken tüchtig und unterhielten sich. Wenn sie dennoch in dieser Gesellschaft nicht aufzugehen schienen, so deshalb, weil sie mit einer Vergangenheit des Vaters zu tun hatten, die den anderen Nachtwachegästen ferne lag und von der offenbar selbst Namba und seine

Mutter nichts wußten. Genauer gesagt: weil Namba sie mit solchen Augen anssah. Und nicht nur ansah; nein, ganz und gar Ohr geworden, versuchte er jene Stimme herauszuhören, die er von damals in Erinnerung hatte.

Nur den Steppdeckenmacher Tamura kannte Namba vom Gesicht her. Einmal, im Auftrag seines Vaters, war er zu ihm in den Laden gegangen, um Bettzeug zu bestellen. Daß Tamura ein Kriegskamerad, gar ein einstiger Untergebener war, davon hatte ihm sein Vater nichts gesagt. »Das ist einer, den ich von früher her kenne.« Mehr nicht. Nur hinzugesetzt: »Und sehr tüchtig in seinem Fach.«

Nach dieser Erklärung hatte sich Namba einen eigensinnig mürrischen, eben typischen Handwerker vorgestellt; doch als er hinkam, empfing ihn ein Mann vom Schlage des umgänglichen und klugen Händlers. Noch jetzt erinnerte sich Namba, wie erstaunt er darüber gewesen war, und umgekehrt wunderte sich Tamura, daß Namba nichts davon gewußt haben sollte, daß er einer der ehemaligen Untergebenen seines Vaters war. »Was denn, das wußten Sie nicht?« warf er unter dem Gespräch wieder und wieder wie einen Zwischenruf ein. »Davon hat Ihnen unser Herr Zugführer nichts erzählt?«

»Er war ein prima Vorgesetzter«, beschrieb Tamura den Vater. Gutmütig sei er gewesen, immer besorgt um seine Leute und deshalb beliebt. Nein, nicht nur während des Krieges, auch danach, da nämlich habe er Haus um Haus die Familien der Gefallenen besucht, um für die Seelen der Toten zu beten.

»Wie oft hat der Herr Zugführer zu mir gesagt: ›Weißt du, es zerreißt mir das Herz dabei.‹«

Und aus der Stimme dieses Handwerkers, der einem Händler glich, klang eine tiefe Erschütterung. Natürlich ähnelte sie nicht im geringsten jener Stimme, die damals durch die schwere, dicke Holztür der Kleiderkammer hindurch an Nambas Ohr gedrungen war.

Die einstigen Untergebenen des Vaters saßen, mit Tamura in der Mitte, in einer unregelmäßigen Gruppe unter den Nachtwachegästen. Tamura eingeschlossen, waren es fünf; außer Tamura alles Gesichter, die auch Nambas Mutter nicht kannte, obwohl sie gelegentlich Leute aus der damaligen Einheit getroffen haben mußte. Jedenfalls hatte sie so von Tamura erfahren, daß im ganzen zwölf Männer am Leben geblieben waren. »Genau ein Dutzend. Im Dutzend billiger«, hatte Tamura gelacht. Das war zu der Zeit gewesen, als überall der Film mit diesem Titel lief. »Und wenn wir den Herrn Zugführer dazurechnen, dreizehn. Was freilich nicht gerade eine Glückszahl ist.«

Jetzt fragte Namba: »Gewiß haben Sie noch immer gute Verbindungen untereinander, nicht wahr?« Vielleicht hätten sie ja sogar etwas wie einen Ehemaligenverein gegründet.

Tamura nickte. Formell zwar nicht, aber Zusammenkünfte halte man durchaus ab; bloß gäbe es auch Leute, die trotz der Einladung einfach nicht kämen. Manchmal suche man dann gemeinsam die Hinterbliebenen der gefallenen Kameraden auf. »Darauf hat unser Herr Zugführer viel Wert gelegt, auch indem er ja den Hinterbliebenen finanziell stets unter die Arme griff.«

Namba wußte nicht, ob sein Vater mit der Mutter darüber gesprochen hatte; ihm selber hatte er davon jedenfalls kein Wort gesagt. Doch ließ er sich Tamura gegenüber nichts anmerken und tat, als wäre das ganz selbstverständlich gewesen.

Unter den Stimmen der fünf Ehemaligen, die da um Tamura zusammensaßen, vermochte Namba keine als jene Stimme von damals wiederzuerkennen. Er bildete sich ein, die fünf sprächen merkwürdig leise; aber das mochte seine Ursache darin haben, daß er so angespannt lauschte, um die Unterschiede zwischen den einzelnen Stimmen auszumachen. Wahrscheinlich zu diesem Zweck täuschte ihm sein Gehör eine über der Gruppe liegende Stille vor. Einmal, wie ein vorübergehendes Raunen, kam in dieser Stille ein Name auf, über den gesprochen wurde. Es war der Name des Korporals Yamana. Ein Name, von dem nichts Gutes zu berichten war. Daß seine Schläge grausam hart gewesen seien. Daß ein gewisser Soundso vermutlich durch seine Schuld habe umkommen müssen. Daß man ihn mit den übelsten Karate-Rowdies verglichen habe. Und so weiter. Über ihn waren sich die fünf einig. Dann jedoch nahm die Sache eine bedrohliche Wendung: Wenn er jetzt hierherkomme, werde man ihn zusammenschlagen. Überraschenderweise war es Tamura, der so umgängliche und kluge Händler, der das sagte. Mit hochrotem Gesicht, in dem sich der Alkohol bemerkbar machte, schrie er: »Der Kerl soll nur kommen!« Wobei er mit den Schultern tief Luft holte, wie um sich selber Mut zu machen.

Aber Yamana kam nicht zur Nachtwache, dafür zur Totenfeier.

Die Feier fand in einem nahe gelegenen Tempel statt, und als der neben ihm sitzende Tamura plötzlich aufsprang, weil er einen dunkelgebräunten, untersetzten Mann mit raschen Schritten durch das Haupttor hereintreten sah, begriff Namba instinktiv: das ist Yamana. Im Nu war Tamura in seine Schuhe geschlüpft und über den Steinplattenweg, der zur Haupthalle, dem Ort der Veranstaltung, herüberführte, dem Mann bis etwa zur Mitte entgegengelaufen, um ihn dort mit wiederholten tiefen Verbeugungen zu begrüßen. Namba nahm unbewußt Haltung an. Er seinerseits gedachte sich nicht von der Stelle zu rühren. Als dann Yamana vor ihm erschien und ihm sein Beileid aussprach, verbeugte er sich nur leicht. Und seinem Beispiel offensichtlich folgend, beließ es auch seine Mutter bei einem kurzen Nicken. Vorgestellt wurde Yamana von Tamura. »Korporalschaftsführer Yamana«, sagte er in steifem Tonfall.

Yamana brannte die üblichen Weihrauchstäbchen an, legte den üblichen Umschlag mit dem Kondolenzgeschenk dazu und ging wieder. Das einzige, was Namba danach von Tamura wissen wollte: Was Yamana jetzt treibe? »Er soll, heißt es, ein Angelboot unterhalten«, lautete die überraschende Antwort. Zumindest hörte sie sich für Namba überraschend an. »Früher war er ja Fischer gewesen.« Doch in der Gegend dort sei inzwischen alles vollgebaut und kein Fisch mehr zu fangen, den man verkaufen könne. Da er aber so sehr daran hänge, fahre er mit dem Boot ein Stück hinaus und angle. »Kurzum, er ist so was wie ein Angelschiffer.« Der Steppdeckenmacher lachte, als wäre das irgendwie komisch. Dann, wieder mit ernstem Gesicht und mehr vor sich hinbrummend, meinte er, Yamana sei bisher nie zu einem Ehemaligentreffen gekommen, ja, bei dieser Trauerfeier zum ersten Mal habe er sich sehen lassen, und vor allem kümmere er sich, anders als es der Herr Zugführer getan, in keiner Weise um die Hinterbliebenen seiner Leute.

Zur Bekanntschaft mit Yamana kam es dann durch dessen Sohn. Aber zunächst einmal muß gesagt werden, daß Namba nach seinem Studium Oberschullehrer wurde. Das gehört dazu.

Als er in seinem zehnten Lehrerjahr war, begann die Zeit der Unruhen an den Universitäten, erhoben die Studenten die Forderung: »Gegen alles Bestehende, für die Moral!« Bald griff das auf die Oberschulen, gelegentlich sogar auf die Mittelschulen über.

Auch an Nambas Oberschule kam es zu Tumulten. Es war die dritte Schule, an der er Dienst tat, die Oberschule jener Kleinstadt zwischen Ōsaka und Kōbe, in der Yamana wohnte. Nicht daß ihm das bei der Versetzung besonders bewußt gewesen wäre. Zwar hatte er sich erinnert: »Ah, hier lebt ja dieser Yamana.« Aber mehr nicht, und hatte es danach wieder völlig vergessen.

Jetzt plötzlich, wie hochgewirbelt aus der Tiefe, tauchte der unheimliche Yamana, dieser ehemalige Untergebene seines Vaters, dieser »Korporal des Teufels« (wie ihn Namba seit damals bei sich zu nennen pflegte), erneut in seinem Gesichtskreis auf. In dem Augenblick nämlich, als der junge Yamana ebenfalls in den Schlachtruf ausbrach: »Gegen alles Bestehende, für die Moral!«

Natürlich war es nicht so, daß der Junge und seine Freunde von ihrem Standpunkt aus nicht recht gehabt hätten. Sehr sogar hatten sie recht. Nicht nur die japanische Gesellschaft insgesamt, sondern auch die Oberschule, an der Namba unterrichtete, war in einem desolaten Zustand. Es herrschte, wie sie sagten, weithin ein repressiver Bürokratismus.

Indessen suchten sie ihre Forderungen auf eine gar zu formalistische Weise durchzusetzen. Nämlich so, daß es ihrer eigenen Faulheit zum Vorteil gereichte, und das fand Namba abscheulich. Der junge Yamana war ein begabter Kopf. Zudem ein glänzender Agitator, organisierte er durch die Schülervertretung eine Vollversammlung, die er sofort zu einem »Forum der Massen« umfunktionierte mit der Aufgabe, die Lehrer zur Rechenschaft zu ziehen. Seine Fähigkeit, die »Massen« mit geschickten Reden aufzuwiegeln und sie dahin zu bringen, daß sie über Rektor, Konrektor und Lehrer zu Gericht saßen, war schon beeindrukkend. Auch Namba gehörte zu den kritisierten Lehrkräften, empfand jedoch merkwürdigerweise durchaus Bewunderung für das Führungstalent des jungen Mannes.

Nur war das alles eben viel zu sehr auf das Formalistische ausgerichtet. Wenn es so weiterginge, würden sie über kurz oder lang das Schulgebäude besetzen, würden – wie das damals hieß – einen »Barrikadenstreik« beginnen, durch den die Schule in ihren Funktionen lahmgelegt wäre. Ja, sie würden so die gesamte Schülerschaft zum Mitstreiken zwingen.

Hier und da an den Universitäten war dergleichen an der Tagesordnung, doch Namba gedachte sich damit nicht abzufinden. Die »Massen« wurden zwar zum Kampf »gegen alles Bestehende, für die Moral« mobilisiert; letztlich aber sah das nach einer Methode aus, die »Massen« selbst zu beherrschen. Dennoch war es Namba nicht um Konfrontation zu tun, als er sich entschloß, die Yamanas aufzusuchen und sich den Jungen einmal gründlich vorzunehmen. Nach seiner Überzeugung würde im Falle einer Schulbesetzung beziehungsweise eines »Barrikadenstreiks« ein Teil der übrigen Schüler zunächst wahrscheinlich mitmachen: einerseits in Erwartung der Zwischenfälle, zu denen es kommen mußte, andererseits darauf hoffend, daß die durch die Zwischenfälle verunsicherten Lehrer den Unterricht ausfallen lassen könnten. Nach drei, vier Tagen indessen, und weil es diesen Burschen mehr nur ums Vergnügen ging, würden sie dem jungen Yamana und seinen Freunden den Rücken kehren. Auch das hatte sich an manchen Universitäten genau so zugetragen; ja, vielfach hatte es, jämmerlich genug, damit geendet, daß die Studenten selber ihre Professoren baten, die Ordnungskräfte herbeizurufen und die Sache dadurch beizulegen.

Als Namba auf dem Podium der Aula hatte hinnehmen müssen, daß ihn der junge Yamana und dessen Freunde kritisierten, mochte ihm dieser Junge sympathisch erschienen sein. Gewiß, er war nicht sein Klassenlehrer und hatte auch sonst keinerlei Verantwortung für ihn, wußte also über ihn als Mensch absolut nichts. Wenn der Junge jedoch so weitermachte, würde er in die unsinnigsten Schwierigkeiten geraten. Unter dem Druck dieses Gefühls machte sich Namba auf den Weg zu den Yamanas.

Am Strand, hingeduckt zwischen einer Anzahl moderner Wohnblöcke, lag mit seiner niedrigen Häuserzeile wie einst das Fischerviertel. Natürlich ging keine Familie mehr dem alten Gewerbe nach. Anders als damals zur Zeit der Totenfeier für

Nambas Vater war das Meer an dieser Stelle jetzt so verschmutzt, daß wohl selbst Angelboote nichts mehr auszurichten hatten. Auch hing nirgends ein Firmenschild. Am Ende der ärmlichen Häuserzeile befand sich, wie nicht hierher gehörig, ein Jachthafen. Nein, inzwischen war dieser bereits das Hauptstück geworden, und besser hätte man sagen sollen: die von den ehemaligen Fischern, den ehemaligen Angelbootbetreibern bewohnten schmutzigen Hütten standen wie fremd neben dem Jachthafen. Noch hinter ihm, auf einer Anhöhe, von der aus man auf die verschiedenartigen großen, mittleren und kleinen Jachten hinabsah, lag das Haus der Yamanas. Von irgendwoher schien mit dem Wind ein verlorenes Klagen heranzuwehen; tatsächlich kam das von den Metallbeschlägen, die an den überhohen Jachtmasten befestigt waren und unaufhörlich bald hier, bald da wie Glöckchen in der Brise schepperten. Dieses Geräusch im Rücken, drückte Namba die Klingel am Eingang des zweigeschossigen, mit Mörtel beworfenen Holzbaus, dem man sein Alter ansah.

Der Sohn war nicht da. Statt dessen erschien, und zwar mit der größten Selbstverständlichkeit, der alte Yamana, was Namba auf eine seltsame Weise verwirrte; offensichtlich hatte er die Existenz des Alten völlig aus seinen Gedanken verdrängt. Daß es der Sohn ebendieses Yamana war, der »gegen alles Bestehende, für die Moral« agitierte, hatte er natürlich erfahren und sich darüber nicht wenig gewundert; dann aber war das allein schon deshalb seinem Bewußtsein wieder entglitten, weil gleichzeitig das Spektakel mit dem »Forum der Massen« und der Kritik an den Lehrern ablief.

Aus diesem Grunde wohl war er so verwirrt. Plötzlich tauchte das Gestern auf. Und das zu einer Zeit, in der sich eigenartigerweise niemand daran erinnerte. Es ist schon so: wenn es Unruhen gibt, kümmert sich keiner mehr um das Gestern, denkt nur noch ans Heute und Morgen.

Abgesehen davon, daß sein zu Dreivierteln kahlgeschorener Kopf schlohweiß geworden war, hatte sich Yamana seit jener Totenfeier so gut wie nicht verändert. »Yamana ist eben Yamana«, schoß es Namba durch den Sinn.

Er sei von der Schule hergekommen, um seinen Sohn zu besuchen, meinte Namba, noch immer verwirrt. Und als er das gesagt hatte, spürte er, daß er einiges mehr erklären sollte. Mit solchem Vorsatz begann er zu reden; aber es war nicht leicht, über fünfzigjährigen Vätern wie diesem »Korporal des Teufels« auseinanderzusetzen, was es mit dem Engagement ihrer Söhne auf sich habe. Ja, sich mit der Generation der Fünfzigjährigen zu verbünden und die Forderungen der Jungen zu verurteilen, wie es viele taten, das war einfach; hingegen darzulegen, was daran sinnvoll war, und gleichzeitig zu kritisieren, worin die Jungen unrecht hatten, ein derartiges Unterfangen erwies sich als außerordentlich schwierig. Tatsächlich hatte Namba von vornherein keine Hoffnung, Yamana könne ihn verstehen. Andererseits fühlte er instinktiv, daß er gerade diesen Mann damit konfrontieren müsse. Genauer gesagt: mit einem gewissen Zögern zunächst, bevor er schließlich mit allem Nachdruck herauskehrte, wie wichtig ihm das Ganze war.

Die Reaktion Yamanas war enttäuschend. Mit wütenden Worten erwiderte er, wenn sich Schüler gegen ihre Lehrer auflehnten, so sei das unerhört. Ungehorsam gegenüber dem Vorgesetzten sei in der Armee ein todeswürdiges Verbrechen gewesen, setzte er im selben heftigen Tonfall hinzu, um dann zu wiederholen: »Für solche Burschen, die gegen ihre Lehrer rebellieren, kann es keine Entschuldigung geben.« Aus der geradezu aufdringlichen Art, sich zu wiederholen, erkannte Namba: In Wahrheit tadelte Yamana mit diesen Worten aufs schärfste, daß er und seine Lehrerkollegen noch Nachsicht mit den Schülern hätten. »Der Lehrer ist, militärisch gesprochen, der Kommandeur. Und der Kommandeur hat als solcher die Verantwortung. Er hat die Verantwortung für sein Kommando«, sagte Yamana und sah dabei Namba starr ins Gesicht.

Da begriff Namba, wem die Stimme damals in der Kleiderkammer gehört hatte. Und indem er dem starrenden Blick ebenso entgegnete, erklärte er, daß er der Sohn jenes Oberleutnants Namba sei, den Yamana als seinen ehemaligen Vorgesetzten mit »Kommandeur« angeredet habe. Wider Erwarten veränderte sich Yamanas Gesichtsausdruck nicht im geringsten. »Das weiß ich . . . Tamura hat es mir gesagt.«

»Herr Tamura war einer aus ihrer Korporalschaft, nicht wahr?« fragte Namba, woraufhin Yamana mit einer überheblichen Gleichgültigkeit nickte. »Und Sie waren ein strenger – . . .« Namba stockte. ». . . nun, eben ein richtiger Korporal des Teufels, wie?« Dabei mischte sich in seine letzten Worte ein Lachen, was allein schon ausreichte, Nambas Niederlage deutlich zu machen. »Allerdings, das war ich«, bestätigte Yamana ohne Zaudern, ja geradezu freimütig.

Namba hätte ihm jetzt auseinandersetzen können, inwiefern sich die Schule heutzutage als Ort der Erziehung von der Armee unterscheidet; doch mochte er davon nicht anfangen. Statt dessen gab er Yamana zu bedenken, daß sein Sohn als Anführer der Bewegung schließlich ja wohl auch, militärisch gesprochen, so etwas wie ein Kommandeur sein und demnach die Verantwortung tragen müsse; er möge doch bitte als der Vater in diesem Punkte auf den Jungen einzuwirken versuchen.

Darauf schien Yamana selber nicht gekommen zu sein. Für einen Augenblick spiegelten sich Verblüffung und Ratlosigkeit in seiner Miene. »Da haben Sie völlig recht. Ich werde ihm eine gründliche Standpauke halten«, sagte er dann, während er Namba sein dunkles, hier und da von einem ungepflegten Bart bedecktes Profil zukehrte.

War Yamanas Überzeugungsversuch ohne Erfolg geblieben? Der Sohn jedenfalls ging zusammen mit seinen Freunden weiter den einmal eingeschlagenen Weg. Es kam zu der unvermeidlichen Besetzung der Schule, zunächst tatsächlich in der Form eines »Aufstands der Volksmassen«, wie sie es hochtrabend formulierten; aber die sogenannten »Volksmassen« erwiesen sich als recht wankelmütig, keine Woche hielten sie den »Barrikadenstreik« durch. Die Zahl derer, die die lächerlichen »Barrikaden« vor der Aula mitaufgerichtet hatten, nahm ständig ab; zuletzt bestand die ganze Gruppe nur noch aus dem jungen Yamana und zwei, drei anderen. Die »Freiheitsblockade« endete mit der »freiwilligen Aufhebung der Blockade«.

Im übrigen schien der Überredungsversuch beziehungsweise die Standpauke des alten Yamana insofern gewirkt zu haben, als es dadurch zum Konflikt zwischen Vater und Sohn gekommen und der Junge von zu Hause weggegangen war. Wie Namba erst jetzt erfuhr, war es sein einziger Sohn. Aus dem Krieg zurückgekehrt, hatte Yamana die Witwe eines Gefallenen aus seiner Korporalschaft geheiratet und mit ihr das Kind gezeugt. Aber der Gruppe der Überlebenden um Tamura war dies offensichtlich nicht genug gewesen, um ihn zu exkulpieren. Zudem hatte Yamana jenen später Gefallenen immer besonders hart behandelt. Unter den Menschen gibt es Gescheite und Dumme. Und ist einer zum Beispiel in der Armee einmal in den Ruf des Dummen geraten, bleibt er für immer abgestempelt; ihn nimmt man sich aufs Korn, und er bezieht, ob mit oder ohne Grund, seine Prügel. Ein solch armseliger Soldat mußte der frühere Mann jener Witwe gewesen sein. Er war gestorben als der ewige Schütze im hintersten Glied. »Ihr Herr Vater hat die Familien der Gefallenen besucht, um für die Seelen der Toten zu beten. Aber Yamana, was hat der gemacht? Er hat, ich will es Ihnen sagen – . . .« An dieser Stelle hatte Tamura einen unerträglich schweinischen Ausdruck gebraucht und in einer noch obszöneren Art gelacht.

Der junge Yamana sei, so war zu hören, nach seinem Verschwinden von zu Hause irgendwo in eine »Kommune« eingetreten. Die Schule hatte er aufgegeben. Später dann erzählte man sich, daß auch die Mutter des Jungen weggegangen und in ihr Elternhaus zurückgekehrt sei. Yamana habe angefangen, gegen sie gewalttätig zu werden. Alles keine guten Nachrichten.

Einige Jahre waren vergangen, da stieg Namba ein zweites Mal zu dem Haus hinter dem Jachthafen hinauf, um Yamana zu besuchen. Die Menge der Jachten, auf die man von oben hinabsah, hatte im Vergleich zu früher zugenommen; entsprechend lauter war das Glöckchengeschepper von den Metallbeschlägen an den Masten. Und nachdem er wie damals diesen Klängen eine Weile wie benommen gelauscht hatte, drückte Namba auf die Klingel am Eingang des zweigeschossigen, verputzten Holzbaus.

Yamana schien noch immer allein zu leben. Offenbar hatte er eben gegessen. Namba fragte nicht nach dem Sohn oder dessen Mutter, aber aus der Zahl der von einer Garküche angelieferten Schüsseln, die auf dem kleinen Tisch gestapelt waren, ließ sich leicht darauf schließen, daß er ein recht nachlässiges Junggesellendasein führte. Namba holte eine buddhistische Gebetsschnur aus der Tasche und legte sie neben den Schüsselstapel. Vor einiger Zeit habe er zufällig einen Kasten mit dem Nachlaß seines Vaters geöffnet, wobei ein Umschlag zum Vorschein gekommen sei mit der Aufschrift: »Für Yamana«. Bei dem Inhalt des Umschlags habe es sich um diese Gebetsschnur gehandelt; ein Brief sei nicht dabeigewesen... Während Namba so den Hergang erklärte, fiel ihm auf, wie elend Yamana in diesen Jahren im Gesicht und in seiner ganzen Haltung geworden war. Völlig schlaff und entkräftet. Als ob irgendeine Krankheit an seinem Körper zehrte; schlimmer noch, es machte den Eindruck, als fiele Zelle um Zelle welkend in sich zusammen. Die Hände, die er auf die Knie gelegt hatte, zitterten leise. Nein, seine im Sitzen überkreuz gelegten Beine selber zitterten schon. Beim vorigen Mal war das nicht so gewesen. Das jedenfalls nicht, dachte Namba wieder und wieder.

Indessen, Yamana machte keinen Versuch, die Gebetsschnur an sich zu nehmen. Im Gegenteil, er hob sie vom Tisch auf und gab sie Namba zurück, drückte sie ihm mit einer endgültig gemeinten Geste in die Hand, wobei Namba spürte, wie Yamanas Finger auch jetzt zitterten. Und das Zittern übertrug sich auf seine eigene Hand.

»Ich will das Ding nicht«, sagte Yamana kurz angebunden. Mit einer Härte, als würde etwas durchgetrennt. Mehr noch als die Worte selber war es diese Härte in der Stimme. Wieder die Härte wie damals in der aus der Kleiderkammer dringenden Stimme.

»Haben Sie denn, Herr Yamana, keinen Glauben?«

Erst als er schon mitten in dem Satz war, wurde sich Namba bewußt: »Was rede ich für dummes Zeug!« Eigentlich hatte er sagen wollen: »Haben Sie keine menschlichen Gefühle?« Aber auch dies wäre zu oberflächlich gefragt und würde nicht wiedergeben, was er meinte. Ja, was Namba auszudrücken versuchte, war ein miteinander Verquicktes aus Glauben, menschlichen Gefühlen und dergleichen. Und Yamana also lebte in einer von all dem nicht tangierten Ferne. Vielleicht, daß Namba im Grunde das hatte sagen wollen.

»Ich habe wohl meinen Glauben«, erwiderte Yamana gemächlich. »Nur, Sohn meines Oberleutnants Namba, da bestehen Unterschiede...« Er wurde undeutlich, räusperte sich dann und wiederholte: »Dies und das ist nicht dasselbe.«

»Inwiefern!«

»Ihr Herr Vater...« Erneut verfiel er in ein Gemurmel, nahm sich jedoch sogleich wieder zusammen und fuhr fort: »Als Mensch war er ohne Tadel. Ein gutmütiger Mann. Alle nannten sie ihn den barmherzigen Zugführer. Und nach dem Krieg, da hat er sich um die Hinterbliebenen gekümmert. Nur, wissen Sie...«

Hier brach Yamana abermals ab. Doch jetzt nicht, indem er leiser wurde. Offenbar wollte er herausfinden, wie Namba reagierte; denn er sah ihn voll an. »Als Kommandeur war Ihr Herr Vater unfähig.«

Umständlich begann er zu erklären, in welcher Situation sie sich damals befanden, als vor der von ihrem Zug besetzten vorgeschobenen Stellung der Gegner landete. In jenem Augenblick vermutlich hatte sein bisheriges Leben den eigentlichen Sinn erfahren. Er erläuterte jede kleinste Einzelheit und zeichnete sogar auf ein Stück Papier die Lageskizze. Nun hätte Nambas Vater zu der und der Taktik greifen müssen; eben das jedoch habe er nicht getan und so jede Aussicht auf Erfolg verspielt, ja, obendrein noch sinnlose Opfer verursacht.

Namba unterbrach ihn. »Und wenn er getan hätte, was Sie für richtig hielten – wäre es etwa nicht zur Niederlage gekommen?«

»Aber...« Yamana rang sichtlich nach Luft. »Damit erlöscht die Verantwortung des Kommandeurs doch nicht.«

»Aber...« Diesmal war es an Namba, »aber« zu sagen. »Auf welche Weise könnte denn nach alledem Verantwortung noch getragen werden? Heutzutage...«

»Heutzutage und nach alledem...« Yamana nahm wie selbstverständlich Nambas Worte auf. »Na, jedenfalls sollte man, meine ich, nicht herumlaufen und sich in Seelenmessen gefallen.«

»Immerhin da bestehen Unterschiede, dies und das ist nicht dasselbe«, hatte jetzt umgekehrt Namba das Gefühl; nur daß Yamanas Stimme die Kraft besaß, ihn daran zu hindern, dieses Gefühl auch in Worten auszudrücken. Statt dessen erhob sich Namba, schweigend und die Gebetsschnur in der Hand.

Als Namba am Eingang in die Schuhe schlüpfte, sagte hinter ihm Yamana, stockend und mit der Stimme eines alten Mannes, aus der alle eben noch bewiesene Kraft geschwunden war: »Daß

Seine Majestät der Kaiser zum Menschen geworden ist – wissen Sie, damit komme ich nicht zurecht. Als der Göttliche hat er den Krieg angefangen, hat uns hinausgejagt, nicht wahr? Also hätte er der Göttliche bleiben müssen, um die Verantwortung zu tragen.«

Wiederum einige Jahre später begab sich Namba ein drittes Mal zum Haus Yamanas. Nicht daß er im Nachlaß seines Vaters irgend etwas Neues gefunden hätte. Er war nur wütend.

Am Abend zuvor war im Fernsehen der junge Yamana aufgetreten. In einem Programm mit dem Titel »Wo ist die Rebellengeneration geblieben?«, in dem halb ernsthaft, halb belustigt geschildert wurde, was die einst unter dem Schlachtruf »Gegen alles Bestehende, für die Moral!« angetretenen jungen Leute heute so treiben. Und darunter war auch der junge Yamana gewesen.

Zu denen, die ihre einstigen Vergehen bereut hatten und in große Firmen eingetreten waren, gehörte er demnach nicht. Offenbar betrieb er mit Freunden irgendwo ein kleines Restaurant. Ein »Drop-out«, der sich, wie er war, sein Loch gebuddelt hatte. In der Filmaufzeichnung waren hinter ihm, vermutlich in seinem Lokal, junge Leute vom selben Typ wie er zu sehen gewesen, die vor einem Tisch mit Flaschen saßen und tranken. Das an sich hatte Namba noch nicht geärgert. Um so wütender war er geworden, als der mit ihm etwa gleichaltrige Interviewer, ein damals in der Welt der Zeitungen und Zeitschriften sehr beliebter Kritiker, mit den Worten begann: »Du als ehemaliger jugendlicher Anführer...« und der junge Yamana daraufhin dazwischenfuhr: »Anführer? Ich war kein Anführer. Ich war einer aus der Masse. Überhaupt war das eine Revolution ohne Führer...«

Nein, dies und das ist nicht dasselbe.

Namba erinnerte sich an die heftigen Worte des alten Yamana, vielmehr an die Härte in seiner Stimme. Und mit ebensolcher Heftigkeit verlangte es ihn, den Alten aufzusuchen.

Von den Bootsreihen im Jachthafen das Glöckchengeschepper klang wilder herauf als das letzte Mal, aber Yamana war nicht da. Er war im Jahr zuvor gestorben, das Haus in andere Hände übergegangen. Wahrscheinlich hatte es der Sohn verkauft und von dem Erlös das Restaurant angefangen. Jedenfalls meinte das die ältere Frau im nahen Sake-Laden, die über alles in der Nachbarschaft Bescheid zu wissen schien.

»Was für eine Krankheit hat er denn gehabt?« fragte Namba, wobei ihm plötzlich einfiel: »Er wird doch nicht Selbstmord begangen haben?«

»Es muß das Herz gewesen sein«, erwiderte die Frau in ihrer freundlichen Art.

Mitsuharu Inoue

Die Nacht davor

Seit dem Vormittag des 8. August liegt in Nagasaki eine junge Frau in den Wehen; gegen Ende der Nacht zum 9. August, wenige Stunden bevor die zweite Atombombe fällt, bringt sie ihr Kind zur Welt.

In dem vom sanften Licht des Morgens durchfluteten Zimmer legt die Mutter die eben fertig genähten Babysachen zusammen. Ihre Hände mit den hervortretenden Venen bewegen sich langsam, dabei mit leichtem Druck, und wenn sie auf den Falten für einen Augenblick innehalten, wölben sie sich, als hielten sie kleine Vögel umschlossen. Funkelnagelneue Kleidchen und zwei Berge Windeln. Und während sie, nun den Rücken straffend und den Kopf ein wenig zur Seite geneigt, darauf hinuntersieht, stößt Mutter einen leisen Seufzer der Erleichterung aus. Ich muß plötzlich lachen; da zieht sie die Nase kraus und lacht zurück. So, sagt ihr Gesicht, jetzt kannst du jederzeit dein Kind bekommen. Vermutlich hat sie vergangene Nacht nicht viel geschlafen. Ihre Lider wirken tief eingefallen, und wie sie geschäftig um sich blinzelt, ob nicht sonst noch etwas zu tun bleibe, hat das eine Ähnlichkeit mit jenem Blick, mit dem sie an dem Tag, an dem meine jüngere Schwester geboren wurde, aus dem Bett heraus mich angeschaut hatte. Bis zu dem Morgen damals war sie mit ihrem vorstehenden Bauch herumgelaufen, und nun streckte neben ihr mit eher mißmutigem als hübschem Gesicht ein Neugeborenes seine wie aus Ton geformten Hände aus, so daß mir ganz seltsam zumute wurde.

Schon will sie den Nähkasten wegräumen, da weiß sie es auf

einmal und holt das Nachtzeug meines Mannes aus dem Wandschrank. Gestern abend war ich dabei, es in Ordnung zu bringen; doch dann setzten die Wehen ein, und es blieb liegen.

»Nach der Niederkunft wirst du so schnell keine Nadel in die Hand nehmen«, murmelt sie, wie um einen Vorwand zu haben, und setzt die Brille auf.

Was sind die Babysachen so klein! Auch ohne das Geschöpf, das sie umhüllen sollen, so allerliebst – allein wenn man sich sagt: Bald ist es soweit! Die weichen Gazehemdchen, darüber hellblaue Baumwolle. Irgendwie drollig, daß sie alle Ärmel und Kragen haben. Um hinten auf die Jäckchen die Bänder aufzunähen, hat Mutter rosa Garn benutzt. Weil es ihr leid täte, wenn es ein Mädchen wäre, und sie hätte keine hübsche Farbe dazugegeben. Die Gaze hatten wir uns vor fünf Jahren hingelegt, der hellblaue Stoff hingegen war mir einfach nicht eingefallen. Eines Tages, es ging in den Juli, brachte Mutter ihn an.

»Da, bitte! Den hatte ich noch!« Triumphierend breitete sie ihn vor mir aus. »Fühlt sich eben doch anders an als Zellwolle. Und dazu der leuchtende Ton! Was meinst du zu diesem Stoff?«

»Eine Farbe wie für ein Tanzkleid.«

»Du hast recht«, erwiderte Mutter, »ich habe ihn gekauft, als wir mit dem Herbsttanz am Hachiman-Schrein dran waren.«

Damals, vor über zehn Jahren, wohnten wir in Sasebo, und daran, wie meine jüngere Schwester beim Kinderumzug mitmachte, erinnere ich mich gut. Weiß das Gesicht, die Lippen rot geschminkt, über den Brauen zwei kurze Tuschestriche, und die Haare zu einem Doppelbogen aufgesteckt. Nach dem Fest, aus lauter Eigensinn, wollte sie sich diese Frisur nicht zerstören lassen; ja, ich meine, sie wäre zwei, drei Tage nicht in die Schule gegangen.

Mein Baby sollte also Kleider tragen aus demselben Stoff, aus dem ihr Festgewand war.

»Liebe Schwester«, warf Yae ein, »du mußt aber aufpassen, daß es, wenn es aus deinem Bauch kommt und alle staunen es an, nicht mitten in der Zeremonie ins Stolpern gerät!«

»Ja, lach du nur jetzt über andere Leute! Nächstes Jahr um diese Zeit bist du wahrscheinlich in denselben Umständen!«

Wir waren mit Absicht ausgelassener als sonst. Denn Vater,

sowie er von der Fabrik nach Hause kam, machte uns einen irgendwie traurigen Eindruck. Mutter lief emsig hin und her, um die Hochzeitsfeier vorzubereiten und zurechtzulegen, was sie Yae mitgeben würden, indessen er wortkarg am Tisch daneben saß und die Karten an die Verwandten und Bekannten schrieb.

Von meinem jüngeren Bruder, der auf den Philippinen ist, erhielten wir den letzten Brief im vorigen Oktober. Und seit wir erfuhren, daß Shigejima Yūji, sein Arbeitskollege bei Mitsubishi Elektrobau, gefallen ist, halten die Eltern sein Zimmer nur noch sorgfältiger in Ordnung als zuvor. Mutter schmückt es mit frisch geschnittenen Blumen, und jeden Tag poliert sie den Schreibtisch; Vater hat Angel und Baseballzeug in Schuß gebracht, damit alles sofort benutzbar ist.

Heute im Morgengrauen, aber das muß eine Täuschung gewesen sein, meinte ich, es regnen zu hören. Vernahm ich zwischen kurzen Schlummerphasen die unterschiedlichsten Laute, während unter der dämmrigen Lampe, die die Nacht über angeblieben war, die Zeit bald kam, bald ging, wie die Brandung. Als ich dann von Tatsuyas fröhlich schallendem Lachen wie in seinen besten Tagen erwachte, hätte ich beinahe seinen Namen gerufen und wunderte mich für einen Augenblick darüber, daß das Zimmer, in dem ich lag, so anders aussah als in unserem Haus in Sasebo.

Jetzt drängt draußen im Garten die helle Sonne durch die Bäume, die Wipfel recken sich hoch in die Luft. Undeutliches Geta-Geklapper, angelockt von einer fernen Stimme, hastet vorbei. Ein Kind vielleicht, das seiner Mutter nachläuft. Gleich darauf bricht sich ein nicht mehr zu unterdrückendes Weinen am glimmerigen Himmel.

Für eine Weile bleiben die Wehen aus; geglättet das Meer. Ich lass' die Augenlider fallen, gemächlich wiederhole ich mir das verschwundene einfältige Kinderweinen. Dieser August. Die vielen Sommer, die vergangen sind. Doch als ich an den nächsten Sommer denke, kann ich mir unser Kind nicht recht vorstellen, habe ich nur eine unbestimmte Ahnung wie von etwas Durchsichtigem, warm und schimmernd und auf den Armen lastend. In dem Sommer, in dem wir zu dritt sein werden.

Hinter den geschlossenen Lidern seh' ich das Springkraut vor mir, das in Sasebo in unserem Garten blühte. Die Kinder nannten es »Nagelrot«. Man zupft die feuerroten Blüten ab und zerdrückt sie im Handteller, um sich dann ihren Saft auf die Fingernägel zu streichen. Also steckten wir die verschwitzten Köpfe zusammen, und die ganze Gesellschaft knetete eifrig die Blütenblätter. Die mit dem Saft bestrichenen Nägel wurden anschließend mit schmalen Streifen von Papiertaschentüchern fest umwickelt. Hatte man das Kribbeln darunter eine knappe Stunde ausgehalten und nahm die papierenen Binden ab, waren die Fingernägel hellrot gefärbt. Gegen Sommerende wurden die Schoten am Springkraut prall von den dunkelbraunen Samen, und schon von der leisesten Berührung mit dem Finger platzten sie munter auf.

Unser Garten war zwar nicht so groß, daß er den Namen verdient hätte; immerhin, unter Ausnutzung der Sonne, die, kümmerlich genug, hereinfiel, und dank Mutters sorgsamer Pflege gediehen in Töpfen Aloe, Seidelbast und Bergpfeffer, und auch für das Springkraut verwendeten wir leere Büchsen von Geleebonbons und zogen es aus den Samen heran. Das Spiel mit dem Nägelfärben mögen wir an die zwei Jahre getrieben haben; danach verloren Yae und ich das Interesse daran, und Mutter pflanzte statt dessen grüne Perilla. So hatten wir den Sommer hindurch das Gewürz zu den kalten Nudeln gleich zur Hand, bis wir eines Tages an den Wurzeln einen toten Spatz entdeckten, woraufhin keiner mehr davon essen wollte. Den Spatz hatte vermutlich die Katze von Kizakis hinter uns umgebracht.

Kizakis Haus stand mit dem unseren Rücken an Rücken, daneben, mit einem weiten Garten, die Färberei Fukuda, und im Nachbarhaus auf der anderen Seite wohnte eine Frau in den Fünfzigern, die man O-Yone nannte. Von ihr hieß es, sie verdiene sich dadurch ihren Unterhalt, daß sie den Leuten das göttliche Orakel auslege; doch unseren Kinderaugen erschien sie als eine ganz gewöhnliche Frau, an der durchaus nichts Befremdliches war. Die Erwachsenen mochten sie anders sehen, jedenfalls nicht als die vertraute Nachbarin, wenn sie sie beobachteten, wie sie gelegentlich in ihrer schwarzen Reisepelerine ausging. Und zu denken, wem sie jetzt wohl das Orakel ansagen würde, konnte einem schon ein unheimliches Gefühl verursachen. Einmal, ich war damals acht oder neun, trafen wir sie am Anamyōken. Die

Tatsache, daß sie an einem so unerwarteten Ort weit von zu Hause auftauchte, versetzte mich in ein größeres Unbehagen als sonst, und ich versteckte mich hinter meiner Freundin, damit sie mich nicht entdeckte.

»Was ist denn?« wunderte sich die Freundin.

»Ich weiß nicht«, sagte ich aufs Geratewohl, »vielleicht ist die da vom Fuchsgeist besessen.« Und danach hatte ich eine Zeitlang Angst, O-Yone zu begegnen.

Einen Ausflug bis zum Anamyōken zu unternehmen, war damals für mich ein ziemliches Abenteuer. Wir mußten von uns aus zwanzig Minuten laufen, auch waren dort nicht eben viele Leute unterwegs. Im Schreinsgelände stiegen wir die steinerne Treppe hinauf, da hatten wir die Halle gerade vor uns, packten das ausgeblichene Seil und rüttelten daran, und trocken schepperte über unseren Köpfen die Blechglocke. Ich meine, es müßte zu Neujahr gewesen sein, daß wir O-Yone sahen. In meiner Erinnerung fällt ihre schwarze Pelerine immer mit den lauten Stimmen der Jungen zusammen, die links den Pfad auf die Felsen hinaufgeklettert waren und oben ihre Drachen steigen ließen.

Fertigmachen zum Auslaufen, Maschinen auf Volldampf! So wahrscheinlich würde mein Mann von den Wehen reden. Als ich im fünften Monat war, und es begann sich deutlich in mir zu bewegen, legte er einmal seine Hand auf meinen Bauch.

»Kommt mir vor, als wär's ein bißchen zu lebhaft, das Kleine«, sagte er. »Na, sei du bloß brav! Zum Losschlagen ist's noch zu früh!«

Das klang nach einem Scherz, doch insgeheim dachte er gewiß an die frühere Fehlgeburt. Nun, es hat ausgehalten in der Enge, die ganzen neun Monate hindurch. Aber sobald du herauskommst, schrei, so herzhaft du kannst! In mir pocht mein eigenes Herz, und es antwortet ihm in meinem Bauch ein zweites mit seinem Schlag. In einigen Stunden werde ich den Sproß, dem der neue Puls eingeboren ist, leibhaftig vor mir sehen.

»Du schläfst wohl, Tsuruko?« fragt Mutter.

»Nein«, sage ich, »ich bin wach.«

»Du solltest, wenn's geht, ein wenig schlafen. Bist die Nacht nicht viel dazu gekommen.«

»Ich kann nicht mehr schlafen. Jetzt, wo so die Sonne hereinscheint. Lieber mach du dich allmählich auf den Weg. Yae wird schon ungeduldig sein.«

Sie nickt, ohne es wirklich zu meinen, und begibt sich in die Küche. Da habe ich, denke ich, extra die Nachbarin aus dem Vorderhaus darum gebeten, also soll sie doch ihr den Rest überlassen; aber es ist nun mal ihre Art, daß sie sich nicht zufriedengibt, solange sie nicht ihr Möglichstes getan hat.

Die Sonne steht fast genau über uns, der Oleander wirft einen tiefen Schatten. Ich gehe zur Toilette und wasche mir anschließend am Becken unter dem breiten Vordach das Gesicht.

»Demnächst sorge ich dafür, daß wir hier elektrisches Licht haben«, hatte mein Mann erklärt; dann wurde er freilich dienstverpflichtet und fand dazu die Zeit nicht mehr, so daß es blieb, wie es war.

Im Spiegel, der am Pfeiler hängt, erscheint mein Gesicht so undeutlich und dunkel, wie wenn es sich auf dem Wasser des Flusses malte. Das Blechdach glüht; es ist heiß zum Ersticken. Ich kehre ins Zimmer zurück, lege mir ein Kissen hin und setze mich auf den Umgang, aber auch hier ist es heiß. Mein Unterleib hat sich noch ein wenig mehr vorgewölbt.

Die Wehen, die gestern abend gegen sieben einsetzten, kommen allmählich in immer kürzeren Abständen. Mutter meint: »Heute oder morgen, bestimmt.« Die Nachbarin ist da etwas anderer Ansicht. »Bei unserer Tsumako, wissen Sie, hat es drei Tage gedauert. Und weil sie, es war ihr erstes, schon dreiunddreißig war, habe ich ihr in einem fort den Bauch und die Beckengegend massiert. Na, Sie sind noch jung, also braucht man keine solche Bange zu haben.«

Mutter trägt, in einer absichtlich feierlichen Haltung, aus der Küche eine mit einem Tuch bedeckte kleine Schüssel herein.

»Iß das, sobald es Mittag wird! Ich stell' es dir da aufs Bord.«

»Wie spannend! Offenbar ist was besonders Feines drin, nicht wahr?«

»Ich könnte dich ja ein wenig davon kosten lassen, nur wär's dann mit der Freude vorbei«, sagt Mutter in einer merkwürdig verschmitzten Art.

»Ach, kosten, kosten! Besser, man genießt die Freuden gleich.«

»Du redest wie ein kleines Kind ... Na, also sieh her!«

»Oh, nein!«

Als sie das Tuch wegzieht, ist es tatsächlich ein Berg von Mungobohnen. Berg ist übertrieben, aber doch eine ziemliche Portion. Ich will mit den Fingern hineinlangen; klaps! bekomme ich eins drauf. Aus der Schublade im Bord holt Mutter einen Löffel und teilt mir einmal auf den Handteller zu.

»Hm, wie wunderbar süß!«

Kein Vergleich natürlich mit solchen, die mit echtem Zucker und Reisgelee gekocht sind; trotzdem breitet sich der Geschmack von Mungobohnen langsam auf der Zunge aus.

»Iß du doch auch, Mutter! Sie schmecken wirklich gut!«

»Wenn du meinst – einen Mundvoll nur.«

Sie häuft sich ebenfalls mit dem Löffel Bohnen auf die Hand, um sie dann mit vorgeschobenen Lippen aufzupicken.

»Pfui, was für eine hastige Art zu essen! Wie die Hühner!«

Sie lacht glucksend. Und im Nu hat sie den ganzen Löffel voll Bohnen hinunter. »Sacharin ist nun mal Sacharin«, sagt sie. »Früher, da waren die Bohnen, die ich gemacht habe, ganz anders. Sie hatten Glanz, und es blieb davon ein herrlicher Nachgeschmack im Mund.«

»Daß überhaupt Bohnen da waren! Du hast sie doch nicht etwa vom Hochzeitsessen abgezwackt, oder?«

»Ach, jetzt ist es heraus!«

»Du bist schrecklich!«

»Nein, das ist gelogen. Weil sie für den roten Reis ohnehin nicht gereicht hätten, habe ich sie dir gekocht. Ich dachte, dich werden sie stärken.«

»Jedenfalls mußt du sie irgendwoher gehabt haben.«

»Eigentlich waren es deine Bohnen. Deine und Yaes.«

»Lauter komisches Zeug, was du redest. Vom Hochzeitsessen beiseite gebracht hast du sie bestimmt nicht?«

»Erinnerst du dich an die Handsäckchen? Ich hatte sie selber gemacht ...«

Die Handsäckchen. Natürlich! Demnach wären es die Bohnen, die in diesen Säckchen gesteckt hatten? In meiner Kinderzeit half Mutter zumeist in der Werkstatt, weil es an Leuten fehlte, und so gut wie nie hat sie mir irgendwelche Spielsachen angefertigt. Als ich das vierte oder fünfte Jahr in die Volksschule ging, war dort das Säckchenwerfen groß in Mode; in den Pausen setzten sie sich im Klassenzimmer auf den blanken Boden und spielten »Komm-wieder«, und ich erinnere mich, wie ich Mutter anbettelte: Ich wollte um alles in der Welt auch solche Handsäckchen haben. »Einmal Komm-wieder, zweimal Komm-wieder . . . und hinüber über die Brücke!« Für mich, die ich zwei Säckchen mit beiden Händen, unter Mühen mit einer Hand schaffte, war die Aufgabe, drei oder gar vier nacheinander nur mit der rechten Hand zu werfen und aufzufangen, schlichtweg unlösbar, so daß ich mich schließlich in jener Gruppe wiederfand, in der zwischen geschickt und ungeschickt nicht unterschieden wurde. Zu dem Spiel gehörte, daß wir entweder die auf dem Fußboden zusammengeschobenen Handsäckchen eines nach dem anderen in die Höhe warfen und mit der Linken auffingen oder durch eine mit den Fingern gebildeten Brücke schlüpfen ließen, oder wir legten sie auf den Handrücken. Um »Komm-wieder« zu spielen, brauchte man fünf bis sechs Handsäckchen; ich hatte nur zwei, die ich von einer Freundin geschenkt bekommen hatte, weshalb ich mich an Mutter, sie war gerade beim Gelatinekochen, hängte und ihr mit meiner Bitte hartnäckig zusetzte.

»Wenn du so aufdringlich bist, kriegst du von dem heißen Zeug was ab«, meinte Mutter nur, während sie mit einem langen hölzernen Schaber in dem Topf herumrührte.

Und Eguchi, einer der Arbeiter, rief vom Bohnenmuskessel herüber: »Weißt du, Tsuru-chan, ich schneide dir dann eine Bambuslibelle.«

Ich zog ein mürrisches Gesicht. »Lieber will ich Stelzen aus Bambus haben.« Woraufhin sich Vater einmischte und mir zu Hilfe kam: »Aber Tsuruko, bei so einem Gesicht werden ja die Bohnenmusklöße ganz krumm und schief! Mama wird dir die Säckchen schon nähen, vorausgesetzt, du bist hübsch fleißig.« Damit war die Sache entschieden. Vater pflegte nie viel Worte zu machen, fand aber immer eine geschickte Regelung. In den Tagen darauf setzte ich mich also, sobald ich aus der Schule heimkam, ohne Murren sofort an meine Hausaufgaben. Vier, fünf Tage vergingen, da holte Mutter einen kleinen abgewetzten Reisekorb aus dem Wandschrank. Darin fest mit Fäden umschnürte

Bündel von Briefen, übriggebliebene Wolle, eine flache Schachtel aus Paulownia-Holz, ein Schultertuch aus rotem Samt, und unter all dem muffig riechenden Zeug zog sie einen Sack hervor, der lauter Stoffreste enthielt. So was Schönes, wie ich es mir in meinem Kopf ungefähr ausgemalt hatte, entdeckten wir zwar nicht, dafür ein Stück violettes Shibori, eine rostrote, dünne Glanzseide mit durchgefärbten Kranichen und einen wie mit Blitzen gemusterten Tuchstreifen...

»Ich hätte nie gedacht, daß man die Bohnen aus solchen alten Handsäckchen noch essen kann.«

»Was für eine Idee! Du bist es, die komisches Zeug redet. Die Bohnen aus diesen Säckchen haben längst die Würmer gefressen.«

Ich nehme mir noch einen Löffel voll und schiebe ihn in den Mund.

»Wirklich entsetzlich, wie vergeßlich du bist!« sagt Mutter mit einiger Übertreibung.

»Mir ist es einerlei, ob sie aus den Handsäckchen oder irgendwelchen anderen Säckchen stammen. Jedenfalls schmecken sie, und wie!«

»Wann war das eigentlich? Na, es muß gewesen sein, als Yae in die Lehranstalt eintrat. Da hat sie doch mit ihren Freundinnen immer wieder mal Liebesgabenpakete gepackt und losgeschickt, nicht wahr?«

»Ich weiß. An die Soldaten, die nach Zentralchina verlegt worden waren. Erst Briefe, und nachdem sie darauf Antworten erhalten hatten, haben sie Pakete geschickt... Aber was hat das damit zu tun?«

»Damals haben sie auch Handsäckchen hineintun wollen, und ich habe sie genäht. Sogar du hast dir welche gewünscht... Ja, es mögen so zwölf, dreizehn Stück gewesen sein.«

»Jetzt versteh' ich! Davon sind diese Bohnen, aus der Zeit also...«

»Sie waren kein bißchen wurmstichig.«

»Ein paar Würmer hätten mir nichts ausgemacht... Oh!«

»Warum schreist du denn plötzlich? Ist dir was?«

»Wo mögen sie bloß hingekommen sein, die Säckchen von damals?«

»Du scheinst wirklich zu träumen. Hier sind sie, vor deinen Augen!«

»Alle wirst du sie ja nicht gekocht haben. Vier oder fünf kamen in die Liebesgabenpakete, den Rest haben wir uns, Yae und ich, geteilt.«

»Eben. Und das sind sie.«

»Nein, Mutter, ich weiß genau: Ich habe sie damals in den mit den Oshie-Bildern beklebten Kasten gelegt.«

»Den du, als du geheiratet hast, unbedingt mitnehmen wolltest.«

»Ja.«

»Soll ich dir sagen, wo sie waren? Im Schubladen unterm Hausaltar.«

»Das darf nicht wahr sein!«

»Ich war auch überrascht. Bis ich vor dem Bon-Fest etwas suchte, sind sie mir nie aufgefallen.«

Ihre Worte meinen, daß es darüber nichts zu lachen gebe, und noch keine zehn Minuten sind danach verstrichen, so kehren die Schmerzen zurück. Diesmal begreife ich deutlich: Sie haben seit gestern abend an Heftigkeit stets zugenommen. Ein wilder Druck breitet sich von der Bauchgegend bis hin zu den Hüften aus. Ich beginne zu spüren, daß von innen her etwas preßt. Während dieser ganzen Schwangerschaft hat mir meine Einbildung wie oft jenes Grauen wiederholt, das ich im Jahr nach der Heirat bei einer Frühgeburt im vierten Monat durchlebte; aber nun kann mir dieses Mißgeschick, daß es vor der Zeit passiert, ja wohl nicht mehr widerfahren. »Sie brauchen sich keine Sorgen zu machen«, hat mir die Hebamme versichert, »das Kind bewegt sich, und es ist einfach zu eng in Ihrem Bauch.« Die Schmerzen bedeuteten, daß das Baby dabei sei, seinen Austritt vorzubereiten. Dem dürfe ich nicht entgegenarbeiten, vielmehr sei es meine Aufgabe, ihm dabei zu helfen. Und dennoch, ich leide ziemliche Qualen.

»Na, was ist? Du hast wieder Schmerzen, nicht wahr?« fragt Mutter, während sie über den Umgang hereinkommt.

»Wo bleibst du nur, Mutter? Du wirst dich zur Hochzeitsfeier verspäten!«

»Noch ist keine Gefahr, meine ich. Andererseits, wir hatten sie doch gebeten, gleich nach Mittag zu kommen, oder?«

»Ich weiß nicht. Wenn du jedenfalls nicht bald nach Hause gehst...«

Ohne zu antworten, steigt sie vom Umgang hinunter in den Garten und verschwindet. Vermutlich, um Frau Tsuda noch einmal zu bitten.

Im Ausland sollen sie eine Methode haben, die sie Bauchatmung nennen. Wenn man sie, so erklärte mir meine Schwester, richtig anwende, habe man beim Gebären keine Schmerzen. Woraufhin ich sie fragte, ob sie denn wirklich glaube, daß man den ausländischen Methoden vertrauen könne. Schließlich habe irgendeine Ärztin in einer Zeitschrift gemeint: Je schmerzhafter die Geburt, desto kräftiger das Kind. Nun, ob nach französischer oder nach deutscher Methode wäre mir einerlei. Wenn sich die Schmerzen nur ein wenig verringerten... Tief einatmen – und ausatmen. Nicht wahr, Baby, so sicher sind wir uns nicht, daß uns diese Bauchatmung jetzt hilft.

Dann, als hätte ich mich geirrt gehabt, sind die Schmerzen verschwunden. Ich lange nach dem Handtuch neben meinem Kopfende und wische mir das Gesicht. Der Schweiß ist mir vom Nacken her den Rücken, auch die Brust heruntergelaufen.

Da es mir Mühe macht, bis zum Brunnen zu gehen, wasche ich mir in der Küche das Gesicht; da kommt Mutter zurück. Zusammen mit der Hauswirtin.

»Ah, hat es sich also beruhigt, wie?«

»Ist ja gut, daß es sich beruhigt hat. Aber wenn Sie Schmerzen haben, so sagen Sie's nur ungeniert, daß es weh tut. Ich komm' auf der Stelle angelaufen. Auch wenn Sie mit lauter Stimme schreien, ist das kein Grund, sich zu schämen«, redet die Hauswirtin, selber lauter als sonst, auf mich ein.

»Und seien Sie«, sagt Mutter, »so liebenswürdig, für ständig kochendes Wasser zu sorgen, damit man's jederzeit zur Hand hat. Sehen Sie, nun fallen bei uns zwei Ereignisse auf denselben Tag. Da möchte man sich teilen können.«

»Solange es freudige Ereignisse sind, auch zwei oder drei, sollte man das Glück genießen. Ich habe ohnehin eine Menge Zeit, und es ist nur gerecht, wenn ich mich in einem solchen Augenblick mal ein bißchen strapaziere«, sagt die Hauswirtin und lacht dabei.

Hierauf bringt Mutter das Zimmer noch einmal in Ordnung, deckt ein feuchtes Tuch über das Brot, das sie am Morgen aufgedämpft hat, stellt auf einem runden Tablett das Teezeug bereit, und dann endlich geht sie.

In der allmählich heißer werdenden, dicken Luft schleichen die Stunden dahin, die Abstände zwischen den Wehen haben sich weiter verkürzt. Ich gewöhne mich daran und versuche, meine Atmung dem Auf und Ab der Schmerzen anzupassen, doch das gelingt mir durchaus nicht immer. Wenn die Schmerzen nachlassen, denke ich, ich sähe das Gesicht meines Mannes vor mir. Auch von den bildartigen Bruchstücken, die auf den Höhepunkten der Qual zusammenhanglos vorüberschweben, bin ich mir nicht sicher, ob sie Wirklichkeit sind. Was ich während der Schmerzen hingegen ganz deutlich wahrnehme, das ist der trokkene Geruch der Erde, ist die lichte Farbe der Aralie, die bis auf den Umgang herüberragt, ist das Gleißen des Himmels.

Einmal meine ich plötzlich das Meer zu riechen. Aus dem Spalt zwischen dem bei völliger Windstille wolkenlos klaren Himmel und den Stimmen von Leuten, die draußen jenseits der Hecke vorübergehen.

»Gestern muß er zurückgekommen sein. Seitdem schläft er in einem fort, scheint auch nichts zu essen.«

»Furchtbar. Natürlich hat er Entsetzliches durchgemacht. Wie übrigens jeder, wenn man ihn auf so einen Posten stellt. Und Sie, Sie waren bei der Marine?«

»Ich habe immer gedacht, als sogenannte Hilfsmannschaft ist man was anderes als die Soldaten. Aber in der jetzigen Situation läuft das auf dasselbe hinaus.«

»Immerhin, Seto, Sie können noch arbeiten, Sie werden es also schon irgendwie schaffen ...«

Den einen erkenne ich an seiner Stimme. Jedenfalls meine ich, er hätte bei der Feuerlöschübung im vorigen Monat das Kommando gehabt. Die Hecke entlang biegen die beiden Stimmen zum Abwasserkanal um die Ecke und verschwinden. Von den Männern selber sehe ich nichts, so hoch steht das Zypressengestrüpp.

Einmal fuhren wir nach Shirahama zum Baden. Das war vor zehn oder mehr Jahren. Denn seit unserem Umzug nach Nagasaki sind wir nie wieder ans Meer gekommen. Yae ging wohl das sechste Jahr zur Volkschule, Tatsuya das zweite zur höheren. Vater und Mutter fuhren mit, außerdem einer, der bei uns als Lehrling arbeitete und den wir San-chan riefen. Koike Sanji. Er stammte aus Himosashi auf Hirado und war ein Jahr jünger als Tatsuya; da aber sein Vater starb, kehrte er nach knapp zwei Jahren nach Hause zurück. Später hieß es, er arbeite im Marinearsenal in Sasebo; wenn ich allerdings bedenke, daß er uns da nie besuchte, kommt mir das recht unwahrscheinlich vor. San-chan, weil in Himosashi geboren, war im Schwimmen besser als Tatsuya und Vater. Zügig schwamm er ins Offene hinaus, schließlich war nicht einmal mehr sein Kopf zu sehen. Vater hingegen hatte solches Tempo nicht; er bewegte sich nur eben in dem Maße, daß er vom Meer stets hin und her getrieben wurde. Und was Yae betraf, so machte sie zwar, von Vater am Bauch gestützt, einige Übungen, doch sobald ihr das Wasser in Mund und Nase drang, erhob sie ein großes Geschrei, und soweit, daß sie hätte schwimmen können, kam sie nicht. Ich nehme an, sie kann es auch heute noch nicht.

Die Gestalten, die auf dem Sandstrand in der Sonne brieten, sahen eine aus wie die andere. Auch am Rastplatz unter einer Art von Schutzdach lagen sie zum Verwechseln eng beieinander, und wenn ich, weil ich Lust auf Tee oder Karamelbonbons hatte, zu Mutter lief, die mit einem Handtuch auf dem Kopf dasaß, mußte ich, vom Salzwasser triefend, über die Matten fremder Leute steigen. Da sie fürchtete, die Sonne am Meer könnte ihre Haut bis zur Schwärze verbrennen, machte Mutter keinen Versuch, hinunter an den Strand zu gehen; dabei glich sie in dem einfachen weißen Gewand einer der Perlentaucherinnen, nicht zuletzt durch das in die Stirn gezogene und an beiden Schläfen herabhängende Handtuch. Und nicht nur sie, sondern alle die älteren Frauen pflegten dem Meer fernzubleiben und vom Rastplatz her ihre Kinder zu beobachten. Lediglich eine etwa Fünfzigjährige fiel dadurch auf, daß sie ins Wasser ging. Schon ihre Kleidung, schwarzer Badeanzug und schwarze Kappe, hatte die Blicke der anderen auf sich gelenkt, und wirklich schwamm sie vom Sprungbrett aus in gerader Linie bis weit hinaus, bevor sie gemächlich zurückkehrte.

»Das muß eine Leistungsschwimmerin sein«, meinte ein junger Mann.

Als sie aus dem Wasser stieg, blieb die Schwarzgekleidete auf dem Sandstrand stehen, neigte sich zur Seite und hüpfte in gleichmäßigem Rhythmus auf einem Bein, um das Wasser aus dem Ohr zu schütteln; sie machte das außerordentlich elegant.

»Wahrscheinlich eine Gymnastiklehrerin«, schätzte der Freund des jungen Mannes.

»Gymnastik und Schwimmen«, sagte der erste, »das ist ein Unterschied.«

»Jedenfalls, für eine Leistungssportlerin ist sie zu alt. Eben doch eine Lehrerin«, beharrte der zweite und drehte sich im selben Augenblick zu mir herum: »Na, und wie steht's mit dir?«

Als ich darauf keine Antwort gab, kam der andere absichtlich auf mich zu: »Nimm's nicht tragisch! Der ist ein bißchen verrückt. Hübsche Mädchen legt er gern herein.« Damit rannten die beiden auf die anbrandenden Wellen zu, daß der Schaum aufspritzte.

Was ich an jenem Tag gedacht habe? Besonders deutlich zwar nicht, aber daß ich eine ungefähre Ahnung von dem bekam, was mir bevorstand, soviel ist sicher. In wirre Lichtkringel eingeschlossen, flimmerte die Zukunft vor mir, und wie sehr ich danach suchte, ich brachte kein Wort heraus. Sah mich nur in einer Gestalt, die so ganz anders war als ich jetzt und hier; hatte nur das vage Gefühl, gleich würde ich da hineingesponnen. Vor dem zwischen dem strahlend blauen Himmel und der sanften Mauer aus Wellen verschwimmendem Horizont war ich klein wie ein Bohnenkern; gleichzeitig aber schien mir das Rauschen des Meeres zu bedeuten: Du kannst diese unendlichen Weiten überqueren. Unter meinem Körper die Feuchte des warmen Sandes; die glühenden Lichtpfeile, die auf meine geschlossenen Lider prallten; der unaufhörliche Pulsschlag, der aus der fernen Tiefe des Meeres dröhnte. Ich war in einer Verfassung, daß ich glaubte, wenn ich die Augen öffnete, müßte sich ringsum alles verwandelt haben und ich den Film meines Lebens zu sehen bekommen. Das Wort vom Heiraten klang mir damals noch nicht mit solcher Bestimmtheit in den Ohren. Noch keine Spur davon, daß ich mir hätte sagen können: So oder so also ist das; selbst wenn ich mir's vorzustellen versuchte, mehr als eine Art von ungeduldigem Kribbeln empfand ich dabei noch nicht.

Jetzt kommt vom Garten her die Hauswirtin zurück und stellt einen schwarzirdenen Krug auf den Umgang. »Na, ist das eine Schwüle, was?«

»Es weht ja auch kein Lüftchen«, sage ich.

»Nehmen Sie mal davon einen Schluck! Vielleicht, dachte ich mir, hilft Ihnen das, daß Sie zu Kräften kommen.«

»Was ist es denn?«

Halb rutschend klettert sie auf den Umgang herauf, nimmt einen Becher von dem Tablett, das Mutter zuletzt noch zurechtgestellt hat, und schenkt mir aus dem Krug ein.

»Oh, Milch!«

»Aber nicht von der Kuh!« sagt sie.

»Etwa Sojamilch?«

»Nein, von der Ziege. Gerade hat mir Yonegawa meinen Teil gebracht.«

»Er hält Ziegen? Yonegawas, das sind doch die, die den Sohn mit dem schlimmen Bein haben, nicht wahr?«

»Der Sohn geht seit vorigem Jahr auf Arbeit. In dieser Notzeit, wissen Sie. Da bringt sie der Alte mit dem Fahrrad. Na, mir ist das schließlich einerlei; jedenfalls soll Ziegenmilch Kraft geben. Früher hat man den Wöchnerinnen, wenn man sie besuchte, immer Reis- oder Weizengelee mitgenommen, weil das eine volle Brust macht, wie man sagt; aber heutzutage ist so was ja gar nicht zu kriegen. Und das steht fest: Ob Kuhmilch oder Ziegenmilch, kräftige Knochen gibt das allemal. Also trinken Sie schon!«

Sowie ich den Becher mit der weißen Milch in die Hand nehme, steigt mir, vielleicht weil ich weiß, daß es Ziege ist, der strenge Geruch in die Nase.

»Mag sein, daß sie besser schmeckt, wenn man sie im Brunnen gekühlt hat. Aber ich hatte sie extra frischgemolken bestellt. Ich glaube nämlich, sofort getrunken nährt sie um so mehr.«

Von ihrem Tonfall gedrängt, halte ich die Luft an und trinke den Becher auf einen Zug leer.

»Tapfer, tapfer!« Und sie lacht, als fände sie es selber komisch, daß sie mich lobt wie ein Kind.

»Vielen Dank!«

»Freilich ist das ein ziemlicher Unterschied. Andererseits, wenn Sie ein kräftiges Baby haben wollen, müssen Sie schon mal einiges aushalten. Sie brauchen ja bloß zu denken, daß Sie es für Ihren Mann tun, und da geht sogar Ziegenmilch hinunter, nicht wahr?«

»Ich nehme an, Sie werden auch davon trinken wollen«, sage ich mit einem Anflug von Spott, woraufhin sie heftig abwinkt: »Nein, nein, lieber nicht. Mein Alter würde ja außer sich geraten und denken, ich bekäme ein Kind.«

Herr Tsuda soll zwar erheblich älter sein als sie, aber das sieht man ihm nicht an. »In meiner Jugend habe ich die wildesten Sachen angestellt«, erzählte er uns einmal voller Stolz, und als sie sich einmischte und erklärte, da sei tatsächlich allerlei Trubel gewesen mit Geishas in Hakata und Kellnerinnen in Beppu, kam er erst recht in Stimmung: »Ja, wo ich war, habe ich die Frauen geliebt; doch schließlich ist die hier die beste. Es gibt keine, die es mit ihr aufnehmen kann.«

Wir hatten dieses Haus erst kurz vorher gemietet und waren, als mein Mann zurückkam, noch einmal zu einem Anstandsbesuch zu ihnen gegangen. Wir brachten ihnen eine Flasche Reisschnaps mit und getrocknete Sardinen, und Herr Tsuda schlug vor: »Lassen Sie uns den zusammen trinken!« Dabei begann er dann prahlend von früher zu erzählen, wobei nicht klar war, wieweit das alles stimmte. Und es blieb nicht bei Hakata und Beppu, bald spielten seine Liebesaffären auch in Yaizu, in Ishinomaki oder auf Tsushima.

»Jetzt weiß ich, Sie sind zur See gefahren«, warf ich ein.

Er tat, als wäre er wunder wie erstaunt. »Oho, sie weiß alles, die reinste Hellseherin! Machen Sie bloß keine Dummheiten, Ihre Frau kommt Ihnen garantiert auf die Schliche!«

Mein Mann, so gefoppt, lachte verlegen. Wo er es doch nie fertigbringen würde, mir etwas zu verheimlichen oder irgendwelche Dummheiten zu machen. Da sich jedoch, je weiter unser Hauswirt ins Erzählen kam, eine Menge Widersprüche ergaben, erschienen seine Seemannsgeschichten immer zweifelhafter. Lediglich daß seine Frau ihm entweder zustimmte oder sich entrüstete, hatte einen anfangs dazu gebracht, ihm zu glauben.

»Sie sagten, Sie haben einen älteren Bruder?«

»Nein«, erwiderte ich, »einen jüngeren.«

»Einen jüngeren also, na gut. Wenn Brüder da sind, können die Eltern beruhigt sein. Unsere Familie hat keinen männlichen Erben, mit uns Alten geht sie zu Ende. Ist schließlich auch einerlei.« Er strich sich übers Gesicht, auf dem der Schnaps zu wirken begann. »Der Name jedenfalls erlöscht. Weil wir aber doch ein Enkelkind haben, bleibt die Blutslinie erhalten. Daß es, wenn wir mal sterben, ganz aus wäre, kann man demnach nicht behaupten.«

Es ist ein Uhr vorbei, da kommt die Hebamme. Die Hauswirtin ist auch noch da, und beide reden sie von einer Frau, die ich nicht kenne. Bei der war es das fünfte Kind, und als die Hebamme zu ihr eilte, hatte sie es schon hinter sich. Sie habe sich – bei der Erfahrung! – prächtig gehalten. Habe sogar die Nabelschnur selber ganz korrekt versorgt.

»Nachdem die Wehen einsetzten, hat es keine Stunde gedauert. Als ich hinkam, spielte eines der anderen Kinder vorm Haus. ›Na, wie geht's deiner Mutter?‹ fragte ich. Da meinte es, ein Fünfjähriges, von dem ich sie damals entbunden hatte: ›Mami? Ach, die hat gerade ein Baby gekriegt.‹ Und spielte seelenruhig weiter. Diese Frau muß nicht im geringsten verwirrt oder aufgeregt gewesen sein.«

Sowie sie mich untersucht hat, erklärt die Hebamme, es werde wohl um den Abend herum passieren. Da ich beim vorigen Mal eine Fehlgeburt gehabt habe, könne es, gegen allen Anschein, auch früher sein. »Ich werde gleich hierbleiben, habe heute sonst nichts weiter vor, und wenn ich durch einen Fliegeralarm aufgehalten würde, wäre das schrecklich«, sagt sie.

Die Schmerzen sind ziemlich heftig. Muß ich also damit rechnen, daß sich bis zum Abend diese Qualen Mal um Mal wiederholen? Und wenn es nun mit der Geburt nicht glattgehen sollte, was dann? Mir schießen die scheußlichsten Dinge durch den Kopf. Plötzlich ist mir, als wäre da eine Stimme gewesen, die sagte: »Lieber einen Luftangriff als so was!« Aber vielleicht war auch das Gegenteil gemeint: Immer noch besser als ein Luftangriff... Wie es Kojima schilderte, der beim Angriff auf Sasebo den MG-Beschuß miterlebte, hat das geklirrt wie Hagel, der auf Blechplatten schlägt, und die Leute, die durch die Nachbarschaft liefen, brachen auf einmal zusammen. »Sie hatten, wißt ihr, Brandbomben geworfen; alles ringsum ein Meer von Flammen. Da schrie jemand: ›Vorsicht! Schnell ins Haus!‹ Und schleunigst sprang ich unters Dach. Aber auch dieses Haus brannte hinten schon, und bald griff das Feuer auf den vorderen Teil über. He, was ist das denn für ein Geknatter, dachte ich zunächst. Fingen die doch tatsächlich an und beschossen uns, man hält es nicht für möglich, aus ihren Maschinengewehren. Ohne mich umzudrehen, rannte ich bis zur Tonō-Volksschule. Nun steht in der Gegend ja alles auf felsigem Untergrund, und unter der Schule, das werdet ihr nicht wissen, hatte man Luftschutzstollen angelegt, von denen es hieß, da wäre man vor Bomben einigermaßen sicher. Gut und schön, gewiß, und wirklich waren sie nicht eingestürzt, diese Höhlen; nur daß sie, statt Schutz zu bieten, zu den reinsten Fallen geworden waren. Es gab davon drei oder vier, dazwischen die Straße, die vom Miura-Viertel herunterkommt, und dort, wenn ihr euch erinnert, stand das Krankenhaus, das von den Brandbomben sofort in Flammen aufgegangen war. Eine Glut war das, nicht zum Aushalten. Der Rauch und die Funken trieben in die Stollen hinein. Ich schaffte es zwar, daß ich mich in einen der Eingänge rettete, aber hinten drin die alten Leute – für die konnte man nur noch ein Namu Amida-butsu beten, sie hatten Pech gehabt. Im Stollen gleich nebenan sollen viele regelrecht verschmort sein. Und um ein Haar wär's mir ebenso ergangen; denn zuerst wollte ich bis dorthin weiterlaufen, als die Männer vom Luftschutz bei uns hereindrängten, so daß ich vom Eingang weggestoßen wurde.«

Kojima hat, als sie jung waren, mit meinem Vater in Hakata bei einem Kuchenmacher gelernt, dann aber den Beruf aufgegeben und betreibt jetzt einen Schreibwarenladen. Genaugenommen, er ist nicht der Mann, damit viel zu verdienen, weshalb seine Frau in einem Betriebswohnheim als Köchin arbeitet. Solange wir in Sasebo lebten, brachte er Yae und Tatsuya immer irgend etwas aus dem Laden mit. Deutsche Bleistifte, Notizhefte, in deren Ledereinband ein Blumenmuster eingepreßt war, Radiergummis, halb so groß wie ein Daumen. Ich bekam auch einmal ein in rotes Leder gebundenes Heft, und wenn ich zum Dienst ging, ich arbeitete damals bei einem Taxiunternehmen, steckte ich es stets in meine Handtasche; hineingeschrieben habe ich freilich selten etwas.

Bei Kojimas Bericht vom Luftangriff mußte ich wie zufällig an jemanden denken. »Was ist eigentlich«, fragte ich ihn, »mit Fräulein Fujieda aus dem Ōmiya-Viertel, nahe am Markt?«

Kojima neigte den Kopf ein wenig zur Seite. Dann sagte er: »Wenn du die vom Reishändler meinst – das weiß ich nicht, aber diese Gegend ist fast völlig niedergebrannt.« Ob es dabei Tote gegeben habe, frage ich weiter; darauf er: »Soviel ich gehört habe, ja.«

Irgendwie hatte ich das Gefühl, jenes junge Mädchen mit dem runden, blassen Gesicht werde darunter gewesen sein. Wie war doch gleich der Vorname? Einmal, sie ging noch zur Volksschule, geriet sie mit den Fingern in die Taxitür. Das war am Neujahrstag 1937. Sie hatten einen Wagen gerufen, um den Hachiman-Schrein aufzusuchen, und der Fahrer, nachdem er sich überzeugt hatte, daß sie drinsaßen, schlug die Tür zu, als die Kleine plötzlich heulend aufschrie. Er hatte die Tür genau in dem Augenblick zugeschlagen, in dem sie ihre Finger zwischen die Türangeln schob, um ihren langen Kimono-Ärmel, der darin hängengeblieben war, herauszuziehen. Die Knochen zwar waren unbeschädigt, sie hatte sich nur an den Angelbeschlägen verletzt, aber beim Anblick des Blutes, das auf ihr Festtagsgewand tropfte, sei ihm, erzählte der Fahrer, selber beinahe schwach geworden. Obwohl es sich also um keine bedeutende Verletzung handelte, andererseits die Schuld eindeutig bei einem unserer Angestellten lag, wurde beschlossen, daß der Geschäftsführer, nämlich der Sohn unseres Chefs, zusammen mit jenem Fahrer bei den Leuten um Entschuldigung bitten sollte. Auch mich hieß man mitgehen; denn der Geschäftsführer glaubte, ich könne besser überzeugen als sie, die beiden Männer. Während wir im Wagen zum Ōmiya-Viertel fuhren, erklärte er dem Fahrer in allen Einzelheiten, wie er diese Entschuldigung vorzubringen habe, dabei der Mutter den Vorwurf nicht zu ersparen, daß sie sich, obwohl sie zusammen eingestiegen seien, nicht genügend um das Kind gekümmert habe. Als dann der Geschäftsführer mit den Eltern des Kindes sprach, blickte der mit ergebenem Gesicht danebenstehende Fahrer nach vorn in den Laden und stieß plötzlich einen leisen Schrei aus. Ich begriff: das Kind, das da mit verbundenen Fingern kam, mußte die kleine Verletzte sein. Er hatte nach dem Zwischenfall bei uns im Büro angerufen und um eine Behandlung für sie im Krankenhaus gebeten, war daraufhin auch sofort mit ihr losgefahren, und jetzt bei ihrem Anblick seufzte er unwillkürlich. »Na, kleines Fräulein«, fragte er sie, »ist es wieder gut?« Worauf die Mutter, wie um sie an einer Antwort zu hindern, einwarf: »Sie selber kann das ja nicht beurteilen.«

»Jedenfalls scheinen doch noch Wunden da zu sein, und bis sie völlig abgeheilt sind, kommen natürlich wir für die Behandlung auf«, erklärte unser Geschäftsführer sogleich.

»Nein, das können wir nicht annehmen. Es war, auch für das Kind, ein Unfall.«

Bei diesen Worten ihrer Mutter trat die Kleine auf mich zu, die ich mit einem Obstkorb als Präsent neben dem Fahrer stand, und streichelte mit ihren verbundenen Fingern meinen Kimono-Überwurf. »Oh, das sind ja dieselben Blumen wie auf meinem Kimono«, sagte sie. Offenbar hatte sie in ihrem Kinderherzen das Gefühl, sie müsse mit Blick auf den vor ihren Eltern so betreten dastehenden Fahrer irgend etwas wiedergutmachen. Mein Überwurf, ein dunkelgrundiertes Stück, das von der jüngeren Schwester meiner Mutter stammte, war mit hellrot- und weißblühenden Quittenzweigen gemustert und gewiß nicht von der Art eines Kinder-Kimonos.

Es heißt, der Augenblick, in dem ein Mensch geboren wird, hänge mit Flut und Ebbe zusammen. Ob das stimmt? Oder sollte ich mich verhört haben, und es bezog sich nicht auf die Geburt, sondern auf den Tod? Je heißer es in diesen Nachmittagsstunden wird, desto mehr nehmen auch die Wehen an Heftigkeit zu. In meinen Schmerzen erscheint mir alles wie gleichzeitig, der bisher durchlebte Tag, der morgige und das Danach, der Oleander im Garten, die Autos, die draußen jenseits der Hecke vorüberfahren. Sobald aber die Schmerzen nachlassen, zerstreuen sich die Dinge wieder, und die Büschel der leuchtend roten Oleanderblüten kommen mir nun entgegengeflogen wie aufdringliche Produkte aus einem fremden Land. Seit Anfang Sommer blüht der Oleander unentwegt. Nicht das geringste Anzeichen dafür, daß diese Blütenfülle einmal zu Ende ginge. Ja, mir ist, als hätte ich monatelang nichts als Oleanderblüten gesehen. Kinder rennen den Weg dahin am Abwasserkanal. Für eine Weile, von einem spottenden Echo begleitet, bleiben ihre schrillen Stimmen über jener Gegend hängen. Eine gelbbraune Katze kriecht unter der Zypressenhecke hervor und schleicht sich, die Nase am Boden, bis nahe an den Umgang heran, um dann, wer weiß wovor erschrocken, einen kräftigen Satz zu tun und davonzulaufen. Wenn das Kind da ist, werde ich mir einen Hund oder eine Katze halten, und nachdem ich mich mit diesem plötzlichen Einfall lange genug vergnügt habe, bekomme ich klatschend eins auf den Nasenrücken, daß ich nüchtern werde. Gewiß, ich liebe die unsicher herumtapsenden kleinen Kinder. Wünsche mir, so ein warmes Körperchen in meine Arme zu schließen. Nur weiß ich noch nicht recht, wie ich mir einen Säugling, ein Brustkind, vorzustellen habe. Zwar muß ich diesmal keine Frühgeburt befürchten, aber ein Neugeborenes zu mir zu nehmen und sein Hals, seine Arme und Beine sind noch eingekrümmt, das macht mir irgendwie Angst. Als meine jüngere Schwester nach der Geburt schrie und nicht trank, massierte sich Mutter die Brüste und drückte etwas in einen Becher. »Schütt das in den Ausguß!« sagte sie zu mir, doch heimlich nippte ich daran, und ich erinnere mich, es schmeckte süßlich und ein wenig salzig zugleich, und ich spuckte es sofort wieder aus. »Das arme Baby«, sagte ich, indem ich verschwieg, daß ich gekostet hatte, »es kann einem leid tun, morgens und abends bekommt es immer dasselbe zu trinken.«

»Aber nein«, erwiderte Mutter, »das schmeckt gut.«

»Hast du es probiert?«

»Das weiß ich auch so. Für das Baby ist die Brust ein Festessen; ihm schmeckt sie besser als gebackene Eier oder frische Fischscheiben. Sieh mal, wie es jetzt gierig trinkt!«

Und die Art, in der Yaes Mund an Mutters Brüsten sog, war wahrhaftig von einer so unbändigen Lust, daß ich zugeben mußte: Sie genoß diesen Schmaus.

Nun ja, schließlich brennt ein Kind wohl tatsächlich darauf, geboren zu werden, oder nicht? Wütend darüber, in mir zu sein, hat das rosige, zusammengekrümmte Lebewesen gestrampelt, hat sich gewälzt. Es war es leid, so lange eingesperrt zu sein am selben Ort. Im Augenblick jedoch tut es nichts dergleichen. Still hockt es im Dunkeln und entwickelt seine boshafte Rache.

Die Hauswirtin bringt eingesalzenes Gemüse und gibt der Hebamme davon ab. Mir ist jetzt einfach nicht nach essen zumute.

Eine Kraft, die unmöglich mit dem menschlichen Willen zu tun haben kann, raubt mir den Appetit. Über dem halben Himmel draußen bald eine blitzende Helle, bald Düsternis, und ich in meinem Zustand komme mir vor wie ein Tier, so ohne jede Scham. Wehte doch nur ein kühler Wind oder es finge ordentlich zu gießen an! Wenn ich das nicht bald zu einem Ende bringe, wird mein Gesicht, das entstellte, vielleicht nie wieder werden, wie es war.

»Haben Sie davon gehört, daß der Bambus blüht?« fragt die Hebamme. »Ich weiß es zwar nur von Leuten, die es auch nicht selber gesehen haben, aber an einigen Stellen soll es mehr als die Hälfte sein.«

»Das wäre ja entsetzlich«, erwiderte die Hauswirtin mit gedämpfter Stimme.

»Ich glaube, da ist viel Aberglaube dabei. Trotzdem, kein gerade angenehmes Gefühl.«

»Nach der Blüte, heißt es, stirbt der Bambus und verdorrt. Und wie man aus alten Überlieferungen erfährt, hat er stets vor einer Hungersnot geblüht.«

»Hungersnot? Na, das ist wohl etwas zu hart gesagt. Sehen Sie, wir müssen so oder so mit wenigem auskommen, mag es eine schlechte Ernte geben oder eine gute.«

»Mein Großvater pflegte zu erzählen: als er ein Kind war, sei das tatsächlich eingetroffen«, beharrt die Hauswirtin, »und er hat uns bestimmt keine Lügen aufgetischt.«

»Es hängt sicher auch mit dem Wetter zusammen«, meint die Hebamme. »Und dann, spricht man nicht von einem Bambus-Leben? Pflanzen altern schließlich genau wie wir.«

Drüben am Haupthaus ruft jemand nach unserer Hauswirtin. Als sie losgegangen ist, kommt – offenbar haben sie sich verfehlt – ein kleines Mädchen unter der Aralie hervor. Vier, fünf Jahre alt, wie mir scheint. Die Augen stehen ein wenig schräg in dem hellen, runden Gesicht; es sieht zu mir herein und lacht.

»Na, wer bist du denn?« fragt die Hebamme. »Ist sie nicht niedlich?«

»Kiyo-chan«, sagt die Kleine.

»So, Kiyo-chan heißt du. Und wie alt bist du?«

Statt einer Antwort streckt sie vier Finger in die Höhe.

»Warte, da habe ich doch etwas Feines für dich ...« Die Hebamme holt eine Papiertüte aus der Tasche ihres weißen Kittels und legt ein Stück braune Süßigkeit auf die Kinderhand. Hierauf gibt sie auch mir davon, und das letzte steckt sie sich selber in den Mund.

»Ja, sind das nicht Kartoffelzapfen?! So was Kostbares!«

»Meine Tochter hat nämlich auf die Gotō-Inseln geheiratet, und gelegentlich bringt sie mir was herüber. Sie essen, sagt sie, Tag für Tag bloß Sardinen und Kartoffeln. Das ist schlimm, wenn man drei hungrige Kinder hat wie sie.«

»Ich wäre schon froh, wenn ich Sardinen hätte. Hier kriegt man doch keine. Der Rationsfisch neulich roch so merkwürdig, daß ich ihn nicht hinunterbrachte.«

»So geht es mir auch. Und Fisch bringt sie mir keinen, dafür gefrorene Süßkartoffeln.«

»Was, jetzt im Sommer?«

»Offenbar frieren sie die im Winter ein, lagern sie so, und später werden sie verteilt. Ich habe mal mit jemandem gesprochen, der in Hokkaidō war; dort friert man das Gemüse ein, das soll ganz schnell gehen.«

Auf einmal fällt mir auf: das Kind ist ja nicht mehr da; irgendwann muß es hinüber in den Garten am Haupthaus geschlüpft sein. Es hat sich an den Mistelbaum gehängt und schlenkert mit den Beinen; dahinter ist eine schlanke Frau aufgetaucht, und während ich zusehe, wie sie einander jetzt bei den Händen fassen und zusammen davongehen, kommt die Hauswirtin zurück.

»Das da eben war eine Chinesin«, sagt sie, »verheiratet ist sie aber mit einem Japaner.«

»Ich dachte schon, Sie bekämen Besuch«, meinte die Hebamme. »Doch wenn es so ist – die hatte ja wirklich etwas fremde Gesichtszüge, auch die Haare waren eher kastanienbraun.«

Ich vermute, sie hatte sich Gemüse holen wollen; indessen sagt die Hauswirtin davon kein Wort, und so schweige ich.

Unmittelbar danach überfallen mich erheblich heftigere Schmerzen als je zuvor. Ich kann mich nicht länger beherrschen. Ich stöhne wie in Auflehnung gegen die Behauptung der Hebamme, noch sei es nicht soweit. Und tobend, während sich mir der ganze Unterleib zusammenkrümmt: ob sie denn da nichts tun könne? Und was denn das sei, dieses Geräusch?

»Damit hat es durchaus seine Richtigkeit.«

»Ja, freilich« höre ich die Hauswirtin sagen.

»Will es«, frage ich, »noch immer nicht heraus?«

»Haben Sie nur ein wenig Geduld! Jede muß da Geduld haben. Und beißen Sie die Zähne aufeinander! Sie sollen schließlich ein gesundes Kind zur Welt bringen. Denken Sie also an das Gesicht Ihres Mannes und strengen Sie sich gehörig an!«

Bald darauf stoppt der Schweißstrom, der unregelmäßige Atem beruhigt sich. Für eine Weile eine Pause. Weil ich aber weiß, sie wird nicht lange dauern, bin ich unfähig, mich zu entspannen. Die Hebamme wischt mir den Schweiß ab. Ich möge doch von dem Weizentee trinken, meint die Hauswirtin. Der Nachmittag ist so gut wie vorüber. Noch hängt die Glut der Sonne in der Luft, aber sie drückt nicht mehr wie zuvor. Am Himmel oben kann ich den gemächlichen Ablauf der Zeit verfolgen. Über ein kleines werde ich also mein Kind gebären. Nur, auf welche Weise ich das durchstehen soll, das weiß ich nicht. Einmal in meinen Kindertagen hatte ich arge Zahnschmerzen. Da betete ich und versprach im Ernst, wenn diese Schmerzen vergingen, wollte ich mein Leben lang auf gebackene Eier und Karamelbonbons verzichten.

Die Abenddämmerung. Mir ist, als erwarte mich ein Weg, um ein Vielfaches steiler als die bisher zurückgelegte Strecke.

»Besser, wir erledigen das mit dem Abendessen jetzt gleich«, meint die Hebamme. Ja, freilich, wenn es Alarm geben sollte, bliebe uns dazu die Zeit nicht mehr. Aufgedämpftes Brot und gekochter Trockenrettich, Miso-Suppe mit Kohleinlage und dazu dünne Maisfladen. »Es ist Eipulver drin«, hat Mutter gesagt, da das aber dieselbe Farbe hat, ist es nicht zu erkennen. Drei Portionen hat sie vorbereitet, und ich biete auch der Hebamme davon an, die allerdings erklärt, sie habe sich zu essen mitgebracht, und ihrerseits meine Schale mit einem Berg von in Reis gekochten Sojabohnen füllt.

Im purpurvioletten Dunst des Himmels hängt ein roter Mond, die dunklen Oleanderblüten recken sich ihm entgegen. Seltsamerweise sind in dem hereinbrechenden Abend eine Menge Leute unterwegs. Einige helle Mädchenstimmen kommen, einander überkreuzend, allmählich näher und verlieren sich bald darauf in der Ferne. Was mag mit meiner Schwester sein? Wenn alles glatt abgelaufen ist, dürfte sie die Feier hinter sich haben; wahrscheinlich wird sie aufräumen und sich dabei vergnügt mit den anderen unterhalten. Ich sehe diese Szene deutlich vor mir. Und sofort schiebt sich eine Szene darüber, die ich vor langer Zeit in Wirklichkeit miterlebte. Damals hatte sie sich, noch ein Kind, unter die aufräumenden Frauen gemischt, und dabei war sie, habe ich in Erinnerung, von einer solchen Lebhaftigkeit, daß mir dies alles wie gegenwärtig erscheint.

Ich weiß noch heute nicht, warum Tomoes Hochzeit in unserem Haus gefeiert wurde. Verwandt war sie mit uns nicht; die einzige Beziehung bestand darin, daß sie die Tochter jenes Mannes aus Shimabara war, der uns die für die Kuchen nötigen Eier verkaufte. Auch hatten meine Eltern nicht als Heiratsvermittler fungiert. Tomoe war einiges über die Dreißig, und daß sie nicht längst geheiratet hatte, war um so verwunderlicher, als sie, eine hochgewachsene und schöne Person, ein immer heiteres Wesen besaß, aus dem sich kein besonderer Grund dafür ablesen ließ. An dem bewußten Tag nun, sowie ich aus der Nähschule zurückkam, sagte Mutter zu mir, ich solle mich umziehen. Meine jüngere Schwester stand bereits fertig da, in dem quittenfarbenen Kimono, den sie sonst nur zu Neujahr und zum Schreinsfest tragen durfte, ihr Gesicht eine Spur geschminkt. Obwohl das also Tomoes Hochzeit hieß, hatten sich dazu kaum zehn Leute eingefunden, und selbst das Brautgewand leuchtete in einem Winkel des verräucherten Wohnzimmers wie nicht dahin gehörig. Vermutlich war die Feier überhaupt erst an diesem Tag vereinbart worden. Es gab keinerlei Erklärung der näheren Umstände, doch die während des bescheidenen Festmahls aufkommende fröhliche Stimmung erfaßte allmählich auch uns Kinder, und sogar Mutters verlegen lächelndes Gesicht, wenn die Gäste sie zum Trinken nötigten, begann schließlich zu strahlen.

Nachdem es jetzt völlig dunkel geworden ist, kehrt Mutter

zurück. Yae und ihr Mann, richtet sie aus, lassen mich grüßen. Wie es denn gewesen sei, frage ich.

»Ganz ordentlich«, erwidert sie. »Natürlich nicht so, wie man es sich gewünscht hätte. Aber bei diesen Zeiten heute... Jedenfalls waren alle sehr vergnügt.«

»Wie schön!« sage ich. »Trotzdem macht es traurig, nicht wahr?«

Mutter schweigt und setzt ein Lächeln auf.

Da ertönten die Alarmsirenen. Wie immer werden sofort die Lichter gelöscht, das Geheul zerreißt die Dunkelheit. Der Mond steht inzwischen ganz oben. Sobald sich die Augen daran gewöhnt haben, hellt sich das Dunkel ein wenig auf, die Schatten der Bäume, der Löschwassertonnen und der Dachtraufe fallen übereinander. Erstaunlich, wenn man genauer darauf achtet: wie in dem nie vorankommenden Gang der Nacht soviel Zeit verfließt!

»Ein Glück«, sagt Mutter, »daß ich zurück bin. Man stelle sich vor, wir müßten in die Luftschutzgräben, und gerade will das Kind heraus und kann nicht.«

»Deshalb nimmt wahrscheinlich die Zahl der Flüchtlinge so zu«, erwidert die Hebamme. »Hier ist man ja noch einigermaßen sicher. Aber drinnen in der Innenstadt, was macht man da, wenn es soweit ist?«

Die Hebamme spricht mit Mutter über ihre auf den Gotō-Inseln verheiratete Tochter. Und während ich ihrer gemächlichen Plauderstimme lausche, verkrampft sich mein Körper von neuem.

»Allmählich, meine ich, müßte es kommen, oder?«

»Sieht fast so aus. Also, dann reißen Sie sich mal noch ein bißchen zusammen.«

Die Pausen sind jetzt schon ziemlich kurz. Nur, warum geschieht denn nichts? Bitte, tu doch etwas! Worauf wartest du, mein Baby? Ah, ihr Götter, ich flehe euch an: wenn ihr mir die Qualen wenigstens eine Spur erleichtern wolltet! Unter meinen geschlossenen Augenlidern tanzen gelbe Ringe. Der Rücken schmerzt. Wie beim Versteckspiel hat sich das Baby in irgendeinen Winkel verkrochen und findet, verzweifelt, den Ausgang nicht.

»Mutter...!«

»Du mußt jetzt tapfer sein, Tsuruko. Bald ist es soweit. Bald, und dann wirst du dich gleich besserfühlen.«

»Ich kann nicht mehr!«

»Was redest du da? Hier wird nicht gejammert, verstehst du?«

In der düsteren Glasscheibe das Gesicht einer Frau. Wo mag das gewesen sein? Durch die feuchte Nacht herüber war die Brandung zu hören. Passanten wie die Schatten drängten sich an mir vorbei; noch nachdem sie verschwunden waren, blieb das Geräusch ihrer Schritte in der Dunkelheit zurück. Als ich losgehe, knirscht die Straße von Muschelschalen. Wohin ich auch laufe in der Stadt, der salzige Seegeruch holt mich ein, schließlich fühlt sich mein Körper an wie Tang. An welcher Küste eigentlich bin ich? Doch wen immer ich frage, da ist keiner, der mir antworten kann. Mutter meint, ich träume das. Nein, ein Traum ist es auf keinen Fall. Unter meinen Absätzen zerbrechen mit trockenem Knacken die Muschelschalen, der laue Wind spielt mit meinen nackten Armen, verwirrt mir die Richtung. Alle Häuser haben die gleichen niedrigen Dächer, die verschlungenen Straßen führen sämtlich ans Meer. Dann das Haus jener schemenhaften, gestaltlosen Frau. Zwar brennen die Lichter, doch nichts verbindet uns, mich und die Frau. Dabei bin ich ganz sicher: Vor diesem Haus, das, gerade weil die elektrischen Lampen brannten, um so düsterer wirkte, habe ich gestanden.

»Fängt es wieder an? Na, heute gibt es ja einen Fliegeralarm nach dem anderen«, sagt Mutter. »Sollten wir nicht doch besser in den Luftschutzgraben gehen?«

»Aber es dürfte tatsächlich bald soweit sein«, erklärt die Hebamme.

»Nur nicht nachlassen!« ... »Ja, so ist es gut. Strengen Sie sich an!« ... »Du schaffst es, Tsuruko. Mußt tapfer durchhalten.«

Hört mir auf damit! Ich kann nicht, ich bin völlig am Ende. Schlimmes kommt auf mich zu. Vielleicht sterbe ich, wie ich bin. Ein Fluß, der sich in Kurven windet. Vor mir wogt das goldfarbene Wasser, beginnt plötzlich zu strudeln. Dann auf einmal: Was ist das? Über und über wie mit Tropfen behängt eine durchsichtige Schnur. Mit dunkelgrün schimmernden zahllosen Tropfen, die knatternd zerplatzen, um wieder neue Tropfen zu gebären. »Eine Schlange, Schlangeneier!« sagt irgendwer. Und:

»Schnell, verbrenn sie! Wenn du sie nicht im Feuer verbrennst, wird es ein Unheil geben«, schreit meine Schwester und schluchzt. »Mir ist«, antworte ich, »speiübel. Ich halt' es nicht aus, ich muß mich erbrechen, ah!« Rasch öffnet sie die Arme und hält mir eine gläserne Flasche hin. Auf dem Boden, abgesunken im Alkohol, ein Finger. Ich mag das nicht. Nein, so was mag ich nicht!

»Tsuruko, Tsuruko!« ruft jemand aus der Ferne. So weit sind die lehmigen Wellen vorgedrungen. Das Atmen tut weh. Rüttelt doch nicht so! Ich will schlafen, schlafen. Hört ihr: schlafen will ich. Oh, diese Schmerzen...

Vor meinen Augen Mutters Gesicht. Ihre Haare sind verstrubbelt. »Was ist, Mutter?« Ihre Lippen bewegen sich. Lautlos. Hat sie die Stimme verloren? »Du bist schrecklich! Ohne Licht zu machen, im Stockdunklen, was hast du nur?« Und wie dunkel es ist! In einer Höhle, dunkel und kalt. Dazu die Schmerzen, als ob ich zerbräche. Ich möchte meine Hüften bewegen, aber irgendwer hält sie niedergepreßt. Es ist kalt, ich friere, ich kriege keine Luft! Und wieder eine Stimme, die mich ruft. Oh, hilf mir! Das Schiff schaukelt und schwankt. Mein Mann kehrt mir den Rükken und geht stumm davon. »Grundeln fangt ihr in der Ōmura-Bucht. Prima weiße Grundeln. Die kaufen wir euch auf Zuruf ab; da könnt ihr sicher sein.« Die Gesichter der anderen verschwommen, undeutlich nur und nicht gut zu erkennen. Wo sind wir denn hier? Mich friert ja so sehr. Und in den Hüften, das ist ein Schmerz, als würden sie auseinandergerissen. Hilf mir, ich bitte dich!

»Tsuruko«, sagt Mutter, »sei tapfer. Du darfst jetzt nicht den Mut verlieren. Nimm meine Hand und preß noch einmal mit aller Kraft!«

»Das ist so schwer, Mutter.«

»Nicht nachlassen! Denk, du tust es für das Kind.«

»Ich mag nicht mehr.«

»Sie müssen. Es fehlt nicht eben viel. Halten Sie sich mit beiden Händen an Ihrer Mutter fest! Haben Sie? Und nun tief einatmen und den Atem angehalten!«

Draußen das Getrappel der Leute, die unter dem Sirenengeheul in die Luftschutzgräben eilen.

»Ist das wieder eine Lauferei heute nacht. Allmählich hab' ich es satt.«

»Aber man will schließlich überleben.«

»Na, wer weiß, ob sie uns nicht auch diesmal bloß zum besten halten, die amerikanischen Flugzeuge. Sie haben gar nichts ernstlich vor, und wir rennen wie die Idioten hinein in den Graben und heraus...«

Mutter richtet mich halb auf und gibt mir Weizentee zu trinken.

»Bald«, sagt sie, »ist die Nacht herum.«

»Es ist so dunkel.«

»Ja, jetzt noch. Aber paß auf, bald wird es hell werden am Himmel.«

Ich höre meine eigenen Schreie. Während ich die Stimme anstrenge, daß mir die Kehle trocken und klebrig wird, sehe ich mich mit ganz anderen Dingen befaßt. Halb hingekauert, wühle ich in der Erde. Ich stopfe die Socken meines Mannes, ich heize das Badewasser vor. Da bin ich auf meinem Platz, dahin zurückzukehren, wäre eine Erleichterung; nur ich schaffe es nicht. Meine untere Körperhälfte ist wie betäubt. Die reißenden Schmerzen haben mich jetzt ohne Pause und fest im Griff, ich kann nirgendshin davonlaufen. Wie laut ich auch schreie, das Ende will nicht kommen.

Die Stunden hocken um mich, schwarz und in sich zusammengerollt. Und ich habe nicht die Kraft, ihren dichten Belagerungsring zu durchbrechen und hinauszugelangen. An eine neue Morgendämmerung kann ich nicht glauben. Gefangen, eingesperrt, gefesselt werden sie mich bis hinauf auf den Gipfel des Alters hetzen, werden mich dem Tod in die Hände geben. Ich begreife, daß ich weine. Noch in dieser höchsten Not sind die Tränen warm, streichelt mir draußen der Wind wieder und wieder die nassen Wangen.

Eine Woge rollt heran, ich stürze auf sie los. Da ist etwas, das jetzt in diesem Augenblick auszubrechen beginnt. Und weil meine Kraft allein nicht ausreicht, erhebe ich ein wildes Gebrüll. Niedergemähtes, fallendes Gras, Gespritz von Erdklumpen, fliegende Gischt, Menschen, die mir den Weg verstellen, und noch eine Atemlänge bis hin auf den roten Strand. Plötzlich ist es vorbei. Alles erloschen. Mein Atem, zu keinem Ton mehr fähig, liegt über Mutters Arm. Gleichzeitig, und die Luft erzittert davon, setzt ein schrilles Schreien ein. Das Kind ist da. Ich bin von ihm entbunden. Wie schön seine zum erstenmal an mein Ohr dringende Stimme! Anfangs ausgestoßen mit einer gewaltigen Kraft, verwandelt sie sich allmählich in ein sanftes Wimmern.

Mutter packt mich bei den Armen. Ihre Hände sind entsetzlich heiß. »Du hast es geschafft, Tsuruko!«

»Ja«, sagt die Hebamme, »Sie können stolz sein. Es ist ein Junge. Na, wie finden Sie das?«

»Ein Junge! Tsuruko, ich bin so froh!«

Stumm nicke ich Mutters abgespanntem, faltigem Gesicht zu. Ich möchte etwas sagen; doch was da in meinem Inneren aufschießt, formt sich nicht zu Worten.

Das Weinen des Kindes. Als wäre es, all das Durchlittene, nicht wahr gewesen. Und das Zimmer beginnt sich mit einem Leuchten aus Purpur und Weiß zu füllen.

Mutter steht auf und schiebt die hölzernen Regenläden zur Seite. Ein milder Lufthauch strömt herein, von dem mein Baby wieder kräftig losschreit.

»Das ist der Morgen.«

»Wirklich, es wird hell«, sagt Mutter. »Und wir werden auch heute schönes Wetter kriegen. Einen Sommertag, wie er im Buche steht.«

Wenn ich die Augen schließe, habe ich das Gefühl, als zöge es mich sogleich hinab in den Schlaf. Aber jetzt einzuschlafen, wäre schade. Lieber möchte ich weiter die Stimme meines Babys hören. Vor mir das lachende Gesicht meines in der Ferne weilenden Mannes: »Mir ist eines so lieb wie das andere. Ob Mädchen oder Junge, ich freue mich darüber; Hauptsache, es ist alles glattgegangen. Ist es freilich ein Junge, hast du eine Belohnung verdient. Bestimmt sieht er mir ähnlich.«

Ach, weißt du, ich lasse mich gern belohnen. Willst du mal hören, wie er schreit?

Mutter reibt mir den Körper mit heißem Wasser ab. Unterhalb der Hüften ist alles so schlaff, als gehörte es nicht zu mir, und während ich es Mutter überlasse, meine Glieder zu bewegen, machte ich für eine Weile die Augen zu.

»Es war genau vier Uhr und siebzehn Minuten«, sagt die Hebamme.

9. August, 4 Uhr 17. Mein Kind ist da. Hier, neben mir, und noch nicht recht zu glauben: als ein Wesen von Gestalt. Ein Kind, das Haare, zwei Ohren, Augen, eine winzige Nase und einen Mund hat, den es tüchtig bewegt. Von heute an lebt mein Kind. Das melden die Fäustchen, die aus den Ärmeln des Jäckchens hervorschauen.

Ein sanfter Wind kommt auf. Die Nacht ist zu Ende; ein neuer Sommertag, der jetzt den Vorhang hebt, spornt die Spatzen an zu ihrem Geschilp.

Yasushi Inoue

Ein Brief aus der Wüste

Heute erreichten wir Cheercheng, eine im südlichen Teil der Wüste Takla Makan gelegene Ortschaft.

Morgens sind wir von Niya aus aufgebrochen, und nach einer wilden Fahrt über dreihundertfünfzehn Kilometer trafen wir gegen Abend hier ein. Im Augenblick befinde ich mich in einem Zimmer im Gästehaus des Distrikts und sehe meiner ersten Nacht in Cheercheng entgegen.

Wir waren noch nicht lange da, als es zu folgendem Vorfall kam. Das Wort Vorfall mag übertrieben erscheinen; für mich indessen war es wahrhaftig ein Vorfall.

Ich saß mit dem Dolmetscher Wang im Nebengebäude im Speisesaal beim Abendessen. Plötzlich trat der Soldat, einer von der Volksbefreiungsarmee, der den ganzen Tag über unseren Jeep gesteuert hatte, zu mir und sagte: »Morgen früh muß ich nach Chotan zurück. Nur heute durfte ich Sie begleiten. Gern wäre ich länger mit Ihnen zusammengewesen und hätte Ihnen zur Verfügung gestanden; leider ist das unmöglich.«

»Trotzdem, haben Sie von Herzen Dank!« erwiderte ich. Wir hatten uns lediglich einen kurzen Tag lang gekannt, doch dieser in jeder Hinsicht freundliche Soldat schließlich war es, der dafür gesorgt hatte, daß ich die Reise durch die rauhen Gestade der Wüste Takla Makan ohne Schwierigkeiten und aufs bequemste überstand.

Darauf er: »Falls Sie Briefe nach Japan haben, ich könnte sie mitnehmen. Sie kennen diese Gegend: nach dem Jeep kommen drei Stationen, an denen die Post auf Kamele umgeladen wird, dann ist sie zehn Tage mit dem Lkw bis Urumchi unterwegs, und von Urumchi aus geht sie mit der Bahn nach Peking.« Und er setzte hinzu: »Einen Monat etwa braucht sie bis Japan.«

»Zu liebenswürdig, aber im Moment habe ich eigentlich keine Post nach Japan zu schicken«, entschuldigte ich mich. In Wahrheit ist es mir bisher nie eingefallen, auf einer solchen Wüstenfahrt Briefe an meine Bekannten in Japan zu schreiben.

Ich verließ den Speisesaal, spazierte durch den weiten Garten des Gästehauses und kehrte in das mir zugewiesene Zimmer zurück.

Hätte ich Briefe, die ich dem Soldaten mitgeben könnte – was für Briefe denn wären das?

Ich setzte mich auf den Stuhl in der einen Ecke des Zimmers, und für eine Weile war ich damit befaßt, mir das vorzustellen: Schon nur um bis nach Urumchi zu gelangen, müßten die Briefe, wie der freundliche Soldat vorhin erklärt hat, eine ungefähr halbmonatige, beschwerliche Reise durch die Wüste Takla Makan zurücklegen – eine Reise im Jeep, auf Kamelrücken, mit dem Lkw. Außerdem gibt es keine Gewähr dafür, daß das eine sichere Reise ist. Und vor allem: Habe ich überhaupt Adressaten, die ich erreichen muß?

Die Sonne ging unter, und als die Dämmerung draußen tiefer wurde, begann ein heftiger Wind zu heulen. Man hat mir gesagt, Cheercheng sei das ganze Jahr hindurch vom Sturm umtobt. Also stimmt es, dachte ich.

Noch weiß ich, kaum angekommen, von dieser Stadt so gut wie nichts; nur daß dies die Stelle ist, an der vor rund zweitausend Jahren ein kleines Reich mit Namen Qiemo existierte. Auf den Landkarten heißt der Ort daher entweder Cheercheng oder aber Qiemo.

Ausgangspunkt meiner diesmaligen Reise war Chotan, die zentrale Stadt an der Südroute der Seidenstraße; von dort aus fuhr ich über Wüstenpisten ostwärts, blieb eine Woche lang in der Ortschaft Niya, und heute nun traf ich hier in Cheercheng ein. Von Chotan bis Niya dreihundertfünfzehn Kilometer; dazwischen Geröllfelder und Sanddünen und keine Siedlung, die diesen Namen verdient; selbst Niya und Cheercheng bestenfalls kleine Inseln inmitten der Wüste.

Tatsache ist, daß ich mich jetzt auf der kleinen Wüsteninsel Cheercheng in der südlichen Takla Makan befinde und unter dem

Geheul des Windes die erste Nacht hier verbringe; und dabei bin ich – das hat jener freundliche Soldat bewirkt – wie besessen von seltsamen, bisher nie gedachten Gedanken.

Angenommen, ich schriebe von hier aus einen Brief – wer in aller Welt sollte der Empfänger sein? Kommt hinzu, daß ich nicht genau weiß, ob der Brief auch wirklich in seine Hände gelangt oder nicht. Nun, wenn dem so ist – ich muß ihn schließlich nicht unbedingt schreiben, oder? Natürlich nicht. Eben deswegen habe ich ja dem Soldaten, der mir freundlicherweise seine Hilfe anbot, entschuldigend erklärt, ich hätte keine Briefe zu schreiben.

Und dennoch, wie ich so auf dem Stuhl in der Ecke meines Zimmers sitze und dem Heulen des um die Wüsteninsel tobenden Windes lausche, spüre ich, daß ich von den bisher nie gedachten Gedanken, auf die ich am Abend durch den Soldaten der Volksbefreiungsarmee verfallen bin, einfach nicht loszukommen vermag.

An wen könnte ich jetzt, wenn überhaupt, einen Brief schreiben?

Und als ich so in aller Unbefangenheit denselben Gedanken wieder und wieder umkreise, höre ich plötzlich: »Wirklich, du fährst mir schon in seltsame Gegenden! Du kannst doch hier nichts Besonderes zu tun haben; warum also treibst du dich an solchen Orten herum? Irgendwo hat es auch mit den Liebhabereien seine Grenzen. Damals in der Mittelschule warst du sprunghaft, und du bist es noch.«

Höre ich plötzlich aus dem wilden Geheul des Windes draußen ganz deutlich deine Stimme, lieber H. F.

»Da gibt es nichts zu spaßen. Ich bin«, kommt es mir über die Lippen, »nicht umsonst hierhergefahren. Ich will dir einen Brief schreiben; deshalb bin ich hier.« Denn in diesem Augenblick ist mir auf einmal klar: nur dir hätte ich einen Brief zu schreiben.

Zwanzig Jahre, seit du gestorben bist, H. F. – wie die Zeit vergeht ...

Lieber H. F.

Wenn ich Dir, der Du vor zwanzig Jahren gestorben bist, jetzt und hier einen Brief schreibe, weiß ich natürlich, daß er nie in Deine Hände gelangen wird.

Würde ich Dir aber jetzt und hier nicht schreiben, käme, fürchte ich, die Gelegenheit dazu nie wieder, solange ich lebe. Tatsächlich habe ich das Gefühl, ich hätte den ganzen langen Weg bis hierher nach Cheercheng nur gemacht, damit ich Dir diesen Brief schreibe.

Es war, glaube ich mich zu erinnnern, in meinem zweiten Mittelschuljahr. Wahrscheinlich zu Beginn des zweiten Semesters, zu einem Zeitpunkt jedenfalls, nicht eben lange, nachdem wir uns angefreundet hatten. Nach dem Unterricht, es war im Schulhof, strecktest Du mir eine aus einem Heft herausgerissene Seite entgegen, auf der geschrieben stand:

Hart
klirren die Kieselsteine.
Es ist Herbst.

»Was soll denn das sein?« werde ich, denke ich, gefragt haben. Daß es in dieser Welt so etwas wie »Gedichte« gibt, davon hatte ich bis dahin keine Ahnung; ich wußte nichts damit anzufangen.

Verglichen mit mir, warst Du sehr viel erwachsener und voller Begeisterung für Lyrik, für freie wie für gebundene. Vor allem aber: Du gehörtest zu den »Pfundskerlen« von Sitzenbleibern, die nach dem zweiten Jahr die Versetzung nicht geschafft hatten und so in unsere Klasse gekommen waren. Die Sitzenbleiber, fanden wir, wären großartige Burschen, erfahrener, lässiger, und statt Hausaufgaben zu machen, gingen sie ihren Vergnügungen nach.

Wie es kam, daß ich mit Dir, einem solchen Sitzenbleiber, Freundschaft schloß, ist mir nicht klar; wahrscheinlich war ich als ein Spätentwickler gerade deshalb von Dir fasziniert.

Jetzt, da ich daran denke, leuchtet jener für mein Leben so entscheidende Augenblick wieder deutlich vor mir auf, jener Augenblick, in dem Du mir damals nach dem Unterricht, es mag an einem Tag im September oder Oktober gewesen sein, das kurze, dreizeilige Gedicht zeigtest.

»Was soll denn das sein?«

»Ein Gedicht.«

»Das also ist ein Gedicht? Komisches Zeug.«

»Du bist mir einer! Weißt nicht mal, was ein Gedicht ist. Aber du wirst doch bei diesen drei Zeilen irgendwas empfinden.«

»Ich empfinde nichts.«

»Meinst du nicht, daß der Herbst gut beschrieben ist?«

»Nein.«

»Sei doch mal ernst und versuch, dir was vorzustellen! Es ist gerade Herbst. Durch den heiteren Herbsthimmel, durch die klare Herbstluft ist das Klirren von Kieselsteinen zu hören ...«

»Wieso? Jetzt haben wir Herbst, und nichts dergleichen ist zu hören.«

»Mann, du kannst einen zur Verzweiflung bringen!«

... Und mir ist, als sähe ich Dein ungeduldiges Gesicht leibhaftig vor mir.

Hart
klirren die Kieselsteine.
Es ist Herbst.

Daß ich Deinen Dreizeiler als etwas Besonderes erkannte und dann davon nicht mehr loskam, geschah zu der Zeit, als ich in einer Stadt an der Japansee auf der Oberschule war. Seitdem Du mir dieses Gedicht zuerst gezeigt hattest, waren einige Jahre vergangen.

An der Japansee sah ich dreimal den Herbst kommen und gehen, und sooft es Herbst wurde, hörte ich von irgendwoher das Aneinanderschlagen der Steine.

Gedichte, dachte ich, sind demnach wahrhaftig eine schöne Sache, und von da an begann ich, selber auch welche zu schreiben, wobei ich Dein Herbstgedicht nachahmte. Heute, gut fünfzig Jahre später, betreibe ich diese Kunst noch immer, und das verdanke ich allein Deinem Dreizeiler.

Indessen frage ich mich, ob umgekehrt Du, der Du besagtes Herbstgedicht schriebst, nicht vielleicht der Dichter nur dieses einen Gedichts geblieben bist. Nach jenem Augenblick im Schulhof jedenfalls hast Du mir unsere ganze Mittelschulzeit hindurch nicht wieder ein Gedicht gezeigt und hast nie wieder von Gedichten gesprochen.

Ich, der ich noch heute Gedichte schreibe, darf es Dir sagen: Zwar warst Du der Verfasser nur eines einzigen Gedichts, aber um so hervorragender, finde ich, warst Du. Hingegen habe ich mein Leben lang Gedichte geschrieben, und mir scheint, es ist keines darunter, das an Dein Herbstgedicht heranreicht.

Nicht daß ich Dir damit schmeicheln wollte. Wer würde schon bis nach Cheercheng an der Südroute der Seidenstraße reisen, um von hier aus einem vor zwanzig Jahren gestorbenen Freund aus der Mittelschulzeit bloße Artigkeiten zuzurufen.

Wenn ich diesen Brief an Dich richte, tue ich es in dem Gefühl, daß ich Dir einmal sagen muß, was ich Dir längst hätte sagen sollen: Hab' Dank! Hab', lieber Freund, Dank dafür, daß Du mich gelehrt hast, welch ein wunderbares Ding es ist, das Gedicht. Dafür hab' Dank!

Bisher war, sooft es Herbst wurde, immer irgendwo das Klirren von aneinanderschlagenden Steinen zu hören, und ich kam von Deinem Gedicht nicht los; in dieser Ortschaft Cheercheng aber bin ich zum ersten Male frei davon.

Nur auf dieser inmitten der Wüste gelegenen kleinen Insel namens Cheercheng ist kein Klirren von Steinen zu hören. Gibt es den heiteren Himmel nicht und nicht die klare Luft, daß das Klirren hörbar würde.

Eben habe ich, weil der Sturm gar so heftig tobte, das Fenster ein wenig geöffnet und einen Blick hinausgeworfen. Im weiten Garten des Gästehauses bogen sich die Bäume, von wilden Böen geschüttelt, bis tief hinab. Wie können die Leute, die in dieser Ortschaft leben, bei solchem Sturmgeheul jede Nacht nur schlafen?

Nachts der Sturm, tagsüber die Sandwolken – hier ist unmöglich von irgendwoher das Klirren von aneinanderschlagenden Steinen zu hören. Ja, lieber H. F., so leid es mir für Dich tut, hier zumindest trifft es nicht zu, Dein Gedicht:

Hart
klirren die Kieselsteine.
Es ist Herbst.

Das menschliche Dasein ist ein seltsam Ding. Im Gegensatz zu Dir, der Du ein so hervorragender junger Dichter warst, Dich dann aber nach einem Leben ohne Beziehung zur Literatur hastig davonstahlst aus dieser Welt, ist aus mir, angespornt durch Dein

Herbstgedicht, ein Erzähler, ein Lyriker geworden, und unvermerkt habe ich Dich bereits um zwanzig Jahre überlebt.

Nun kam ich in diesen Wüstenort nahmens Cheercheng, und während ich nach langer Zeit, ja nach wie langer Zeit wieder einmal an Dich dachte, legte ich mich ins Bett, und vom Geheul des Sturms über der Wüsteninsel eingehüllt, fiel ich schließlich in Schlaf.

Im Morgengrauen wurde ich wach. Das Toben des Windes hatte sich ein wenig beruhigt.

Wenn ich hier stürbe...

Plötzlich dieser Gedanke.

Und bin ich gestorben, alles danach ist einfach. In der Wüste unter Kreuzdornbüschen werde ich begraben, ich verwandle mich in eine Mumie. Nichts von Hölle, nichts von Paradies. In einer Welt nur aus Sand. Es kommt keiner von meiner Familie. Auch niemand sonst. Ich werde zur Mumie.

Ich schloß die Augen; die Vorstellung versetzte mich wie in ein Schweben. Ich war bereit, mich dem unbeschreiblichen Gefühl einer Erleichterung mit Leib und Seele zu überlassen.

Dabei fiel mir ein, diese eben gehabte Vorstellung sollte ich während meines Aufenthalts in Cheercheng zu einem Gedicht verarbeiten, das ich Dir zu lesen gäbe. Ein Einfall, der mir ganz plötzlich kam, gewiß, und dennoch hatte ich den Eindruck, als wäre das die Aufgabe, die ich, einmal bis auf diese Wüsteninsel vorgedrungen, zu erfüllen hätte.

Hart
klirren die Kieselsteine.
Es ist Herbst.

Als wir jung waren, hast Du mir dieses herrliche Kurzgedicht gezeigt; jetzt, da seitdem an die sechs Jahrzehnte vergangen sind, bin ich an der Reihe, Dir mein Gedicht zu zeigen. Es ist nicht leicht, gegen die jugendliche Sensibilität in Deinem Herbstgedicht zu bestehen; doch ich hoffe, ich werde hier in Cheercheng etwas zustande bringen, das, als von einem gealterten Dichter geschrieben, gleichwohl an dein Herz zu rühren vermag.

Lieber H. F.

So habe ich nun diese Nacht – nach wie langer Zeit! – wieder einmal Dir gegenübergesessen, mit Dir die Stunden verbracht. Es hat sich, fühle ich, gelohnt, daß ich nach Cheercheng kam.

Ich denke voller Dankbarkeit an den Soldaten von der Volksbefreiungsarmee, der mir die Gelegenheit dazu verschaffte. Diesen langen Brief aber, den ich Dir heute nacht in meinem Herzen schrieb, will ich, zusammen mit dem noch zu verfassenden Gedicht, am Rande der Wüste unter einem Tamariskenbaum vergraben.

Der Wind ist schwächer geworden, ich habe das Fenster aufgestoßen. Der weite Garten des Gästehauses ist von einer Sandwolke wie von Nebel eingehüllt. Vorhin trat ein vielleicht sieben- oder achtjähriges Kind aus der Sandwolke hervor. Offenbar gehört es zu jemandem, der hier im Gästehaus beschäftigt ist. Eine Weile darauf tauchte ein Esel auf. Kind und Esel gingen eigenwillig ihrer Wege hierhin und dorthin; beide, so schien es, machten ihren Morgenspaziergang.

Lieber H. F., laß mich hiermit diesen Brief an Dich schließen.

Postskriptum.

Das Gedicht für Dich, lieber H. F., habe ich inzwischen fertiggestellt, ich füge es bei. Sein Titel lautet »Sollte es hier geschehen«.

Wenn ich hier stürbe ...
Dachte ich, als ich nach zehn Stunden Fahrt quer durch Sandwüste und Geröllfelder ankam in der Ortschaft gegen Abend, und der Wind hatte sich fürs erste gelegt.
Wenn ich hier stürbe ...
Dachte ich wieder, als ich zu Bett ging in jener Nacht. Bin ich aber dann gestorben, alles danach ist einfach. In der Wüste unter Kreuzdornbüschen werde ich begraben, ich verwandle mich in eine Mumie. Nichts von Hölle, nichts von Paradies. In einer Welt nur aus Sand. Es kommt keiner von meiner Familie. Auch niemand sonst. Ich werde zur Mumie.
Wenn ich hier stürbe ...
Mein Schlaf war friedlich in jener Nacht. Ich schlief in einem Gefühl der Erleichterung, wie ich es früher nie empfunden hatte.

Wirklich ist mein Gemütszustand zur Zeit genauso wie im Gedicht beschrieben.

In einer solchen Landschaft mit tagsüber fünfzig und nachts dreißig Grad muß wohl in einem das Gefühl des Vergänglichen aufkommen. Und der Gedanke an den Tod enthält etwas großartig Einfaches.

Von eigentlichen Jahreszeiten, glaube ich, kann man hier nicht sprechen. Wir haben jetzt Oktober, der Herbst müßte also auf seinem Höhepunkt sein; doch nichts erinnert an eine Herbststimmung, wie sie Bo Luotian mit »rotem Ahornlaub und Seidengrasblüten und herbstlichem Rauschen« schildert. Statt dessen liegt über allem, möchte ich sagen, eine Vorahnung von Verfall, ist alles im Übergang zum Verfall begriffen, und es herrscht die unumstößliche Gewißheit, daß, mit dem Hingang der Zeit, auch Mensch und Pflanze notwendigerweise im Tod enden.

Ich schreibe dies in der zweiten Nacht, die ich in Cheercheng verbringe; wieder ist draußen das Geheul des Windes zu hören...

Autoren- und Quellenverzeichnis

Abkürzungen:

Dr. = Drama
E. = Erzählung
En. = Erzählungen
Ess. = Essay
R. = Roman
Sk. = Skizze
Tg. = Tagebuch

HOL = »Hefte für Ostasiatische Literatur« (Verlag Kai Yeh, Köln)
NR = Neue Rundschau (S. Fischer Verlag, Frankfurt)
OAV = »Ein Brief aus der Wüste und andere Prosa und Lyrik zeitgenössischer japanischer Autoren«, hrsg. und aus dem Original übersetzt von Siegfried Schaarschmidt (Ostasien-Verlag, Berlin 1985)

Sämtliche in diesem Band vorgelegten Texte wurden aus dem Japanischen übertragen; in all den Fällen, in denen kein Übersetzername genannt ist, besorgte dies Siegfried Schaarschmidt.

ABE Kōbō, geb. 1924 in Tōkyō als Sohn eines Arztes. Wuchs in der Mandschurei auf. Studierte ebenfalls Medizin, mit Abschluß 1948. Danach freier Schriftsteller; begann mit Lyrik, schrieb zahlreiche Bühnenstücke (zeitweilig für eine eigene Truppe), zumeist aber Erzählungen und Romane. Der einzelne findet sich bei ihm ausweglos in Labyrinthen, Archen und Höhlen oder ist ausgesperrt von allem. Rettung besteht oft nur darin, daß sich ein »totes Organisches« in ein »lebendiges Anorganisches« verwandelt.

Die beiden Kurzerzählungen »Der rote Kokon« (»Akai mayu«) und »Hochwasser« (»Kōzui«) erschienen 1950, die Übersetzungen zuerst in HOL 4/Dez. 1985. © Kōbō ABE.

Weitere Werktitel: »Suna no onna« (R., 1962; dt. »Die Frau in den Dünen«, 1967), »Tomodachi« (Dr., 1967; dt. »Freunde«, 1984), »Bō ni natta otoko« (Dr., 1969; dt. »Der Mann, der zum Stock wurde«, 1969), »Hako-otoko« (»Der Schachtel-Mann», R., 1973), »Mikkai« (»Heimliche Begegnung«, R., 1977), »Hakobune sakura-maru« (»Arche Sakura«, R., 1984) u. a.

AKUTAGAWA Ryūnosuke, geb. 1892 in Tōkyō als Sohn eines wenig erfolgreichen Milchviehhalters; gest. 1927 (Selbstmord). Wurde, nachdem seine Mutter in Wahnsinn verfallen war, von einem Onkel aufgezogen. Englischstudium. Zunächst Lehrer, ab 1919 freier Mitarbeiter der Zeitung »Mainichi-shimbun«. Schrieb in nur zehn Schaffensjahren rund 140 Erzählungen, alles Musterstücke einer hochsensiblen Textkunst.

Die Erzählung »Der Chrysanthemenball« (»Butōkai«) erschien 1920, die Übersetzung (von Oscar Benl und Kunihiro Jojima) zuerst 1959 in dem Band Akutagawa »Der Chrysanthemenball«, Nymphenburger Verlagshandlung, München. Übersetzung mit freundlicher Genehmigung von Frau Marlehn Benl.

Weitere Werktitel: »Hana« (E., 1916; dt. »Die Nase«, 1959), »Jigokuhen« (E., 1918; dt. »Die Qualen der Hölle«, 1959), »Yabu no naka« (E., 1922; dt. »Mordfall im Gestrüpp«, 1955), »Haguruma« (E., 1927; dt. »Zahnräder«, 1973), »Aru ahō no issei« (»Das Leben eines Narren«, E., 1927) u. a.

DAZAI Osamu, geb. 1909 in der Präfektur Aomori als Sohn eines einflußreichen Großgrundbesitzers und Politikers; gest. 1948 (Selbstmord). Entfremdung von der Familie, Abbruch des Studiums der französischen Literatur sowie die Erfahrungen der Kriegs- und Nachkriegszeit lösen einen clownesken Pessimismus, schließlich das Gefühl existentieller »Wertlosigkeit« (Sartre) aus.

Die Erzählung »Von Frauen« (»Mesu ni tsuite«) erschien 1936, die Übersetzung wird hier erstpubliziert.

Weitere Werktitel: »Bannen« (»Späte Jahre«, En., 1936), »Hashire merosu« (»Lauf, Melos!«, E., 1940), »Biyon no tsuma« (E., 1947; dt. »Die Frau Villons«, 1975), »Shayō« (R., 1947; dt. »Die sinkende Sonne«, 1958), »Ningenshikkaku« (»Als Mensch wertlos«, R., 1948) u. a.

IBUSE Masuji, geb. 1898 in der Präfektur Hiroshima als Sohn eines Grundbesitzers. Schreibt eine sehr eigene, aus Fiktion, Bericht und Essay gemischte Prosa, in der er sich völlig unpathetisch für den Menschen und gegen Krieg und Gewalt erklärt.

Die Erzählung »Der Salamander« (»Sanshō-uo«) erschien 1929, die Übersetzung in einer ersten Fassung in der Saarbrücker Zeitung 1964. © Masuji IBUSE.

Weitere Werktitel: »Jon Manjirō-hyōryūki« (»Bericht von den Irrfahrten des John Manjirō«, R., 1937), »Tajinko-mura« (E., 1939; dt. »Tagebuch eines Dorfpolizisten«, 1964), »Yōhai-taichō« (E., 1950; dt. »Ehrerbietung aus der Ferne«, 1975), »Kuroi ame« (R., 1965; dt. »Schwarzer Regen«, 1974), »Tomonotsu-chakaiki« (»Aufzeichnungen über die Teegesellschaften in Tomonotsu«, R., 1986) u. a.

INOUE Mitsuharu, geb. 1926 in Lüshun (Port Arthur) in der Mandschurei als Sohn eines Töpfers. Wuchs nach Zerfall der Familie nahe Nagasaki in ärmlichen Verhältnissen bei Verwandten auf. War Bergarbeiter, dann Funktechniker. Nach 1945 aktiv in der KPJ, trennte er sich acht Jahre später von ihr; sein radikaldemokratisches Engagement machte auch vor Mißständen in der Partei nicht halt.

Der Text »Die Nacht davor« (»Zero«) ist dem Roman »Ashita« (»Morgen«) entnommen, einem Nagasaki-Roman, der 1982 erschien; die Übersetzung wurde 1984 erstpubliziert in dem Band Itō/Schaarschmidt/Schamoni »Seit jenem Tag. Hiroshima und Nagasaki in der japanischen Literatur«, S. Fischer Verlag, Frankfurt/M. © Mitsuharu INOUE.

Weitere Werktitel: »Gadarukanaru-senshishū (»Gedichtsammlung über die Schlacht bei Guadalcanal«, E., 1958), »Chi no mure« (»Die Horden der Erde«, R., 1963), »Tsukareta no hito« (»Der Besessene«, R., 1981) u. a.

INOUE Yasushi, geb. 1907 in Asahikawa (Hokkaidō) als Sohn eines Militärarztes. Nach Ästhetik-Studium, während dem er die ersten literarischen Erfolge hatte, ausschließlich Journalist (bei der »Mainichi-shimbun«). 1949 neuerliches Hervortreten als Romancier, Reise- und Kunstessayist. Behandlung von Stoffen aus der Gegenwart wie aus der japanischen, chinesischen und auch innerasiatischen Vergangenheit.

Der Text »Ein Brief aus der Wüste« (»Sabaku kara no tegami«) erschien 1983, die Übersetzung zuerst 1985 in OAV. Übersetzung mit freundlicher Genehmigung des Ostasien-Verlags, Berlin. © Yasushi INOUE.

Weitere Werktitel: »Ryōjū« (E., 1949; dt. »Das Jagdgewehr«, 1964), »Tōgyū« (E., 1949; dt. »Der Stierkampf«, 1971), »Hyōheki« (R., 1957; dt. »Die Eiswand«, 1968), »Rōran« (»Lou-lan«, R., 1958), »Tonkō« (R., 1959; dt. »Die Höhlen von Dun-huang«, 1986), »Fūtō« (»Wind und Wellen«, R. 1963), »Ōroshiya-koku suimutan« (»Eine seltsame Geschichte aus Großrußland«, E., 1968), »Waga haha no ki« (En., 1975; dt. »Meine Mutter«, 1987), »Honkakubō-ibun« (»Die nachgelassenen Schriften des Honkakubō«, R., 1981), »Kōshi« (»Konfuzius«, R., 1989) u. a.

KAIKŌ Takeshi, geb. 1930 in Ōsaka als Sohn eines Volksschullehrers; gest. 1989. Nach Jurastudium Englischlehrer, Übersetzer und Werbetexter. Zahlreiche Auslandsreisen, auch als Sonderkorrespondent (zum Eichmann-Prozeß und an die Vietnam-Front). Schrieb eine kristallklare Erfahrungsprosa.

Die Erzählung »Das Duell« (»Kettō«) erschien 1968, die Übersetzung zuerst in NR 1980/4. © Hatsuko KAIKŌ.

Weitere Werktitel: »Panikku« (»Panik«, E., 1957), »Hadaka no ōsama« (»Der nackte König«, E., 1957), »Nihon sammon-opera« (R., 1959; dt. »Japanische Dreigroschenoper«, 1967), »Kagayakeru yami« (»Leuchtendes Dunkel«, R., 1968), »Natsu no yami« (»Sommerliches Dunkel«, R., 1969), »Tama, kudakeru« (E., 1978; dt. »Die zerriebene Kugel«, 1989) u. a.

KAWABATA Yasunari, geb. 1899 in Ōsaka als Sohn eines Arztes; gest. 1972 (Selbstmord). Früh Vollwaise, was die Ausbildung des an ihm gerühmten »kalten Auges«, zugleich aber auch die subjektive Verinnerlichung des Geschauten förderte. Anfangs von westlichen avantgardistischen Tendenzen beeinflußt, gelang dem 1968 mit dem Nobelpreis für Literatur Ausgezeichneten insgesamt gesehen der Nachweis einer originär im Japanischen wurzelnden Moderne.

Die Erzählung »Von Vögeln und Tieren« (»Kinjū«) erschien 1933, die Übersetzung zuerst 1974 in dem Band Kawabata »Träume im Kristall«, Suhrkamp Verlag, Frankfurt, als Lizenzausgabe des Carl Hanser Verlags. Mit freundlicher Genehmigung des Carl Hanser Verlags, München.

Weitere Werktitel: »Izu no odoriko« (E., 1926; dt. »Die Tänzerin von Izu«, 1942), »Asakusa kurenaidan« (»Die Scharlach-Bande von Asakusa«, R., 1930), »Yukiguni« (R., 1935–47; dt. »Schneeland«, 1957), »Meijin« (»Der Go-Meister«, R., 1942), »Sembazuru« (R., 1951; dt. »Tausend Kraniche«, 1956), »Yama no oto« (R., 1954; dt. »Ein Kirschbaum im Winter«, 1969), »Mizu-umi« (Der See«, R., 1954), »Nemureru bijo« (»Die schlafenden Schönen«, R., 1961), »Tenohira no shōsetsu« (En., Gesamtausgabe 1983; dt. »Handtellergeschichten«, Auswahl, 1990) u. a.

KITA Morio, geb. 1927 in Tōkyō als Sohn des Neurologen und berühmten Lyrikers Mokichi Saitō. Studierte ebenfalls Medizin und war Assistenz- und Schiffsarzt, bevor er sich 1961 ganz der Literatur widmete. Schrieb neben humorvoll-satirischen, auch märchenhaften Büchern vor allem zeit- und atmosphäregetreue Romanzyklen und Erzählungen, die einen Grundpessimismus durch versuchtes Mitleiden aufheben wollen.

Die Erzählung »Geflügelte Ameisen am Hang« (»Ha-ari no iru oka«) erschien 1956, die Übersetzung zuerst in NR 1988/4. © Morio KITA.

Weitere Werktitel: »Yūrei« (»Geister«, R., 1954), »Dokutoru Mambō kōkaiki« (»Schiffstagebuch des Doktor Mambō«, R., 1960), »Yoru to kiri no sumi de« (»In einem Winkel bei Nacht und Nebel«, E., 1960), »Nireke no hitobito« (»Die Leute aus dem Hause Nire«, R., 1962–64), »Sabishii ōsama« (»Der einsame König«, R., 1969), »Kodama« (»Das Echo«, R., 1975), »Kagayakeru aoki sora no shita ni« (»Unter gleißend blauem Himmel«, R., 1979–86) u. a.

MISHIMA Yukio, geb. 1925 in Tōkyō als Sohn eines Ministerialbeamten; gest. 1970 (Seppuku). Publizierte bereits als Gymnasiast an der Gakushūin-Adelsschule. Nach dem Studium (deutsches Recht) einige Monate im Finanzministerium tätig; ab Herbst 1948 freier Schriftsteller. 1949 erzielte er mit dem Roman »Kamen no kokuhaku« (dt. »Geständnis einer Maske«, 1964) den Durchbruch, mit »Kinkakuji« (R., 1956; dt. »Der Tempelbrand«, 1961) den ersten künstlerischen Höhepunkt. Ein skeptischer Ästhetizismus, der ihn die Nachkriegsgesellschaft verachten ließ, vermischte sich allmählich mit der nostalgischen Hoffnung auf »das wahre Reine«. Themenvielfalt und kunstvoller Stil machen ihn zu einem der bedeutendsten Nachkriegsautoren. Nach dem mißlungenen Versuch, die Selbstverteidigungsstreitkräfte zu einer kaiserlichen Restauration zu bewegen, stieß er sich nach Samurai-Ritus das Schwert in den Leib.

Die Erzählung »Die Brückenprobe« (»Hashizukushi«) erschien 1958, die Übersetzung in einer ersten Fassung in »Merian« XXV/2 (1972). © Yoko MISHIMA.

Weitere Werktitel: »Kinjiki« (»Verbotene Farben«, R., 1951), »Shiosai« (R., 1954; dt. »Die Brandung«, 1959), »Kindai-nōgakushū« (Dr., 1956; dt. »Sechs moderne Nō-Spiele«, 1962), »Utage no ato« (R., 1960; dt. »Nach dem Bankett«, 1967), »Gogo no eikō« (R., 1963; dt. »Der Seemann, der die See verriet«, 1970), »Sado kōshaku fujin« (Dr., 1965; dt., »Madame de Sade«, 1978, als Bühnentext), Roman-Tetralogie »Hōjō no umi« (»Das Meer der Fruchtbarkeit«, 1969–71): I. »Haru no yuki« (dt. »Schnee im Frühling«, 1985), II. »Homba« (dt. »Unter dem Sturmgott«, 1986), III. »Akatsuki no tera« (dt. »Tempel der Morgendämmerung«, 1987), IV. »Tennin gosui« (dt. »Die Todesmale des Engels«, 1988) u. a.

NAGAI Kafū, geb. 1879 in Tōkyō als Sohn eines Beamten; gest. 1959. Studierte japanische Kultur und Chinesisch. 1903–08 Amerika- und Frankreichaufenthalt. 1910–16 Professur für Literatur an der Keiō-Universität in Tōkyō. Anfänglich unter dem Einfluß des Naturalismus stehend, wandte er sich später einem heiter bis wehmütigen Realismus zu, mit dem er die versinkende Welt der Geishas im zunehmend modernen Tōkyō beschreibt.

Die Erzählung »Geliebtes Gesicht« (»Omokage«) erschien 1938, die Übersetzung (von Oscar Benl) zuerst 1965 in dem Sammelband »Der Kirschblütenzweig«, Nymphenburger Verlagshandlung, München. Mit freundlicher Genehmigung der Nymphenburger Verlagsbuchhandlung in der F. A. Herbig Verlagsbuchhandlung GmbH München.

Weitere Werktitel: »Sumidagawa« (»Der Sumida-Fluß«, E., 1911), »Ude-kurabe« (»Rivalität«, E., 1918), »Bokutō-kidan« (R., 1937; dt., »Romanze östlich des Sumidagawa«, 1990), »Kunshō« (»Der Orden«, E., 1942), »Danchōtei-nichijō« (»Tagesnotizen aus der Begonienhütte«, Tg., 1958/59) u. a.

NAKAGAMI Kenji, geb. 1946 in der Präfektur Wakayama als dritter Sohn der Kinoshita Chisato. Mit 19 Jahren nach Tōkyō, Flughafenarbeiter, Jazz- und Filmfan. Erste Erzählungen in Gruppenzeitschriften. Durchbruch 1975 mit der Erzählung »Misaki« (»Das Kap«, ausgezeichnet mit dem Akutagawa-Preis). Begründete eine stark regional gefärbte, gelegentlich archaisch anmutende Literatur, deren Gestalten zu den ihrerseits gesellschaftsbildenden sozialen Randgruppen gehören.

Die Erzählung »Der Bergasket« (»Shugen«) erschien 1974, die Übersetzung zuerst 1985 in OAV. Übersetzung mit freundlicher Genehmigung des Ostasien-Verlags, Berlin. © Kenji NAKAGAMI.

Weitere Werktitel: »Karekinada« (»Die See der toten Bäume«, R., 1977), »Sennen no yuraku« (R., 1982; dt. »Mandala der Lüste«, 1991), »Kiseki« (»Das Wunder«, R., 1989). u. a.

ODA Makoto, geb. 1932 in Ōsaka als Sohn eines Armenanwalts. Nach dem Studium (hellenistische Literatur) mit Fulbright-Stipendium an der Harvard-Universität. Trampreise durch Europa und Asien. 1965 Mitbegründer der »Beheiren« (»Vereinigung für Frieden in Vietnam«). Engagierter Kernwaffengegner. 1985/86 DAAD-Stipendiat in West-Berlin.

Die Erzählung »Der Kommandeur« (»Shikikan«) erschien 1979, die Übersetzung zuerst 1985 in OAV. Übersetzung mit freundlicher Genehmigung des Ostasien-Verlags, Berlin. © Makoto ODA.

Weitere Werktitel: »Nandemo mite yarō« (»Ich will alles sehen«, Tg., 1961), »Amerika« (R., 1963), »Gendaishi« (»Moderne Geschichte«, R., 1968), »Yonaoshi no riron to ronri« (»Theorie und Logik einer Weltreform«, Ess., 1972), »Watakushi to tennō« (»Ich und der Tennō«, Ess., 1975), »Hiroshima« (R., 1981), »Berurin-nichiroku« (»Berlin-Tagebuch«, 1987) u. a.

ŌE Kenzaburō, geb. 1935 in der Präfektur Ehime (Shikoku) als Sohn eines wohlhabenden Bauern. Noch Student (der französischen Literatur) an der Universität Tōkyō, erhielt er für die Erzählung »Der Fang« den Akutagawa-Preis. In einem hastig die Bilder aufhäufenden Stil begann Ōe in Erzählungen und Romanen das als Kind erlebte Kriegsende, den Dorf-Großstadt-Gegensatz, die Protestbewegungen, schließlich das Vater-Sohn-Problem aufzuarbeiten. Die Suche und Sicherung individueller Identität ist dabei zugleich in die Geschichte Japans vertieft und ins Globale ausgeweitet.

Die Erzählung »Der Fang« (»Shiiku«) erschien 1958, die Übersetzung (von Tatsuji Iwabuchi) zuerst 1964 in dem Sammelband Oscar Benl, (Hrsg.), »Eine Glocke in Fukagawa«, Horst Erdmann Verlag, Herrenalb. Übersetzung mit freundlicher Genehmigung von Frau Marlehn Benl. © Kenzaburō ŌE.

Weitere Werktitel: »Shisha no ogori« (E., 1957; dt. »Stolz der Toten«, 1969), »Sebentīn« (»Siebzehn«, R., 1961), »Kojinteki na taiken« (R., 1964; dt. »Eine persönliche Erfahrung«, 1972), »Hiroshima nōto« (»Hiroshima-Notizen«, Ess., 1964/65), »Man'en-gannen no futtobōru« (R., 1967; dt. »Die Brüder Nedokoro«, 1980), »Kakujidai no sōzōryoku« (»Imaginationskraft im Kernzeitalter«, Ess., 1970), »Mizukara waga namida o nuguitamau hi« (»Tag, an dem ER selber mir die Tränen trocknet«, E., 1972), »Kōzui wa waga tamashii ni oyobi« (»Das Hochwasser reicht mir bis an die Seele«, R., 1973), »Dōjidai-gēmu« (»Gleichzeitigkeitsspiele«, R., 1979), »›Rein-tsurī‹ o kiku onnatachi« (»Die Frauen, die dem ›Rain-tree‹ lauschen«, En., 1982), »Natsukashii toshi e no tegami« (»Briefe an die sehnsuchtsvoll erinnerten Jahre«, R., 1987), »Jinsei no shinseki« (»Dem Leben verwandt«, R., 1989) u. a.

SAKAGUCHI Ango, geb. 1906 in Niigata an der Japansee als Sohn eines Großgrundbesitzers und Politikers; gest. 1955. Nach dem

Studium von Sanskrit, Pali und Französisch 1931 erste veröffentlichte Prosa. Bohemien, Gesellschaftskritiker (»Kunst ist sichtbar gewordener Widerspruchsgeist«). In »Daraku-ron« (Es., 1946; dt. »Über den Verfall der Moral«, 1988) proklamierte er, um zu leben, müsse sich der Mensch der Verderbnis anheimgeben, was die junge Generation als revolutionär empfand. Schrieb eine stark erotische Literatur.

Die Erzählung »Unter der vollen Blüte im Kirschbaumwald« (»Sakura no mori no mankai no shita«) erschien 1947, die Übersetzung (von Elisabeth Schmidt) zuerst in NR 1986/4. Übersetzung mit freundlicher Genehmigung von Frau Elisabeth Schmidt.

Weitere Werktitel: »Kaze-hakase« (»Der Winddoktor«, E., 1931), »Fubuki-monogatari« (»Die Schneesturmgeschichte«, R., 1938), »Nihon Bunka-shikan« (»Persönliche Ansichten über die japanische Kultur«, Ess., 1942), »Hakuchi« (»Die Irre«, E., 1946), »Ao'oni no fundoshi o arau onna« (»Die Frau, die dem blauen Teufel das Hüfttuch wäscht«, E., 1947), »Yonaga-hime to Mimio« (»Fräulein Langenacht und Ohrenmann«, E., 1952) u. a.

Sata Ineko, geb. 1904 in Nagasaki als Tochter eines achtzehnjährigen Mittelschülers; ihre fünfzehnjährige Mutter, die damals das Lyzeum besuchte, starb mit zweiundzwanzig. 1915 Übersiedlung zusammen mit der Großmutter nach Tōkyō; in bitterster Armut schied Ineko vorzeitig aus der Grundschule aus und wurde Fabrikarbeiterin, später Kellnerin und Verkäuferin. Nach einer ersten, gescheiterten Ehe heiratete sie 1926 den zu den »Proletariern« gehörigen Kritiker Kubokawa, wurde wie er aktiv in der illegalen KPJ; 1937 deswegen vor Gericht gestellt, erhielt sie zwei Jahre Zuchthaus mit Bewährung. Nach dem Krieg wegen »Abweichlertums« 1951 vorübergehend und 1964 endgültig aus der Partei ausgeschlossen. Mit zahlreichen Erzählungen und Romanen, die sie seit 1928 veröffentlichte, schrieb sie sich mit klarem Einsatz für den Menschen in die vorderste Reihe der Engagierten.

Die Erzählung »Aus der Bonbonfabrik« (»Kyarameru-kōjō kara«) erschien 1928, die Übersetzung zuerst in HOL 6/Sept. 1987. © Ineko Sata.

Weitere Werktitel: »Kurenai« (»Scharlachrot«, R., 1938), »Watakushi no Tōkyō-chizu« (»Meine Stadtkarte von Tōkyō«, Sk., 1946–48), »Haguruma« (»Zahnräder«, R., 1948/49), »Hai'iro no gogo« (»Aschfarbene Nachmittage«, R., 1949/50), »Keiryū« (»Der Strom in den Bergen«, R., 1963), »Ju'ei« (»Baumschatten«, R., 1972), »Toki ni tatsu« (»In der Zeit innehalten«, En., 1976), »Omoi-dochi« (»Liebe Gefährten«, Ess., 1989) u. a.

SETOUCHI Harumi, geb. 1922 in Tokushima (Shikoku) als Tochter eines Schreiners und Kultgerätehändlers. Heiratete zwanzigjährig einen Musikwissenschaftler, mit dem sie nach Peking ging. Nach Kriegsende und Repatriierung verließ sie 1948 die zerbrochene Ehe. Seit Mitte der fünfziger Jahre stark autobiographisch ausgerichtete, emanzipatorische Erzählerin und Essayistin. 1973, während des sukzessiven Erscheinens einer dreizehnbändigen Werkausgabe, trat sie unter dem Namen Jakuchō in einen buddhistischen Orden ein. Lebt heute für sich in einer Klause am Rande Kyōtos.

Die Erzählung »Einmal hat Makiko gestohlen« (»Nusumu«) erschien 1967, die Übersetzung wird hier erstpubliziert. © Harumi SETOUCHI.

Weitere Werktitel: »Joshidaisei Chui Airin« (»Ch'ü Ailing, Studentin an einem Frauencollege«, E., 1956), »Natsu no owari« (»Ende des Sommers«, R., 1962), »Izuko yori« (»Woher«, Autobiogr., 1974), »Hiei« (»Tempelberg Hiei«, R., 1979), »Kaichō wa itsuwari nari« (»Harmonie ist Täuschung«, R., 1984) u. a.

SHIGA Naoya, geb. 1883 in der Präfektur Miyagi als Sohn des Vorstehers einer Bankfiliale; gest. 1971. Schüler der Gakushūin-Adelsschule in Tōkyō. 1906–08 Studium der englischen Literatur (abgebrochen). 1910 Mitbegründer der Gruppe »Shirakaba« (»Weiße Birke«), die nach Tolstoi u. a. einen auf Vervollkommnung des einzelnen basierenden, künstlerisch geprägten Humanismus vertrat. Seine Hauptwerke sind bestimmt vom innerfamiliären Generationenproblem, häufig als verdeckte Ausschnitte aus der Autobiographie. Berühmt für einen klaren, ausgewogenen Stil.

Die Erzählung »Kuniko« (so auch im Original) erschien 1927, die Übersetzung (von Oscar Benl) zuerst 1960 in dem Band Shiga »Der Flaschenkürbis«, Nymphenburger Verlagshandlung, München. Übersetzung mit freundlicher Genehmigung von Frau Marlehn Benl. © Naokichi SHIGA.

Weitere Werktitel: »Seibei to hyōtan« (E., 1913; dt. »Seibei und seine Flaschenkürbisse«, 1960), »Han no hanzai« (E., 1913; dt. »Das Verbrechen des Han«, 1960), »Kinosaki nite« (E., 1917; dt. »In Kinosaki«, 1951), »Wakai« (»Die Versöhnung«, E., 1917), »Anya kōro« (»Der Weg durch dunkle Nacht«, R., 1921–37), »Hai'iro no tsuki« (E., 1946; dt. »Aschfahler Mond«, 1986) u. a.

TANIZAKI Junichirō, geb. 1886 in Tōkyō als Sohn eines kleinen Druckereibesitzers und späteren Börsenmaklers; gest. 1965. Im zweiten Studienjahr (japanische Literatur) wegen Nichtbezahlung der Kolleggebühren exmatrikuliert, gründete er 1910 mit Freunden eine Gruppenzeitschrift. Erste Erzählungen, von der Kritik gefeierte Ausbrüche eines extremen Schönheitssinnes, machten ihn zu einem früh Erfolgreichen, der sich den »exotischen« Luxus eines westlichen Lebensstils leistete. Nach dem großen Erdbeben 1923 siedelte er in die Region Kyōto/Ōsaka über, wo er sein kultur- und zeitkritisches Spätwerk entwicklte; neben den großen Romanen umfaßt es die dreimalige Übertragung des klassischen »Genji-monogatari« (»Die Geschichte des Prinzen Genji«, um 1000) in modernes Japanisch (1939–41, 1951–54, 1964–65).

Die Erzählung »Die Tätowierung« (»Shisei«) erschien 1910, die vorliegende Übersetzung wird hier erstpubliziert. © Chūōkōron-Sha.

Weitere Werktitel: »Chijin no ai« (R., 1924/25; dt. »Naomi oder Eine unersättliche Liebe«, 1970), »Manji« (»Wirrsal«, R., 1928–30), »Tade kuu mushi« (R., 1928–29; dt. »Insel der Puppen«, 1957), »Yoshino-kuzu« (»Yoshino-Pfeilwurz«, Sk., 1931), »Shunkinshō« (E., 1933; dt. »Biographie der Frühlingsharfe», 1960), »Sasame-yuki« (R., 1943–48; dt. »Die Schwestern Makioka«, 1964), »Shōshō Shigemoto no haha« (»Die Mutter des Hauptmanns Shigemoto«, E., 1950), »Kagi« (R., 1956; dt. »Der

Schlüssel«, 1961), »Fūtenrōjin-nikki« (R., 1962; dt. »Tagebuch eines alten Narren«, 1966). u. a.

YASUOKA Shōtarō, geb. 1920 in Kōchi (Shikoku) als Sohn eines Veterinäroffiziers. Zeitweilig in Korea aufgewachsen. Während des Literaturstudiums an der Keiō-Universität in Tōkyō 1944 zur Armee einberufen; Stationierung in der nördlichen Mandschurei. Im März 1945 zurück nach Japan mit einer Rückgraterkrankung, die ihn noch bis 1954 behinderte. 1951 erste Prosaskizzen; es folgten Romane, Essays, Dokumentationen. Themen hauptsächlich eigene Erfahrungen aus der Kriegs- und Nachkriegszeit; zu den von ihm häufig angewandten, Distanz schaffenden Stilmitteln gehört die Groteske.

Die Erzählung »Das Kaninchensyndrom« (»Aigan«) erschien 1952, die Übersetzung zuerst in OAV. Übersetzung mit freundlicher Genehmigung des Ostasien-Verlags, Berlin. © Shōtarō YASUOKA.

Weitere Werktitel: »Garasu no kutsu« (E., 1951; dt. »Die Glasschuhe«, 1964), »Warui nakama« (»Schlechte Gesellschaft«, E., 1953), »Kaihen no kōkei« (»Szenerie am Strand«, R., 1959), »Amerika kanjō-ryokō« (»Sentimentale Amerika-Reise«, Dok., 1962), »Maku ga orite kara« (»Nachdem der Vorhang gefallen ist«, R., 1967), »Ryūritan« (»Einsam in fremdem Land«, R., 1981) u. a.